Grandi opere

Le città nella storia d'Italia

direttore Cesare De Seta

umi pubblicati

rmo *di C. De Seta e L. Di Mauro*
nze *di G. Fanelli*
ogna *di G. Ricci*
ssina *di A. Ioli Gigante*
ma *di I. Insolera*
nova *di E. Poleggi e P. Cevini*
ugia *di A. Grohmann*
poli *di C. De Seta*
gliari *di I. Principe*
dova *di L. Puppi e M. Universo*
ilano *di L. Gambi e M. C. Gozzoli*
mini *di G. Gobbi e P. Sica*
ri *di M. Petrignani e F. Porsia*
na *di L. Bortolotti*
ssari - Alghero *di I. Principe*
a Spezia *di A. Fara*
rento *di R. Bocchi e C. Oradini*
orino *di V. Comoli Mandracci*
ecce *di V. Cazzato e M. Fagiolo*
rieste *di E. Godoli*
apua *di I. Di Resta*
enezia *di G. Bellavitis e G. Romanelli*

n preparazione

avenna *di C. Giovannini e G. Ricci*
Livorno *di D. Matteoni*
Parma *di B. Adorni e A. C. Quintavalle*
Ferrara *di F. Farinelli*
Lucca *di G. Bedini, G. Fanelli e R. Martinelli*
Ancona *di R. Pavia e E. Sori*
Mantova *di K. Forster*
Pisa *di E. Tolaini*
Catania *di L. Di Mauro*
Arezzo *di V. Franchetti Pardo*
Siracusa *di H. Raymond e L. Dufour*
Verona *di A. Calò e G. Mazzi*
Catanzaro *di G. E. Rubino, M. A. Teti, E. Zinzi*
Brescia *di G. Covelli e G. Piovanelli*
Treviso *di M. Azzi Visentini*
Salerno *di M. Perone e A. La Stella*
Orvieto *di A. Satolli*
Benevento *di M. Del Treppo e M. Rotili*
Assisi *di A. Grohmann*
Bergamo *di M. L. Scalvini e G. P. Calza*
Trapani *di M. Giuffrè*
Vicenza *di L. Puppi*
Avellino *di M. G. Cataldi, M. De Cunzo e V. De Martini*
Reggio Calabria *di G. Currò e G. Restifo*
Urbino *di L. Benevolo, P. Boninsegna e F. Siravo*

Ogni generazione ha scritto la sua o le sue storie d'Italia. Attraverso queste diverse storie — politiche, economiche, sociali e artistiche — sono emerse di volta in volta prospettive nuove: le analisi si sono affinate, gli ambiti e gli interessi si sono ampliati, la documentazione si è fatta sempre più imponente. Ma non ci pare si sia ancora tentata una storia che parte da quelle « cento città » che per primo Carlo Cattaneo, più di un secolo fa, aveva riconosciuto come « patrie particolari » e come uno dei caratteri salienti della storia d'Italia.

La nostra civiltà è per definizione una civiltà urbana: ogni città, piccola o grande, prospera o povera, potente o politicamente poco rilevante, ha una sua storia ben caratterizzata. Tali storie particolari, queste piccole patrie, possono essere lette come le tessere di un mosaico che compongono l'Italia, e così le ha viste la tradizione storiografica da più di un secolo a questa parte a maggior gloria della acquisita Unità. Ma tali storie possono anche essere interpretate come momenti fortemente autonomi e caratterizzati, appunto storie « particolari », di tante comunità e della loro capacità di costituirsi come consorzio civile e organismo urbano. Questa ci pare la via meno battuta e quella che merita maggiore attenzione.

Non che manchino precedenti: la rigogliosa produzione ottocentesca degli studi locali ha svolto un lavoro prezioso di documentazione archivistica e topografica, demografica ed economica, artistica e urbanistica, senza il quale oggi sarebbe assai più improbo tentare questa via. Ma le prospettive con cui si guarda a questi problemi sono intanto mutate, si sono affinate, sicché ci sembrano maturi i tempi per ricomporre, secondo un'ottica e un metodo nuovo, con strumenti aggiornati, la storia delle città.

Da questo disegno trae origine, nella collana « Grandi opere », la serie « Le città nella storia d'Italia », ch propone di essere una sintesi stringata, ma ineccep mente documentata, dell'evoluzione urbana. Una stc dunque, che pone al centro dei suoi interessi i carat fisici e materiali degli eventi che ne hanno segnato lo luppo. La storia della città si legge nelle sue vie e n sue piazze, nel duomo e nel palazzo municipale, nei c venti e nelle chiese, nei porti e nei mercati, nelle forte e nei quartieri popolari, nella sua topologia e nella sformazione o snaturamento dell'ambiente naturale.

La nostra storia parte da questi documenti mater o dall'immagine che di essi ci è stata tramandata nel te po. In sequenza cronologica intendiamo veder scorrere filo del tempo la formazione del nucleo primitivo, il c solidamento della struttura dominante, e seguirne le s cessive trasformazioni, riconducendo a questi aspetti n teriali eventi politici, evoluzioni economiche, dinami demografica e linguaggi artistici diversi.

Le complessità di questi fenomeni sono già parte tante storie specialistiche, ma esse vanno ricondotte *topos* geografico, alla dimensione architettonica e urbar stica che ne è la più manifesta espressione materiale. N dunque l'ambizione, vana, di una storia totale, ma u narrazione che sveli le ragioni che inducono all'ampli mento delle mura, all'espansione di un nuovo quartier alla costruzione di una chiesa, di un palazzo o di una fo tezza, e così via per tutti i cento casi che costituisco nel loro insieme la storia di ciascuna città.

Non una storia urbanistica, ma una storia urbana, ta cioè da interessarsi, oltre che alle pietre, agli uomini alle classi che sono gli attori di questa eccezionale scen Pertanto ciascuno degli accadimenti o il manifestarsi c codesti fenomeni, politici, economici, artistici, sono rico dotti alla loro presenza fisica, così come essa s'esprim le architetture e nel complesso dell'organizzazione dello zio urbano.

Tutte le città del mondo occidentale hanno subìto li ultimi due secoli l'impatto di una profonda rivolune: la trasformazione dei mezzi di produzione e un'imnente crescita urbana. Questi fenomeni interagenti tra o hanno interessato anche le città italiane, chi prima dopo, sicché si può dire che la radicale trasformazione gli organismi urbani è riconducibile al secolo scorso. In uni casi, e sono certo i più numerosi, tali trasformani hanno profondamente alterato l'immagine originaria lla città. Ciò rende indispensabile riferirsi a quei docuenti — non solo scritti — che consentono, a partire dal ı secolo, di ricostruire la forma della città attraverso le e rappresentazioni.

La cartografia si pone come la più diretta e fedele iave di lettura dell'immagine della città così come essa è evoluta a partire dal Cinquecento fino a tutto l'Ottocento.

Tali documenti cartografici, vedute e piante, non hano solo un interesse topografico, tale cioè da restituirci mmagine di parti della città che il tempo e il fluire degli venti hanno cancellato, ma sono anche indizi preziosi per omprendere le strutture mentali attraverso le quali, nel empo, si è vista e quindi si è rappresentata la città.

I modelli con cui si disegna la città si modificano con strema lentezza, e ogni mutamento registra fedelmente e profonde trasformazioni sia dell'organismo urbano sia ella mentalità con cui ad essa si guarda.

Le nostre storie delle città sono pertanto costruite su n continuo e serrato contrappunto tra un ampio apparato i immagini e il testo.

Ciascun volume è corredato da una schedatura sistematica ed esaustiva della cartografia urbana a stampa, oltre che di documenti dipinti o manoscritti di particolare interesse topografico. A questo apparato, che ha anche la funzione di richiamare l'attenzione su un patrimonio largamente trascurato sia ai fini degli studi che a quelli della conservazione, segue una Bibliografia che è una guida, non certo esaustiva, ma orientata criticamente per ogni ulteriore e auspicabile approfondimento delle ricerche.

Il fine della serie non è solo quello di riempire un vuoto storiografico o di costituirsi come approfondimento disciplinare, ma anche quello di offrirsi come strumento di lavoro per ogni operatore culturale che si misura quotidianamente con i problemi della città.

Troppo spesso abbiamo assistito alla distruzione delle città italiane o di loro parti, e ciò ci induce a richiamare l'attenzione di ogni cittadino sul bisogno di operare con consapevolezza nel corpo della città. Una consapevolezza che si acquisisce solo con la coscienza storica e l'intelligenza critica che ogni brano di queste città è parte della nostra storia, della nostra stessa identità antropologica e psicologica.

Il disastro urbano del nostro paese è di tale entità che lo snaturamento e l'annientamento dei caratteri peculiari di tante città è un'amara esperienza della nostra storia recente e recentissima: se questa serie contribuirà, sia pur solo in piccola misura, ad arrestare la deriva del nostro patrimonio urbano, se riuscirà ad alimentare la coscienza del nostro passato, così come essa è ancora leggibile in molte città, riterremo utile questa nostra impresa.

Prima edizione 1985

In copertina: Joseph Heintz il Giovane, Pianta prospettica di Venezia, metà sec. XVII. Olio su tela, particolare. Museo Correr, Venezia.

I capitoli I-VII sono di Giorgio Bellavitis; i capitoli VIII-XII di Giandomenico Romanelli.

Giorgio Bellavitis   Giandomenico Romanelli

VENEZIA

Editori Laterza

Finito di stampare nel marzo 1985
nello stabilimento d'arti grafiche Gius. Laterza & Figli, Bari
CL 20-2578-7
ISBN 88-420-2578-X

Premessa

La cartografia veneziana inizia, come è noto, a tutti : effetti, con la grande pianta-veduta di Jacopo de' Bar- ri, datata 1500. Prima di questa non mancano alcuni olati monumenti cartografici: tra tutti emerge la straor- naria pianta di Fra Paolino della Biblioteca Marciana l XIV secolo. Ma sicuramente la fatica debarbariana (la i importanza certo trascende la storia vedutistico-carto- afica di Venezia e la cui qualità tocca altrettanto indu- tabilmente le sponde del grande capolavoro xilografico assoluto) rimane un caposaldo di tale pregnanza quanto valore documentario e per ciò che attiene alla lettura e l'interpretazione dell'immagine di Venezia, da costituire otto ogni profilo linea di spartiacque tra due differenti età » della storia della città lagunare e del suo ininter- otto processo di trasformazione e di relativa rappresen- zione.

S'aggiunga che la testimonianza offerta su Venezia al de' Barbari si situa a ridosso della « rivoluzione » nguistica introdotta sulle lagune dalla volontà della classe olitica non meno che dalla « organica » disponibilità d'un peratore quale Jacopo Sansovino.

Questo libro si è voluto quindi ripartito internamente, reputiamo non casualmente, come paternità dei testi ltre che come metodo di lavoro e ottica di lettura dei atti urbani, proprio dall'evento della grande VENETIE MD i Jacopo de' Barbari.

Per la prima parte Jacopo è il punto d'arrivo: ricostruzioni induttive, disamina di faticosi antichi reperti, verifica della pressoché totale urbanizzazione d'età gotica e degli esiti della prima fase umanistico-rinascimentale: tutto ciò va a comporre progressivamente la trionfante città flottante tra Mercurio e Nettuno dei legni debarbariani.

Il dopo-Jacopo apparirà letto sui fatti architettonico-urbanistici non meno che cartografici e sulle documentate intenzioni progettuali: la *forma urbis* essendo pressoché già compiutamente definita, acquisteranno rilievo eventi e interpretazioni che assai più frequentemente di prima si situano nell'ordine dei linguaggi oltre che delle modificazioni strutturali. Riprenderanno invece vigore e spazio, tra Otto e Novecento, volontà e possibilità di intervento in dimensioni che fino a poco prima sarebbero apparse inconcepibili, oltre che definitivamente superate e tramontate.

Cioè, in sintesi, si è voluto che ad una integrazione per dir così *orizzontale* tra le due parti del volume (data la « naturale » successione diacronica) ne fosse possibile ed evidente un'altra, di tipo *verticale*, tra differenti stato, qualità e ricchezza delle fonti e, almeno parzialmente, differenti approcci e ottiche di lavoro (diversità che rispecchiano, tra l'altro, le rispettive e non negate formazioni ed esperienze degli autori).

G. B. e G. R.

Nelle didascalie alle illustrazioni il numero tra parentesi quadre che compare dopo il numero della figura rinvia alla Cartografia in fondo al volume.

Capitolo primo

La «Venetia maritima» e l'impero romano d'Occidente

Natura e artificio nella geografia di Venezia

Per definire Venezia, gli studiosi di geografia urbana sogliono mettere in evidenza le sue analogie con città elevate per la massima parte su terreni artificiali come Amsterdam, Calcutta, Saigon o Leningrado, appartenenti alla cosiddetta famiglia delle « città di delta ». Tuttavia, come avvertiva Pierre George [1], pur essendo il capostipite emblematico di questa singolare famiglia urbana, Venezia se ne distingue per essere « una città lagunare e non una città di delta ». Ciò che la distingue rispetto alle altre città di quella famiglia è il fatto di non sorgere, oggi, né sulla foce d'un fiume, né sulla riva del mare, né a contatto con la terraferma. Come noto, essa è tutta composta da un sistema di isole le quali, per una singolare e secolare vicenda geologica, politica e urbanistica, stanno all'interno della laguna di Venezia, disposta lungo il bordo nord-ovest del mare Adriatico. Questa laguna, al pari della città, è composta da specchi d'acqua in parte naturali e in parte formati per effetto d'una complessa operazione d'ingegneria territoriale. Anche la forma attuale della laguna pertanto è, in larga misura, artificiale, come quella di quasi tutte le foci dei fiumi utilizzati dall'uomo a fini portuali. Nel caso di Venezia, però, le opere d'ingegneria non furono compiute allo scopo di migliorare l'accessibilità dal mare, attraverso i fiumi, fino all'entroterra. Al contrario, quello che si volle ottenere, specie a partire dal XIV secolo, fu il blocco delle acque fluviali che discendevano al mare passando dentro o nei dintorni delle città, affinché spargessero i loro depositi alluvionali il più lontano possibile da Venezia. A questo scopo le acque di tutti i fiumi retrostanti furono deviate mediante canali artificiali o sfruttando gli alvei di altri fiumi, e portate a sfociare direttamente nel mare Adriatico a nord oppure a sud della fronte di 55 km che corrisponde alla lunghezza attuale della laguna di Venezia.

Per effetto di questa operazione, sviluppata progressivamente durante gli ultimi sette secoli, tutta l'area corrispondente alla porzione terminale dei fiumi estromessi venne occupata dalle acque salate marine, come in una gigantesca trasfusione. Il regime ambientale del sito in cui sorge la città venne perciò cambiato, spostando il limite della salinità oltre Venezia, verso la terraferma sul bordo interno della laguna. Di conseguenza, anche la trama degli antichi alvei fluviali, messa in comunicazione esclusivamente col mare, ha cambiato molto di forma. Essa ha conservato, o aumentato, la sua profondità nelle vicinanze delle antiche foci marittime dei fiumi, dove si esercita l'azione dinamica delle maree, ma si è progressivamente appiattita nelle zone più lontane dal mare.

Il fenomeno, già rilevabile nella cartografia del primo Cinquecento, risulta di grande evidenza nella cartografia del Settecento. Da esso dipende il fatto che la Venezia d'oggi appare, vista dall'alto o nelle carte idrografiche, come l'efflorescenza d'un albero acquatico dai rami assai contorti e col tronco radicato nel mare. Il tronco basamentale di quest'albero è il canale portuale, rinforzato con lunghe dighe in questo secolo, che, passando attraverso i litorali del Lido e del Cavallino, fa entrare le acque del mare nella parte più settentrionale della laguna, dove sorge Venezia. E conformazione analoga presentano gli altri due canali portuali di Malamocco e di Chioggia, che alimentano le parti meridionali della stessa. Complessivamente, perciò, la laguna di Venezia appare e funziona, oggi, come una lunga baia, composta da tre bacini che pulsano secondo il ritmo alterno delle maree, senza mescolare le loro acque pur non essendo separati da alcuna barriera [2].

E in questa lunga e composita baia, per volontà umana, le due matrici originarie, la fluviale-deltizia e la ma-

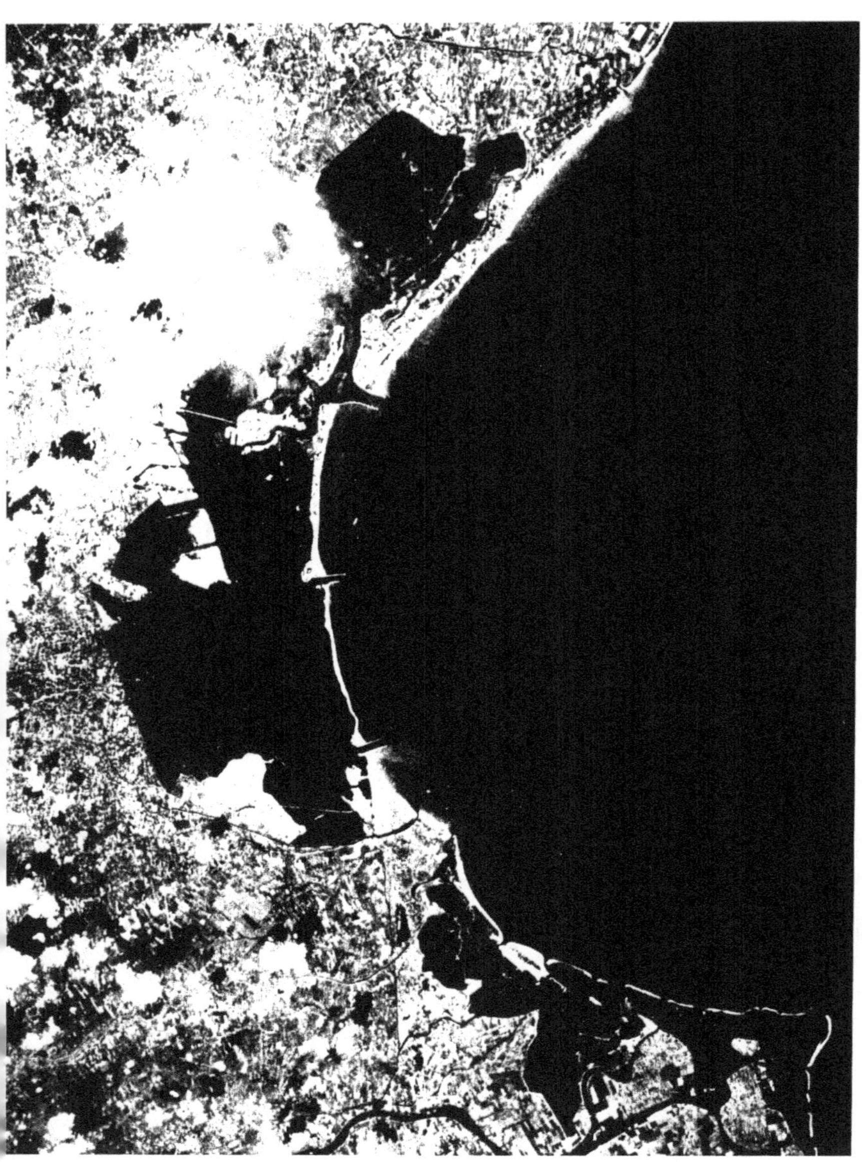

Fig. 1. La laguna di Vene
ripresa da alta quota allo st
attuale.

rittimo-lagunare, non sono più presenti allo stesso modo. Quella fluviale-deltizia, neutralizzata idraulicamente, è ormai ridotta al rango di substrato o paleostrato morfologico di quella marittimo-lagunare, che domina l'ambiente.

Evidenziare tutto ciò era di grande importanza per mettere a fuoco il rapporto storico fra la morfologia urbana e la morfologia geografica della città stessa. Anche nella struttura urbana di Venezia, difatti, si avverte l'impronta di una doppia matrice, deltizia e lagunare, ovvero fluviale e marittima. Ed anche in essa è del tutto evidente l'effetto della metamorfosi che, atrofizzando talune componenti ed enfatizzandone altre, ha consentito all'uomo di circoscrivere le slabbrate e contorte forme deltizie entro il profilo d'un ben definito e concluso microcosmo insulare. La natura di questa metamorfosi, peraltro, si può facilmente cogliere osservando la città nelle due condizioni estreme del suo ritmo ambientale. In fase di alta marea, difatti, e specie di controluce, Venezia appare come un sistema di corpi compatti emergenti da un vasto specchio d'acqua al modo delle isole marittime.

Ma quando il riflusso fa scendere il livello delle acque, la città appare l'incrostazione d'un vasto pantano, costruita sfruttando i rilievi golenali d'un delta meandriforme [3]. Questa doppiezza d'immagine e di struttura ha motivato, come noto, una letteratura ed iconografia su Venezia altrettanto doppia, suscitando persino gli anatemi di George Simmel [4]. Da essa dipendono, anche, buona parte delle difficoltà che incontrano gli amministratori nel risolvere i problemi attuali di Venezia.

Ma, al di là dei fatti contingenti, essa spiega la difficoltà che s'incontra nel ricostruire la storia di Venezia, per quanto riguarda le fasi più antiche del suo processo formativo, quelle che corrispondono inevitabilmente alla massima carenza d'informazioni materiali o scritte, ed insieme, per quanto si può intuire, alla massima virulenza delle sue doppie matrici naturalistiche.

Verso le origini

Le ricerche e le scoperte multidisciplinari che si vanno accumulando in questi ultimi anni, non hanno eliminato, ma hanno certo ridotto, l'incertezza che persiste sulla struttura geografica primordiale del sito di Venezia, permettendo d'inquadrare tale microstruttura nel contesto ben più vasto dell'evoluzione ambientale relativa alla frangia costiera dell'alto Adriatico occidentale. Secondo le più recenti ipotesi, questa evoluzione, dominata dall'azione combinata dei fiumi e del mare e soggetta al ritmo dei processi bradisismici ed eustatici che mutarono nei secoli le altimetrie relative delle terre e delle acque, avrebbe conosciuto sei fasi principali [5].

Circa 18.000 anni or sono, l'ambiente sarebbe stato fluvio-palustre, con una superficie morfologica incisa da canali e addolcita da acquitrini e bacini poco profondi. In una seconda fase alluvionale, l'ultima pleistocenica, le accidentalità morfologiche sarebbero state colmate da una spessa coltre limosa e argillosa. Poi, per oltre 10.000 anni, queste superfici avrebbero subìto un costante processo di essiccamento e consolidamento nel corso del quale i corsi d'acqua si sarebbero scavati un alveo più profondo, mentre il suolo si abbassava, predisponendo le condizioni per la quarta fase, iniziata circa 6000 anni fa.

In quei millenni, per la convergenza di vari fattori, lungo una linea di spiaggia prossima all'attuale, si sarebbero accumulati dei cordoni dunosi, capaci di contenere le acque fluviali per lunghi tratti di costa, spagliandole in vasti acquitrini. E su questi acquitrini, il mare, in fase d'aumento, sarebbe penetrato poi, attraverso i varchi corrispondenti agli esiti fluviali, formando delle lagune primordiali sia nell'area veneta che in quella ravennate [6]. Queste avrebbero dominato l'ambiente fino a circa 4000 o 3000 anni or sono, quando, in una quinta fase, di regressione marina, la linea di spiaggia sarebbe scesa allontanandosi anche di 10 miglia da quella attuale, mentre l'ambiente ritornava nella condizione palustre.

Ma questo ritorno al predominio delle acque dolci fluviali avrebbe avuto un carattere episodico, interrotto circa 2000 anni fa, nella sesta ed ultima fase, da un ritiro della linea di spiaggia e da un'ingressione marina che, seppure nel quadro di ulteriori oscillazioni meno pronunciate [7], avrebbe continuato a plasmare il territorio costruendo la morfologia lagunare conosciuta tuttora. Se, come pare confermato per molte vie, queste furono le fasi evolutive dell'ambiente veneziano, le deduzioni che se ne traggono, rispetto alle matrici paleogeografiche della città, si prospettano abbastanza diverse da quanto vorrebbe la storiografia tradizionale.

L'immagine di una città che sorge su isolette sparse, e deserte, in mezzo alle acque d'una vasta laguna preistorica, già criticata sul piano politico e sociale [8], appare

Fig. 2. Foto aerea zenitale di Eraclea. Da P. Tozzi, « Athenaeum », 1984; ripresa aerofotogrammetrica della Compagnia Generale Ripreseaeree di Parma, conc. S.M.A. 317 del 14.6.1984.

molto improbabile ormai anche sul piano ambientale e geografico. Soltanto nell'intorno di pochi secoli prima o dopo Cristo, difatti, quando era già in contatto con Roma, o rientrava nei suoi confini amministrativi, questo territorio avrebbe cominciato a perdere (seppure per la seconda volta) i suoi connotati prevalentemente fluvio-palustri, subendo quell'ingressione marina che doveva trasformarlo nel sistema di lagune salmastre conosciute più tardi. La mutazione cruciale, della quale si avvertono tuttora le tracce nella doppia struttura deltizia e lagunare di Venezia, s'innesterebbe dunque in una prospettiva storica, come si evince da quei pochi passi degli scrittori augustei dove si accenna al territorio che sarà di Venezia[9]. Le fonti letterarie, peraltro, forniscono indizi molto scarsi ed imbarazzanti per quanto riguarda la possibilità di mettere a fuoco le microfasi temporali e topografiche dei processi locali, anche in secoli molto avanzati rispetto alla storia politica della città.

Ancora nel IX secolo, per esempio, quando la prima « basilica » di S. Marco stava per sorgere, l'isola del convento di S. Servolo veniva definita come un « loco angusto [...] infra paludes », suggerendo l'immagine d'una fisiografia locale meno consolidata di quella poi conosciuta[10]. Al contrario, precisi indizi di frange terrestri emergenti a memoria d'uomo furono rintracciati nei documenti dell'XI secolo relativi alle acque retrostanti all'imbocco portuale di Malamocco, dove e quando simili frange non erano più visibili, come non lo sono tuttora[11]. Il persistere lungo molti secoli di processi opposti, tendenti a sommergere o a far emergere le terre in luoghi diversi, che traspare dalle fonti letterarie, sta ricevendo conferma dalle prospezioni aerofotografiche d'alta quota o ravvicinate. È del tutto recente[12] la scoperta, consentita da rilievi aerofotogrammetrici effettuati nel 1977 e nel 1983, della struttura urbanistica di Heraclia o Civitas Nova, oggi sepolta sotto circa 50 cm di terreno agricolo, a nord-est di Venezia.

Questa città, dove nel VII secolo risiedeva il comando bizantino della provincia veneta, appare costruita su piccoli lotti rettangolari di terreno divisi da stretti canali ed organizzati lungo le anse d'un canale largo circa 50 m. La struttura dell'insieme fa chiaramente intendere che il canale era un meandro fluviale le cui rive furono bonificate ed urbanizzate, forse con interventi lentissimi come quelli di cui ci restano le prove per certe zone di Venezia. È possibile che questo ramo fluviale scorresse ancora fra paludi d'acqua dolce e campagne quando venne urbanizzato, e che soltanto in seguito tale contorno si trasformasse nelle lagune salmastre che vennero colmate prima dai depositi alluvionali e poi nel corso della bonifica agraria realizzata in questo secolo. Ma l'immagine costituisce una preziosa e precoce testimonianza di quelli che dovettero essere gli esordi di Venezia quando, forse già in epoca romana, se non etrusca, sui meandri fluviali di cui manifesta le tracce, si andavano accumulando le opere di regolamento, protezione e bonifica delle terre, con tecnologie analoghe, probabilmente, a quelle utilizzate nel VI secolo a. C. per la costruzione della città portuale di Spina[13].

Le coordinate preromane del sito

Gli apporti detritici superficiali dei fiumi Brenta e Piave risultano presenti insieme (seppure con prevalenza del secondo), nel suolo sommerso ed emerso dell'area veneziana[14]. La trama geologica converge, quindi, nell'additare in Padova ed Altino, le città paleovenete[15] fiorenti sui diversi rami di questi due fiumi fin dal V secolo a. C., i poli determinanti per l'impianto di Venezia. L'una città e l'altra alimentavano in epoca preromana dei traffici marittimi che dovevano svolgersi su percorsi lagunari o fluviali tangenti, rispettivamente da sud-ovest e da nord-est, al sito della Venezia odierna.

È molto probabile, se non certo, che laddove tali percorsi s'intestavano nell'Adriatico, esistessero dei punti di controllo o segnalazione per le imbarcazioni. La circostanza non è confermata da fonti letterarie o archeologiche per Altino, la quale sorgeva sulle rive del fiume Sile, un confluente minore di risorgiva del sistema fluviale del Piave[16]. Un passo di Tito Livio[17], invece, non lascia dubbi sull'esistenza di villaggi collegati militarmente a Padova e ubicati presso l'imbocco del fiume Brenta, detto, ai suoi tempi, *Medoacus*. Poiché lo storico augusteo riferisce una tradizione relativa a un'incursione navale del 302 a. C., è la meccanica delle difese poste in atto dai padovani, basate sull'impiego di barche fluviali dal fondo piatto, piuttosto che la descrizione dei luoghi, a comprovare l'esistenza di questi villaggi. Tito Livio li definisce « tribus maritimis Patavinorum vicis », collocandoli al di là di certi « stagna [...] inrigua aestibus maritimis » e sullo sfondo di un paesaggio campestre assai popolato (« frequentes agros »). Probabilmente, le sue parole riflettono proprio quella condizione di trapasso dal regime fluvio-deltizio al regime lagunare marittimo, che la regione dei veneti avrebbe conosciuto nel suo tempo.

La romanizzazione del territorio veneto

Non sappiamo se le barche dal fondo piatto, di cui parla Tito Livio [18], costituissero le sole imbarcazioni possedute dalle popolazioni costiere del Veneto, quando la prima flotta romana nel 229 si avventurava nell'Adriatico, conquistando l'isola di Corfù, che avrà tanta importanza per la storia di Venezia. Circa tre anni dopo, comunque, Padova sanciva un'alleanza militare con i romani contro i galli boi, alla quale seguiva nel 222 a. C. la conquista di Milano o *Mediolanum*. L'intera pianura padana passava così, nel giro di pochi decenni, sotto il controllo di Roma, interessata a piegare le diverse preesistenze etniche alla logica coagulante del proprio dominio. Un segno concreto di tale dominio, che risulterà denso di effetti per l'area di Venezia, fu la costruzione delle strade consolari [19], che permisero alle legioni romane di scavalcare la regione dei veneti per aggredire e sottomettere l'area danubiana. A partire dal 148 a. C., fu costruita la via Postumia che univa Genova ad Aquileia; una città coloniale impiantata dai romani nel 183-181 a. C. sull'estremità orientale della pianura padana, nel punto di sutura fra l'area di pertinenza dei veneti, dei galli cenomani e delle genti carniche. Già con questa lunghissima arteria d'arroccamento l'ingegneria romana metteva in crisi il sistema di relazioni preesistente nell'area di Venezia, basato, per quanto ne sappiamo, sui traffici fluviali. Seguiva, nell'intorno del 132 a. C., la costruzione della via Annia e della via Popilia, entrambe sviluppate lungo le coste dell'Adriatico, per collegare Rimini con Aquileia.

Ma mentre la via Annia, giunta nei pressi di Adria, s'internava per toccare Padova, la via Popilia avrebbe seguito un percorso più vicino alla costa, le cui « stazioni », sulla base della cosiddetta *Tabula Peutingeriana* [20], vennero identificate con taluni paesi e toponimi che definiscono il contorno attuale della laguna di Venezia. Il significato di questa coincidenza resta tuttora problematico. Per molto tempo si è supposto che il sistema delle vie Annia e Popilia segnassero la soglia dell'agro centuriato romano; cioè il limite fra le terre coltivabili a monte di tali strade, e le zone paludose o lagunari a valle delle stesse, nei primi secoli dopo Cristo [21].

L'assunto, peraltro, fu smentito nel 1977, quando le aerofotografie da satellite permisero d'individuare le tracce sepolte o affioranti di centuriazioni agrarie a valle delle vie Annia e Popilia in località come Malcontenta e Mestre, molto vicine oggi al sito geografico di Venezia [22]. La scoperta, paragonabile per importanza a quella del tracciato urbanistico di Heraclia, citata più sopra, impone di supporre che l'area di Venezia fosse ancora dominata, alla fine delle guerre civili o all'inizio del principato, da un ambiente fluvio-palustre, piuttosto che lagunare, con possibilità di utilizzo agricolo [23].

Il territorio di Venezia nella X Regione della « Venetia et Histria »

Le tracce di centuriazioni agrarie citate più sopra gettano una nuova luce sulle vicende del territorio veneziano nel periodo che lo vide inquadrato decisamente nell'amministrazione romana, dopo la riforma d'Augusto (ca. 8 a. C.), quando i confini dell'impero si attestavano sul Danubio e sull'Elba. In quel periodo, Padova si consolidava come città ricca ed influente sul piano produttivo e politico, e così pure Aquileia, che superava per importanza commerciale ogni altra città dell'Italia settentrionale; mentre nel porto di Altino, integrato da opere pubbliche sontuose, confluivano traffici marittimi regolari con la stessa Aquileia e con Ravenna.

Collocata in questo scacchiere, l'area della futura Venezia appare sicuramente coinvolta in un sistema di relazioni che si può riassumere in tre punti fondamentali: *a*) il traffico marittimo passante verso Padova ed Altino; *b*) il traffico per canali interni lungo la costa da Ravenna ad Aquileia; *c*) l'utilizzo agrario dei suoi terreni fluvio palustri, provato dalle centuriazioni registrate dal satellite nel 1977.

Il corrispettivo topografico di queste relazioni è difficile da ricostruire. Tuttavia è molto probabile che l'intorno di Venezia si dividesse, allora, in due zone separate a circa 4 km dal litorale di Malamocco, da un cordone dunoso ancestrale, interno alla laguna attuale, che fu individuato nel corso di recenti carotaggi [24]. Questo cordone, passante grosso modo per il sedime della Venezia odierna, poteva distinguere le aree adatte all'uso agricolo da quelle soggette all'ingressione marina.

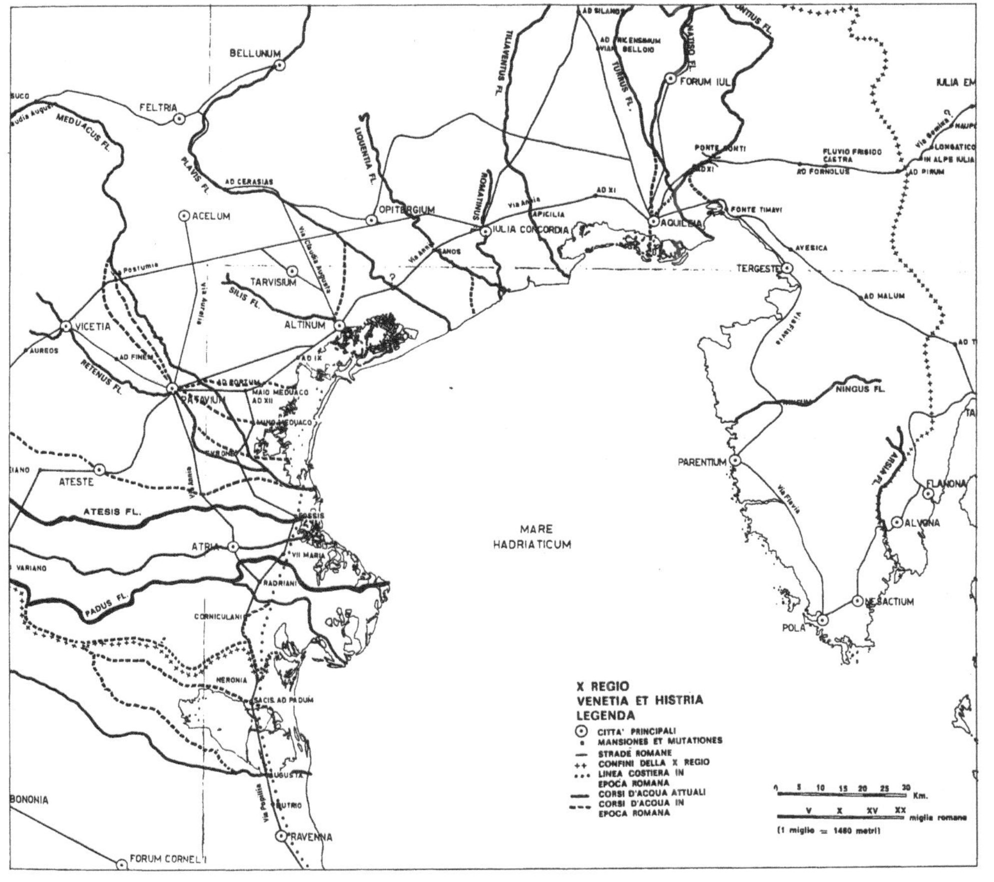

Fig. 3. Le strade consolari romane della *X Regio* di Venetia ed Istria. Da L. Bosio, *Itinerari e strade della Venetia Romana*, CEDAM, Padova 1970.

Fig. 4. Sistemi di centuriazione romana della pianura veneta, dedotti da elaborazioni analogiche di immagini da satellite (Skylab). Da B. Marcolongo e M. Mascellani, « Archeologia Veneta », I, Padova 1978.

L'ipotesi darebbe ragione al testo già menzionato di Tito Livio dove si parla di « stagna [...] inrigua aestibus maritimis », anteposti ai villaggi marittimi dei padovani. Per questi *stagna*, o paludi, doveva passare la via navigabile verso Padova che il geografo Strabone (ca. 20 a. C. - 20 d. C.) identificava con un « magno portu », che riceveva il suo nome dal fiume *Medoacus*, cioè dal Brenta [25]. L'ubicazione esatta di tale « porto » non è ricostruibile, ma si trattava certo d'un varco nel litorale poco lontano dal paese o dal porto di Malamocco, il cui nome moderno deriva da *Metamaucus*, e pertanto da *Medoacus*. Di conseguenza, il ramo del fiume utilizzato era il *Medoacus Maius*, scorrente nei pressi di Malcontenta, e la direttrice per Padova insisteva sull'asse Malamocco-Malcontenta [26], come al presente.

Che il traffico su canali interni fosse in funzione nel primo secolo, risulta da Plinio (23-79 d. C.), il quale, confermando la matrice etrusca di taluni assetti territoriali, dice che il Po era stato deviato lungo una fronte di 120 miglia, in « flumina et fossas inter Ravennam Altinumque » [27]. Il significato di questo passo, e d'altri similari, fu molto discusso, anche di recente; ma non v'è dubbio che esso alluda ad un complesso di canali e lagune (*maria*) che intersecava « per transversum » gli esiti fluviali lungo la costa, consentendo la navigazione all'interno dei litorali, nell'intervallo dei cordoni dunosi formatisi in epoche diverse [28]. Tale possibilità divenne tanto concreta che all'inizio del III secolo il percorso interno da Ravenna ad Altino veniva registrato ufficialmente nell'*Itinerario Antonino* [29], implicando l'esistenza d'un « servizio » regolare di trasporti o traghetti, forse affidato ad organizzazioni come i contemporanei *collegia* di *naviculariii* documentati ad Aquileia, con famiglie come i Barbii e gli Statii che gestivano i trasporti annonarii via mare su diverse rotte adriatiche [30].

La cristianizzazione del Veneto

Il primo concreto segno d'insicurezza nell'area veneta, tipico delle regioni di frontiera, risale al 167 d. C. quando i marcomanni irruppero nella pianura assediando Aquileia. Settant'anni dopo non si trattava più d'invasori esterni, ma dello scontro fra l'imperatore Massimino il Trace e le forze senatoriali italiane insofferenti d'una tirannia militare. In quell'anno 238, cruciale per il Veneto, Aquileia sostenne l'urto da sola, e le navi « italiane » approdarono ad Altino, portandovi le teste dei tiranni sconfitti [31].

Poco dopo (293) la capitale dell'Italia e dell'Africa veniva trasferita a Milano, e, mentre il cristianesimo diventava la religione di stato, nella versione « cattolica » sancita dal Concilio di Nicea (325), Costantino il Grande concentrava le redini dell'impero nella vecchia colonia greca di Bisanzio, ribattezzata Costantinopoli nel 330 d. C. Allora il nascente processo di cristianizzazione nella provincia veneta trovò una nuova generatrice in Milano, con la potente figura di sant'Ambrogio, che pare eleggesse il vescovo di Altino Eliodoro, noto dal 381, e certo nominò il vescovo di Aquileia, Cromazio, nel 388, il quale insediava, a sua volta, il vescovo di Concordia nel 390 [32]. Il sermone pronunciato dal vescovo di Aquileia, Cromazio, in quella occasione accerta anche nel caso di Concordia l'importanza della prassi generale che condizionava l'erezione d'una chiesa al possesso di talune reliquie di santi e possibilmente dei santi apostoli o evangelisti.

Anticipando quella che sarà una vicenda cruciale per l'affermazione religiosa e politica di Venezia, l'ignoto ecclesiastico nominato vescovo di Concordia sembra fosse partito da Aquileia per ottenere le reliquie di san Giovanni evangelista ad Efeso, e quelle di san Tommaso apostolo a Edessa, citata esplicitamente nel Sermone di Cromazio[33]. Alla fine del IV secolo, dunque, l'onda cristiana, partita da Aquileia e riflessa da Milano, aveva irrorato tutti i gangli della fascia costiera per la quale, nel frattempo, era stata coniata la definizione di *Venetia maritima*.

E fu proprio ai margini di questa *Venetia maritima*, nel porto già etrusco di Ravenna, che venne portata nel 402 la capitale dell'impero romano d'Occidente, quando le invasioni delle tribù germaniche imposero la spaccatura in due parti del mondo romanizzato.

Sulla *Venetia maritima*, lungo le vie Postumia ed Annia, passarono prima i visigoti di Alarico, evitando le città fortificate per puntare su Roma e saccheggiarla nel 410. Poi, nel 452, mentre il contrasto fra senato romano, corte di Ravenna e comandanti militari toccava livelli drammatici, gli unni di Attila. Questi distruggevano nel loro passaggio Aquileia, Concordia, Altino e Padova. Vent'anni dopo, anche per l'ingerenza continua di Bisanzio su Ravenna, l'idea stessa di nominare un imperatore d'Occidente risultava impraticabile, e tutto il carisma imperiale veniva sussunto nella figura sacralizzata dell'imperatore bizantino d'Oriente.

Capitolo secondo

La formazione del ducato veneziano

Il territorio di Venezia durante le guerre gotiche

Alla scomparsa dell'imperatore romano d'Occidente, l'inserimento progressivo del mondo germanico sulla civiltà romana fu istituzionalizzato dal principe ostrogoto Teodorico, insediando a Ravenna una capitale del *regnum* d'Italia. Gli effetti di questo inserimento sulla *Venetia maritima* furono certo notevoli, ma di ciò rimane testimonianza soltanto in due testi letterari, compilati quando l'imperatore bizantino Giustiniano stava già muovendo guerra agli ostrogoti nell'estremo tentativo di restaurazione dell'impero romano universale.

Il patrizio Cassiodoro (ca. 487-583), che giocò un ruolo intellettuale e politico notevolissimo alla corte di Teodorico, era prefetto del pretorio fra il 533 e il 538, all'inizio delle ostilità [1]. Come tale, Cassiodoro indirizzò una lettera a certi *tribunis maritimorum* delle *Venetiae* [2], per sollecitare il trasporto di derrate alimentari dall'Istria a Ravenna, che contiene una suggestiva descrizione dell'ambiente naturale e sociale. Rispetto alla futura Venezia il documento presenta un valore indiretto, perché col termine *Venetiae* Cassiodoro intende un territorio compreso fra Ravenna, il Po e l'Adriatico (« ab austro Ravennam Padumque contingunt, ab oriente... Jonii litoris »), che un tempo abbondava, egli dice, di uomini nobili (« quondam plenae nobilibus »).

Evidentemente, Cassiodoro si rivolge ai tribuni di certi villaggi che sussistono nell'area d'un passato splendore sociale ed economico, la quale non può coincidere con quella di Venezia [3], ma piuttosto con il territorio dell'antica città di Spina, ubicata fra Ravenna e il Po, che Plinio già menzionava fra le città scomparse [4], come l'erudito Cassiodoro certo sapeva. Due secoli più tardi, presso il luogo di Spina, fiorirà la cittadina di Comacchio, tanto simile a Venezia sotto il profilo urbanistico [5].

Comacchio, anzi, per la sua vicinanza a Ravenna, rappresenterà l'antagonista più temibile di Venezia rispetto al commercio sulle vie marittime e fluviali. Essa ebbe tuttavia una genesi diversa perché sorse, mutuando il fantasma di Spina, sulle paludi costruite dal Po avanzante nel mare, mentre Venezia sorse nell'area dei *vici maritimi*, citati da Livio, scompaginata dall'ingressione marittima oltre gli antichi cordoni dunosi. Tuttavia è possibile che le parole di Livio valgano, entro certi limiti, per entrambi i luoghi, accomunati dalle mutazioni ambientali e sociali del momento.

Il movimento delle maree — egli dice ai tribuni dei marittimi — muta continuamente l'aspetto dei luoghi, che sembrano talora terrestri e talora insulari, e le vostre case sono simili alle dimore degli uccelli acquatici, perché voi tenete insieme la terra proteggendola con vimini dalle onde marine. Il vostro cibo — aggiunge — è uno solo, il pesce, del quale avete abbondanza, e tutto il resto ve lo procurate usando quale moneta di scambio il sale, che ricavate girando cilindri, come gli altri userebbero le falci e gli aratri. A questo punto l'immagine dei due ambienti sembra divaricare, considerando le tracce di centuriazioni agrarie, scoperte nelle vicinanze di Venezia, le quali parlano di un'economia perlomeno mista, agricola e peschereccia. Invece potrebbe valere anche per l'area di Venezia quanto Cassiodoro scrive a proposito dei trasporti, e cioè che i marittimi delle *Venetiae* dispongono di navi le quali possono utilizzare sia il mare aperto, sia le vie fluviali interne.

Si tratta di « navi » che vanno a vela oppure a remi e possono venir trascinate, anche, camminando lungo le sponde dei corsi d'acqua che mutano di aspetto e di livello secondo il variare delle maree che produce la « inundationem camporum ».

I trasporti sul percorso dall'Istria fino a Ravenna si

svolgono pertanto in un ambiente anfibio, di transizione fra laguna e campagna, e c'è da chiedersi come fossero inquadrati questi « marittimi » rispetto a tale servizio. Dal tono della lettera sembra chiaro che non si tratta di *milites*, come i *dromonarii* che al tempo di Teodorico remavano nelle mille galee (*dromones*) di stato adibite al trasporto di grano pubblico. Secondo il Jones [6] questi *dromonarii* risalivano anche il Po, perché avevano una base ad Ostiglia, nel mantovano, e ad essi Cassiodoro, come prefetto del pretorio, avrebbe potuto ordinare il trasporto direttamente, senza passare attraverso i tribuni, le tipiche autorità civili di tradizione romana persistenti durante il regno ostrogoto. Forse, nell'area di Comacchio come in quella di Venezia, i battellieri dipendevano dai proprietari dei fondi agricoli, fra i quali venivano i tribuni stessi.

La seconda testimonianza sulla *Venetia maritima* risale a Procopio di Cesarea (IV.26) che racconta come, nel 552, le truppe bizantine ottennero l'aiuto dei veneti per andare a Ravenna lungo i litorali, evitando gli sbarramenti ostrogoti [7]. Procopio non precisa quale fu l'effettivo percorso seguito, ma è molto probabile che si trattasse d'una qualche variante della via Popilia, ormai desueta e dissestata dai maremoti, ma ben conosciuta ai « marittimi » del posto. L'operazione fu condotta con la scorta di alcune navi e molti battelli; forse messe a disposizione in parte dai marittimi, perché Procopio dice che i bizantini non avevano navi sufficienti. La conquista di Ravenna (554), comunque, determinò l'inizio del dominio bizantino sul territorio di Venezia.

Le « Venetiae » nell'esarcato di Ravenna

A reggere tutta l'Italia faticosamente conquistata, Giustiniano inviò a Ravenna un alto dignitario di palazzo che, col titolo di « esarca », assunse la pienezza dei poteri civili, militari e giurisdizionali in sua vece, sovrastando anche il prefetto del pretorio.

Le ricerche epigrafiche hanno dimostrato che, insieme a questo esarca, giunsero ai porti di Ravenna e della costa adriatica fino a Grado notevoli contingenti di truppe orientali armene e persiane [8]. Mentre il dominio bizantino rivalutava le preesistenze romane nel territorio, pertanto, la *Venetia maritima* veniva permeata da influssi che avranno molto peso nella formazione della città vera e propria.

Influssi, peraltro, ai quali i possessori fondiari, seppure inquadrati nel regime militare imposto dallo stato d'emergenza continuo, dovettero resistere cercando di conservare alla propria cerchia le cariche di governo, cioè le funzioni di *judices* o *tribuni*, mentre i *duces* o *magistri militum* provenivano probabilmente dall'esterno.

La prima fase dell'aggressione longobarda

Il dominio bizantino sulla penisola fu ridotto a brandelli, nel giro di pochi decenni, da quegli stessi longobardi che Giustiniano aveva usato per abbattere il regno ostrogoto. Essi cominciarono a calare sull'Italia nel 569 guidati dal principe Alboino, e non s'attardarono nelle città più vicine alla costa, come Aquileia, Concordia, Altino e Padova. Scesero a patti con le autorità di Treviso, tramite il vescovo, mentre occuparono Vicenza e Verona, dove la persistenza ostrogota s'era protratta fino a tre anni prima. I bizantini, invece, dando scarsa importanza a questa prima ondata di ex alleati [9], si limitarono a rivedere le proprie posizioni in funzione del mare, sul quale potevano contare nell'aiuto della flotta. Per questo, valorizzarono subito l'antico legame esistente, specie per vie fluviali, fra le città dell'interno e i borghi portuali. Risale allo stesso anno 569, difatti, il primo caso di una doppia residenza ecclesiastica, realizzata trasferendo il patriarca di Aquileia nel *castrum* di Grado [10]: uno sdoppiamento che segnava il paradigma d'una incerta dislocazione dell'autorità bizantina, e perciò anche della linea di separazione fra mondo longobardo e romano, lungo le coste adriatiche.

La crisi geoclimatica di fine secolo VI

Mentre bizantini e longobardi indugiavano per assestare le rispettive posizioni gli eventi naturali contribuivano a prefigurare l'esito finale dello scontro per quanto riguarda l'area di Venezia. Intorno al 590, difatti, come dirà Paolo Diacono [11], ed è confermato dalle ricerche archeologiche più recenti, le Venezie furono investite da un complesso d'inondazioni collegate a processi bradisismici ed eustatici, che mutarono l'assetto idrogeologico dei luoghi. Le acque dell'Adige s'innalzarono fino a sommergere Verona, per dirompere poi in altra direzione,

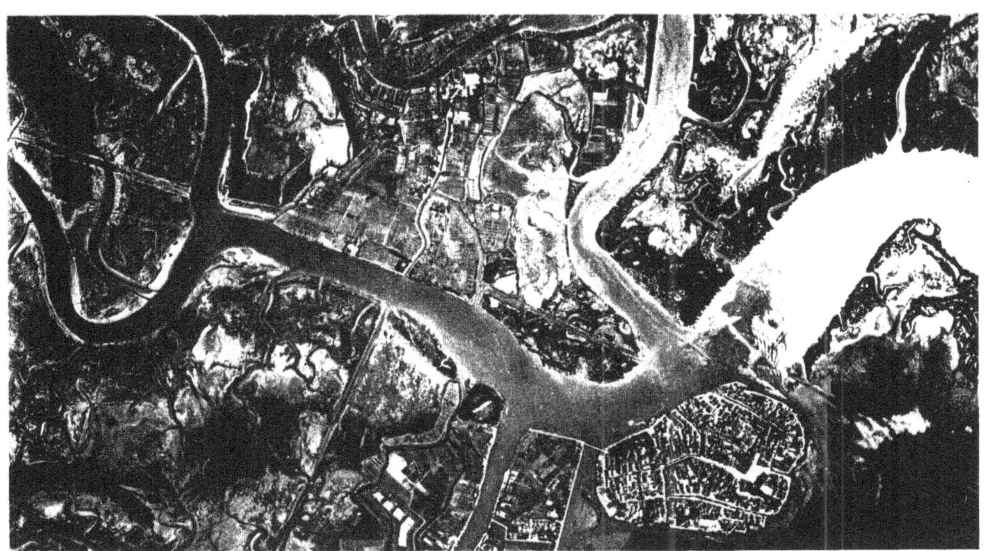

Fig. 5. L'isola di Torcello (al centro in alto) a nord-est di Venezia, dove le ricerche archeologiche hanno accertato una sospensione dell'insediamento umano in coincidenza con la crisi idrogeologica del VI secolo. In basso, le isole di Mazzorbo e di Burano. Ripresa aerofotogrammetrica della Compagnia Generale Ripreseaeree di Parma, conc. S.M.A. 456 del 6.9.1984 Enel D.Co., « Enel Ve ».

scavandosi un letto lontano dall'antica Ateste (Este) e riuscire nell'Adriatico in corrispondenza di Fossis, poco lontano dalla Chioggia attuale. Il Brenta emerse su Padova rovesciandosi lontano dalla città, e facendo posto al Bacchiglione, che s'immise nel suo alveo [12]. Fenomeni analoghi, accertabili per vie archeologiche, avvennero nell'area di Altino e di Concordia Sagitaria, stravolgendo pertanto il corso del Sile-Piave e l'abitato dell'isola di Torcello, vicino a Venezia [13].

Considerando l'insieme di questi fenomeni, è fuor di dubbio che ne venisse sconvolto l'intero sistema di strutture agrarie, viarie, canalizie e fluviali sulle quali si fondava l'efficienza socio-economica ed urbanistica della cimosa costiera delle Venezie, « Destructa sunt itinera dissipatae sunt viae » (III.23), dirà circa due secoli più tardi Paolo Diacono, il quale riassumeva l'esito finale del processo precisando che la « Venetia » non consta solo delle poche isole (« paucis insulis ») che ora chiamiamo « Venetias », ma il suo confine si estende dalla Pannonia fino al fiume Adda (II.14). Dove spicca, oltre alla distinzione politica fra la Venezia costiera e quella continentale, acquisita al suo tempo, la nozione di *insula*, che nessun autore prima di lui aveva usato in modo così perentorio. Evidentemente, a seguito della crisi idrogeologica occorsa fra il VI e il VII secolo, le acque ritagliavano lungo le coste venete delle *insulae* che restavano tali anche durante le basse maree, diversamente da quanto avveniva in precedenza. Ed il nome « Venetiae », ormai collimava talmente con l'immagine di queste *insulae* che bisognava far presente quale fosse l'estensione continentale del termine [14].

Il ducato veneto-bizantino di possessori e mercanti

Quando i longobardi, nel 602, ricominciarono a premere sull'esarcato di Ravenna, l'esercito dei romani-bizantini non aveva molte scelte per una valida resistenza. Nel giro di quarant'anni il *magister militum* doveva abbandonare le postazioni di Padova, Altino e Oderzo, ubicate a monte o a cavallo delle vie consolari Annia e Popilia, ormai « dissipatae », e cercare il supporto della flotta nella fascia costiera a valle delle stesse. Le cronache fanno risalire al 639, dopo la prima caduta di Oderzo, il trasferimento del *magister militum* nell'area della cosiddetta Civitas Nova, cioè in quel borgo costruito lungo le rive di un ramo del sistema fluviale del Piave, che l'aerofotografia ha permesso d'individuare con precisione nel 1983. Con ogni probabilità, si trattava di un vecchio insediamento che ricevette nuovo impulso dal trapianto del *magister* e che venne detto Heraclia, o Eracliana, in omaggio all'imperatore bizantino del tempo.

Una iscrizione dello stesso anno trovata a Torcello [15] permette di avere nozioni più sicure di quelle tramandate dalle cronache posteriori, sulle faccende della provincia. L'epigrafe commemora la costruzione di una chiesa dedicata a « Maria Dei Genitrix », che costituisce l'antefatto di quella tuttora esistente nell'isola di Torcello. La chiesa — si dice — sorge per merito del *magister militum* Maurizio, governatore della *provincia Venetiarum*, che risiede in questo luogo di sua proprietà, e per volere dell'esarca Isacio, e viene consacrata dal reverendissimo Mauro, vescovo della sua chiesa.

Il governo della provincia, dunque, restava nelle mani dei possidenti locali, a ciò delegati dall'esarca di Ravenna direttamente proveniente da Bisanzio, i quali, nonostante la crisi geoclimatica e l'invasione longobarda, avevano risorse sufficienti per promuovere opere edilizie d'un certo rilievo. E su quegli stessi possidenti cadde, senza dubbio, il nuovo titolo di *dux*, che l'imperatore assegnava, nelle sue residue province italiane, ai *magister militum*, intorno al 713-716 [16], quando le cronache posteriori prospettano il nome di un certo Deusdedit, ponendolo all'origine della serie dei duci o *dogi* venetici. L'evento si colloca, in ogni modo, nel quadro delle rivolte nell'Italia bizantina contro l'esosa politica fiscale di Bisanzio e la sua ingerenza nelle questioni dottrinali (iconoclastia) che avrà tanto peso nel contrasto fra la chiesa orientale ed occidentale [17]. Negli stessi anni, peraltro, i possessori locali dell'area veneta dovettero intuire quanto fosse importante il movimento mercantile che i battellieri della costa potevano intrattenere con i mercanti longobardi dell'interno. Risale al 715, difatti, il trattato commerciale o *pactum* di Liutprando con i maggiorenti di Comacchio per trasportare il « salem aut alias species » fino ai porti fluviali di Parma, Mantova e Cremona, con i tassi relativi, che includevano un tributo di due once di pepe nel porto fluviale di Parma [18], indizio sicuro di traffici col Levante.

Cercare le prove documentarie d'una produzione del sale nell'area di Chioggia o di Venezia, a quel tempo, risulta impossibile, mentre il documento lo conferma per l'area di Comacchio, giusta la nostra interpretazione della lettera di Cassiodoro. Nel x secolo, quando compariranno le saline a Chioggia e a Venezia, secondo gli studi del Mollat [19], esse saranno già inquadrate nell'organizzazione dei monasteri, in linea con gli sviluppi comuni a tutta l'Europa, e probabilmente connesse alla grande proprietà fondiaria. Qualche anno dopo il *pactum* di Liutprando con Comacchio, nel 732, i longobardi scacciarono l'esarca da Ravenna ed il papa, attraverso il patriarca di Grado, invocò l'intervento della flottiglia dei veneti [20]. Piuttosto che ricamare su questa ed altre notizie d'iniziative dei veneti, trasmesse da cronache tardive, conviene sottolineare l'aspetto logistico delle loro conseguenze. Nel 742, il duca trasportava la sua sede a Malamocco, sul litorale [21], perciò a stretto contatto col mare e con la flotta bizantina, e l'esarcato crollava nel 751, per opera del duca del Friuli, Astolfo.

Trent'anni dopo, nel 780, s'incontrano « dei mercanti veneti a Pavia, a vendervi delle penne di pavone e di fagiano dorate, velluti e sete, stoffe purpuree di Tiro, pelli preziose » [22], tutte merci di provenienza orientale. Da quale « porto » delle Venezie provenissero questi mercanti non è dato sapere; ma è certo che nel ducato si metteva a profitto il collegamento con le navi bizantine, e l'esempio di Comacchio.

Il ducato fra due chiese e due imperi

La fine dell'esarcato di Ravenna, seguito dalla conquista dell'Istria, fece del ducato veneto un'*enclave* bizantina totalmente isolata nell'Italia settentrionale in mano longobarda e collegata all'impero soltanto per mare. Iniziava così il mezzo secolo più rischioso per l'esistenza stessa di questo anomalo staterello.

Per contrastare lo strapotere dei longobardi ariani in Italia, il papa fece appello nel 753 al regno dei franchi, di lunga tradizione cattolica, il quale, avendo bloccato gli arabi a Poitiers (732), costituiva la massima potenza terrestre dell'Europa cristiana.

I franchi impegnarono i longobardi in una guerra ventennale conclusa vittoriosamente da Carlomagno con la conquista di Pavia nel 774. Riuscendo laddove Bisanzio aveva mancato, Carlomagno si guadagnò una popolarità immensa presso i cristiani occidentali d'osservanza romana [23].

Il contrasto fra Roma e Costantinopoli si trasformò in aperta rottura dando vita a due chiese, l'una greco-orientale e l'altra latino-occidentale. A tre secoli dalla fine dell'impero romano universale, perciò crollava anche la prospettiva d'una chiesa cristiana universale, un fatto sancito da papa Leone III nell'800, imponendo la corona imperiale a Carlomagno.

Sul mondo mediterraneo, pertanto, si contrapposero da quel momento non solo due chiese, ma due imperi cristiani. A quello di Carlomagno, peraltro, mancava il riconoscimento di Bisanzio, e le sorti del piccolo ducato delle Venezie vennero giocate proprio su tale questione [24].

Il vescovado di Olivolo-Castello e i monasteri benedettini

Gli ultimi cinquant'anni avevano modificato sensibilmente la struttura interna e la posizione internazionale del ducato. Sollecitando l'intervento dei franchi nel 753, il papa aveva chiesto di entrare, alla fine dell'operazione, nel possesso dei territori ex bizantini occupati dai longobardi, comprese le « provincie delle Venezie e dell'Istria ». In questa prospettiva, l'esistenza del duca non poteva risultare che imbarazzante, sia sotto il profilo politico che sotto il profilo ecclesiastico, stante la sua autorità anche in questo campo. Per tramiti tuttora ignoti, la vicenda ebbe un primo esito di grande importanza per la storia urbana di Venezia. Oltre alla sede episcopale di Aquileia-Grado fra il 775 ed il 776, difatti, venne creato un secondo vescovado nel ducato, insediato nell'*insula* di Olivolo, o *Castrum Helibolis* presso l'attuale isola di S. Pietro di Castello [25].

La scelta di Olivolo come sede episcopale, va notato, dava corpo ad una strategia territoriale che non aveva nulla in comune con le due direttrici antiche dei traffici tangenti all'area della futura Venezia, cioè con quelle per Altino o per Padova. Essa valorizzava, al contrario, una catena di luoghi disposti lungo una direttrice intermedia, irrorata di piccoli fiumi minori, come il Marzenego, il Dese e lo Zero, che risulterà poi convergente su località continentali come Tessera e Mestre [26]. In questo viraggio, si avverte già l'emergere d'una logica territoriale altomedievale imperniata sull'esistenza di certi monasteri benedettini che servivano da punto d'appoggio per i traffici via mare dall'Oriente verso l'entroterra longobardo.

Questi monasteri compaiono tutti insieme sullo scor-

Fig. 6. La posizione delle isole di S. Servolo (1), di S. Giorgio (2), di S. Pietro di Castello od Olivolo (3), e del monastero di S. Zaccaria (4) vicino a Piazza S. Marco, in una foto aerea allo stato attuale.

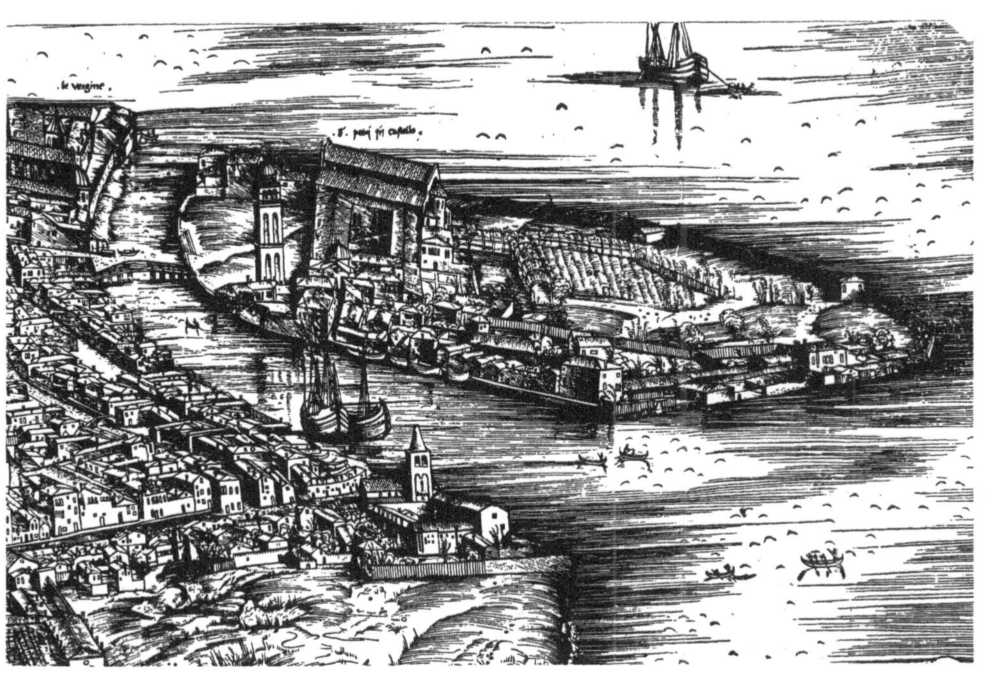

Fig. 7 [6]. L'isola di S. Pietro di Castello, sede del vescovo di Olivolo, nella veduta del de' Barbari del 1500.

cio del IX secolo, in documenti che fanno pensare ad una strategia già matura, alla quale dovevano aver collaborato i possessori locali [27] sia per motivi religiosi, sia per motivi di controllo agricolo sull'attività produttiva dei loro dipendenti. Fra questi spiccano per la loro posizione i tre monasteri benedettini meglio conosciuti per l'area che qui c'interessa a quel tempo: S. Servolo, S. Zaccaria, S. Giorgio. Il monastero di S. Servolo, con la sua chiesa, sorgeva in un'*insula* a circa 1500 metri a sud-ovest di Olivolo, corrispondente grosso modo all'isola omonima attuale. L'*insula* dovette subire processi d'erosione e sprofondamento che la porteranno a ridursi col tempo nelle dimensioni attuali. Già nell'819, difatti, i monaci chiedevano al duca la facoltà di trasferirsi altrove, essendo « in loco angusto constituti infra paludes ». Essi chiesero, ed ottennero, di trasferirsi in una loro vasta proprietà, nelle campagne pure impaludate di S. Ilario, dove possedevano una *capellam*, e dove diedero vita ad un altro monastero importante nella storia di Venezia; quello di S. Ilario appunto [28]. La posizione di S. Ilario è tuttora discussa, ma gravitava grosso modo fra Malcontenta e Gambarare, nell'area delle centuriazioni romane lungo la via Popilia [29].

Oltre S. Servolo, sul lato sud della stessa via d'acqua, a circa 1500 metri da Olivolo, sorgeva il monastero poi conosciuto come S. Giorgio Maggiore, documentato dal 982 [30], ma certo di più antico insediamento. Nell'828 si documenta pure sul lato nord dello stesso canale, circa 1200 metri a nord-ovest di Olivolo, il monastero di S. Zaccaria [31], presso il quale sorgerà il centro politico di S. Marco.

Considerati insieme, Olivolo e S. Zaccaria da un lato e S. Servolo e S. Giorgio dall'altro definiscono esattamente l'invaso sud-orientale del Bacino di S. Marco attuale, ad ovest del quale si dipartono il Canale della Giudecca e il Canal Grande. Forse a nord dell'asse Olivolo S. Zaccaria, nell'area della futura Venezia, esistevano già nell'VIII secolo insediamenti civili d'una certa consistenza, magari dispersi fra vigne, orti, valli da pesca e saline che giustificarono la creazione del vescovado. Ma la giurisdizione ecclesiastica di Olivolo si estendeva anche su altri insediamenti del ducato, se non addirittura sopra la « universis Venecie populis habitantibus plebe », come verrà detto nell'819 [32].

Il duca dei veneti si trasferisce nei pressi di Olivolo

La pressione del papato e dei franchi sulle Venezie raggiunse il livello d'incandescenza nel 787, quando i mercanti veneziani vennero espulsi da Ravenna e dalla Pentapoli, previa confisca dei loro possedimenti [33]. L'evento s'inseriva nel contrasto fra Carlomagno e l'imperatore di Bisanzio per la conferma del titolo imperiale, e determinò una spaccatura all'interno del ducato con prese di posizione filofranche o filobizantine [34], che si risolse per via militare allorché i franchi attaccarono, e forse conquistarono, Malamocco, mentre la flotta bizantina risaliva l'Adriatico (807).

La vicenda si concluse nell'814, quando l'imperatore bizantino riconobbe *de facto* il titolo imperiale di Carlomagno, in cambio della sua rinuncia ai territori occupati, e il ducato delle Venezie ritornava sotto l'egida bizantina, governato da un nuovo duca, Agnello Partecipazio (811-827) che trasferiva la sua residenza nei pressi di Olivolo, innescando il processo formativo della futura città di Venezia, nell'area detta Rialto o *Rivoaltum* [35].

Capitolo terzo

Tre secoli formativi per il contesto urbano

La proprietà terrestre nei testamenti di Giustiniano ed Orso Partecipazio

L'insieme dei luoghi, intelaiati dal sistema dei monasteri benedettini citato più sopra, dove il primo duca s'insediava, dopo l'accordo francobizantino, non costituiva, probabilmente, un arcipelago di isole separate da acque permanenti, come vorrebbe la tradizione posteriore. In ogni caso, i primissimi documenti relativi all'area di Venezia stilati sotto la reggenza dei nuovi duchi convalidano l'immagine d'un ambiente nel quale la distinzione fra terra e acqua era imprecisa perché mediata da vaste zone paludose, con prevalenti attività agricole e dove si costruiscono molti edifici, ma non v'è traccia di attività marittime.

Il testamento del duca Giustiniano [1], scritto nell'828 a favore del monastero di S. Ilario, e quello di Orso [2], vescovo di Olivolo, dell'853, mostrano una sorprendente indifferenza per l'esercizio diretto dell'attività marittima. Il duca menziona una parte del suo patrimonio mobiliare, che spera ritorni « salva de navigatione reversa »; il vescovo lascia al monastero di S. Ilario un sacco di pepe ed uno di olivano, provenienti necessariamente dal commercio orientale [3]. Ma si tratta di ben poca cosa in confronto alla quantità di campi, terre, vigne, prati, pascoli, boschi, frutteti, mulini ad acqua, case e stalle componenti le 15 *massarizie* che il duca Giustiniano possiede da Cittanova a Torcello, da *Equilo* (Jesolo) fin nei pressi di Mestre e persino nei dintorni di Treviso. E lo stesso dicasi per il vescovo Orso, anche se la sua ricchezza risulta ormai materializzata nella *basilica* di S. Lorenzo, da lui fatta costruire ex novo, e pure dotata di casa, di terra e di vigne circondate da muro (*muris vallatas*) [4]. Considerando anche il testo della concessione fatta dai *duces Veneciarum* nell'819 al monastero di S. Ilario (citata più sopra) ne risulta, per il secolo IX, l'immagine complessiva di un gruppo familiare di potere la cui proprietà si ramifica su tutto il territorio, impiegando servi, *ancillae*, mugnai (*molenarii*) e pescatori, senza traccia di addetti al traffico marittimo. Eppure, specie al tempo del vescovo Orso, i veneziani non praticavano più soltanto il piccolo cabotaggio lungo i litorali o su per i fiumi; e navi veneziane, in assolvimento agli obblighi verso l'imperatore, avevano partecipato ad azioni belliche nelle acque di Sicilia già nell'827 [5].

Nell'840 una missione bizantina era giunta nelle Venezie conferendo al duca Pietro Tradonico (836-864) il titolo di spatario per sollecitare la sua collaborazione con-

Fig. 8 [4]. Anonimo, « Venetiar[um] Civitas », 1479.

tro la flotta araba che aveva occupato Brindisi e Taranto (839) e stava salendo nell'alto Adriatico [6]. Le navi veneziane dovevano essere di « modestissime dimensioni » (Luzzatto) [7], perché registrarono soltanto insuccessi, tanto è vero che gli arabi giunsero fino a Grado nell'875. Ma, per quanto modesta e tecnologicamente inferiore a quella araba o bizantina o dalmata, una flotta veneziana esisteva e si stava consolidando. Se di essa, e dei suoi addetti, non v'è traccia nei pochissimi documenti, del resto tutti ecclesiastici, del IX e del X secolo relativi all'area di Venezia è perché, con ogni probabilità, i suoi centri d'allestimento e ricovero erano distribuiti nelle altre cittadine del ducato, come Grado, Caorle, Malamocco e forse Chioggia, già dedite all'attività marinara in epoca romana.

Né, d'altra parte, considerato il carattere federativo [8] e policentrico del ducato veneziano, era indispensabile, per il successo e lo sviluppo dei traffici mercantili, che questi, perlomeno in quei secoli, si svolgessero per l'intervento diretto dei ricchi proprietari di terre, come i Partecipazio o i duchi che seguirono.

Il punto fisso di S. Marco, nell'area di Venezia

Nel testamento di Giustiniano Partecipazio è, invece, ben presente l'urgenza di compiere un rito che avesse il valore d'un atto fondante per la sede ducale intesa come centro dello stato.

« De corpus vero beati Mar[ci Felicita]ti, uxori mee ut hedificet basilicam ad suum honorem infra teritorio Sancti Zacharie » [9]. Questo l'ordine impartito nell'829, con il quale il duca non soltanto rovesciava i rapporti di forze con il patriarcato di Aquileia, ma eleggeva l'evangelista S. Marco a testimone e protettore della città sorgente, ancorandola nel contempo alla sua proprietà e divenendone così il fondatore.

Sull'architettura di questa chiesa, completata probabilmente nell'832 [10], si sa molto poco, ma è certo che essa determinò sul terreno *un punto fisso* essenziale per gli sviluppi successivi di Venezia. Per opinione fondata e concorde, sorgeva accanto ad una chiesa più antica dedicata a S. Teodoro, un martire greco di tradizione bizantina [11], e a stretto contatto con il complesso edilizio dal quale si sviluppò, in seguito, il palazzo ducale odierno. Al sorgere di questo punto fisso, si collega, pertanto, il progressivo assestamento degli edifici e delle funzioni pertinenti al potere politico, e dunque l'origine della città come luogo centrale del ducato policentrico. Ma l'effettivo emergere di questo luogo, detto *Rivoalto*, come punto di riferimento internazionale sarà lento e contrastato dalle rivalità interne.

Il Pactum Lotharii: 840

Per il fatto stesso di regolare i rapporti fra il *dux Veneticorum* Pietro Tradonico (836-864) e l'*imperator augustus Lotario*, questo patto [12] esprime il punto di vista continentale sulla struttura territoriale del *ducatus Venetiae* nell'840. Esso comincia difatti col precisare quali siano i confinanti, ovvero i « vicini [...] Veneticorum ». Questi, confermando la mobilità dei veneziani lungo i fiumi e le coste, comprendono gli istriani come i friulani, i trevisani e i vicentini, e si estendono a sud, oltre Comacchio, fino a Cesena, Rimini, Pesaro e persino Ancona e Fermo. Segue poi l'elenco dei diciassette centri abitati dal *populo Veneticorum*. Rialto (Rivoalto) compare per primo, ma senza particolari attributi, e poi Olivolo (*Helibolis*) il quale soltanto viene detto *castrum*. Seguono Murano, Metamauco, Albiola, Chioggia, Brondolo, Fossone, Loreo, Torcello, Ammiana, Burano, Cittanova, Fine, Jesolo (*Equilis*), Caorle, Grado e Cavarzere [13].

La preminenza politica, ma non ancora mercantile, di Rialto verà registrata un secolo dopo da fonti bizantine.

Il « De administrando imperio » (948-952) e l'alternativa di Torcello

Il trattato dell'imperatore Costantino Porfirogenito (912-954), scritto per il figlio, fornisce il secondo elenco conosciuto dei centri distribuiti nel territorio ducale [14]. Le novità sono molte, a cominciare dal numero complessivo dei centri, che sono ventotto; tutti localizzabili con sufficiente approssimazione, salvo due (Lubianon e Apsamo) [15].

Particolare rilievo assumono i litorali, lungo i quali figurano toponimi nuovi, corrispondenti alle località attuali del Cavallino, Vignole, S. Erasmo, S. Nicolò di Lido e Pellestrina. A proposito di Rialto, del quale si spiega

Fig. 9. I confini del ducato veneziano esteso da Grado a Cavarzere, secondo le indicazioni fornite da L. Lanfranchi e G. G. Zille nella *Storia di Venezia*, 1958 (disegno di G. Bellavitis). Il profilo delle coste e delle lagune interne è stato ricostruito sulla base della cartografia conosciuta a partire dal XVI secolo, depurata dagli effetti delle deviazioni fluviali, e va inteso come un'ipotesi di lavoro. Le località segnate sono quelle che figurano nel *De administrando imperio* del X secolo, ma convertite nei toponimi attuali.

l'etimologia come « luogo più alto », è detto che il posto fu scelto quale residenza del *dux*, perché lontano dal continente quanto basta per avvistare sulla terraferma un uomo montato a cavallo.

L'informazione più sorprendente, tuttavia, è quella relativa a Torcello la quale soltanto viene detta *magnum emporium*, pur precisando che esistono altri empori e castelli nel ducato. Il motivo e il significato di tale precisazione restano incerti [16]; forse Torcello aveva ereditato l'importanza portuale di Altino, ulteriormente danneggiata dagli ungheresi nell'899, rispetto ai traffici fluviali lungo il Sile, verso le province nord-orientali del Veneto collegate per antica tradizione ed attraverso numerosi valichi transalpini alle aree germaniche orientali della Baviera e Carinzia. In ogni caso, il fatto che Torcello, e non Rialto con Olivolo (non menzionato) apparisse come un grande emporio presso la corte bizantina, alla metà del X secolo, illumina un problema topografico trascurato dalla storiografia ufficiale posteriore, tutta protesa alla celebrazione del potere politico, insediato a Rialto.

Sembra chiaro, difatti, che Torcello era vista, allora, come l'epicentro d'un sistema d'insediamenti che poteva competere con quello gravitante su Rialto, dal punto di vista portuale e produttivo, e la cosa è confermata dai documenti relativi specialmente alle saline che nell'XI secolo [17] raggiungeranno dimensioni industriali nelle acque ad essa circostanti.

Ma il meccanismo degli eventi politici, culturali e urbanistici che, sommandosi all'invadenza dei depositi alluvionali del Piave, conterrà lo sviluppo di questo settore lagunare, aveva già trovato il suo punto di forza, a quel tempo e da oltre un secolo, presso la corte ducale nell'area di Rialto, e nei luoghi vicini, dei quali venivamo conoscendo i nomi con il fiorire delle prime cronache.

I processi di urbanizzazione anteriori all'XI secolo, nelle parole del cronista Giovanni

Secondo il cronista [18], due duchi si sarebbero dedicati, in modo speciale, allo sviluppo delle città. Il duca Orso Partecipazio (864-881), dando « licentiam [...] paludes cultandi [...] et domos aedificandi », verso oriente e verso Dorsoduro. E il duca Pietro Tribuno (888-912), che intorno all'897 cominciò ad edificare proprio la « civitatem apud Rivoaltum », tanto che ai suoi tempi il « civitatis murus » si estendeva dal rivo « de Castello », fino alla chiesa di S. Maria del Giglio (o *Iubanico*). Questo duca, inoltre, avrebbe fatto comporre una « maxima [...] catena ferrea » che venne tesa fra la chiesa di S. Maria del Giglio ed il margine della chiesa di S. Gregorio, sulla riva opposta (*trans ripam*) del Canal Grande, per impedire l'ingresso alle navi nemiche, come si faceva a Costantinopoli [19].

In queste parole, taluni studiosi [20] vedono il segnale di una città matura e forte. Ma di un « murus » cosiffatto, che avrebbe dovuto svilupparsi per oltre due chilometri, non restava alcuna traccia nemmeno nei documenti del XII secolo [21], ed una *grande muraglia* militare appare piuttosto spaesata nella Venezia del duca Pietro Tribuno, il cui ducato cadeva, anzi, in un periodo di relativa tranquillità interna ed internazionale per Venezia (881-912) [22].

È più probabile che il cronista alludesse a quell'opera di bonifica, consolidamento e definizione dei suoli urbani che risultava in atto fin dal tempo della *Civitas Nova* di Heraclia, e segnerà necessariamente lo sviluppo posteriore

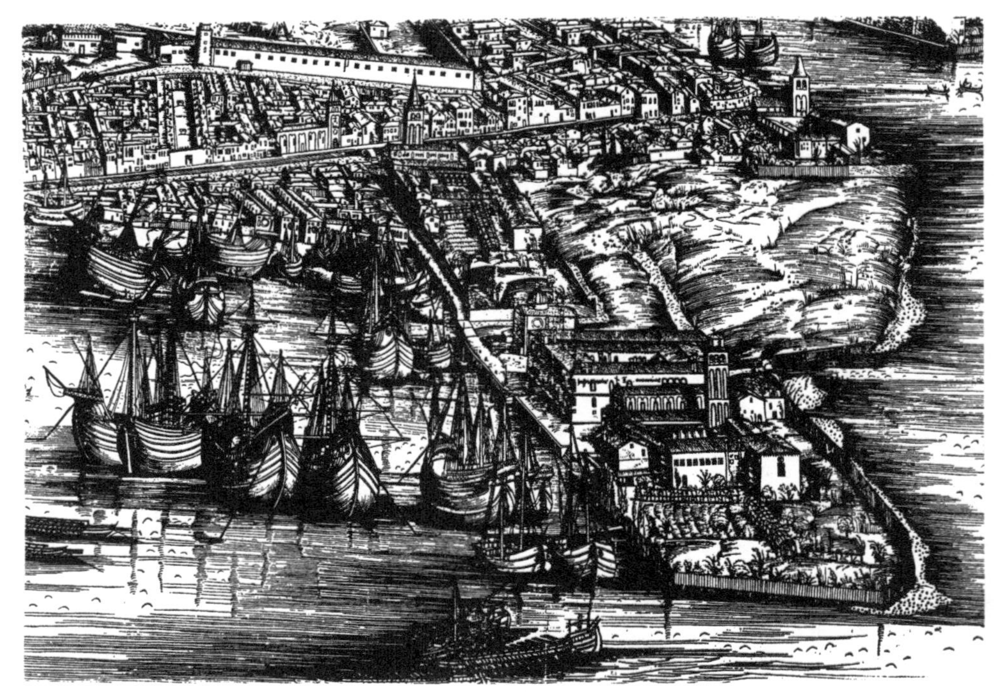

Fig. 10 [6]. Particolare della veduta del de' Barbari che rappresenta, nel 1500, le opere di bonifica in corso sulla Punta di S. Antonio. Sono molto evidenti i canali artificiali di drenaggio, le palificate di contenimento o di recinzione e la « fondamenta », o *junctorium*, che, partendo dal rio di Castello o di S. Anna, si protende lungo tutta la penisola, congiungendo il convento di S. Domenico (in alto) con quello di S. Antonio (in basso).

di Venezia. Nei terreni con forte presenza d'acqua, a Venezia come altrove, quest'opera si articola nelle due fasi essenziali e complementari del drenaggio e della recinzione protettiva dalle acque superficiali e sotterranee.

Lo scavo dei canali di drenaggio implicava anche a Venezia, ma non solo a Venezia, l'apertura di nuove vie acquee di collegamento o d'urbanizzazione, mentre la costruzione del recinto serviva a sistemare e consolidare il profilo dei terreni sulle vie d'acqua sia nuove che preesistenti.

Nella veduta di Venezia attribuita a Jacopo de' Barbari, l'intera gamma di queste operazioni verrà puntualmente rappresentata allo scoccare del 1500[23]. Ma il termine « nostro rivo Novo », che figura già in un documento del 1079 relativo alle proprietà Bonoaldo a Dorsoduro[24] testimonia procedure d'intervento antichissime, e collegate spesso alla proprietà privata delle acque e della terra.

Il cronista Giovanni, parlando del « murus civitatis », ne poneva l'inizio in « capite rivuli de Castello »[25], e questo nome designava ancora nel XIII secolo il lungo e rettilineo canale artificiale (detto poi rio di S. Anna) che congiungeva[26] l'attuale isola di S. Pietro di Castello al Bacino di S. Marco. È probabile, dunque, che le sue parole trasmettano l'immagine d'un profilo urbano che si andava consolidando sulla fronte acquea compresa fra questo rio e la chiesa di S. Maria del Giglio.

Il contributo dei *muri* di arginamento, fondazione ed elevazione a quest'opera lunga e laboriosa, era certo essenziale. Ma è fuor di dubbio che non si trattava di una *grande muraglia* ininterrotta, bensì di opere funzionali all'urbanizzazione in corso, ed eseguite per tratti separati in modo da lasciare varchi opportuni sull'imbocco dei canali, completamente o parzialmente artificiali, necessari all'urbanizzazione stessa, la quale, peraltro, appariva ad uno stadio piuttosto modesto ancora nel X secolo.

Le sei regioni urbane di Venezia nel X secolo

Nonostante la penuria dei documenti, è possibile avere[27] un'idea strutturale di Venezia per il X secolo. Trascurando le isole minori e più separate dal contesto, risulta che gli abitanti inquadravano se stessi, nel territorio, secondo sei regioni, tutte nominate in relazione a caratteristiche morfologiche naturali: Olivolo, Gemine, Rivoalto, Dorsoduro, Luprio, Canaleclo. È possibile, pertanto, che questi nomi corrispondessero a situazioni stanziali anteriori al primo insediamento del duca Agnello Partecipazio. La successiva mutazione e scomparsa del loro significato territoriale è sintomatica, ovviamente, del progressivo emergere d'una topografia amministrativa, civile ed ecclesiastica, sul paesaggio naturale, al formarsi della *civitas*.

Ad Olivolo, sull'estremità orientale, seguivano, verso ovest, le Gemine e Rivoalto, esteso sulle rive orientali del Canal Grande e spinto fino in prossimità del rio di Noale odierno. Dorsoduro comprendeva la parte orientale del sestiere omonimo, mentre la regione di Luprio si stendeva sulle due rive del Canal Grande ad ovest di Rivoalto, occupando parte dei sestieri odierni di S. Polo, S. Croce e Cannaregio. Canaleclo si stendeva a nord-ovest di Luprio, sopra l'ultimo tratto del Canal Grande, allora detto *Canalis Calanecli*, e sulle rive del Canale di Cannaregio odierno. Il significato naturalistico di questi sei

Fig. 11. Pianta schematica delle sei « regioni » di Venezia nell'XI secolo confrontate con i sestieri del XII secolo (disegno di G. Bellavitis). Il profilo delle « regioni » è desunto dal testo di L. Lanfranchi e G. G. Zille già citato nella didascalia alla fig. 9.

a) confini delle regioni; *b*) confini dei sestieri; *c*) profilo della città al 1500; *d*) profilo attuale.

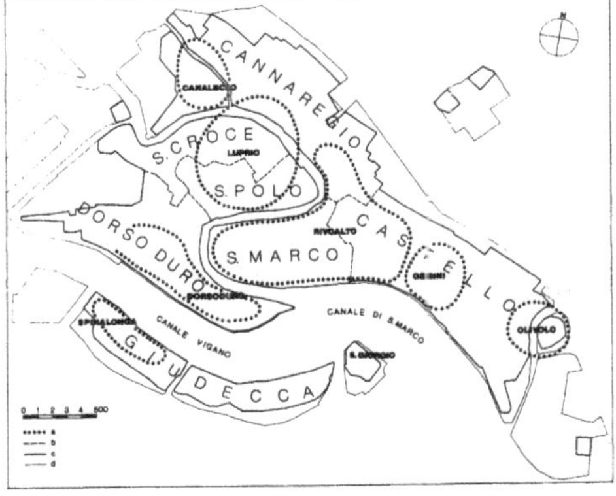

toponimi è abbastanza indicativo del disfacimento al quale era stata sottoposta l'area di Venezia per l'ingressione marina che avrebbe ripreso la sua virulenza alla fine del secolo.

I toponimi Olivolo e le Gemine alludono a nuclei insulari distinti; un'isola dove esisteva un *olivarum arbor* [28] nel primo caso e due isole simili, dette perciò Gemine o gemelle, nel secondo [29]. Rivoalto e Dorsoduro sembrano termini complementari, designanti rispettivamente delle alte rive ed un duro « dosso » sull'imbocco d'uno stesso canale profondo. Luprio e Canaleclo, invece, identificano delle bassure a filo d'acqua, con la radice *Lup*, espressiva di suolo emergente da zona paludosa [30] e il ricordo dei canneti indotti dalle acque dolci del *flumen* di Mestre [31], che scendeva nella zona alimentando i traffici tra Venezia e la terraferma.

In questi toponimi, pertanto, sembra riflettersi la memoria di un dispositivo formato da una fascia di terreno più elevato e solido (Rivoalto e Dorsoduro) a monte del quale stavano delle bassure paludose o forse delle campagne (Luprio e Canaleclo), che le acque marine, attraverso il varco del Canal Grande, stavano infiltrando. L'immagine di tale dispositivo concorda con le indicazioni dei carotaggi segnalati più sopra [32], secondo i quali un antichissimo cordone dunoso (ca. 4000 a. C.) passava per quest'area separando acque dolci e salate.

Frontiere naturali e gruppi sociali a Venezia fra X ed XI secolo

Diversamente da ciò che l'immagine del *murus civitatis* potrebbe far supporre, il territorio di Venezia doveva apparire tutt'altro che coerente sullo scorcio del X secolo.

Le case, in legno oppure in muratura, confinavano spesso con zone di suolo paludoso che l'opera dell'uomo andava riscattando faticosamente. Una palude *publica* particolarmente ampia si estendeva in corrispondenza dell'attuale rio di Cà Foscari, separando le regioni di Luprio e di Dorsoduro [33]. Altre paludi o *piscine*, punteggiavano l'area stessa di Rivoalto ed una vasta depressione paludosa, oppure decisamente soggetta all'escursione delle acque salmastre, separava l'area di Luprio da quella di Rivoalto.

Per la scarsezza dei documenti è difficile dire [34] se la regione delle Gemine comprendesse soltanto l'area delle parrocchie della SS. Trinità e di S. Martino, oppure anche l'area che apparterrà alle parrocchie di S. Giovanni in Bragora e di S. Antonin, come risulta da documenti posteriori del 1172 e del 1173, rispettivamente. Ed altrettanto difficile risulta il definire quale fosse l'area pertinente alla regione di Luprio, che aveva il suo epicentro nella chiesa parrocchiale di S. Giacomo dall'Orio, documentata a partire dal 979 [35]. Nell'appellativo di questa chiesa si riassume la vicenda che porterà a contrarre progressivamente il territorio di Luprio fino a farlo scomparire, per lasciare il posto ai sestieri di S. Croce, S. Polo e Cannaregio. La parola Orio, difatti, deriva da Luprio [36] ed a questo si riduceva, già nel XII secolo, l'intera memoria di un gruppo sociale che svolse un ruolo cospicuo nella costruzione della città.

Analizzando gli sviluppi di Venezia, fra il X ed il XII secolo, la storia della regione di Luprio emerge come un fatto cruciale. Alla radice del fenomeno sta la questione, quanto mai complessa, della forma naturale del Canal Grande. A causa delle paludi esistenti lungo il suo percorso e specie di quella più vasta situata sull'estradosso del gomito inferiore in corrispondenza del rio di Cà Foscari, è probabile che la sua forma fosse abbastanza indefinita all'inizio. È anche per questo che i veneziani continuarono ad attribuirgli nomi diversi [37], nei diversi tratti, pressappoco fino al XII secolo: Rivoalto, Canale di S. Marco, Canale di S. Vidal, Canale di Luprio, e Canaleclo nell'ultimo tratto di nord-ovest. In quest'ultimo tratto, la sezione del corso d'acqua doveva essere molto piatta, con aree golenali a bassissima pendenza verso sud; e difatti la chiesa di S. Giacomo dall'Orio sorse molto all'interno. In ogni caso gli abitanti di Luprio non dovevano concepirlo come un elemento separatore, tanto è vero che s'insediarono anche sulla riva opposta dove diedero vita alla parrocchia di S. Ermagora, o di S. Marcuola, che il Sansovino fa risalire all'inizio del IX secolo, ma si documenta nel 1069 [38].

E molto indeterminata doveva essere anche la soglia fra acque navigabili e frontiere golenali in corrispondenza dell'attuale innesto del Canale di Cannaregio sul Canal Grande, a monte del quale si stendevano, forse fino alla terraferma, le paludi attraversate dal *flumen* di Mestre. Gli abitanti di Canaleclo difatti, dapprima insediati a sud, si espansero poi a nord del *flumen*, risalendo le sue rive

Fig. 12 [2]. Anonimo, veduta fantastica di Venezia, 1410 ca.

fino ad acquistare proprietà fondiarie nei pressi dell'area dove sorse il monastero di S. Secondo [39]. Questo monastero risulterà poi collocato sopra un'isola, distante più di 1,5 km dalle rive del Canal Grande. Dal documento del 1089 che accerta l'esistenza della sua chiesa, intitolata allora a S. Secondo e S. Erasmo, non risulta esplicitamente [40] che la chiesa fosse in isola, ed anzi il Canale di Cannaregio sembra indicato come qualcosa di continuo, probabilmente per la presenza di paludi lungo tutto il suo percorso.

Il mercato di Rialto

Anche l'area dove sorse il mercato di Rialto doveva essere, allo stato naturale, una plaga golenale a bassissima pendenza, trovandosi sul filo interno della corrente nell'ansa del canale. È probabile, inoltre, che la larghezza della sezione navigabile si restringesse di molto in corrispondenza dell'ansa, che presenta uno strettissimo raggio di curvatura, perché in vari documenti dell'XI secolo i luoghi circostanti sono detti « in capite Rivoalti », quasi che il canale terminasse in questo punto. L'ansa, tuttavia, si trovava e si trova tuttora a pochissima distanza (in linea d'aria circa 600 metri) dalla sede governativa di S. Marco e, secondo il cronista Giovanni [41], sulla golena antistante dalla parte di Luprio si macellavano già le carni (*macelli forum*), al tempo del IV duca Candiano (959-976).

Dalla parte di Rivoalto, intanto, si andavano concentrando [42] attività e residenze di famiglie facoltose. Che avesse luogo un intervento programmato di bonifica, recinzione ed alzamento del terreno golenale, lo si può facilmente dedurre dalla regolarità dei lotti e dei tracciati viarii che distingue tuttora questa parte di Venezia [43]. L'intervento, in ogni caso, doveva essere abbastanza avanzato nel 1051, quando la famiglia Gradenigo poteva procedere all'assegnazione di *stationes de beccaria*, cioè di botteghe da macellaio, sul terreno di sua proprietà. Quarant'anni dopo (1097), un altro gruppo di grandi possessori, la famiglia degli Aurio, od Orio, perfezionava l'intervento, mediante un accordo con la mano pubblica che consentiva al privato di aprire nuovi *ordines stationum*, cioè nuovi sistemi di botteghe ad altre categorie di commercianti nella stessa area [44].

La svolta mercantile e politica di Venezia nel secolo XI

Mentre la città si articolava, il duca, manovrando le possibilità implicite nella sua carica, lavorava in favore dell'indipendenza di Venezia, senza perdere di vista i vantaggi di un rapporto bifrontale con gli imperi d'Oriente e d'Occidente. Nei riguardi del primo il nuovo duca, Pietro II Orseolo (991-1008), riuscì ad ottenere un trattamento di favore nel 992. Nell'atto [45], importantissimo per la storia di Venezia, l'imperatore Basilio II (976-1025), insieme al figlio coregnante, si rivolgono al « dux Veneticorum et qui sub illo est cum omnis plebis », definendoli « extraneos », significando la fine di un'antica soggezione.

Nello stesso anno (992), anche l'imperatore Ottone III rinnovava i privilegi tradizionali ai mercanti veneziani per poi rinsaldare i rapporti personali col duca Orseolo facendo da padrino al figlio, che assunse per questo il nome di Ottone, nel 996 [46]. Quattro anni dopo il duca Orseolo, forse nel quadro d'un accordo specifico con Bisanzio, dilatato poi dalle circostanze, usciva con tutta la flotta per un'azione dimostrativa lungo le coste dalmate, dove rintuzzava le pretese slave di dominio, ricevendo precise garanzie per il commercio veneziano dai vescovi e dai primati di Ossero, Zara, Traù, Spalato, Ragusa e Curzola [47].

L'anno seguente (1001) Ottone III si recava segretamente a visitare il duca nel suo palazzo, e poco dopo le cancellerie germanica e pontificia riconoscevano a Pietro II Orseolo quel titolo di *dux Veneticorum et Dalmaticorum*, che Bisanzio invece non accolse.

Ma il commercio veneziano ne risultava comunque rafforzato e con esso il prestigio di Venezia, sia presso il papato che nel 1053 [48] riconosceva finalmente l'autonomia ecclesiastica del ducato rispetto ad Aquileia, sia presso l'imperatore Enrico III che nel 1055 rinnovava i patti commerciali con il ducato, sia infine presso Bisanzio che insigniva il nuovo duca Domenico Contarini (1042-1070) del titolo di patrizio imperiale [49].

La nuova basilica di S. Marco

È in questo clima che a Venezia fu definito non solo il nuovo mercato di Rialto, ma pure il nuovo volto architettonico della basilica di S. Marco, ricostruita (o riformata) a partire dal 1063 e nella quale fu solennemente ricollocata la reliquia di san Marco intorno al 1094, sotto il dogato di Vitale Falier (1084-1096) [50].

La struttura architettonica di questa basilica, tuttora esistente, ma molto alterata, ha sollevato e solleva ancora intricate questioni per se stessa e per quanto riguarda una possibile equidistanza culturale di Venezia dai due imperi d'Oriente e d'Occidente, indicativa d'un linguaggio nazionale, a quella data.

La pianta cruciforme con cinque cupole su pilastri quadripartiti, fu certo modellata sulla chiesa giustinianea dei SS. Apostoli di Costantinopoli, allora vecchia di 500 anni, determinando perciò un « chiaro esempio di eclettismo antiquario ispirato da motivi politici » [51]. Ma, sotto questo profilo, a chiarimento di quei motivi, va ricordato che papa Gregorio VII nel 1073, mentre la basilica era in progresso, additava Venezia come il luogo dove risorgeva la libertà politica e lo spirito dell'antica Roma [52]. E vanno ricordate, inoltre, le stringenti analisi del Bettini [53], che portarono a rintracciare nell'architettura romana i presupposti per quell'innesto della cupola sullo spazio indifferenziato e persino *scoperto* delle basiliche paleocristiane, che presiede al significato *ottico* delle stesse nella S. Marco del Contarini. In questa prospettiva è possibile, come affermato anche di recente [54], che l'operazione costruttiva dell'XI secolo assumesse a suo fondamento le absidi impostate, a S. Marco, sulla cripta del IX secolo, le quali rivelano indubbie parentele [55] con l'architettura delle chiese di S. Sofia a Padova, di S. Donato a Murano, di S. Fosca a Torcello, di S. Maria di Jesolo, e di S. Nicolò di Lido.

Queste parentele, eventualmente, accreditano l'ipotesi di un vasto movimento che avrebbe interessato tutto il territorio del ducato veneziano ed anche Padova, ad una *renovatio* della tradizione architettonica sviluppata nell'esarcato di Ravenna al tempo della dominazione bizantina. Ma questa *renovatio*, foriera di quella ben più decisa del XIII secolo, era, e non poteva non essere, influenzata dalle condizioni materiali della produzione architettonica vigenti nei dintorni di Venezia e specie sulla via che l'univa, attraverso Verona, al mondo longobardo e germanico.

Le analisi del Demus hanno chiarito le notevoli differenze che, a prescindere dalle decorazioni marmoree e musive, intercorrono fra la basilica attuale e quella dell'XI secolo, specie per quanto riguarda le navate laterali che erano tagliate a mezza altezza, allora, da un soppalco continuo [56], al modo di altre chiese romaniche dell'Europa germanica. E a questo si deve aggiungere il fatto che i pilastri quadripartiti di S. Marco non sono composti da quattro strutture portanti espressive di un'unica massa muraria. Al contrario, esse configurano quattro masse distinte e spaziate, che distaccano l'una dall'altra le imposte degli archi e delle volte conforme la sintassi discreta e lineare dell'architettura romanica. In questo senso, esse manifestano, come rilevato più volte, notevoli somiglianze con la chiesa di Saint-Front di Périgueux che, seppure datata alternativamente al 1047 o al 1120, resta il paradigma più limpido della struttura di S. Marco [57].

Ma, se valgono tali osservazioni, sembra chiaro che al tempo del doge Contarini, e nei trent'anni successivi, Venezia stava elaborando una cultura composita e complessa nella quale confluivano allo stesso grado istanze antiquariali bizantine, riprese della spiritualità paleocristiana, memorie del costruttivismo romano, ed aperture verso l'esperienza dei cantieri romanico-lombardi. Purtroppo, la scomparsa di ogni edificio civile anteriore al XII secolo, impedisce di valutare l'importanza di queste componenti, e specie di quelle romaniche, nel contesto generale della città.

Capitolo quarto

Il XII secolo: dal «Communis Venetiarum» all'impero marittimo

Terre diverse e nuovi ricchi

Il XII secolo si apre in Venezia con l'estesissimo incendio del 1106 che interessò circa 30 parrocchie e si chiude con la partenza della grande flotta comandata dal duca Enrico Dandolo per la conquista di Costantinopoli, nel 1204, durante la IV crociata.

Le due date circoscrivono un periodo d'intense mutazioni territoriali, politiche e urbanistiche. Un'ulteriore ingressione marina [1] provoca la scomparsa dell'antica Metamauco sul litorale (ca. 1108) e di alcune contrade, come Costanziaco ed Ammiana, nei dintorni di Torcello [2], mentre il Piave porta avanti il suo delta interrando Cittanova ed aprendosi un nuovo sbocco direttamente sul mare. I padovani fanno deviare il corso del Brenta nel 1143, sconvolgendo il territorio di S. Ilario [3].

Per cause naturali ed antropiche, perciò, mutano i rapporti fra le terre emerse e le acque lagunari e la difesa delle prime impone sforzi maggiori e selezionati. In questo senso, l'accesso al potere delle famiglie che hanno aggiunto enormi fortune mercantili ai redditi fondiari, con la creazione di organismi tipici del *Communis* come il *Consilium sapientum* appare tempestivo [4]. Fra queste spicca la famiglia di Sebastiano Ziani, personaggio dotato di un enorme patrimonio immobiliare a Venezia ed altrove, che, salendo al ducato nel 1172, imprimerà un nuovo corso all'urbanistica veneziana la quale appariva segnata da due tendenze diverse all'inizio del secolo [5].

La duplice morfologia urbana di Venezia nel XII secolo

Per lenta evoluzione, la città articolata in sei regioni naturalistiche dell'XI secolo diede vita a quella composta da sei sestieri nella seconda metà del XII secolo. In quale data entrasse nell'uso la nuova ripartizione toponomastica, che avrà un concreto significato amministrativo nel XIII e specie nel XIV secolo, non è chiaro, ma essa cade nell'intorno del 1170 [6]. I sestieri di Castello, S. Marco e Cannaregio verranno detti *de citra*, all'uso romano, per individuare il territorio ubicato dalla stessa parte della sede governativa rispetto al Canal Grande, mentre quelli di S. Polo, S. Croce e Dorsoduro verranno detti *de ultra*. Ma la strategia topografica di questi sei toponimi è indicativa anche di una differenziazione morfologica della struttura urbana.

L'area di Cannaregio e di Castello individuerà senza interruzione tutta la frontiera urbana esposta verso la laguna nord, dall'antico Canaleclo (il *flumen* di Mestre) fino al *Castellum* di Olivolo. L'area di Dorsoduro copriva *ab antiquo* tutta la frontiera urbana sul Canale della Giudecca, allora detto Vigano. I sestieri di S. Marco, nel quale venne assorbita la nozione di Rivoalto, e quelli di S. Croce e S. Polo, titoli di due chiese sorte nella regione di Luprio, distingueranno su due lati del Canal Grande il territorio urbano ben più compatto compreso fra le frontiere. Alla radice di tale assestamento dei confini amministrativi sta certamente la singolare forma che il continuo lavoro di drenaggio, bonifica e interramento aveva conferito alla città nei secoli precedenti

Di questa forma, per il XII secolo, sarebbe arrischiato voler acquistare troppi dettagli mutuandoli dalla topografia conosciuta posteriore. Ma, restando nell'ambito dei confronti possibile, appare chiaro che essa si presentava nei termini di quella eccezionale sintesi di morfologia tentacolare e morfologia a tappeto che resterà la prerogativa di Venezia nel tempo.

Allora, conviene osservare, queste due morfologie erano concretamente e distintamente rappresentate dai due centri di Murano e Chioggia, compresi nel ducato,

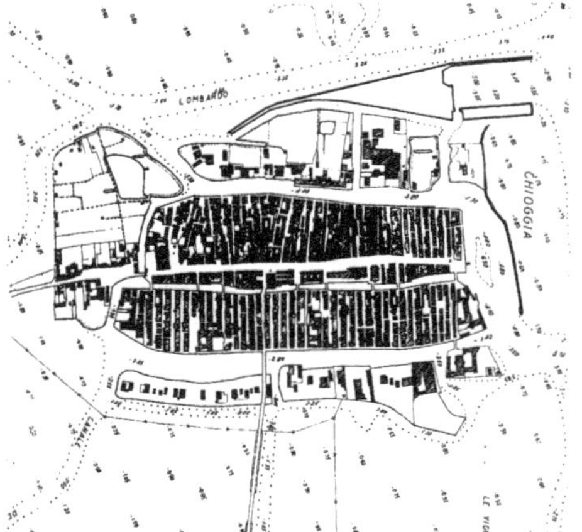

Fig. 13. Pianta di Chioggia con perimetrazione del centro storico. Da *Atlante dei centri storici*, Regione Veneto, Provincia di Venezia, Signum, Venezia 1983, tav. 41.

e partecipi dell'ambiente di Venezia. Murano, tutta costruita lungo le rive dei canali naturali maggiori e minori, e formata da un tessuto edilizio a pettine continuamente inflesso per adeguarsi al tracciato di quelli, risulterà vincolata a questa morfologia tentacolare ancora nel XIV e nel XVI secolo [7]. Chioggia, conforme le analisi più recenti [8], era tutta formata da un tessuto edilizio perpendicolare allo stretto canale artificiale mediano rettilineo, detto la Vena, lungo il quale si allineano gli edifici pubblici, affacciati sul lato opposto nella via-piazza detta *Plathea*. Nella regolarità ed ortogonalità programmata della morfologia urbana di Chioggia si può vedere, ma non dimostrare, un'impronta romana, considerata anche la chiara ascendenza imperiale del nome Claudia o Clodia [9]. La struttura tentacolare di Murano, invece, è del tutto analoga a quella dei borghi medievali cresciuti sul crocevia delle strade mercatili, ovvero, nella fattispecie, delle vie d'acqua.

È appena necessario rilevare come la morfologia di Chioggia esprima una concezione introversa della vita pubblica, imperniata sul canale Vena che rappresenta un'area di rifugio per i natanti rispetto alle acque esterne, cioè rispetto al suo *Canalis Maior* che restava e resta tuttora, difatti, esterno e perimetrale. E come, all'opposto, la morfologia di Murano esprima la massima apertura verso il suo *Canalis Maior* o degli Angeli, cioè verso le vie d'acqua che allora confluivano al mare attraverso il *portus Murianae*, passante per il litorale di S. Erasmo [10].

Il richiamo a queste due morfologie radicate nel territorio, ma espresse in modo elementare, aiuta a comprendere, riteniamo, le morfologie più complesse, intrecciate e contaminate, che, per istanze analoghe, d'apertura o rifugio, di estensione lungo le vie d'acqua navigabili o di sutura interna, s'erano sviluppate nella struttura urbana di Venezia.

Lo sviluppo tentacolare di Venezia individuato dalle chiese accertabili nel XII secolo

La questione che qui si considera è condizionata in modo stringente dal divario fra tradizione e documento. Secondo la tradizione, difatti, le due chiese di S. Croce di Luprio e di S. Nicolò dei Mendicoli, che individuavano l'estremità occidentale del Canal Grande e del Canale della Giudecca, sarebbero esistite molto prima del XII secolo: S. Croce nell'VIII e S. Nicolò nel VII secolo. Tale credenza adombra, pertanto, una continuità *ab antiquo* delle spiagge o golene lungo i due corsi d'acqua verso la terraferma, in aderenza all'ipotesi che questi corsi d'acqua costituiscano il residuo di antiche ramificazioni del fiume Brenta. In ogni caso, entrambe le chiese risultavano note all'inizio del XII secolo, insieme alle altre chiese che, snodandosi lungo i due grandi canali navigabili, attestavano il lavoro compiuto per dare corpo ad una sequenza piuttosto fitta d'insediamenti.

La sequenza iniziava sull'estremità ovest del Canal Grande, appunto con S. Croce di Luprio, che sarà l'eponimo del sestiere corrispondente. Intorno al 1108 questa chiesa, dopo essere stata parrocchiale, venne donata, con procedura insolita, ai benedettini, divenendo il fulcro d'un monastero che ebbe vita travagliata [11]. Seguiva forse sulla riva opposta di sinistra, o *de citra*, la chiesa di S. Maria Annunciata, che verrà dedicata a S. Lucia nel 1280. Con-

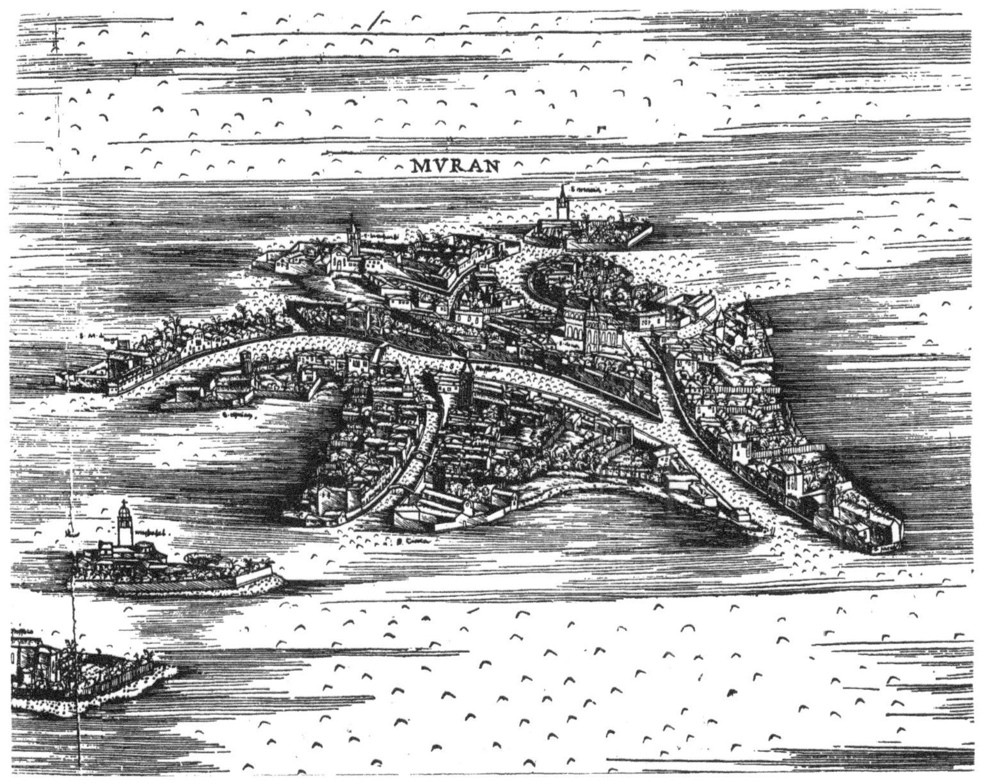

Fig. 14 [6]. La struttura tentacolare di Murano raffigurata dal de' Barbari nel 1500.

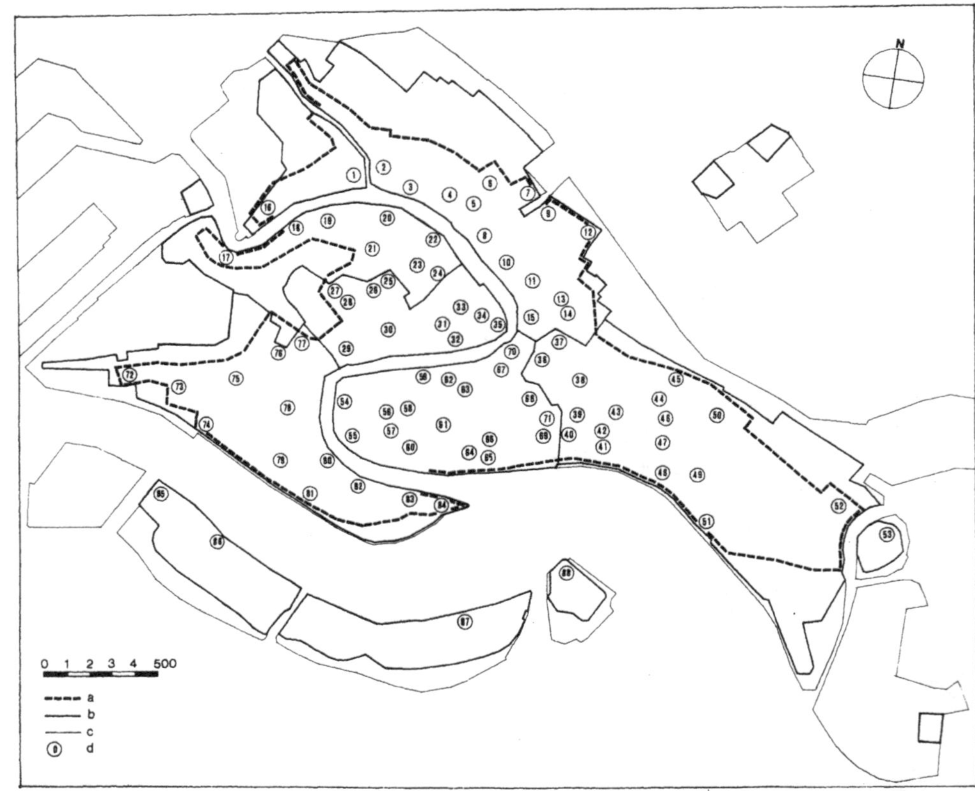

Fig. 15. Pianta schematica dello sviluppo topografico di Venezia alla fine del secolo XII, sulla base delle chiese parrocchiali o monastiche accertabili a quella data (disegno di G. Bellavitis).

a) limiti dell'urbanizzazione al XII secolo; *b*) limiti al XV secolo; *c*) limiti attuali; *d*) chiese.
CANNAREGIO: 1. S. Geremia; 2. S. Leonardo; 3. SS. Ermagora e Fortunato (o S. Marcuola); 4. S. Maria Maddalena; 5. S. Fosca; 6. S. Marciliano (o S. Marzial); 7. S. Maria della Misericordia; 8. S. Felice; 9. S. Caterina; 10. S. Sofia; 11. SS. Apostoli; 12. S. Maria dei Crociferi; 13. S. Canciano; 14. S. Maria Nova; 15. S. Giovanni Crisostomo. S. CROCE: 16. S. Lucia; 17. S. Croce; 18. S. Simeon Apostolo; 19. S. Simeon Profeta; 20. S. Giovanni Decollato; 21. S. Giacomo dall'Orio; 22. S. Eustachio (o S. Stae); 23. S. Maria Mater Domini; 24. S. Cassiano. S. POLO: 25. S. Ubaldo (S. Boldo); 26. S. Agostino; 27. S. Giovanni Evangelista; 28. S. Stefano prete; 29. S. Tomaso (o S. Tomà); 30. S. Paolo Apostolo (o S. Polo); 31. S. Apollinare (o S. Aponal); 32. S. Silvestro; 33. S. Matteo di Rialto; 34. S. Giovanni Elemosinario; 35. S. Giacomo di Rialto. CASTELLO: 36. S. Leone; 37. S. Marina; 37. S. Maria Formosa; 39. S. Giovanni Novo; 40. SS. Filippo e Giacomo; 41. S. Zaccaria Profeta; 42. S. Provolo; 43. S. Severo; 44. S. Lorenzo; 45. S. Giustina; 46. S. Giovanni dei Templari; 47. S. Antonino; 48. S. Giovanni in Bragora; 49. S. Martino Vescovo; 50. S. Trinità (o S. Ternita); 51. S. Biagio; 52. S. Daniele; 53. S. Pietro Apostolo. S. MARCO: 54. S. Samuele Profeta; 55. S. Vitale (o S. Vidal); 56. S. Stefano; 57. S. Maurizio; 58. S. Angelo; 59. S. Benedetto (o S. Beneto); 60. S. Maria Zobenigo; 61. S. Fantin; 62. S. Luca Evangelista; 63. S. Paternian; 64. S. Moisè; 65. S. Maria in Broglio; 66. S. Geminiano; 67. S. Salvatore; 68. S. Giuliano; 69. S. Marco Evangelista; 70. S. Bartolomeo Apostolo; 71. S. Basso. DORSODURO: 72. S. Nicolò dei Mendicoli; 73. S. Raffaele Arcangelo; 74. S. Basilio; 75. S. Maria del Carmelo; 76. S. Margherita; 77. S. Pantalone; 78. S. Barnaba; 79. SS. Gervasio e Protasio (o S. Trovaso); 80. S. Maria della Carità; 81. S. Agnese; 82. SS. Vito e Modesto; 83. S. Gregorio; 84. S. Trinità. GIUDECCA: 85. SS. Biagio e Cataldo; 86. S. Eufemia; 87. S. Croce. S. GIORGIO: 88. S. Giorgio.

siderando solo le chiese che allora dovevano essere abbastanza vicine al canale, e le date meglio accertabili [12], la sequenza continuava sulle due rive, con la chiesa dei SS. Simone e Giuda poi detta S. Simeone Piccolo (1138); S. Geremia (1076); S. Marcuola (1090); S. Eustachio ovvero S. Stae (1069); S. Felice (1133); S. Sofia (1020); SS. Apostoli (1021); S. Jacopo o S. Giacomo di Rialto (1152); S. Bartolomeo (1048); S. Silvestro (1041); S. Benedetto (1013); S. Tomà (1008); S. Samuele (1090); S. Barnaba (1117); S. Vidal (1069); SS. Vito e Modesto o S. Vio (1180); S. Maria della Carità (1118); S. Gregorio (1052).

Tutte queste chiese, con l'eccezione delle ultime due, erano chiese parrocchiali. Da S. Gregorio, sulla Punta di Dorsoduro, partiva verso est la sequenza di chiese che risultano piuttosto interne rispetto al Bacino di S. Marco attuale: S. Moisè (1038); S. Zaccaria (829); S. Giovanni Battista o in Bragora (1090) e S. Biagio (1106), che segnava l'inizio del rivo « de Castello » il quale s'internava rispetto al Bacino. Ma S. Gregorio, allora, costituiva anche la testata della sequenza di chiese disposte in direzione ovest lungo la frontiera acquea del Canale della Giudecca o Vigano. Su questa frontiera la distanza media fra le chiese era, ed è tuttora, quasi doppia di quella che intercorre fra le chiese esistenti sulle due rive del Canal Grande, a conferma del carattere più tardo di questa urbanizzazione e della prevalenza delle attività mercantili od artigianali sulla residenza. Sulla distanza di circa 1,5 km, difatti, esistevano presso il canale soltanto le chiese parrocchiali di S. Agnese (1106); SS. Gervasio e Protaso o S. Trovaso (1041); S. Basilio o S. Basegio (1143) e S. Nicolò dei Mendicoli, documentabile dal 1043.

In linea d'aria, S. Nicolò dei Mendicoli dista da S. Croce soltanto 700 m circa, ma fra le due parrocchie si stendeva un vuoto residenziale che, sempre assumendo le chiese come indicatore, penetrava molto addentro fino a raggiungere quasi la chiesa di S. Giacomo dall'Orio. Tale vuoto apparirà molto cospicuo ancora nella prima pianta conosciuta di Venezia, del Trecento.

Un vuoto analogo doveva stendersi allora fra l'ultimo tratto del Canal Grande e la riva sud del Canale di Cannaregio, dove soltanto alla fine del Trecento sorgerà il convento di S. Giobbe [13]. Rispetto alla situazione trecentesca, inoltre, era molto esteso il vuoto residenziale lungo tutta la frontiera nord della città. Dalla estremità del Canale di Cannaregio fino al rio di Noale, cioè fino alle vie d'acqua per Murano, l'abitato doveva spingersi addentro sulle plaghe appena coperte dall'acqua, soltanto intorno alle chiese parrocchiali di S. Maria Maddalena (1155), S. Fosca (1182) e S. Marziale (1142).

La struttura urbana di queste parrocchie, risulterà poi caratterizzata da canali paralleli a distanze regolari e quasi rettilinei, segno evidente dell'opera di bonifica che avrà un grande sviluppo lungo tutta la frontiera di Cannaregio [14]. A quest'opera, probabilmente, contribuivano già i piccoli monasteri ancora isolati sulla via d'acqua per Murano che si accertano più tardi: S. Maria in Valverde o della Misericordia (1202), S. Caterina (1210). Quello di S. Maria dei Crociferi (1150), pure ubicato sulla via per Murano, ma in prosecuzione del rio dei SS. Apostoli, fungeva da testa di ponte verso il monastero di S. Michele in Isola (1060), a mezza via tra Venezia e Murano. Ma dal rio dei SS. Apostoli fino all'isola di S. Pietro di Castello, il terreno urbanizzato doveva lasciar posto a terreni *vacui* o sommersi poco sopra le chiese parrocchiali di S. Canciano (1041), S. Maria Nova (1110), S. Marina (1064) e S. Trinità o Ternita (1130), e quelle monastiche di S. Lorenzo e S. Giustina (1079). Poi, da S. Ternita fino a S. Pietro di Castello, correva, scendendo fino alla chiesa di S. Biagio, una vasta area detta il *lago* di S. Daniele, congelata come zona per la pesca, i mulini e le saline, al servizio del monastero omonimo, fin dal 1138 [15].

Per la sua posizione, questo lago di S. Daniele formava un diaframma fra il corpo della città e il sistema di isole che servivano da primo approdo alle navi, superato il porto di S. Nicolò di Lido. Non per caso, difatti, il lago verrà totalmente assorbito, col tempo, nel più grande Arsenale di Venezia; e già nel XII secolo sorgevano nei suoi dintorni o nelle isole diverse istituzioni speciali per l'accoglimento e l'assistenza religiosa e sanitaria di pellegrini, marinai e infermi provenienti dall'Oriente e specialmente dalla Terra Santa. Istituzioni che assunsero il titolo di ospizi od *hospitales*, per lo più connesse ai monasteri insulari, come quello di S. Elena (1060) e di S. Clemente de Orfano (1140) [16], oppure sorte con lo stesso titolo per volontà di privati e religiosi, in luoghi meno isolati, come gli ospizi SS. Pietro e Paolo, che risalirebbe all'XI secolo [17], S. Biagio (1188) e S. Bartolomeo, fondato nel 1171 [18]. Questi ultimi sorsero in fregio al lungo rio di Castello, che costituiva il bordo meridionale del monastero e del lago di S. Daniele, e, nel fatto stesso che sorgessero, si può vedere un'anticipazione di quel movimento che porterà al fiorire degli Ordini mendicanti nel secolo successivo.

Canali e campi nella morfologia a tappeto di Venezia al XII secolo

Traguardata sulle chiese perimetrali, dunque, la città del XII secolo appare formata in prevalenza da strutture territoriali allungate in fregio ai grandi canali navigabili, urbanizzate per una profondità media di 300 m rispetto alle rive. Misurata dal *capite* del rio di Castello, cioè da S. Biagio, attraverso il Canal Grande, fino alla chiesa di S. Croce de Luprio, essa si estendeva sulla lunghezza, straordinaria per l'Europa d'allora, di quasi 5 km. Ma questo eccezionale sviluppo era dovuto in gran parte, allora come adesso, all'effetto moltiplicatore delle curve e controcurve del Canal Grande, entro le quali l'urbanizzazione si stendeva continua sulla profondità media di 600 metri fra le rive opposte, entrambe adatte all'approdo di navi mercantili abbastanza capaci per quel tempo. Tale profondità resta minore nel sestiere di S. Marco (ca. 500 m) e maggiore nell'accoppiata S. Polo - S. Croce, dove raggiunge gli 800 m tra S. Tomà e S. Giovanni Decollato.

La rete dei canali interni e delle strade, allora percorse anche dai quadrupedi, doveva essere già congegnata, come si deduce a posteriori, in modo da favorire il movimento assiale e trasversale in queste zone più accorpate.

Un sistema trasversale importante di canali collegava il traffico in partenza da Mestre con il fronte portuale di S. Moisè. Dall'imbocco del Canale di Cannaregio, con uno spostamento di soli 100 m nel Canal Grande, esso tagliava i sestieri di S. Croce e S. Polo, partendo dal rio di S. Giovanni Decollato a nord ed uscendo nel rio di S. Polo a sud. Da qui, con altro spostamento di soli 200 m, nel Canal Grande s'imbocca il rio di S. Luca per tagliare il sestiere di S. Marco (rio dei Barcaioli) ed uscire col rio di S. Moisè in vista dell'isola di S. Giorgio.

L'importanza e l'antichità di questo collegamento è provata dai grandi *campi* che lo fregiano. La chiesa di S. Polo, che il Sansovino faceva risalire al IX secolo, ma che si documenta dal 971, conserva il campo più vasto di Venezia, che rappresenta un modello del suo genere. La chiesa, seppure molto manomessa in seguito, ha l'abside rivolto a oriente, cioè sul grande campo, mentre l'ingresso (ora occluso) avveniva da un piccolo campo affacciato direttamente sul rio omonimo. Struttura analoga si osserva nei campi di S. Giacomo dall'Orio [19] e di S. Maria Formosa [20], che conservano tuttora il piccolo campo d'ingresso sul rio omonimo, oltre al grande.

Ma queste chiese e questi campi, oltre a sorgere su importanti canali interni di attraversamento, costituiscono il nodo di altri canali irradiati in direzioni plurime verso il Canal Grande.

Con ogni probabilità, i canali di attraversamento, tutti con andamento flessuoso, corrispondono a fasi anteriori di bonifica e d'urbanizzazione promosse da privati (singoli o riuniti in consorzio), nelle quali vennero recepite ed assestate le trame naturali del terreno umido emergente. Invece gli altri rii, specie quelli che s'intestano sul Canal Grande, restano per lo più rettilinei, e perciò dovrebbero corrispondere ad interventi posteriori effettuati scavando delle *scomenzarie*, cioè *cominciando* ad incidere il terreno golenale per effettuarne il drenaggio ed insieme l'elevazione. Tipico il caso del rio Marin, la cui *scomenzaria*, tuttora espressa dal rettifilo iniziale sul Canal Grande, si documenta nel 1135-1140 [21], e si aggancia al traversante di S. Giacomo dall'Orio con un'ampia curva.

Ed è proprio nelle suture fra canali interni naturali e canali artificiali d'espansione che già nel XII secolo sembra manifestarsi la singolarità morfologica di Venezia. Si possono assumere ad esempio gli stessi dintorni della chiesa di S. Maria Formosa che una tradizione [22] dice ricostruita all'inizio del X secolo, ma si documenta nel 1060. La costruzione di questa, come delle altre chiese parrocchiali, venne finanziata certamente dalle famiglie maggiori del posto, che esercitavano sulle stesse varie forme di *iuspatronato*. Vari documenti provano, a partire dal 1187, che la chiesa era dotata di un patrimonio di terreni, vigne, *calles* ed edifici nello stesso *confinio* [23], e che S. Maria Formosa fu la *matrice* delle parrocchie contermini di S. Marina (documentata al 1064) [24] e di S. Lio (documentata al 1108) [25].

La struttura di S. Lio è tutta formata da edifici in linea piuttosto regolari [26], perpendicolari alla strada assiale omonima parallela al rio di S. Maria Formosa, e la chiesa prospetta su un picolo campo tipico delle aree di sutura. Probabilmente il rio di S. Maria Formosa era più largo quando l'edilizia di S. Lio era meno sviluppata. Due case sulla *salizzada* S. Lio, che vennero datate al

Fig. 16 [6]. Il sistema dei canali che attraversano tuttora il corpo della città evidenziato colorando in nero le acque nella veduta del de' Barbari del 1500. Sulla destra, in basso, si nota lo sbocco del rio dei Barcaioli nel Canal Grande, di fronte all'area di S. Silvestro. Da qui, al centro, si sviluppa la sequenza dei rii che raggiungono l'imbocco del Canale di Cannaregio visibile in alto a sinistra. Sul traversante centrale si notano, partendo dal basso, il campo di S. Polo con la pavimentazione a riquadri e il canale che lo delimitava sulla destra fino al Settecento. Segue, al centro, il campo di S. Agostin con la chiesa demolita intorno al 1873. Più sopra si nota il vasto campo di S. Giacomo dall'Orio, che il de' Barbari mostra senza le alberature attuali, e aperto verso il canale. La sequenza si conclude sul ramo del Canal Grande con il campo di S. Giovanni Decollato o S. Zan Degolà, immediatamente sotto il campanile.

Fig. 17. Particolare del r
stretto campo di S. Lio i
un dipinto di Giovan
Mansueti datato al 149
(ora alle Gallerie dell'A
cademia), che offre ur
preziosa testimonianza d
processi di riforma e accr
scimento tipici di Venezi
Si noti la bifora duece
tesca con ghiera in cott
a tutto sesto murata p
aprire due finestre gotich
e il piano soprastante co
pareti in legno, sopra
quale va sorgendo un'a
tana.

XII-XIII secolo [27] difatti paiono concepite per sfruttare soprattutto l'affaccio sulla strada interna assiale con i loro negozi, mentre quelle che si allungano verso il rio (calle del Paradiso) sembrano posteriori [28] e forse connesse alla costruzione dei ponti sul rio.

Per quanto riguarda la larghezza delle strade, i corpi di fabbrica ed i ponti fra isola e isola nel XII secolo, si sa ben poco. Con ogni probabilità le strade assiali, come la salizzata S. Lio, erano abbastanza larghe, dovendo servire anche al movimento dei cavalli, mentre le *calles*, spesso di proprietà privata, erano molto strette. I ponti che figurano nei documenti anteriori al 1200 sono circa una dozzina e soltanto per quello di S. Provolo a S. Zaccaria si dice che fosse in pietra (1193), ma si deve pensare che ne esistessero molti di più, magari costruiti a spese dei privati, sui percorsi principali ed anche al servizio delle singole case [29]. La materia cadeva sotto il controllo dei *capicontrada*, noti dal 1187 (S. Pantalon) e menzionati in un decreto ducale del 1192 [30].

Il ponte di Rialto e la nuova Piazza S. Marco

Il continuo lavoro d'assestamento urbano fu indirizzato decisamente verso nuove forme di decoro e rappresentatività durante il ducato di Sebastiano Ziani (1172-1178). Nel giro di pochi anni, fu costruito il primo ponte, forse su barche [31], attraverso il Canal Grande a Rialto (1175), venne più che raddoppiata la dimensione della *platea* davanti alla basilica di S. Marco, si costruirono il *palatium ad ius reddendum* ed il *palatium commune* nell'area del palazzo Ducale odierno [32] e si alzarono le due grandi colonne di Marco e Todaro (1173) sul molo antistante. Quel corto circuito fra S. Marco e Rialto, fra centro politico e centro commerciale, che era implicito negli sviluppi anteriori, veniva pertanto esaltato e formalizzato, nel quadro d'un programma politico che portava alla ribalta un nuovo rapporto fra urbanistica e architettura. Quando, pochi anni dopo (1177), lo stesso duca Ziani riceveva il papa Alessandro III, l'imperatore Federico II ed i rappresentanti dei Comuni, la scena dello storico incontro [33] era già una Piazza S. Marco grande e densa di eccezionali valori simbolici e architettonici.

Alcuni di questi valori sono accertabili, altri si possono soltanto ipotizzare per analogia con i primi, avendo presente la congiuntura internazionale. Nel 1171 i rapporti fra Bisanzio e le colonie latine erano giunti all'aperta violenza, i quartieri genovesi e veneziani di Costantinopoli erano stati distrutti, i mercanti arrestati e i loro beni confiscati; e il tentativo di rivalsa, con la spedizione militare veneziana nell'Egeo, guidata dal duca Michiel, era fallito miseramente [34]. È su tale sfondo che verrà innalzato il Leone di S. Marco, accanto e in contrapposizione a S. Teodoro, simbolo delle tradizioni bizantine, sulle colonne che formano i propilei della nuova Piazza. E sul medesimo sfondo si spiega il fatto, rilevato dall'Arslan, che il lungo edificio porticato costruito sul lato nord della Piazza, con archi reali e capitelli a cubo scantonato, avesse un carattere decisamente romanico ed in particolare veronese, come attesta il dipinto di Giovanni Bellini [35].

Ma il carattere di queste prime « Procuratie » era la conseguenza dell'evoluzione che aveva subìto la logica stessa dello stato, fin da quando era stata creata la figura del Procuratore di S. Marco, forse già nel 1071 [36] o nel 1112, al tempo in cui fu dedicata la porta centrale della basilica [37]. Era, come scrisse il Cessi, un nuovo organo, religioso e politico insieme, « con propria *camera*, con proprie rendite, distinto e separato dal *palatium* e dalla sua *curtis*, depositario del tesoro dello stato e della ricchezza del mercante e del cittadino ». Un organo destinato a crescere nel tempo e a fungere da tramite essenziale fra il duca e lo stato, fra la concezione temporale e sacrale dello stato stesso, che trovava la sua cerniera simbolica e concreta nella basilica. Non per caso, la nuova Piazza fu realizzata avendo come sfondo la basilica, anziché il *palatium* Ducale [38], e tale prospettiva resterà immutata fino alla metà del 1500. Giova sottolineare l'importanza e la vastità dell'operazione.

Davanti alla basilica si stendeva, in precedenza, un campo paragonabile a quello di S. Polo per ampiezza, detto *brolio*, con la chiesa parrocchiale di S. Geminiano sul lato ovest, oltre la quale scorreva il rio Batario, uno dei tanti canali di bonifica scavati forse al tempo dei Partecipazio. La chiesa di S. Geminiano, assegnata per tradizione al VI secolo, ma documentata dal 1025, fu demolita e ricostruita circa 100 m più lontano [39] sul rio analogo e parallelo dell'Ascensione, mentre il rio Batario venne coperto per ottenere la nuova prospettiva.

L'operazione ebbe il suo corrispettivo nell'interno della basilica, le cui pareti erano state rivestite di marmo fra il 1100 ed il 1159 [40] e nella quale, intorno al 1173, vennero demoliti i solai delle gallerie sui lati ovest, nord

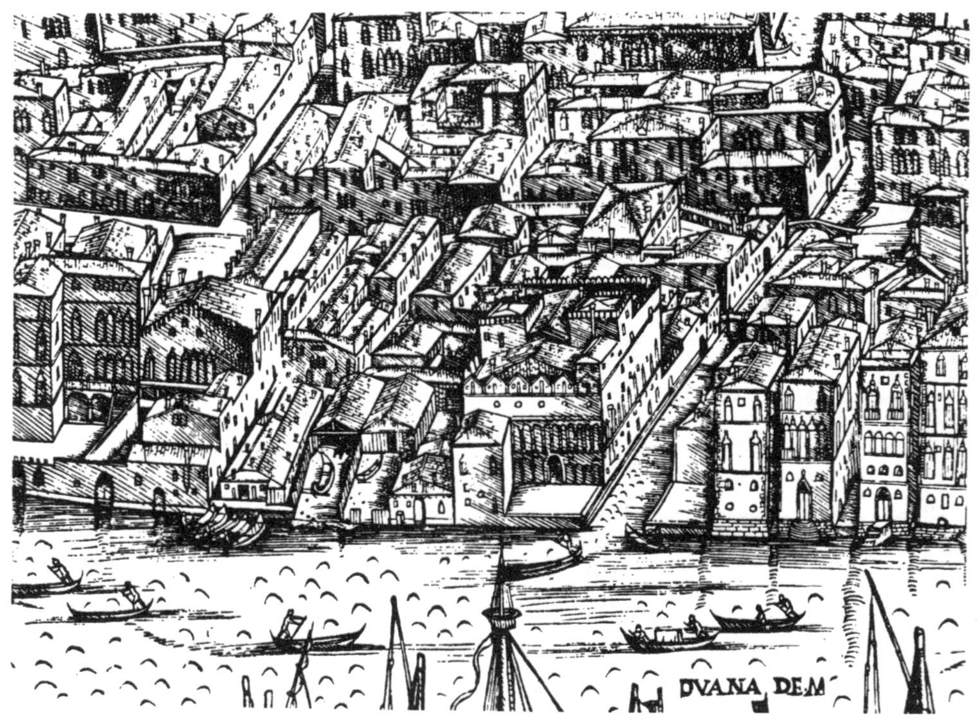

Fig. 18 [6]. La Cà Grande Barozzi come fu raffigurata dal de' Barbari nel 1500. L'edificio appare composto da una massa quadrilatera con due torri merlate, davanti alla quale si sviluppa il corpo porticato su due ordini, concluso da una merlatura più ampia probabilmente aggiunta più tardi. L'insieme, oggi distrutto, insiste chiaramente sopra un lotto molto vasto intorno al quale gravitano strutture sussidiarie che comprendono, fra l'altro, due *squeri* per il rimessaggio e la riparazione delle barche.

e sud della crociera, attivando una fluenza spaziale su tre navate [41]. Pochi decenni prima, forse nel 1148, era aumentata d'altezza la torre del campanile [42], intorno al quale vennero a ruotare la nuova piazza allungata e il vecchio spiazzo davanti al palazzo Ducale, esteso fino alla riva, sul grande canale portuale di S. Marco.

La nuova fronte portuale di S. Marco e l'impresa di Costantinopoli

Le operazioni compiute sul fronte portuale al tempo del duca Ziani furono altrettanto dense di effetti e impegnative, associando, forse per la prima volta, le strutture del potere politico con quelle di un nuovo dirigismo statale.

Tutta la fronte compresa fra il rio Batario e il rio dell'Ascensione venne occupata da un grande Arsenale di stato, eretto su nuovi terreni guadagnati dal canale e detto perciò di *Terranova* [43]. In linea con questo Arsenale, oltre le botteghe in asse col campanile, e le colonne di Marco e Todaro, fu costruito il nuovo palazzo Comunale o *palatium Communis*, ristrutturando ed inglobando alcuni edifici minori addossati al recinto della corte ducale. Per quanto riguarda l'aspetto architettonico di questo palazzo, e di quello *ad ius reddendum*, manca il conforto del benché minimo indizio. La congiuntura culturale e politica consiglierebbe d'immaginarlo come un edificio piuttosto forte e chiuso, considerando anche lo stile massivo e romanico delle sculture che ornano tuttora le basi coeve delle due grandi colonne di Marco e Todaro [44]. È possibile che il suo modello si trovi nella parte posteriore della cosiddetta Cà Grande Barozzi, raffigurata ancora nel 1500 come un blocco compatto con due torri, conchiuso da mura merlate, e scandito da finestre appoggiate su fasce orizzontali.

Memorie letterarie di altre fabbriche veneziane con *geminae angulares turres* non mancano [45], seppure associate ad esempi più tardi o dei quali restano tracce soltanto nella toponomastica. Pare certo, d'altra parte, che la sua fronte cadesse sul muro interno al porticato del palazzo Ducale attuale, nel quale non si rinvennero i segni di portici [46].

Studi recentissimi [47], tuttavia, prospettano, per questo e altri edifici altomedievali di Venezia, delle connessioni con i palazzi germanici di matrice romanica, che paiono convincenti per se stesse ed in relazione all'impresa del duca o *doge* Enrico Dandolo (1192-1205), che proprio da questi palazzi gestiva il grande affare della IV crociata, organizzando la flotta che doveva aprire ai mercanti veneziani migliori prospettive nel mercato di Costantinopoli, sulle spoglie dell'impero bizantino, decapitato della sua capitale.

Capitolo quinto

Verso la città matura del Trecento

Dal Comune alla Signoria

L'impresa di Costantinopoli arrecò ai mercanti veneziani enormi vantaggi e insieme permise di convogliare nella città preziose testimonianze materiali della cultura tardo-antica e romana [1].

Essa provocò, peraltro, una spaccatura fra i *potentiores* residenti a Venezia e quelli insediati da poco o da molto in Oriente [2], ed un conflitto fra concezione comunale e concezione feudale della proprietà che fu causa, fin dai primi decenni del XIII secolo, di una svolta nel rapporto fra stato e società e fra proprietà privata e pubblica nella stessa Venezia.

Gli aspetti costituzionali della crisi furono risolti intorno al 1220 [3], riconfermando al doge di Venezia l'autorità sui possedimenti veneziani nell'Adriatico e nell'Egeo che servivano come basi per il traffico mercantile. Ma il risvolto di questa soluzione fu l'esplicito concentramento d'ogni potere nelle mani delle famiglie che, insieme al doge, vennero formando alla fine del secolo un governo non più comunale, ma signorile e cittadinesco.

Le tappe essenziali di tale svolgimento furono, nel 1242 [4], l'esclusione di chi abitasse fuori Venezia da ogni facoltà politica consultoria o decisionale. Le cittadine minori dello stato veneziano come Chioggia, Murano, Torcello e Grado uscirono dalla *civitas* e vennero governate da podestà [5]. Alla discriminazione fra *civitas* e periferia seguì, nel 1282, un processo capillare di verifica sui titoli di proprietà, affidata ad una nuova magistratura giudiziaria detta del *Piovego* o pubblico [6], che alimentò un contenzioso interminabile, insostenibile dai titolari di piccoli diritti.

L'intero territorio fu pertanto passato al setaccio, in una logica che, per quanto attenta alla giustizia formale, rifletteva un disegno politico inteso ad affermare la supremazia dei gruppi dirigenti. E la conseguenza di questa logica fu, nel 1298, la cosiddetta « Serrata del Maggior Consiglio », che restringeva alle famiglie già insediate [7] l'accesso al potere politico, caricandole, peraltro, di responsabilità decisive rispetto alla gestione economica delle fortune statali. Tale costruzione fu perfezionata, nel 1310, nominando il « Consiglio dei Dieci », che diverrà col tempo il governo ombra della Repubblica [8].

In questo clima da « signoria », l'imprenditoria marittima veneziana poté ampliare il suo raggio d'azione istituendo viaggi regolari con le Fiandre attraverso l'Atlantico [9]; ma si trattava di sviluppi che avevano la loro radice nei fermenti comunali e nell'euforia dell'impresa di Costantinopoli [10], dalla quale Venezia trasse gli stimoli per diventare una città matura a tutti gli effetti.

La basilica di S. Marco come fulcro ulteriore di esperienze urbane

A Venezia, diventata all'inizio del Duecento la capitale e la metropoli esclusiva d'una catena di possedimenti estesi dall'Adriatico al Medio Oriente, i mercanti che facevano la spola fra la Francia, l'Egitto e la Cina [11] apportarono ben presto gli stimoli di un'accelerazione culturale che trovava un fertile terreno nella storia stessa della città. « Un soffio di vita nuova — scrisse il Demus — anima la stagnante arte veneziana del principio del Duecento: gli artisti veneziani scoprirono Bisanzio, l'Occidente, l'Oriente e l'antichità » [12]. E l'oggetto primo di tale scoperta, simultanea ed incrociata, fu ancora la basilica di S. Marco, nella quale non erano mai cessate le operazioni di aggiornamento e abbellimento delle strutture contariniane.

Accettando l'opinione del Demus, l'ala nord del nartece di S. Marco dove compare la porta dei Fiori venne aggiunta alla basilica nella prima metà del Duecento, forse al tempo del doge Marino Morosini (1249-1253), che vi fu sepolto [13]. L'aggiunta, col primo apparire dell'arco ogivale in alternativa all'arco a tutto sesto, costituisce un sintomo importante delle operazioni che si andavano compiendo in quei decenni a Venezia per adeguare l'aspetto e la consistenza dell'architettura al nuovo ruolo della città. Come si poté accertare durante i restauri ottocenteschi, l'opera venne eseguita con elaborate strutture in cotto, di gusto romanico in certe archeggiature, studiate per essere lasciate a vista [14]. Nonostante tutte le incertezze che s'impongono in questo argomento, si può assumere che l'opera in cotto registrasse la differenza fra la facciata ovest sulla Piazza e quella nord, prospiciente su uno spazio secondario, che appariva attorniato da semplici case ancora alla fine dell'Ottocento, e che non fu mai partecipe, comunque, del fasto architettonico delle Procuratie Vecchie.

Le vicende della basilica di S. Marco nei primi decenni del Duecento, dunque, offrono il paradigma di due condizioni tipiche degli sviluppi architettonici e urbanistici di Venezia, cioè la crescita degli edifici per aggiunte significanti, e la differenziazione fra i prospetti principali e secondari degli edifici stessi.

I palazzi del primo Duecento

Avendo presenti le due condizioni appena citate, risulta più agevole l'esame delle architetture civili affiorate sul paesaggio urbano di Venezia nei primi decenni del Duecento, che subirono pesanti manomissioni nei secoli passati, o restauri discutibili in epoca recente. Sommando i resti materiali e le immagini storiche, un primo gruppo delle stesse risulta espresso dai palazzi Loredan, Farsetti e Pesaro (meglio conosciuto come Fondaco dei Turchi) tuttora esistenti, e dalla Cà Grande Barozzi (già citata), raffigurata dal de' Barbari nel 1500 [15]. Ciò che distingue questi edifici è un porticato al pianoterra, eguagliato da un loggiato al primo piano, estesi su quasi tutta la fronte verso il Canal Grande. Questi portici e loggiati dovevano essere aperti all'origine [16] e costituire perciò degli elementi accessori della residenza. Certamente essi furono aggiunti a delle strutture più chiuse, adatte all'abitazione, che

Fig. 19. Il palazzo Pesaro, costruito intorno al 1225 e divenuto Fondaco dei Turchi nel 1621, dopo la ricostruzione ottocentesca. Anche in questo caso, come nella Cà Grande Barozzi, appare evidente il dominio di una grande area retrostante che doveva ospitare molteplici funzioni.

potevano essere composte intorno ad una corte dotata di pozzo, forno, magazzini, orto, conforme le descrizioni ricorrenti nelle carte notarili dell'XI e XII secolo.

Una funzione di questi porticati era quella di mettere al riparo o in mostra le merci trafficate sul Canal Grande e per questo si parla, oggi, di *palazzi-fondaco*[17]. Nessuno di questi porticati sorge direttamente sull'acqua, ed è probabile che sostituissero delle tettoie in legno, disposte in fregio alle rive gradinate (*gradatae*) o a scivolo, ma dotate di passerella, dove attraccavano le navi. Tuttavia la loro distanza dall'acqua è dell'ordine di pochi metri, e questo segna certamente l'avvio a forme nuove, più intense, d'urbanizzazione, connesse all'improvviso revival di forme bizantine seguito alla conquista di Costantinopoli, dalla quale furono importati marmi di palazzo Farsetti nel 1204[18].

Il Fondaco dei Tedeschi e le prime scuole

Contemporaneamente alle case porticate dei mercanti privati veneziani, prendeva corpo a Venezia una struttura che possedeva veramente il carattere del « fondaco », nel senso arabo del termine *funduq*, cioè d'un luogo riservato agli stranieri dove si godeva di certe garanzie, unite a vincoli, per gestire il commercio. La cosa, come sempre a Venezia, procedette per gradi, partendo da certe case degli Zusto vicine al ponte di Rialto, che il governo acquistò nel 1222[19], e poi diede in affitto ai mercanti tedeschi nel 1225. Intorno al 1228 la nuova istituzione divenne ufficiale, e nel 1268 essa risultava gestita come un'impresa di stato, e regolata da tassi precisi d'interesse sugli affari che l'importante colonia tedesca svolgeva in città.

Il sorgere di questo primo fondaco straniero faceva parte di una più generale sistemazione logistica e istituzionale di molte attività mercantili e produttive. Risalgono difatti a questi decenni i primi *statuti* conosciuti di categoria[20], e le prime *scholae*, o Scuole, intese come luogo di riunione degli artigiani, associate per lo più alle chiese dove gli stessi avevano un altare dedicato al santo patrono.

Nel caso degli artigiani, le Scuole costituivano l'equivalente delle rispettive Arti, soggette al controllo della Giustizia Vecchia, ma lo stesso termine designava, intorno al 1260, anche delle associazioni senza contenuto professionale, come quelle dei Battuti o Disciplinati[21]. Ma prima di considerare tali sviluppi, converrà mettere a fuoco la più importante fra le sistemazioni logistiche che furono date allora al problema produttivo nel settore navale.

Il nuovo Arsenale di Castello

Nell'imminenza dell'impresa di Costantinopoli, o subito dopo, il governo ducale organizzò un altro « arsenale », oltre a quello di Terranova, destinato a divenire il maggiore e poi l'unico di Venezia L'impianto, noto dal 1220, quando era destinato probabilmente a semplici funzioni di rimessaggio e magazzinaggio navale, occupava un'area di bonifica a nord della chiesa parrocchiale di S. Martino, confinante con il *lacus* donato al monastero di S. Daniele nel 1138.

La scelta del luogo risale probabilmente al doge Sebastiano Ziani, che aveva molte proprietà nei dintorni. Ma fu nel 1223, durante il dogato del figlio Pietro Ziani, che si provvide ad ampliare l'impianto sulla sponda orientale del rio che lo collegava al grande Canale di S. Marco, aggregandovi i laboratori di certi fabbri che probabilmente venivano già impiegati nella riparazione delle navi o per la fornitura di armi, sia per conto dei privati che per conto dello stato. Sotto lo stesso duca Pietro Ziani veniva steso, nel 1227, il primo *capitolare* o statuto nautico, integrato poi da provvedimenti che vincolavano sempre più all'interesse pubblico gli addetti alle diverse Arti impiegate in questo Arsenale, finché nel 1289 si giunse ad una sostanziale esclusione delle commesse private dall'impianto.

Fino a quel momento l'Arsenale di Castello aveva un'estensione modesta, poco maggiore dell'area di Piazza S. Marco, perché l'attività cantieristica, di costruzione o riparazione, si svolgeva soprattutto nell'arsenale di Terranova a S. Marco, ed ancor più nei molti *squeri* distribuiti in città.

Ma il rapporto fra l'armatore privato e il Comune stava mutando, sia per le prospettive di crisi commerciale connesse all'invasione mongola e alla fine dell'impero latino d'Oriente, col ritorno d'imperatori greci sul trono di Costantinopoli (1261), sia per il meccanismo stesso della politica interna. Era inevitabile, pertanto, che lo stato accedesse a forme più spinte d'intervento in materia

Fig. 20. L'Arsenale di Castello allo stato attuale. La metà inferiore del grande bacino corrisponde al *lacus* di S. Daniele acquisito dal Comune nel 1325. L'Arsenale Vecchio occupava la prima parte del lungo bacino che si apre al termine dello stretto canale d'accesso.

d'allestimento, finanziamento e protezione armata dei convogli, per le quali occorrevano spazi maggiori e impianti più concentrati. E in questa logica, dopo l'acquisto di talune proprietà vicine (1305), il Comune ottenne il possesso di tutto il lago di S. Daniele che venne aggregato all'Arsenale di Castello, portandolo all'enorme estensione di circa 14 ettari nel 1325. La trasformazione del vecchio *lacus* in bacino dotato di fondali sufficienti e cintato da mura, a difesa della proprietà statale, dovette richiedere, peraltro, molto tempo, perché soltanto nell'intorno del 1350 si hanno informazioni sulla sua efficienza [22].

È una traiettoria secolare, dunque, quella che unisce il primo nucleo dell'impianto di Castello, detto Arsenale Vecchio, alla grande Darsena Nuova del primo Trecento. E in questo tempo Venezia passava dal mercantilismo privato e avventuroso di un Marco Polo a quello mètodico, organizzato e tendente all'impresa pubblica che prenderà il sopravvento in seguito. A questo mutamento si accompagnava una trasformazione profonda del modo stesso d'intendere il rischio personale e la partecipazione della famiglia alle vite degli uomini che stavano in mare o comunque lontani per la maggior parte del tempo. L'esame di molti testamenti redatti fra il 1223 e il 1285 (Cracco) ha permesso d'identificare taluni effetti di questa traiettoria. Un aumento degli investimenti immobiliari, innanzitutto, ai quali accedono famiglie nuove oltre alle grandi famiglie aristocratiche, inducendo il Maggior Consiglio nel 1274, a legiferare contro chi acquistava beni in terraferma. Ed insieme la tendenza a lasciare somme cospicue per l'assistenza ai poveri e agli infermi, o per dotare le ragazze nubili (« ad nubendum mulieres ») o finanziare le parrocchie e specialmente quelle nuove istituzioni, i conventi degli Ordini mendicanti [23], che verso la metà del Duecento acquistano un peso rilevante nella vita e nella struttura urbana di Venezia.

L'intervento degli Ordini mendicanti

Il governo e la classe dominante veneziana furono molto solleciti nel favorire l'insediamento di questi religiosi in città, quando ormai rappresentavano la soluzione cattolica al problema del vasto movimento pauperista ereticale [24], e lo fecero nel quadro d'un evidente programma urbanistico indirizzandoli verso le aree vuote ed i terreni bisognosi di bonifica. A Venezia, priva di cinta muraria, l'operazione non poteva configurarsi, come altrove, nell'impianto di centri *extra moenia*, ma la strategia fu egualmente efficace sia sul perimetro che nelle aree circoscritte dallo sviluppo tentacolare precedente.

Tipico degli insediamenti perimetrali è quello dei Domenicani, che ricevettero dal doge Jacopo Tiepolo, nel 1234, una « petiam terrae aqua superlabente [...] cum callibus » e « viis suis » sul limitare settentrionale della parrocchia di S. Maria Formosa, dove sorse poi il complesso dei SS. Giovanni e Paolo [25]. Poiché i frati predicatori erano attestati presso la chiesa di S. Martino, vicina all'Arsenale Vecchio, nel 1229, la donazione servì a dirottarli verso l'esterno; e la cosa si ripeté nel 1317, quando, per un lascito del doge Marino Zorzi, i Domenicani s'insediarono anche sulla riva sud del rio di Castello, dove diedero l'avvio, con il complesso di S. Domenico, a una profonda urbanizzazione. Lo stesso doge Jacopo Tiepolo promosse l'insediamento dei Francescani Minori fra le parrocchie di S. Tomà e S. Stin già nel 1227, donando loro, intorno al 1236, il lago dei Badoer, cioè l'area paludosa che restava incuneata ad ovest del canale attraversante S. Polo [26].

La famiglia Badoer, che aveva molte proprietà nella zona, svolse un ruolo complesso, costruendo la chiesa di S. Giovanni Evangelista, nota dal 1286, e promuovendo poi il trasferimento nei locali attigui della Scuola dei Battuti che era sorta nel 1261 [27], negli anni in cui tutta l'Italia settentrionale era segnata dalle processioni dei Flagellanti, ed aveva il suo primo recapito nella chiesa di S. Aponal.

Diversa strategia seguirono gli Agostiniani Eremitani, forse presenti fin dal 1002 nell'isola del Lazzaretto Vecchio (Niero), che nel 1242 acquistavano una *terra vacua* nelle vicinanze di S. Pietro di Castello, dove realizzarono il convento di S. Anna, al termine del rio di Castello, che prese perciò il nome di rio di S. Anna. Cinquant'anni dopo essi risultavano presenti anche nella parrocchia di S. Angelo, forse con una prima chiesetta, e nel 1294 cominciavano a costruire una chiesa più grande, poi assorbita nell'attuale chiesa di S. Stefano, ricevendo l'aiuto pecuniario del governo nel 1303 e nel 1305. Questi Agostiniani, pertanto, operarono sia nelle aree periferiche sia nel cuore del sestiere di S. Marco dove, nel 1407, dovranno scavalcare un rio per costruire il presbiterio della chiesa attuale [28].

Gli Agostiniani Canonici Regolari, invece, avevano la

loro sede a S. Salvador, dove eressero la chiesa ed il convento omonimi nel luogo di una *piscina*, all'inizio del Duecento, subentrando alla parrocchia precedente.

Se a questi sviluppi si aggiungono quelli di S. Maria delle Vergini (1224), S. Chiara (1234), S. Maria della Celestia (1237), S. Maria dei Carmini (1280) e dei Servi di Maria (1313), appare chiaro come l'insieme dei nuovi conventi e dei vecchi monasteri configurassero una rete infrastrutturale paragonabile per diffusione a quella parrocchiale, ma dotata di una forza attrattiva e finanziaria di gran lunga superiore rispetto a tutti gli strati sociali di Venezia.

Gli sviluppi residenziali nella città gentilizia e corporativa

La città dove sorgevano tante istituzioni parassitarie, come i monasteri, o tese all'assistenza dei poveri, come gli Ospizi [29], era necessariamente una città affollata e nella quale confluivano ricchezze enormi, seppure concentrate in gruppi abbastanza ristretti di privilegiati. Di questa città forniva un ritratto tutto angolato nell'esaltazione della gloria ducale Martino da Canal, con le sue *Estoires de Venise*, scritte fra il 1267 e il 1275. Nelle sue pagine appare del tutto evidente la coscienza dei fattori che concorrono a rendere ricca e speciale la città: « le merci scorrono per quella nobile città come l'acqua dalle sorgenti. Venezia sorge sul mare e l'acqua salsa vi scorre in mezzo e intorno e in ogni luogo fuorché nelle case e nelle vie; e quando i cittadini si trovano nelle piazze possono tornare a casa per terra e per acqua » [30].

L'idea d'una struttura anfibia nella quale le merci e l'acqua scorrono dovunque, come fattori complementari di benessere, anticipa le componenti del mito romantico di Venezia che nel da Canal appare già intrecciato con l'idea delle *feste*, civili e religiose insieme, che si svolgono nel Bacino, nella Piazza e lungo il Canal Grande. « La prima festa fu fatta in mare », egli dice cominciando a parlare dell'elezione del doge Lorenzo Tiepolo, nel luglio del 1268, e passando poi a descrivere le galee che, dopo essersi raccolte davanti al palazzo Ducale, navigarono attraverso Venezia, fino a vedere la dogaressa che « tient cort la ou ele est en sa maison » a S. Agostin. Il confronto fra la *corte* del doge a S. Marco e questa *corte* della dogaressa a S. Agostin è sviluppato per varie pagine, descrivendo i pittoreschi e sfarzosi cortei delle diciotto corporazioni di mestiere, guidate dai rispettivi « maestri » che si recano a riverire prima l'uno e poi l'altra [31].

Il da Canal chiarisce pertanto una funzione della corte privata gentilizia, imperniata sulla « maison » o « mansione » principale, intorno alla quale si sviluppano le residenze e talora le botteghe degli artigiani, maestri o lavoranti. In questo caso la corte funge esplicitamente da luogo sussidiario dell'autorità dogale, come avverrà per le corti dei grandi palazzi di altre famiglie patrizie.

Il tema, peraltro, trascende la questione della tipologia architettonica del palazzo privato. Il Dorigo, analizzando la distribuzione di circa 340 corti in Venezia, riconosce nel 62% di esse, un organismo « quadrangolare [...] residuo dell'insediamento di *servi* e *clientes* accanto alla famiglia padronale » [32]. In altri casi, studiati dalla Trincanato, la corte appare composta invece secondo cinque tipologie, a pianta per lo più allungata, accessibili spesso da sottoportici o chiuse da cancelli, nelle quali si manifesta un « carattere di individualità familiare » nonostante l'evidenza d'un programma costruttivo unitario, o perlomeno coordinato [33].

Il rapporto fra proprietà del suolo, proprietà dell'edificio e composizione edilizia delle *corti* veneziane, sembra tuttora da studiare. Probabilmente un ruolo dominante in questo campo spetta al « patrono », che funge da imprenditore e finanziatore rispetto ai « maestri » e ai loro « lavoranti » [34] in tutte le attività artigianali, compreso l'Arsenale. Al patrono, con termine sintomatico, corrisponde già nel Duecento la figura del *sergente* o *sarzente*, che gli paga l'affitto per la casa [35], ma probabilmente è legato a lui da un rapporto gregario anche nell'organizzazione del lavoro.

Talora sono case costruite da privati, come i Bonoaldo che nel 1080, pur donando parte delle loro terre al monastero di S. Giorgio, si riservavano il diritto « ad faciendum [...] mansiones que fieri esse debent de rivo » presso il lago Morosini a Dorsoduro [36] che forse costruirono in proprio. In altri casi il proprietario — un privato, un monastero oppure il doge in rappresentanza del Comune — concedeva la terra « ad super edificandum », cioè il diritto di superficie al costruttore per un certo numero di anni, oltre i quali entravano in possesso del costruito e del fondo [37].

Attraverso simili meccanismi, si costruirono le residenze raccolte intorno ai vari tipi di corte, nelle quali

Figg. 21-22. La Ruga due Pozzi nel sistema delle *insulae* di S. Sofia, secondo la ricostruzione storica prospettata da S. Muratori (in *Studi per una operante storia urbana di Venezia*, Poligrafico dello Stato, Roma 1959, tav. IX, p. 68). La regolarità generale dell'impianto suggerisce l'intervento di uno o più « patroni » che ebbero l'appalto dei lavori di bonifica e urbanizzazione. (*A sinistra*) Ipotesi della situazione edilizia nell'età gotica. (*A destra*) La situazione attuale.

prevalgono le case in serie, a linea, ma figurano anche delle case più individualizzate, con tipologie popolari o da palazzetto borghese, documentabili più tardi.

Una concessione rilevata da privati riuniti in consorzio sembra ipotizzabile nelle corti che coincidono con tutto il perimetro di un'isola, come la Ruga due Pozzi [38], dove il processo costruttivo è legato alla convenienza di erigere le case sopra le palificate occorrenti a recintare l'area di bonifica.

Un caso estremo del processo d'erosione, superfetazione e chiusura prodottosi intorno ad un nucleo gentilizio è quello della Corte Bottera ai SS. Giovanni e Paolo (n° 6267-81), attualmente accessibile solo da un basso portico, dove rimane il portale della casa dei Contarini dalla Zogia, databile al XII-XIII secolo (Trincanato) [39]. Per effetto della grande attività trecentesca, in pochissime di queste corti restano le tracce di un'edilizia duecentesca che certamente doveva sussistere. Di essa troviamo le tracce nei portici della corte del Fontego a S. Margherita, attualmente infossati nella pavimentazione posteriore per circa 70 cm, e pertanto sfigurati nei rapporti architettonici [40].

A moltiplicare l'attività edilizia per tutto il Duecento contribuì certo la mobilità personale delle famiglie abbienti nuove e vecchie che investivano capitali cospicui negli immobili, come risulta da vari testamenti, specie dopo il 1260. Un caso notevole di mobilità è quello di Ermolao Zusto che nel 1253 risiedeva a S. Bartolomeo, nel 1256 a S. Stefano, nel 1283 a S. Maria Mater Domini, nel 1295 di nuovo a S. Stefano e nel 1298 a S. Agostino. I suoi figli risiedettero, dal 1276 al 1317, successivamente a S. Paternian, S. Angelo, S. Cassiano, S. Maurizio e S. Vitale. Complessivamente, dunque, il solo ramo degli Zusto che fa capo a Ermolao (not. 1237 - test. 1298) disseminò nel XIII secolo ben nove parrocchie, mentre altri rami erano presenti altrove. Eppure si tratta di una

Figg. 23-24. (*A sinistra*) Palazzo Da Mosto sul Canal Grande, nella parrocchia dei SS. Apostoli, allo stato attuale. La composizione di facciata ha subito notevoli trasformazioni, specie con l'aggiunta del secondo e terzo piano. Nel primo piano si può leggere ancora il loggiato duecentesco centrale a sette fornici con archi acuminati sull'estradosso, mentre sul piano d'acqua rimangono soltanto i tre archi a tutto sesto della parte sinistra del porticato originario a cinque arcate. (*A destra*) I sei ordini dell'arco veneziano secondo John Ruskin. Da *The Stones of Venice*, Allen, Orpington 1886, vol. II, tav. XIV, p. 248.

famiglia, nota dal X secolo e imparentata a famiglie dogali (Badoer, Orseolo), che soltanto con questo Ermolao raggiungeva una posizione eminente tanto da essere inclusa nel patriziato con le riforme della fine del XIII secolo. Una famiglia nella quale i maschi stavano lontani da Venezia per gran parte della loro esistenza a governare o a mercanteggiare in Egeo, mentre le donne amministravano i beni immobiliari in città e mettevano a frutto i capitali prestandoli anche ai figli, come fece la madre di questo Ermolao Zusto riservandosi tre quarti del lucro [41]. E questa condizione esistenziale, che trova la sua massima espressione nella vicenda di Marco Polo, spiega l'apparente anomalia d'una città che, nel XIII secolo, vide le proprie case gentilizie soggette alle mode stilistiche più varie mentre la tipologia restava fedele a pochi modelli.

Dopo i primi esempi di grandi porticati con arco ad alto peduccio bizantino, difatti, nelle case gentilizie appaiono loggiati e porticati con archi e capitelli che vanno dall'arco con vertice acuminato sull'estradosso, di gusto islamico, all'arco gotico con inflessione semplice o plurima che rimanda, allo stesso modo delle storie del da Canal scritte in francese, alla cultura occidentale europea [42]. Quando il Ruskin, a metà Ottocento, si dedicò allo studio di queste forme, le classificò in una sequenza da lui definita i « sei ordini dell'arco veneziano » [43], che resta di grande utilità pratica. Ma tale sequenza fu giustamente criticata [44] laddove presuppone di far corrispondere l'evoluzione delle forme ad una successione temporale delle stesse, in senso quasi darwiniano, che risulta contraddetta dalla frequente compresenza dei diversi archi nello stesso edificio. Un caso tipico di tale commistione si osserva nella Corte del Lion (ora del Remer) a S. Giovanni Crisostomo [45], che allinea sullo stesso piano, secondo la nomenclatura del Ruskin, un portale del tipo 1 con quattro finestre del tipo 3 ed una del tipo 4. In questo, come in altri casi, la forma degli archi appare dissociata dal processo costruttivo, come se il committente avesse potuto acquistare degli archi già fatti, sul mercato dei tagliapietre. Ma questa era, con ogni probabilità, una caratteristica normale della produzione edilizia nel XIII secolo, alimentata dalle grandi famiglie veneziane che consideravano le opere in pietra alla stregua di un ornamento alla moda da inserire nella trama muraria realizzata da capomastri tradizionali talora obbedienti alle richieste della padrona di casa, in assenza del capofamiglia.

Ancor più tipico, in questo senso, appare il caso del palazzo Da Mosto [46], affacciato sul Canal Grande poco lontano dalla Corte Lion. Questo suggestivo palazzo, difatti, esibisce al piano terra, cioè sulla linea d'acqua, un porticato composto da archi romanici a tutto sesto che furono alzati fino ad assumere l'aspetto di archi bizantini ad alto peduccio. Sopra questi, al primo piano, il palazzo si apre in un loggiato islamico-bizantino, cioè con archi acuminati all'estradosso del tipo 2 secondo il Ruskin, e si conclude, sotto la linea di gronda duecentesca, in una serie di patere e bassorilievi ornamentali d'antiquariato.

Ma questo amore per l'ornamento e l'antiquariato che traspare dalle altre fabbriche dell'epoca, ed anche dalle più coerenti, era lo stesso che presiedeva alle riforme della basilica di S. Marco, come s'è visto, e pure, con ogni probabilità, ai lavori che vennero intrapresi, dopo il 1250, per ampliare e sistemare gli ambienti del palazzo Ducale. Un gusto e un amore, va precisato, che appartengono alla stagione più estroversa e produttiva dell'aristocrazia marittima veneziana.

Capitolo sesto

La città completa del Trecento e Quattrocento

La prima pianta di Venezia

L'effetto delle riforme istituzionali, politiche e amministrative, che avevano determinato il trapasso dal Comune alla Signoria oligarchica, si avverte per tutto il Trecento ed oltre nella maggior decisione ed efficacia esecutiva con la quale vengono affrontati i problemi strutturali di Venezia e del territorio circostante. Questi problemi, conforme una prassi consolidata, sono affidati a commissioni temporanee di esperti caso per caso, ma pure a nuovi ufficiali permanenti come ai *Domini de nocte* e poi (1339)[1] ai capisestieri ed ai capicontrada addetti al controllo sulle vie, sui ponti e sugli incendi, o agli *officiales de paludibus* delegati ad interventi sugli argini fluviali (1325). Ciò che distingue il nuovo ritmo d'intervento è la sua prospettiva globale, che abbraccia i porti marittimi, i canali interni ed esterni alla città ed anche gli sbocchi dei fiumi in laguna. In relazione a questi mutamenti appare di grande interesse la pianta di Venezia, contenuta in un codice membranaceo intitolato *Chronologia magna ab origine mundi ad annum 1346*[2].

L'opera fu compilata da quel Fra Paolino Minorita, nato a Venezia intorno al 1275, autore anche di un *De mapa mundi*, che nel 1321 ebbe l'incarico dal papa di valutare gli studi cartografici di Marin Sanudo il Vecchio sui paesi del Medio Oriente in funzione d'una crociata[3]. Si spiegano così le differenze fra la mappa di Venezia e quelle di altre città, contenute nella stessa *Chronologia magna*, che hanno un carattere più simbolico.

Questa, invece, appare disegnata con intenzioni e competenze da cartografo, ma indirizzate principalmente a mostrare le trame dei percorsi acquei e dev'essere considerata, pertanto, come una specie di micro-portolano compilato ad uso dei naviganti d'altura o di laguna. A tale scopo la mappa include non solo Venezia, ma anche Murano e le isole minori, precisando con diversa grafia i canali maggiori adatti alle navi e quelli minori per i battelli, e tutta la rete delle vie acquee che collegano queste isole fra loro e con il mare. Ma l'autore, attento alla struttura anfibia di Venezia, elabora il suo micro-portolano fino a segnare indicativamente, oltre al Canal Grande ed al Canale di Cannaregio, anche i rii interni alla città, localizzando rispetto ad essi 96 chiese, l'Arsenale, Piazza S. Marco e Rialto, identificati con pittogrammi e sigle[4].

Perciò la pianta, che si può datare intorno al 1330, ha un duplice interesse urbanistico ed idrografico, e occorreranno 150 anni per poter confrontare questo disegno della città con quello del de' Barbari, e circa 220 per un confronto con la carta idrografica del Sabbadino (1547).

Il nuovo rapporto con la terraferma

Nella pianta del 1330 è piuttosto evidente il fatto che i canali navigabili in partenza dal mare diventano poco distinti in vicinanza della terraferma; e non si tratta di un'imprecisione grafica: per bloccare gli apporti alluvionali dei fiumi, e specie del Brenta, che stavano interrando le acque, difatti, il governo veneziano aveva provveduto da tempo a costruire degli argini o *pallatae* che dirottavano le acque verso nord o sud, e continuava a farlo. Era stato questo, anzi, uno dei tanti motivi delle guerre con Padova, nel Duecento ed ancora nel 1304-1309, quando i padovani avevano tentato d'impadronirsi delle Saline di Chioggia. All'intervento militare seguiva l'opera dei tecnici che, reclutando pescatori e contadini,

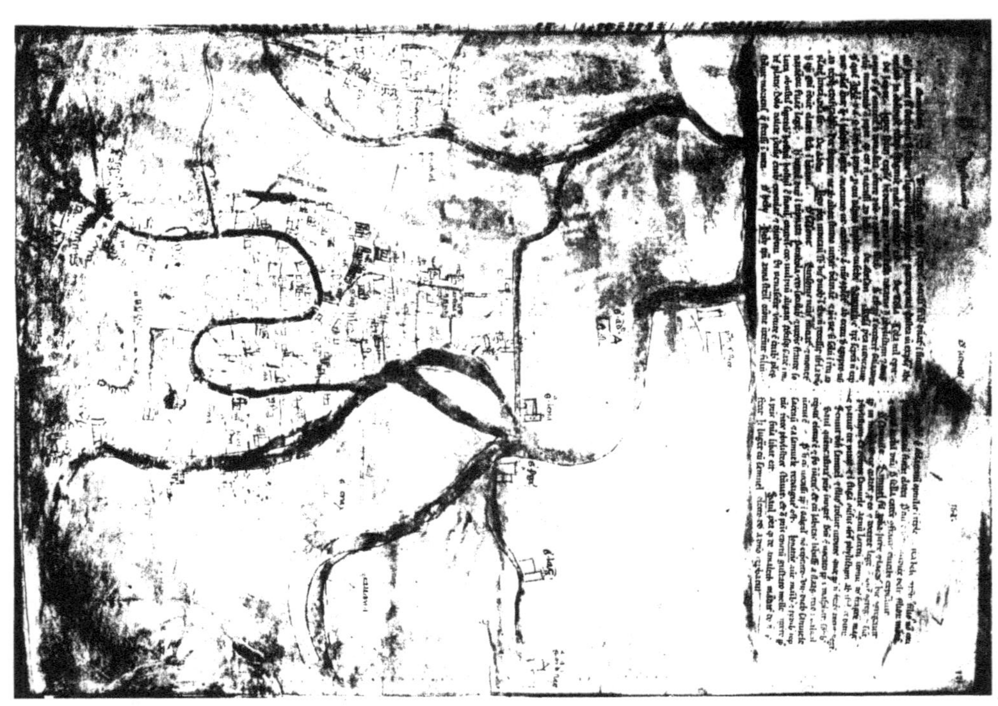

Fig. 25 [1]. La pianta di Venezia del 1330 circa, inserita nella *Chronologia magna* di Fra Paolino del 1346. L'immagine fu scoperta, pubblicata e commentata per la prima volta nel 1781 dall'architetto Tommaso Temanza, il quale riteneva che la matrice del disegno fosse riconducibile al XII secolo.

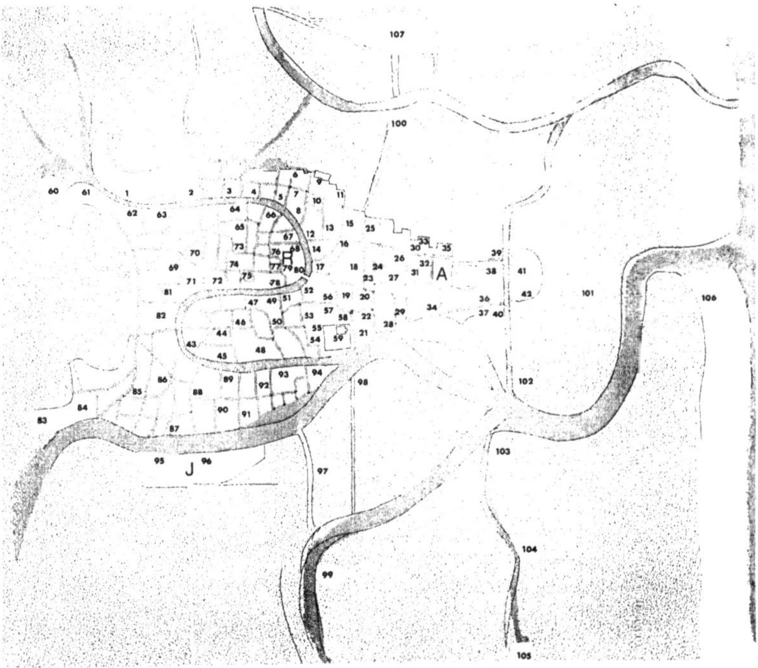

Fig. 26. La pianta di Fra Paolino in una elaborazione di Giorgio Bellavitis. Di ogni chiesa, indicata con numero nel nostro disegno, trascriviamo la sigla che figura nel disegno originale, e il nome per esteso, conforme l'interpretazione del Temanza, dalla quale ci discostiamo solo per il toponimo *cavana* che corrisponde, a nostro avviso, all'isola di S. Maria delle Grazie, la quale era detta Cavana o Cavanella prima del 1417, secondo il Lorenzetti. Sulla Giudecca figurano soltanto i pittogrammi di due chiese senza sigla, accanto al nome *Judaica*.

CANNAREGIO: 1. Lucia (S. Lucia); 2. jē (S. Geremia); 3. Leôn (S. Leonardo); 4. ẽma (S. Ermagora, o S. Marcuola); 5. mag (S. Maria Magdalena); 6. svi (S. Maria dei Servi); 7. fusca (S. Fosca); 8. felix (S. Felice); 9. mĩa (Misericordia); 10. macili (S. Marciliano, o S. Marziale); 11. clufi (S. Maria dei Crociferi); 12. sofia (S. Sofia); 13. cati (S. Caterina); 14. apo (SS. Apostoli); 15. m̃ano/ua (S. Maria Nova); 16. ca/ci (S. Canciano); 17. croj (S. Giovanni Crisostomo). CASTELLO: 18. SaMaĩna (S. Marina); 19. Leo (S. Leone, o S. Lio); 20. mafom (S. Maria Formosa); 21. fi r za (SS. Filippo e Giacomo); 22. so no (S. Giovanni Novo); 23. S.seû (S. Severo); 24. S. Lau (S. Lorenzo); 25. p̃ds (predicatores: SS. Giovanni e Paolo); 26. J̃ō/teplu (S. Giovanni in Tempio); 27. s. ãto (S. Antonin); 28. S'za (S. Zaccaria); 29. s'io/bra (S. Giovanni in Bragora); 30. in (S. Giustina); 31. S. mar (S. Martino); 32. tt'a (S. Trinità); 33. vĩea (vinea: S. Francesco della Vigna); 34. S.bla (S. Biagio, o S. Blasio);
A. (Arsenale); 35. cele (Celestia); 36. hospi (Ospedale di S. Bartolomeo); 37. pdires (predicatores: S. Domenico); 38. dan (S. Daniele); 39. ṽgi (S. Maria delle Ver-
(frontone senza nome, allusione al Castello). S. MARCO: 43. samu (S. Samuele); 44. he ori
gini); 40. Sa ana (S. Anna); 41. epis (episcopatus: S. Pietro di Castello); 42.
(Eremitani di S. Stefano); 45. vital (S. Vitale, o S. Vidal); 46. âg (S. Angelo); 47. b̃n (S. Benedetto, o S. Beneto); 48. maiuba (S. Maria de Jubanico, poi del Giglio);
49. luĉ (S. Luca); 50. atn (S. Fantin); 51. pat (S. Paternian); 52. ba (S. Bartolomeo); 53. moy (S. Moisè); 54. m de bro (S. Maria in Broglio, o Ascensione); 55. jemi
(S. Geminiano); 56. salua (S. Salvador); 57. Juli (S. Giuliano, o S. Zulian); 58. bas (S. Basso); 59. S.M̂ (S. Marco). S. CROCE: 60. Semi (Suore di S. Damiano:
S. Chiara); 61. crux (S. Croce); 62. syap (S. Simeone Apostolo); 63. syppa (S. Simeone Profeta); 64. d cola (S. Giovanni Decollato); 65. ja d'lupo (S. Giacomo de
Luprio, o dell'Orio); 66. eu staci (S. Eustachio, o S. Stae); 67. cassia (S. Cassiano); 68. m̂d (S. Maria Mater Domini). S. POLO: 69. miores (S. Maria dei Frati Mi-
nori: Frari); 70. ste p' (S. Stefano prete, o S. Stin); 71. jo êv (S. Giovanni Evangelista); 72. thoas (S. Tomas, o S. Tomà); 73. bald' (S. Ubaldo, o S. Boldo); 74. ag'
(S. Agostino); 75. pxa (S. Paolo, o S. Polo); 76. mat (S. Matteo); 77. a/po (S. Apollinare, o S. Aponal); 78. sil (S. Silvestro); 79. jo (S. Giovanni Elemosinario);
80. ia (S. Jacopo, o S. Giacomo di Rialto); R. (Rivus altus, o Rialto). DORSODURO: 81. pata (S. Pantalon); 82. marga (S. Margherita); 83. mata (S. Marta); 84. nico
(S. Nicolò dei Mendicoli); 85. rafa (Angelo Raffaele); 86. carm (S. Maria dei Carmelitani, o dei Carmini); 87. basi (S. Basilio); 88. barna (S. Barnaba); 89. ma d cat
(S. Maria della Carità); 90. geuasi (SS. Gervasio e Protasio o S. Trovaso); 91. âg (S. Agnese); 92. vi/ts (S. Vito, o S. Vio); 93. sg (S. Gregorio); 94. tri (S. Trinità,
ora S. Maria della Salute). GIUDECCA: 95. (SS. Biagio e Cataldo); 96. (S. Eufemia). ISOLE: 97. S. Crux (S. Croce); 98. S. Geogi (S. Giorgio); 99. cavana (Cavana,
poi S. Maria delle Grazie); 100. S. Michael (S. Michele); 101. s'ad' (S. Andrea); 102. Sa lena (S. Elena); 103. S'Sgi (S. Servolo); 104. S. Laz (S. Lazzaro); 105.
S.Macl'Naz (S. Maria di Nazareth: Lazzaretto Vecchio); 106. S. Nico (S. Nicolò di Lido); 107. murana (Murano).

avevano intercettato le acque del Brenta nel 1307 e nel 1311 e nel 1324 avevano costruito un argine da Fusina a Campalto lungo gli sbocchi del Bottenigo, Marzenego, Zero e Dese. Il 7 agosto 1325, il Consiglio dei Dieci ordinava che le « pallate Botenici solum dentur in manibus [...] officialium a paludibus »[5] affinché venissero aperte soltanto in casi speciali.

Cominciava così quel duro e secolare contrasto fra gli interessi idraulici della città e quelli delle campagne retrostanti, soggette alle acque stagnanti, che sarà un movente dell'espansione di Venezia in terraferma nel Quattrocento. E cominciava anche quello spostamento della soglia salina che col tempo trasformerà la laguna in un bacino di acque marine. Deviando le acque dolci, il governo poteva intervenire anche sui banchi di fango residuali degli antichi corsi fluviali, costruiti dai nuovi depositi, sui quali crescevano i canneti, molto temuti come veicolo di malaria. Con delibera del 13 luglio 1339[6], il Senato ordinava la demolizione progressiva della penisola coperta di vegetazione che, scendendo lungo il Brenta, giungeva nei pressi di S. Marta, equivalente, con ogni probabilità a quella che doveva spingersi fino al Canale di Cannaregio quando sorse il monastero di S. Secondo, come si disse. Quest'ultima, peraltro, risultava sommersa nel 1360, quando fu deliberato di scavare il canale[7] da Venezia a Mestre.

Giova ricordare, a chiarimento dei presupposti politici e militari di questi interventi, che, nel quadro dei complicati conflitti fra le Signorie italiane e l'imperatore d'Absburgo, il nuovo signore di Padova, Marsilio da Carrara, era stato costretto nel 1337 ad accettare la protezione egemonica di Venezia, mentre l'imperatore cedeva Mestre a quest'ultima, e che nel 1339 anche Treviso era passata in mano ai veneziani.

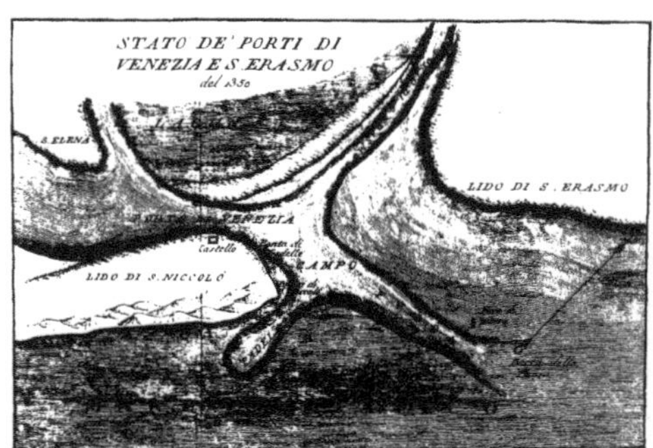

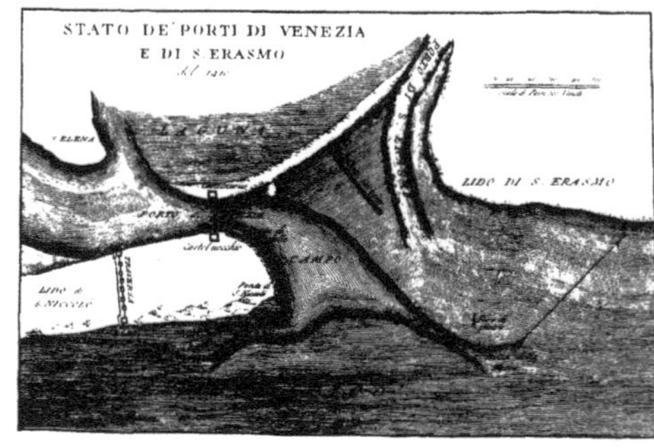

Figg. 27-28. « Stato de' porti di Venezia e di S. Erasmo » nel 1350 e nel 1410, secondo B. Zendrini (*Memorie storiche* [...], Padova 1811, vol. I).

Il nuovo rapporto col mare

Un altro dato evidente nella pianta di Venezia del 1340 è la distinzione fra il canale marittimo che porta a Murano e quello che porta a Venezia. Tale distinzione, di grande importanza in una carta nautica, risulta enfatizzata fino a porre sulla stessa linea i litorali che delimitano le due bocche di porto. Quello di S. Nicolò, dov'è segnata la chiesa ed anche la fortezza; quello della Certosa-Vignole, fra le due bocche, e quello di S. Erasmo a nord-est della seconda. Le ricerche dello Zendrini [8] hanno chiarito il significato della sostanziale differenza che intercorre fra questa situazione e quella registrata dalle carte idrografiche cinquecentesche, quando gli accessi marittimi di Venezia e di Murano risulteranno unificati in un solo canale.

Tale differenza esprime le difficoltà che il governo della Repubblica dovette affrontare per mantenere in efficienza il porto di Venezia. In brevi termini, queste difficoltà riguardavano la diminuita resistenza dei litorali e l'insabbiamento progressivo delle bocche di porto. Difficoltà antiche, l'una e l'altra, ma che l'aumento dei livelli marini, l'accumulo delle sabbie trascinate dalle correnti e l'accresciuta stazza delle navi stavano portando a soglie di rottura all'inizio del Trecento. I provvedimenti per la protezione dei Lidi mediante moli, pennelli o *palade*, s'infittiscono difatti, coinvolgendo magistrature e finanziamenti diversi. Se nel 1285 un Provveditore al Lido dovette costruire « due moli » sulla « ruptam littoris Pelestrine », nel 1343 si dirà in Maggior Consiglio che « il lavoro del Lido è la conservazione della città » e nel 1381 risulterà fissato il Capitolare degli *Ufficiali straordinari sopra i Lidi* [9]. Ma sarebbe superfluo, in questa sede, ricordare le diverse tecniche, i mezzi da lavoro ed i problemi di proprietà pertinenti a tale questione, che costituisce una costante strutturale nella storia dei litorali.

Un carattere diverso, di « evento » eccezionale, assunse invece la questione dell'ingresso marittimo a Venezia, che risultava impedita da una barra sabbiosa o *fuosa* crescente davanti allo stesso. Nella seduta del 13 settembre 1349, il Senato eleggeva una commissione di sei Savi i quali, con i Patroni dell'Arsenale, dovevano valutare se il porto di S. Erasmo, ovvero l'ingresso marittimo a Murano, danneggiasse il porto di S. Nicolò, o di Venezia [10].

Risale a quel tempo l'avvio della difficile e controversa operazione che porterà a far chiudere, in pratica, il porto di S. Erasmo per dirottare la spinta effossoria delle sue acque verso il porto di S. Nicolò, perché si approfondisse naturalmente. Le operazioni effettive iniziarono intorno al 1351, con l'obbiettivo di convogliare le acque per Murano nello spazio fra l'isola di S. Elena e S. Pietro di Castello. Nel 1355, però, l'eccessivo dinamismo del nuovo corso metteva in pericolo le strutture dei monasteri di S. Anna e delle Vergini, per cui, nel 1359, si decideva di riaprire il porto di S. Erasmo, costruendo però un robusto pennello, detto *la Garzina*, che valse a dosare i flussi nelle due direzioni [11].

Verso la fine del Trecento, si raggiungeva un regime relativo d'equilibrio idraulico fra il vecchio porto di S. Erasmo, ridotto per il piccolo cabotaggio, ed il nuovo canale fra S. Elena e S. Pietro di Castello intestato sul porto di S. Nicolò, utilizzato per il transito delle navi maggiori. Nella pianta idrografica del 1547 questo nuovo canale è detto *dei Marani*, a ricordo delle speciali imbarcazioni utilizzate per il trasporto dei materiali [12].

L'insieme delle operazioni condotte sul fronte continentale e marittimo aveva migliorato l'agibilità del porto e reso la città più compatta e separata sia nel proprio ambiente, sia nello scacchiere politico italiano ed europeo. L'importanza di tali condizioni fu collaudata durante la quarta guerra veneto-genovese (1378-1381), quando le forze terrestri dell'imperatore d'Austria, del re d'Ungheria e del signore di Padova si unirono alla flotta genovese nell'assediare la città. Mentre Treviso, Mestre e Padova erano in mano avversaria, Chioggia restò per undici mesi in balìa delle navi genovesi che battevano i litorali fino al porto di S. Nicolò di Lido. Richiamando la sua flotta dal Mediterraneo, e mobilitando tutte le sue risorse civili e militari, la città poté uscire indenne dal conflitto, costringendo la flotta genovese ad abbandonare il campo il 30 luglio 1381. Lo sforzo economico del conflitto impose un ampliamento della partecipazione politica alla gestione della città, e ben 30 nuove famiglie, che avevano contribuito maggiormente a sanare il debito pubblico, vennero cooptate al Maggior Consiglio introducendo diverse e più vaste clientele. Con questo ed altri provvedimenti, soltanto 10 mesi dopo l'allontanamento delle galere genovesi, il prezzo di mercato dei prestiti obbligatori, che nel 1381 era sceso a 18 lire, risaliva a 40 ed alla fine del secolo raggiungeva il massimo di 61 [13].

I nuovi rapporti nella città: dal cavallo alla gondola

L'intenzione di tagliare ogni residuo collegamento con l'ambiente circostante, enfatizzando il carattere insulare e separato della città, trova il suo corrispettivo nell'esclusione del traffico equestre realizzato progressivamente nel Trecento.

L'esistenza e la diffusione di tale traffico è rivelata

dai provvedimenti con i quali si giunse a vietarlo, piuttosto che dalle sporadiche notizie sui tornei e sulle feste ai quali concorrevano le diverse corporazioni con le loro cavalcature. Avere le proprie scuderie nel recinto del palazzo Ducale doveva essere normale da sempre per il doge, come per quei patrizi che partivano dalle loro case al suono della campana *Trottiera* per convenire al Maggior Consiglio.

Un primo sintomo del disagio provocato dal traffico equestre nelle Mercerie che si andavano stringendo per l'infittirsi delle costruzioni si avverte nel 1292, quando esso fu proibito sul percorso da Rialto a S. Marco, raccomandando, al caso, di andare piano e di munire i cavalli di sonaglie per farne avvisati i pedoni. Lo strame e il fieno per le stalle ducali continuarono ad essere scaricati al « pontem pallearum », cioè al ponte della Paglia, fino al 1308, quando la cosa fu vietata, anche per timore d'incendi. Però nel 1361 un Giovanni Inglese (*de Anglia*) gestiva ancora una scuderia con « suis equis » nelle vicinanze dello stesso ponte. È probabile che i cavalli venissero portati a S. Marco sulle navi da sbarco dette *uscieri*, impiegate anche nell'impresa di Costantinopoli, e forse costruite nell'Arsenale di Terranova. Da qui il traffico equestre doveva proseguire lungo tutta la riva del porto, perché nel 1323 si proibiva di attraversare a cavallo il ponte di S. Biagio, nei pressi del Rio dell'Arsenale.

I mercanti stranieri usavano sbarcare con i loro cavalli al termine del Canale di Cannaregio ancora nel 1372, ma nel 1391 un maniscalco venne multato di 700 lire perché accoglieva nella sua casa ai SS. Apostoli questi mercanti con le loro cavalcature. Infine, e questo sembra essere l'ultimo segno del mutamento, nel 1392 si vietava di correre a cavallo in Piazza S. Marco anche durante le feste [14].

Circa due secoli dopo, Francesco Sansovino nel suo *Venetia Città Nobilissima* (1580) spiegava questo importante mutamento con la comparsa della gondola cabinata, cioè munita del *felze*, che era diventata il veicolo normale dei « ricchi » al suo tempo, quando se ne contavano 9 o 10 mila [15]. L'ipotesi sembra degna d'attenzione perché, secondo il Temanza, la prima notizia sulla *gondola* risalirebbe al 1327 [16]. Prima, dice il Sansovino, pur essendo « le strade [...] strette ed anguste per il sito della città fatto a caso, si aveva agio per i cavalli, perché il popolo allora non era così numeroso [...] [e] i ponti di legno erano piani e agevoli da passare ». Ma in seguito si comprese che la barca costava meno dei cavalli ed era di « gran comodità per i tempi piovosi [...] e i ricchi si voltarono a quell'uso, ch'era allora dei plebei, cioè di andare in barca, e vi aggiunsero il felze e cominciarono a fare i ponti alti sull'arco [...] e la fecero subentrare in luogo del cavallo, chiamandola gondola ».

Seppure angolata sui « ricchi », l'argomentazione del Sansovino risulta convincente nell'evidenziare la necessità di calcolare l'altezza dei ponti in funzione dell'ingombro dei natanti, col rematore in piedi, mentre il numero dei ponti andava crescendo. Della questione si occupavano nel 1297 gli ufficiali del Piovego e una sentenza del 1341 diceva espressamente che il ponte per andare al convento dei Servi doveva essere così alto « ut non impediat aliquos transeuntes » [17]. Fu per effetto di una giurisprudenza lunga ed empirica, dunque, che il quadrupede scomparve da Venezia nel Trecento lasciando il posto a quel dialogo serrato ed esclusivo fra il pedone e il barcaiolo che informa la città conosciuta.

La nuova frontiera della Giudecca

La progressiva scomparsa del cavallo andava di pari passo con una politica decisa rispetto al problema del rapporto fra suoli abitati e paludi residue. Nel 1301 il Maggior Consiglio nominava una commissione di sei notabili, uno per sestiere, col compito di esaminare la totalità di questi problemi, e d'imporre, ascoltati i vicini e vagliate le responsabilità private e pubbliche, dei termini ben precisi per l'esecuzione delle opere corrispondenti [18]. L'elenco dei lavori da compiere divenne lunghissimo nel 1321 [19] e fu ripetuto più volte, a conferma delle difficoltà incontrate. Non è necessario, in questa sede, dettagliare la quantità d'interventi attraverso i quali si giunse a chiudere le numerose falle esistenti nel corpo della città, mentre pare opportuno far notare che molti di essi furono rivolti ad estendere l'urbanizzazione lungo il bordo meridionale del grande Canale Vigano o della Giudecca, fino a congiungere quasi le isole della Giudecca con l'isola di S. Giorgio Maggiore.

Al termine dell'operazione, la vasta prospettiva d'acque che delimita l'orizzonte di Venezia verso sud risultava consolidata per una fronte di oltre 2 km, conferendo al Canale della Giudecca il valore di uno spazio appartenente alla città, nel quale si svilupperanno attività por-

Fig. 29 [6]. La Giudecca nuova dal Ponte Lungo alla chiesa di S. Giovanni Battista, nella veduta del de' Barbari del 1500.

tuali e rapporti sociali impensabili in precedenza. All'inizio del Trecento, come fa intendere anche la pianta di Fra Paolino, questa fronte era consolidata per una lunghezza di circa 900 m sul tratto fra il convento dei SS. Biagio e Cataldo (doc. 1188) ed il canale largo circa 30 m che verrà detto « Rio del Ponte Lungo ».

Da questo canale fino all'isola di S. Giorgio, si stendeva per circa 1100 m una « palude communis », interrotta soltanto dal monastero di benedettine della S. Croce, attribuito al x secolo, ma documentato al 1303, che sorgeva un po' lontano dal Canale della Giudecca al termine di una *comencaria* [20]. Il proposito di urbanizzare questa palude risaliva al 1252, quando fu deciso in Maggior Consiglio che la Signoria poteva dare concessioni « ad ellevandum de terra & ad faciendum domos » a chi l'avesse richiesto [21].

Sembra, peraltro, che allora lo sviluppo fosse previsto in profondità, cioè verso sud, perché le concessioni dovevano essere date sulla « parte Iudecae versus Meridiem ». Per questo s'imponeva agli eventuali concessionari di lasciare aperto un « rivus sive Canale » largo 100 passi, come il Canale di Cannaregio sul quale doveva essere e fu poi costruito il « Ponte Lungo », dal quale deriva il nome del rio citato più sopra. Questo ponte, si noti, figurerà ancora in legno, ed apribile al centro, nella veduta del de' Barbari. Forse si pensava ad un possibile aggancio con l'isola detta Cavana segnata nella pianta di Fra Paolino, dov'era sorto un piccolo Ospizio e che prenderà il nome di S. Maria delle Grazie nel 1412 [22]. Invece, a partire dal 1329, con la sequenza di oltre 23 concessioni citate dal Cecchetti [23], per aree della misura media di m 20×70, veniva consolidata tutta la fronte sul Canale della Giudecca, configurando il sistema delle due « Judechae [...] novae & veteris », che nel 1341 si ordinava di congiungere con un ponte [24]. L'enorme operazione, peraltro, fu perfezionata in tempi necessariamente più lunghi, come prova la concessione del 1370 per un'area di m 8,70×10,40 (passi 5×6) « supra paludem ubi sunt pontilia filacaniporum ».

Ma l'operazione aveva raggiunto una fase decisiva nel 1341, quando venne consacrata la chiesa di S. Giovanni Battista collocata sull'estremità della Giudecca Nuo-

Fig. 30 [3]. Anonimo, « Venecia », 1449.

va, che, giungendo a circa 30 m dall'isola di S. Giorgio, identificava una nuova « porta » della città, posta esattamente sull'asse prospettico di Piazza S. Marco. Nel 1500, quando le due architetture ecclesiastiche di S. Giorgio e di S. Giovanni Battista erano ancora abbastanza simili, il de' Barbari darà grande evidenza a questo rapporto, ponendo il varco fra le due isole, la figura del Nettuno, la Piazzetta con le colonne di Marco e Todaro e la figura di Mercurio, sull'asse centrale di tutta la composizione.

Il grande cantiere della città gotica

Mentre il nuovo profilo della Giudecca disegnava la grande piazza acquorea davanti a S. Marco, l'attività edilizia a Venezia entrava nella sua fase più diffusa e intensa che nemmeno la grande peste del 1348 sembra aver ridotto sensibilmente, e si mantenne sostenuta per quasi tutto il Quattrocento. L'attività non riguardò soltanto le nuove costruzioni sui molti terreni recuperati o rimasti scoperti, ma anche il restauro, l'ampliamento e il rifacimento delle costruzioni esistenti. Venezia era probabilmente la città più popolosa dell'Italia settentrionale e il fattore demografico fu certo una causa del fenomeno. Diverse stime concordano nel valutare intorno alle 100.000 persone il numero dei residenti nel 1338, sceso a circa 65-70.000 dopo la peste, risalito intorno alle 85.000 nel 1424 per toccare i 105.000 nel 1509 [25].

Ma numerosi fattori concorrevano a sostenere la produzione edilizia, anche se questa si mantenne sempre al livello artigianale, ed il meccanismo dei finanziamenti e dei salari, inquadrato nelle regole corporative, ostacolò il sorgere d'imprese con più d'una decina d'addetti [26]: fattori connessi alla nuova capacità decisionale del ceto dirigente, che seppe compensare la flessione del commercio orientale avviando viaggi regolari con le Fiandre dal 1317 e conferendo al mercato di Rialto il carattere d'un luogo sicuro, dove le contrattazioni si concludevano sul bancogiro senza bisogno di valuta, le informazioni giungevano regolarmente ed era facile raccogliere investimenti da mercanti-banchieri d'altre piazze italiane o europee. In questo clima, la figura stessa del mercante veneziano si andava stabilizzando. La sua vita si svolgeva meno sul mare che in città [27]. La sua casa tendeva ad assumere, attraverso la solidità e ricchezza della costruzione, la funzione di una garanzia immobiliare rispetto ai suoi corrispondenti in affari, che nel Trecento ed ancor più nel Quattrocento erano forse più numerosi a Bruges, nell'alta Germania e a Barcellona che nel Levante [28].

Nella produzione edilizia di questo periodo, dunque, Venezia appare decisamente portata al confronto con la grande cultura del gotico internazionale, accantonando le inflessioni orientaleggianti del Duecento. E tale confronto la porterà a fungere da centro d'irradiazione, in campo architettonico, anche rispetto alle regioni circostanti, che all'inizio del Quattrocento entrarono a far parte integrante del suo nuovo stato di Terra, accanto al vecchio stato di Mare.

I termini del confronto apparivano già delineati nel 1340, quando fu presa la decisione di rinnovare le dimensioni e la *facies* architettonica del palazzo Ducale nella sua parte meridionale, verso il Bacino o Canale di S. Marco, dov'erano ubicate la sala del Maggior Consiglio, le sale dei *Domini de nocte* e diverse cancellerie [29]. La questione era stata posta più volte (1296 e 1301), ma nel 1309 Padova s'era data il gigantesco volume della Ragione eretto sulle strutture precedenti, e nella seduta del 17 dicembre 1340 si discusse se conveniva riformare le sale esistenti o costruire una nuova grande sala del Maggior Consiglio sopra le stesse. Il problema fu demandato, come al solito, ad una commissione di tre *sapientes*, che il 28 seguente formularono la proposta, subito accolta, di conformare una grande sala del Maggior Consiglio sopra le strutture esistenti [30], le quali, con delibera del 1342, dovevano essere integrate da un nuovo porticato di sostegno, da costruire davanti alle stesse. Nel porticato effettivamente costruito l'ordine inferiore appartiene ancora ad un linguaggio gotico riconducibile ad altre esperienze italiane, mentre il secondo ordine manifesta, nel fluire dell'arco inflesso entro gli anelli oculari quadrilobati soprastanti, inediti agganci con il gotico francese e inglese, sublimati a loro volta nella perentoria invenzione della grande parete che racchiude la nuova sala, culminata da merlature mistilinee di sapore duecentesco.

I tempi del grande e difficile cantiere danno la misura dell'evoluzione culturale e politica espressa in questa fabbrica che funse da paradigma per gli sviluppi di tutto il gotico civile veneziano. Il portico inferiore era forse completato nel 1344, ma la sala venne affrescata dal padovano Guariento fra il 1365 e il 1368, aperta verso il mare con il grande poggiolo a tabernacolo nel 1404 ed inaugurata con la prima riunione del Consiglio Maggiore nel 1419, quando la città era ormai la capitale del nuovo stato di Terra. Soltanto tre anni dopo il Maggior Consiglio decideva di prolungarla, con le stesse forme, sul lato ovest, sostituendo gli edifici superstiti sulla Piazzetta. I lavori iniziarono il 27 marzo 1424, e forse la nuova struttura era completa nel 1438, quando s'iniziava a costruire la Porta Granda, di sutura con la basilica di S. Marco, che prenderà poi il nome di Porta della Carta. Ma il grande poggiolo centrale, analogo a quello verso il Bacino, fu aperto nel 1536, al tempo del doge Andrea Gritti, mentre ulteriori interventi e restauri proseguivano nelle altre parti del complesso. La decisione, presa nel 1422, di ripetere nell'ala orientale le forme elaborate, certo coralmente [31], al tempo dell'ultima crisi interna segnata dalla condanna del doge Marin Faliero (1355), testimonia una volontà di conservazione funzionale all'immagine della città come perfetta azienda di un mercato stabile e sicuro.

Ad una volontà analoga corrisponde la misurata evoluzione che subiva la struttura e l'immagine del palazzo gentilizio privato, distribuito in tutta la città come fattore aggregante ed organizzativo del gran numero di artigiani, commercianti al minuto e addetti ai servizi domestici o pubblici, mantenuti in « condizione di minorità e tutela » [32] attraverso il controllo corporativo o familiare. Il palazzo risulta organizzato dal rapporto fra la sala comune, le stanze e il cortile. La sala comune assorbe progressivamente il porticato frontale duecentesco, che diventa interno e vetrato, assumendo il nome di *portego* sia al piano terra che nei piani superiori. Ma il porticato inferiore in fregio al canale scompare completamente, sostituito da uno e raramente da due portali come nel palazzo Pisani Moretta (ca. 1470) [33] e, quando sussiste, come nel palazzo Contarini detto Cà d'Oro (1424-1434), si tratta di arcate duecentesche ricomposte nella fabbrica tre o quattrocentesca [34]. Da questa unica o duplice porta d'acqua si accede al *portego* terreno che diventa molto alto per ospitare un piano ammezzato sui lati, dove stanno gli uffici amministrativi e contabili, e che si apre con un grande arco verso il cortile posteriore o laterale, oppure ha il portone direttamente sulle vie di terra. Le combinazioni, molto varie e vincolate alla situazione topografica, convergono a stabilizzare il tipo che sarà prevalente a fine Quattrocento con *portego* molto lungo e fronte ristretta sia sul canale che su terra [35].

Fig. 31. Il palazzo Contarini — detto Cà d'Oro — a due campate (1424-1434).

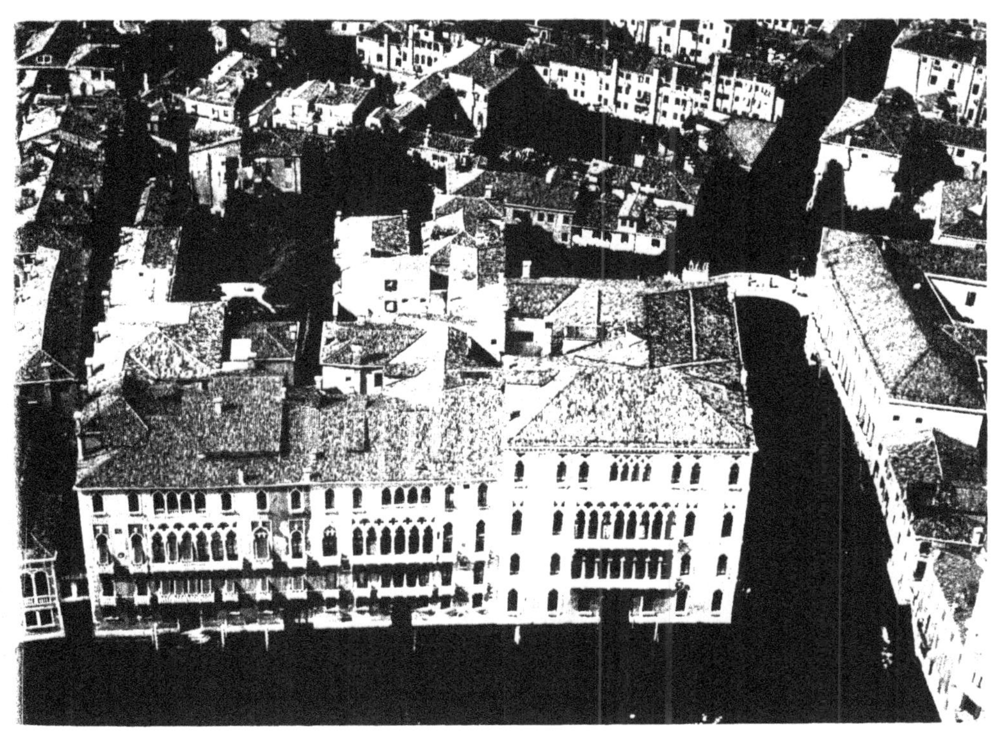

Fig. 32. I due palazzi Giustinian (a sinistra) e il palazzo Foscari (a destra) sul Canal Grande, con sala a « L » e polifore a 6 e 8 archi.

La parcellizzazione del suolo edificabile in fregio alle vie d'acqua, tipica di tutte le città mercantili medievali, non produce a Venezia una prevalenza del tipo monocellulare per il persistere di nuclei parentali e patrimoniali più vasti, che contrastano il passo ai nuovi mercanti. Tuttavia, anche qui sorgono palazzi, palazzetti o case monocellulari, rappresentati al meglio dal palazzo Contarini-Fasan (ca. 1450) detto di Desdemona [36], mentre il tipo bicellulare risulta assai diffuso trovando la sua espressione più cospicua ed araldica nella stessa Cà d'Oro (1424). L'aristocrazia finanziaria tuttavia tende a realizzare il tipo a tre cellule cioè a tre campate, per lo più dimensionate in larghezza sulla trave standard di 6 m che alimenta una vastissima importazione di legname, via fiume, specie dai boschi del Cadore. Questa preferenza per il tipo tricellulare, che determina una composizione tendenzialmente simmetrica della facciata principale verso il canale, si collega in parte alla tradizione tardo-romana messa in luce dal revival bizantino duecentesco. Ma esprime anche, specie dopo la caduta di Costantinopoli in mano turca (1453) e il trattato di Lodi susseguente, l'aspirazione ad una nuova razionalità classicheggiante che prelude alla stagione del protorinascimento veneziano. Il dialogo fra le due tendenze informa l'evoluzione della tipologia architettonica per quanto riguarda il nesso caratterizzante, in senso tecnico e simbolico, fra sviluppo frontale del portico e larghezza della sala retrostante.

Molti palazzi importanti sul Canal Grande, ed anche sulle vie d'acqua interne, allo scopo di esibire dei loggiati molto sviluppati sulla fronte, conforme la metrica duecentesca, vengono costruiti su quattro campate nella parte anteriore e su tre campate in quella posteriore. È questo il caso di palazzi come il Bernardo [37] ed il Pisani-Moretta a S. Polo, il Foscari a S. Pantalon [38], il Corner dei Cavalli a S. Luca [39] ed il Pesaro degli Orfei a S. Beneto [40], tutti databili nell'intorno del 1460, il cui *portego* è conformato ad « L » o a « T » in pianta e che pertanto si affacciano sul canale con polifore ad 8 o 6 arcate, espressive di una dimensione costruttiva maggiore di quella pertinente al resto della fabbrica. Ma nella maggioranza dei palazzi grandi, medi o minori, il *portego* mantiene una larghezza costante dalla fronte di terra alla fronte d'acqua, e perciò la facciata sul canale esprime esattamente la metrica e la sintassi costruttiva generale. Fra questi, l'esemplare più cospicuo e conclusivo, è certo il palazzo Franchetti-Cavalli a S. Vidal (ca. 1470), nel quale la luce

Fig. 33. Palazzo Cavalli (ca. 1470) a S. Vidal, sul Canal Grande, prima del restauro effettuato nel 1869.

della campata mediana è tanto ampia da prospettare sul Canal Grande con due « splendide pentafore » [41] disegnate con una tale consequenzialità di archi intrecciati, da realizzare un traforo continuo a duplice ordine, perfettamente impaginato fra le pareti più chiuse delle stanze laterali e del basamento. In questo eccezionale palazzo, completamente depurato dai simbolismi araldico-evangelici di altre fabbriche trecentesche, testimoniati al massimo grado dal palazzo detto Agnusdio (S. Croce 2060) [42], il trattamento scultoreo e costruttivo delle parti lapidee attinge il rigore e la limpidezza di un prodotto artigianale sperimentato su prospettive industriali. Per effetto della grande produzione edilizia tre e quattrocentesca, difatti, la richiesta di manufatti in pietra, che hanno sostituito le ghiere in cotto anche nelle case più modeste, ha portato il laboratorio artigianale sulla soglia dell'organizzazione industriale. Nonostante l'ordinanza della Giustizia Vecchia (1407) che proibiva ai « patroni et maestri de botega » di assumere più di tre lavoranti, oltre ai figli e fratelli del titolare, sono molte le *boteghe* con quindici e persino venti addetti ancora nel Cinquecento [43].

La produzione del laterizio, invece, pur contando qualche fornace in città, avviene soprattutto fuori di Venezia. La fornace maggiore doveva essere quella installata sulla terra vuota dietro a S. Biagio per delibera del Maggior Consiglio (1327) allo scopo di approvvigionare il grande cantiere dell'Arsenale Nuovo, sul lago di S. Daniele appena acquisito [44].

Il cantiere urbano e l'industria di lusso

L'efficienza decisionale del governo veneziano si manifesta, nel Tre e Quattrocento, anche nello sviluppo di attività industriali e di grandi strutture per l'approvvigionamento ed il magazzinaggio del frumento e del sale, due prodotti di basso valore unitario, ma di grande volume. Il frumento, indispensabile per la città, ed il sale, fonte di uno stabile ed antico commercio di base, rappresentano anche il volano per la politica di opere pubbliche, finanziate in larga misura dalla Camera del Sale e dalla Camera del Frumento [45]. E fu proprio in relazione al secondo che nel 1341 fu presa la decisione [46] di eliminare l'Arsenale di Terranova a S. Marco per sostituirlo con il più grande magazzino granario esistente nell'Europa d'allora.

L'imponente struttura, costituita da tre corpi accostati in mattoni, con l'effigie del Leone di S. Marco su quello centrale, restò in piedi fino al 1806, quando fu demolita per dare spazio ai Giardinetti attuali. Di conseguenza l'attenzione del governo si concentrò sull'Arsenale di Castello, che diventava l'unica struttura di stato nel campo navale e nella quale furono costruite in rapida sequenza le nuove Fonderie (ca. 1390) e le Corderie, mentre si completava la Darsena Nuova e poi si costruivano, nel 1473, i Forni di S. Biagio per la fornitura del pane biscotto, ovvero delle gallette, per gli equipaggi [47].

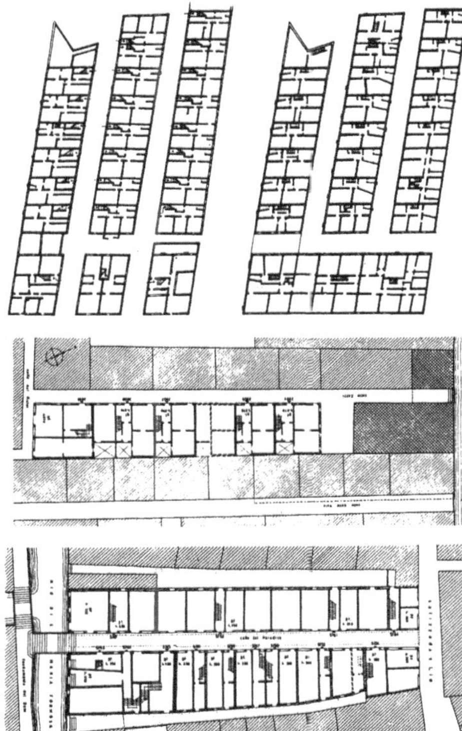

Fig. 34. Le case per marinai infermi della Marinarezza, costruite a partire dal 1335 nei pressi dell'Arsenale. Da E. Trincanato, « Urbanistica », 42-43, 1965, p. 8.

Fig. 35. Le case trecentesche in serie piccolo-borghesi di calle Zotti a S. Sofia. Da P. Maretto, *L'edilizia gotica veneziana*, Poligrafico dello Stato, Roma 1960, p. 62.

Fig. 36. Il complesso residenziale e commerciale di calle del Paradiso a S. Lio. Da P. Maretto, *op. cit.*, p. 60.

La nave, e l'attività marinara collegata ad essa, però, era soltanto un terminale del più vasto problema di convertire una città, che aveva funzionato fin allora soprattutto come luogo di transito, in una città capace anche di produrre beni d'esportazione. Alla produzione del sale, pertanto, la Venezia del Trecento aggiunge una serie d'industrie con alto valore unitario, come quelle della seta, lana, gioie, pelli, e cuoio decorato [48].

Alla produzione dei tessuti serici diede speciale impulso l'immigrazione di famiglie fuggiasche da Lucca, che nel 1309 totalizzavano trecento operai ed ottennero il privilegio di avere un proprio tribunale in città [49]. I fiorentini, invece, furono ammessi a lavorare i panni di lana nel 1383 e l'industria si affermò talmente che mentre prima si vendevano panni veneziani qualificati « alla fiorentina », nel secolo XVI si giunsero a qualificare dei panni fiorentini come lavorati al modo veneziano [50]. Sono tutte industrie, come anche quella dell'oreficeria e quella del libro a stampa, introdotta nel 1469, che la Signoria incoraggia con misure protezionistiche, ma che poi raggiungono l'autonomia economica, conferendo a Venezia il carattere d'un centro famoso per l'industria artistica e di lusso [51].

Le residenze a tappeto, borghesi, operaie e assistenziali

Le diverse politiche di sostegno alla marina di stato e all'industria di lusso, esplicate dal governo o dai singoli patrizi, e l'afflusso consistente di forestieri, convergono inoltre nel Tre e Quattrocento a sviluppare o determinare un'urbanizzazione ancora più intensa e capillare di quella che già s'avvertiva nel Duecento. Su tale fenomeno s'inserisce precocemente il governo stesso che nel 1335 decretava la costruzione delle cosiddette case della Marinarezza, nei pressi dell'Arsenale, destinate ai marinai infermi o inabili. La denominazione usata è ancora quella vecchia di *hospitale*, ma la dimensione e la concezione urbanistica dell'intervento è nuova, trattandosi di tre blocchi di case a schiera che coprono a tappeto un terreno *vacuo*, inserendosi nelle trame viarie circostanti [52].

Per queste caratteristiche, le case della Marinarezza si distaccano dal contesto dell'edilizia caritativa, per l'assistenza religiosa e medica, che fioriva in città attraverso i piccoli ospedali indipendenti delle Scuole o dei gruppi etnici, consistenti in un singolo edificio [53]. Esse risalgono allo stesso ceppo delle case affidate ai Procuratori di S. Marco o ad altre Procuratie, ma fanno propria la logica urbana dei patroni o dei consorzi di privati che, attraverso lo strumento della concessione, producono quei complessi residenziali organizzati con molta regolarità d'impianto nella Venezia gotica, che furono studiati specialmente dal Muratori [54]. Ovviamente, il massimo e più brillante campo d'applicazione di questa logica urbana non fu la Venezia dei quartieri antichi ma tutta la zona di più recente bonifica che si estende lungo la frontiera nord del sestiere di Cannaregio, dove essa diede vita a fasce residenziali di profondità omogenea, paragonabili per molti aspetti a quelle di Amsterdam.

Fra questi e il Canal Grande, nella zona di S. Sofia e di S. Caterina, peraltro, si dovette verificare una revisione d'antichi impianti, testimoniata dalla diversità d'orientamento della chiesa di S. Sofia rispetto ai lotti rettangolari densamente edificati che configurano un quartiere sostanzialmente borghese od operaio, per la scarsità delle residenze gentilizie [55]. A S. Sofia, le case in serie di calle Zotti, a due campate, di cui una più stretta per la scala con piccola corte interna, rivelano parentele con l'edilizia continentale nell'uso di eleganti archi gotici in cotto, e danno l'esempio d'una residenza modulare piccolo-borghese [56]. Residenze ancor più compatte, prive di corticella propria, e totalmente occupate da *boteghe* al pianoterra si sviluppano in tutte le zone centrali, spesso per ristrutturazione di insediamenti duecenteschi, come nella calle del Paradiso, a S. Lio, riorganizzata nel 1407 per conto dell'abate di Pomposa, dove una sola scala serve due alloggi per dare il massimo spazio alle fronti del pianoterra [57].

Capitolo settimo

La Venezia di Jacopo de' Barbari

La città trionfante di fine Quattrocento

Venezia, oggetto d'un discorso nuovo e aperto, che serve a stendere un compiaciuto bilancio dell'enorme lavoro compiuto ed insieme a tracciare il progetto degli sviluppi ulteriori: questo il tema di fine secolo. Il testo di Marin Sanudo il Giovane, noto fin dal 1484, spicca fra le opere letterarie, per la sua concretezza descrittiva e per la coscienza del fatto che Venezia è « commun domicilio di tutti, terra libera né mai da alcuno subiugata come tutte le altre » [1].

La nozione di Venezia come luogo di libertà era già presente nel Petrarca che l'aveva scelta per sua residenza fra il 1362 e il 1368, seppure nel quadro di alterne adesioni o ripulse alla cultura del mercante veneziano. Ma il Sanudo vi aggiunge l'esatta percezione del costo reale di questa condizione in una città dove « il terreno è molto caro, val assai denari » e tuttavia vi si fabbricano « cotidie » palazzi e case « che bateno sora l'acqua », ed i « ponti, antiquitus de legno, al presente tutti si rinovan de piera » [2]. In realtà, dei ponti costruiti con archi di mattoni e finiture di pietra esistevano da lungo tempo, a Venezia [3]; e questa, come altre notazioni del Sanudo, individuano la diffusione ed il nuovo significato piuttosto che la nascita d'una prassi costruttiva. Ma nuovo, per quanto si può dire in questa sede, è l'apporto dell'architetto Mauro Codussi (ca. 1440-1504) all'architettura veneziana ecclesiastica e civile [4].

Quando il Codussi cominciò ad operare, introducendo in Venezia la serrata logica dell'umanesimo fiorentino, e specialmente dell'Alberti, la città si era già familiarizzata con la precisione tecnologica delle facciate marmoree attraverso la Cà d'Oro ed il cantiere della città gotica stava concludendo il suo ciclo produttivo e culturale. Confrontando le stime catastali del 1469 con altre precedenti, il Wyrobisz ha potuto quantificare l'aumento globale di valore delle case in Venezia dalla fine del XIV secolo intorno al 20%, con punte superiori nei sestieri di Castello e Cannaregio, dove la dimensione della città era stata ampliata [5].

Le chiese degli ordini mendicanti, in coerenza con tale processo, erano state rinnovate, raggiungendo pienezza formale e strutturale. La nuova SS. Giovanni e Paolo, costruita a partire dalla metà del Trecento, era stata coperta con finte volte ogivali nel 1420 e consacrata nel 1430 [6]. La vecchia chiesa duecentesca dei Frari fu demolita nel 1416, mentre quella nuova la stava già ricoprendo con alte strutture a crociere gotiche reali, concluse dalla facciata esistente nel 1420 e l'insieme fu consacrato nel 1492 [7]. Meno chiari restano i tempi e i modi iniziali della ricostruzione di S. Stefano, collocabili comunque nell'intorno del 1430, quando il grandioso presbiterio venne costruito scavalcando il rio [8]. A costruire queste chiese avevano contribuito corporazioni intestate a città o nazioni straniere come i fornai tedeschi a S. Stefano (1440), i lanaioli milanesi (1361) ed i mercanti fiorentini ai Frari (1443) e soprattutto le famiglie dogali per le quali SS. Giovanni e Paolo aveva assunto il valore di un pantheon.

Ma l'enorme lavoro di costruzione e ricostruzione aveva raggiunto un punto critico intorno al 1460, segnalato sul piano produttivo dalla stagnazione dei costi nell'edilizia [9], e sul piano culturale dalla singolare iniziativa delle monache benedettine di S. Zaccaria che, pur avendo appena rinnovato la propria chiesa in forme gotiche, ne iniziavano un'altra nel 1458, a cinque anni soltanto dalla caduta di Costantinopoli in mano turca. La nuova chiesa non andava a sostituire quella gotica, ma

ne sacrificava la navata sinistra per ergersi, accanto e a spese di quella, in forme diverse, che assumeranno in corso d'opera un carattere protorinascimentale [10]. A chiarire il significato dell'operazione contribuì un altro monastero di benedettini, quello dei Camaldolesi di S. Michele in Isola dove il Codussi lavorava già nel 1469.

A S. Michele, il Codussi rifece la chiesa apponendovi un frontone semicircolare, forse collegato ai propositi dell'Alberti per il tempio di Rimini, ma certo riecheggiante l'arcaico motivo romanico-bizantino degli arconi frontali della basilica di S. Marco [11]. Con questo intervento s'interrompeva la lunga stagione del gotico veneziano, ispirato ad una cultura tutta occidentale, e riemergeva sull'orizzonte urbano, in nuova sintesi, quell'incrocio di esperienze orientali e occidentali sul quale si fondava la storia dell'aristocrazia mercantile di Venezia. La ripresa era un chiaro indizio del bisogno sentito da larga parte del patriziato di rivalutare, rispetto allo stato di Terra, le tradizioni antiche dello stato di Mare, al crescere del confronto durissimo e diretto con il nuovo dominatore islamico del Mediterraneo orientale. Una sintesi analoga era stata realizzata, si noti, nel 1460, costruendo la nuova Porta di Terra dell'Arsenale, conformata al modo di un arco trionfale romano, ma con capitelli bizantini [12].

Ma se, nell'eremo di S. Michele, questa sintesi poteva restare nell'ambito di una limpida sintassi albertiana, essa era destinata ad assumere toni ben più lussuosi e caleidoscopici quando il Codussi venne chiamato nel 1483 a completare la nuova chiesa di S. Zaccaria e pertanto a coniare, nella chiesa dogale per eccellenza, un nuovo linguaggio di stato.

È questo linguaggio, per il concorso di altre personalità artistiche, e della intensa elaborazione politica e culturale che darà corpo all'idea di Venezia espressa nel *De bene instituta republica* di Domenico Morosini (1497), trionferà nella Scuola di S. Marco [13], pure completata dal Codussi (1490), nel palazzo Ducale stesso, e nei palazzi privati e nelle chiese che sorsero o vennero riformati dalla cerchia del Codussi alla fine del Quattrocento. Basta il confronto fra la Scuola di S. Marco e la chiesa dei SS. Giovanni e Paolo, congiunte a definire lo stesso spazio urbano, o fra un palazzo come il Franchetti-Cavalli (ca. 1470) ed il Loredan-Vendramin-Calergi (1502-1504) che la persistenza tipologica unisce, ma il disegno e la perentorietà dell'opera in pietra distingue [14], per apprezzare l'intensità della svolta compiuta nell'arco di tre decenni. Attraverso il secondo, Venezia fornisce una rappresentazione di se stessa che sfrutta ogni possibile contributo della teorica e della pratica costruttive, per divenire materialmente quella città preziosa e trionfante che Vittore Carpaccio andava raffigurando e, per certi aspetti, progettando, nei primi « teleri » che visualizzano le glorie della città.

La veduta di Jacopo de' Barbari

Bisogna risalire alla pianta del 1330 ed alla successiva cartografia idro e geografica che dovette prosperare

Fig. 37 [5]. Erhard Reuwich, « Civitas Veneciaru[m] », 1486.

a Venezia, se non altro per ornare la sala delle Nappe a palazzo Ducale, nota dal 1442 [15], per inquadrare l'eccezionale veduta del de' Barbari, datata al 1500 [16]. E la trafila, con ogni probabilità, porterebbe ad identificare una sua matrice nello stesso convento dei Camaldolesi a S. Michele di Murano, dal quale prese le mosse l'opera del Codussi. Nell'isola, difatti, aveva il suo laboratorio Fra Mauro, autore di un Mappamondo (ca. 1450) che viene considerato il più grande monumento cartografico medievale [17], il quale aveva certo composto una carta della laguna, se i Savi alle Acque, nel 1444, chiedevano il suo parere sulla deviazione del Brenta. Ed un'altra matrice dovrebbe trovarsi in quella « Venegia in prospettiva » che l'Alberti aveva disegnato, forse nel 1438 secondo il Vasari, oppure in quel « retratto de Venetia » disegnato da Jacopo Bellini (ca. 1400-1471) che il figlio Gentile affermava di possedere ancora nel 1494, quando era troppo *antiquo* perché lo si potesse spedire al marchese di Mantova [18].

Di fatto, la veduta di Jacopo de' Barbari appare un collage di accuratissime vedute urbane, organizzate in una trama prospettica che simula un punto di vista unico, alla maniera dell'Alberti, pur utilizzando punti di fuga, angolazioni e scorciature plurime [19] al modo di Jacopo e Gentile Bellini. Ma proprio in forza di questa libertà di costruzione e rappresentazione, la veduta acquista un carattere dinamico e didattico insieme, consentendo all'osservatore di passare e ripassare sopra la città, esplorandola come da un elicottero. Ed è l'acqua, con la sua capacità di distruggere le coordinate della prospettiva lineare, che gli consente di collocare dei frammenti urbani, disegnati praticamente in assonometria, entro un sistema fluttuante di fughe che paiono prospettiche. Un'acqua della quale, invece, non viene mai mostrata direttamente la profondità, come nella pianta del 1330, pur collocandovi delle piccole figure che, per il fatto stesso di camminarvi, rivelano la scarsità dei fondali in certe zone. Traguardata per punti, tuttavia, la veduta è restituibile in pianta e in prospettiva, consentendo un bilancio attendibile degli sviluppi urbanistici di Venezia sulla soglia del Cinquecento [20]. Senza entrare in troppi dettagli, converrà percorrere lo stato delle frontiere urbane. Queste frontiere appaiono tuttora in movimento su terreni in corso di bonifica, sia sull'estremità est, oltre la Punta di S. Antonio, sia su quella ovest nell'ansa fra Dorsoduro e S. Croce, che il de' Barbari costringe moltissimo. Su queste, come su tutto il perimetro esterno ai grandi canali, prevalgono le destinazioni d'uso per orti e squeri, o le terre vacue. La frontiera nord verso Murano è occupata in gran parte da conventi con ampia dotazione di orti, da quello delle Vergini fino a quello di S. Alvise a ovest. Sopra l'Arsenale Vecchio e Nuovo, però, si va formando la Darsena Nuovissima, per una delibera del 1473, conseguente alla sconfitta subita a Negroponte tre anni prima. Nel recinto murario, tuttora in costruzione, si vanno accumulando le terre di riporto lungo i bordi, ma la grande darsena sarà collegata alle altre, mediante un canale, solo nel 1516 [21]. Fra S. Giustina e SS. Gio-

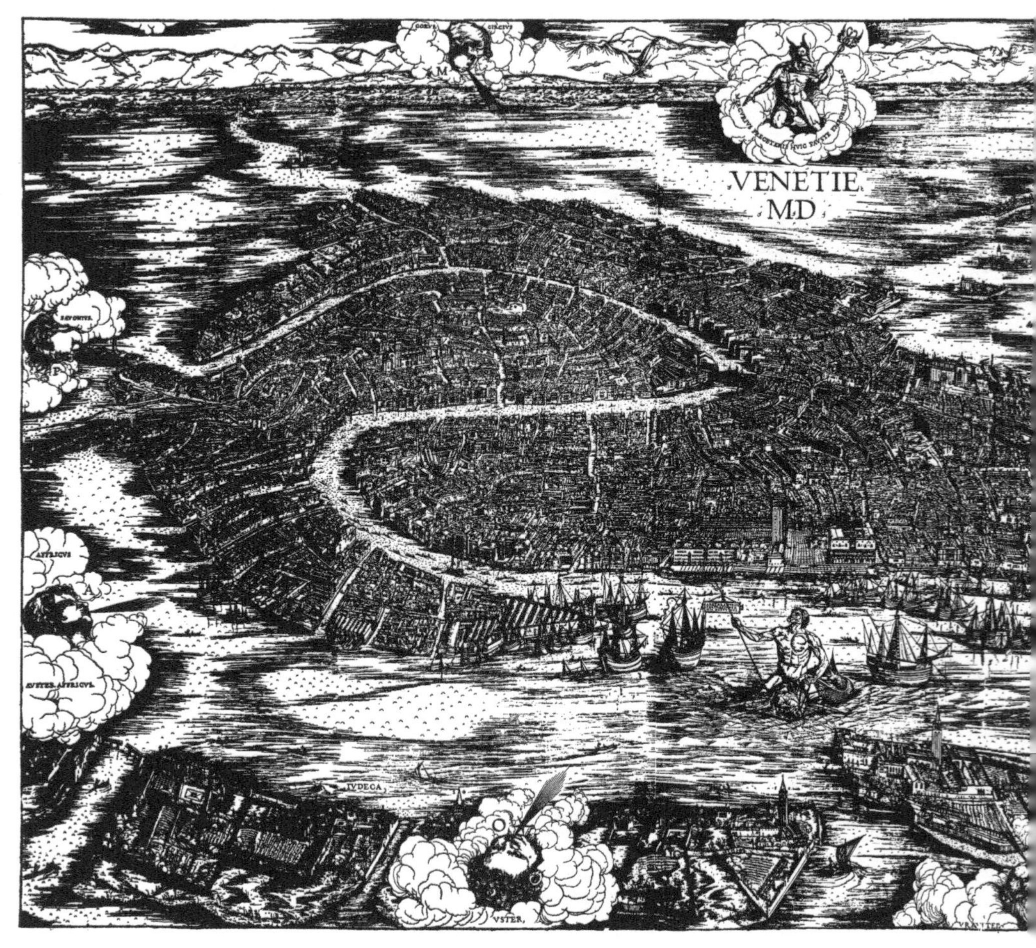
VENETIE
MD
IVDECA
VSTER

Fig. 38 [6]. Veduta di Venezia di Jacopo de' Barbari, 1500.

vanni e Paolo, converge per fluitazione il legname, trattato nei laboratori lungo la *Barbaria delle Tole* (tavole), ma si tratta d'una fronte più ristretta di quella apparente. All'estremità del Canale di Cannaregio, intorno al convento di S. Giobbe, sorto nel 1378, affidato ai Francescani Minori Osservanti nel 1428, con la chiesa dalle notevoli forme architettoniche ed opere decorative consacrata nel 1493 [22] è sorto un nucleo residenziale; ma da qui, fino a S. Lucia, il tessuto edilizio è tuttora concentrato in fregio ai grandi canali ed imperniato sul campo di S. Geremia. Il tratto da S. Chiara a S. Nicolò dei Mendicoli è molto deformato dal punto di vista topografico, e l'iconografia urbana è sommaria e stereotipa, salvo che nell'intorno di campo S. Margherita e dei Carmini.

Pure deformata, ma meglio rappresentata, è l'area inferiore di Dorsoduro, dove il de' Barbari esagera le dimensioni del complesso conventuale della Carità, totalmente circondato da canali, con la Scuola (1260), la Casa Grande (1344) e la chiesa dei Canonici Lateranensi costruita nel 1441-1445 [23]. Dalla Carità, fino alla Punta della *Dogana da Mar*, si susseguono sei isole lungo il Canale della Giudecca e soltanto cinque sul Canal Grande che si rivelano, per la rettangolarità del contorno, frutto di bonifiche programmate. La fronte verso la Giudecca è attrezzata con frequenti magazzini e pontili in legno che le daranno in seguito il nome di Zattere. La mancanza di grandi navi nel Canale della Giudecca potrebbe far pensare che questa via d'acqua stesse attendendo l'effetto degli interventi sui fiumi per riacquistare, mediante la forza del mare, la profondità compromessa dai sedimenti alluvionali.

Poi, oltre la Punta della *Dogana da Mar* non sovrastata, ancora, dalla mole della Salute, il de' Barbari schiude e sviluppa il trionfale racconto della fronte del porto, dettagliando uno per uno gli edifici che vanno da S. Samuele fino a S. Antonio in modo piuttosto esatto. Su questa fronte, a seguito dei provvedimenti trecenteschi, gli squeri e i laboratori sono quasi tutti scomparsi, salvo che nel tratto oltre il Rio dell'Arsenale, dove si affollano le grandi navi da trasporto, alte sulle chiglie rotonde, alla fonda oppure in riparazione o allestimento.

La veduta pone in evidenza, facendole più larghe del reale, le vie d'acqua *passanti*, come il rio dei Barcaroli che sale fino a S. Polo, ed il rio della Pietà che sfocia nella laguna nord, passando a destra del complesso di S. Lorenzo, dilatato, in proporzione, molto più di Piazza

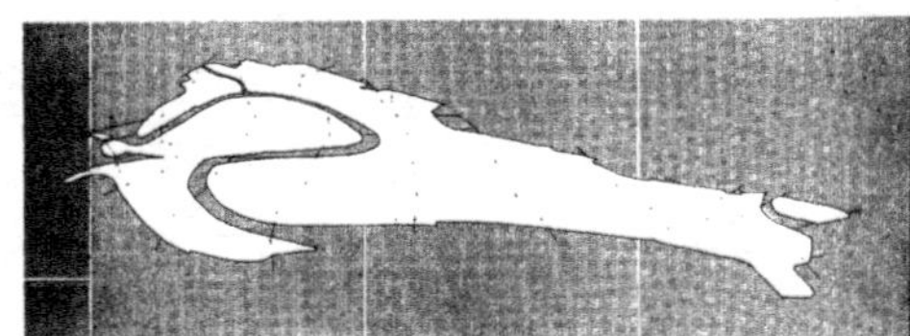

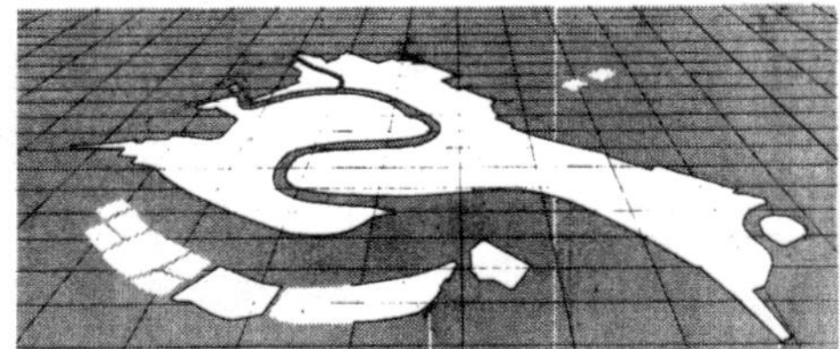

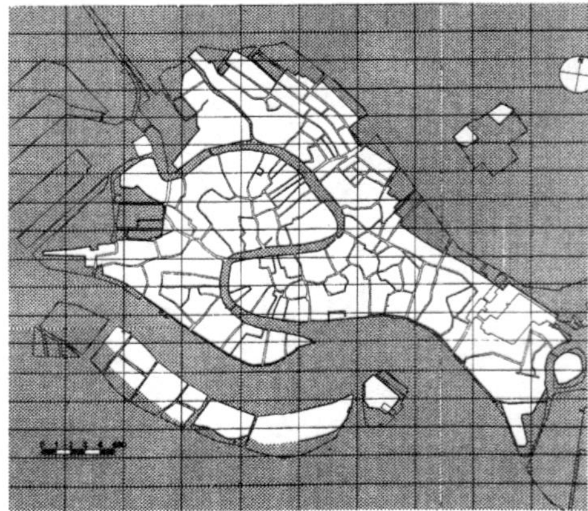

Figg. 39-41. Restituzione in prospettiva e in pianta della veduta del de' Barbari: (*in alto*) il reticolo che individua le distorsioni prospettiche; (*al centro*) la veduta rettificata; (*in basso*) restituzione planimetrica. Disegni di G. Bellavitis.

S. Marco. Da S. Marco fino al rio di S. Anna, queste vie d'acqua risultano scavalcate da ponti, per lo più in pietra, che permettono il transito ininterrotto dei pedoni lungo la Riva degli Schiavoni. La prospettiva di Piazza S. Marco, forse derivata dal disegno che Gentile inviava al marchese di Mantova nel 1494 [24], possiede già i caratteri delle scene teatrali che il Serlio disegnerà pochi decenni dopo, intelaiate dal disegno a riquadri in cotto del pavimento e accentrate sulla Torre dell'Orologio, attribuita al Codussi [25], con la quale s'inizia il tortuoso percorso delle Mercerie fino a Rialto.

Le notazioni urbane e architettoniche sono moltissime e puntuali, ma ciò che conta per il de' Barbari, chiaramente, resta il fluente disegno che raccorda la fronte del porto agli spazi urbani interni, tutti rappresentati con la straordinaria densità edilizia verificabile tuttora, ma semplificata spesso utilizzando l'immagine di troppe case in linea. Fra queste case, si stendono i *campi* ben conosciuti, ancora senza pavimentazione come quello di S. Maria Formosa, oppure bordati da canali che poi scomparvero, come nel caso di campo S. Polo. In questa massa d'informazioni grafiche, non sempre decifrabili, spicca l'immagine del ponte e dell'area di Rialto, collegata a S. Marco dal dedalo delle Mercerie. Il ponte è ancora in legno e apribile nel mezzo, come lo rappresentò il Carpaccio (1496), e ai due lati dello stesso figurano il Fondaco dei Tedeschi a destra e il porticato della magistratura dei Camerlenghi, con altri edifici governativi e privati sulla sinistra. Rispetto alle aree di S. Marco e dell'Arsenale, che appaiono scandite da ritmi strutturali grandiosi, questa di Rialto appare tutta condizionata da strutture minute, con calli lunghe e strette, anche intorno alla fabbrica dei Savi, con la scala esterna molto medievale.

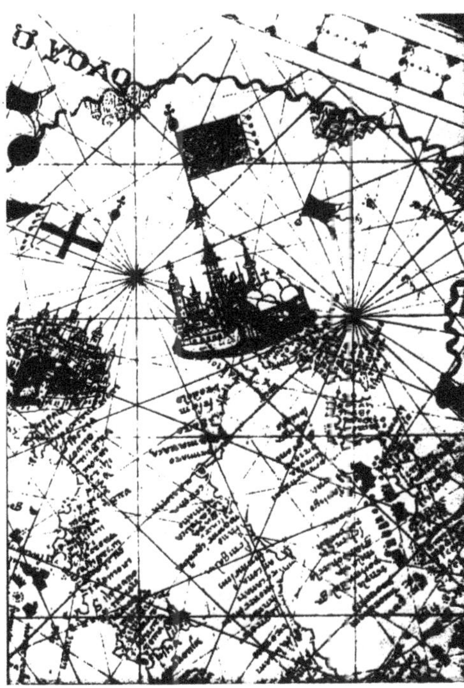

Fig. 42 [7]. Joanis Xenodocos da Corfù, rappresentazione simbolica di Venezia, 1520.

La ricostruzione dell'area di Rialto

Mentre il de' Barbari disegnava, Venezia conosceva un momento estremamente grave per la sopravvivenza stessa del suo duplice stato di Terra e di Mare. La flotta ottomana, già temibile al tempo della prima guerra venetoturca del 1463-1479, ricominciò ad assalire le basi veneziane nel 1499 con una campagna che si concluse nel 1503. Nel corso di questa campagna, che ridusse di molto l'estensione dello stato di Mare veneziano, i turchi si

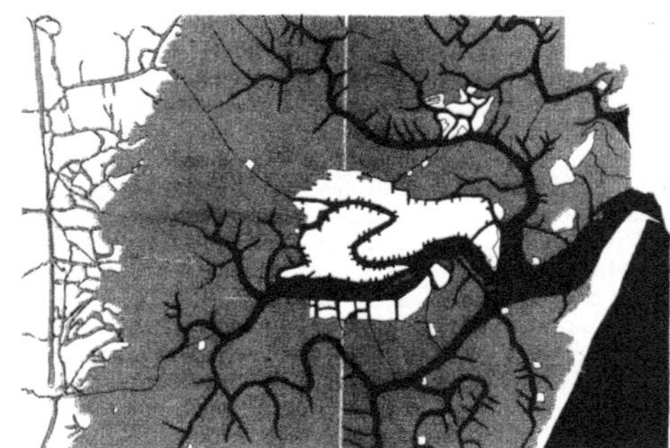

Fig. 43. Cristoforo Sabbadino: pianta idrografica di Venezia e dintorni.

Fig. 44 (*in alto, a destra*). La parte corrispondente a Venezia della pianta del Sabbadino, in una elaborazione di G. Bellavitis.

spinsero per vie di terra fino a saccheggiare il Friuli e persino Vicenza nel 1499. Pochi anni dopo, nel 1508, si formava a Cambrai una coalizione di stati europei che portava la guerra su tutto lo stato di Terra veneziano, giungendo nel 1514 a tentare il bombardamento di Venezia stessa dalle postazioni conquistate a Mestre. Tuttavia, mediante un complesso di operazioni militari e diplomatiche, lo stato di Terra veneziano venne ricomposto nel 1517.

Il rinnovo dell'area di Rialto prese le mosse da una serie d'incendi iniziata nel gennaio del 1505 quando bruciò il Fondaco dei Tedeschi, che il de' Barbari mostrava ancora nelle sue forme duecentesche. Il giorno successivo il Senato decretava che il Fondaco, importantissimo per il commercio veneziano, fosse ricostruito « presto e bellissimo », e in effetti il nuovo edificio risultava compiuto nel 1508, secondo il modello presentato da un certo Gerolamo Tedesco, ma su disegno dell'architetto Giorgio Spavento, assistito, dal giovane collega Scarpagnino. Con questo edificio entrava in Venezia un linguaggio architettonico sobrio, economico e forte, che applicava alle strutture civili la semplicità e regolarità dei moduli claustrali [26].

Risultati analoghi venivano conseguiti dopo l'incendio del 1512, che distrusse gran parte dell'area mercantile di Rialto, sul lato opposto del Canal Grande. La proposta di sostituire alle trame viarie ed edilizie precedenti una

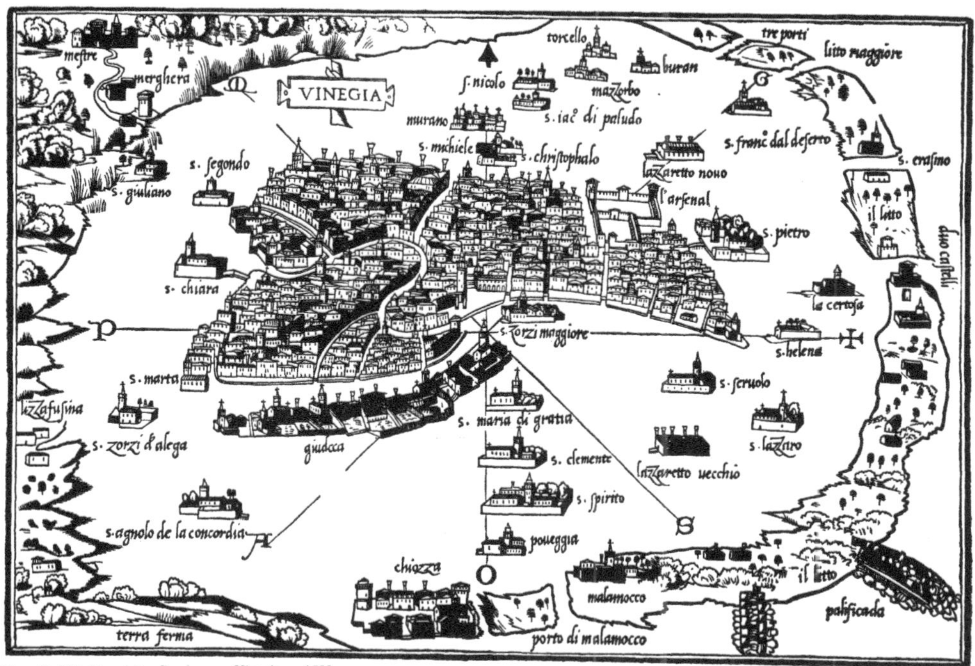

Fig. 45 [8]. Benedetto Bordone, « Vinegia », 1528.

piazza quadrata non ebbe seguito [27], ed invece si diede corso a una ricostruzione oculata e progressiva del complesso, con edifici spesso aggettanti sulle vie mediante *barbacani*, e con la spina poderosa di portici che innerva tuttora la prospettiva dal ponte di Rialto alla Pescheria. L'area di Rialto perciò si congiungeva analogicamente a quella di S. Marco, dove s'iniziava il rifacimento delle Procuratie Vecchie [28] mentre gli affreschi di Giorgione e Tiziano coloravano le pareti del nuovo Fondaco dei Tedeschi e Giorgio Spavento, nella chiesa di S. Salvador, realizzava quell'esatta misura di *antiquitas* e *venustas* che era implicita nel meccanismo statico e spaziale della S. Marco del Contarini [29].

Poiché il Consiglio dei Dieci, nel 1501, nominava i Savi delle Acque, costituendoli in Magistratura o Collegio alle Acque, nel 1505 [30], gli strumenti per una politica territoriale decisiva e realistica erano tutti avviati. La pianta idrografica di Venezia del 1546 [31], curata dalla nuova Magistratura, appartiene già alla cultura degli *inzeneri*, che tenteranno di attuarla nel Cinquecento, superata la congiuntura di Cambrai. Il confronto fra questo disegno, che inaugura la sequenza dei rilievi condotti con metodo scientifico, e la pianta del 1330 conferma le analisi sviluppate finora sulle vicende di Venezia. Anche il Proto del Magistrato alle Acque Cristoforo Sabbadino (1487-1560) vi distingue i canali navigabili dai tracciati per le piccole barche e dall'enorme distesa delle acque basse, nelle quali si potrebbe anche camminare. Ma un lungo canale rettilineo artificiale corre lungo il bordo interno della laguna intercettando le acque fluviali, e le vie d'acqua intestate sul mare, seppure gonfie presso i porti, terminano come alberi rinsecchiti oltre la città. Fra il bacino di Venezia e quello di Malamocco è steso un *traversagno*, collegato al « Ramo Secco » del Brenta. La via per Murano passa fra l'isola di S. Elena e quella di S. Pietro di Castello. L'ingegnere non è più interessato a marcare i piccoli rii interni di Venezia, dei quali segna soltanto l'imbocco, perché la città ha raggiunto lo stadio turgido e consistente d'un crostaceo che controlla gli umori del sito geografico.

Capitolo ottavo

La «Renovatio» del Cinquecento: da Sansovino a Palladio

Con l'inizio del XVI secolo e con le note disavventure politiche e militari (Lega europea, Agnadello, 1509) Venezia inizia una fase nuova nella sua storia di stato indipendente: sconfitta da una coalizione europea e isolata anche nel territorio della penisola nelle sue mire espansionistiche ed egemoni, essa deve rinunciare a quelle recenti conquiste — pugliesi, romagnole e friulane — che, in parte almeno, erano state all'origine del conflitto; ma, soprattutto, viene progressivamente ridimensionata al ruolo di realtà regionale e sostanzialmente « periferica », specie in rapporto alla crescita e affermazione dei grandi stati nazionali.

Da allora e fino alla fine della sua storia nel 1797, la Repubblica sarà impegnata senza soluzione di continuità a difendere l'integrità del proprio territorio dalle mire delle maggiori forze europee presenti nella penisola: Spagna e impero asburgico; e, nel dominio marittimo, a contrastare la progressiva espansione dell'impero ottomano che, in realtà, la privò di tutte le più preziose gemme della sua corona mediterranea: da Nauplia e Cipro nel corso del Cinquecento fino a Candia, strenuamente ma inutilmente difesa in una dispendiosissima guerra venticinquennale nel medio Seicento. Né mancarono inversioni di tendenza di alto significato morale ma di non apprezzabili pratici risultati. Tutt'altro: ché la gravosità delle vittorie non fu certo minore di quella delle sconfitte.

Dall'episodio di Lepanto (1571) fino alla conquista del Peloponneso (quel che veniva chiamato il regno di Morea), sancita nella pace di Carlowitz del 1699 (il Peloponneso fu presto perduto: pace di Passarowitz, 1718), la contrapposizione con il Turco assume di volta in volta il significato di crociata a difesa della libertà dell'Europa e tutela della civiltà cristiana, o di logorante trattativa diplomatica per conservare spazi e modi di presenza commerciale ed economica, o, infine, di affermazione inflessibile di una vocazione marinara e di un destino adriatico e mediterraneo rispetto a più ragionevoli orizzonti regionali e terrafermieri.

Un così ambizioso disegno camminava tuttavia sulle gambe fragili ed equivoche, e tuttavia obbligate, di una neutralità che ebbe spesso a far da paravento a incapacità e impossibilità di metter in essere una politica più dinamica o alla volontà di non scegliere, di non schierarsi.

Venezia — almeno nel Cinquecento e nel Seicento — possiede tuttavia ancora un buon sistema militare e difensivo (bastino le varie fortezze e i grandi lavori cinquecenteschi fino alla creazione del cuore stesso del munito sistema terrestre verso oriente: Palmanova); possiede una flotta più che rispettabile anche se dispendiosissima con la quale può tener testa al Turco su un piano di parità; possiede inoltre, efficiente ed esemplare, la grande rete d'ambasciatori e residenti che le consente di convogliare a palazzo Ducale in periodiche e martellanti relazioni di singolare acutezza e sperimentata destrezza una massa strepitosa di dati, informazioni, anticipazioni, maneggi palesi e segreti da tutte le capitali e città del continente.

Quel che non è in grado di costruire sul piano politico — o, magari, militare — Venezia lo sublima tuttavia nell'elaborazione di una propria immagine ideale, nella paziente e accortissima enunciazione della propria eminenza e perfezione istituzionale: immagini e opinione presto avvalorate da consensi e attestazioni di stima di osservatori e politologi non solo locali, e ragione di credito internazionale sicuramente concesso in misura superiore alle reali possibilità della Repubblica.

L'affermazione orgogliosa — letteraria, ideologica, culturale e istituzionale — della propria « perfezione » cela, si è sempre detto, una debolezza politica e la co-

Fig. 46. Anonimo, la Piazzetta e il Molo. Olio su tela. La Libreria del Sansovino è ferma al sedicesimo arcone, mentre la Zecca risulta già soprelevata rispetto alla prima redazione del progetto. Anche la *loggetta* del campanile risulta completata così come le botteghe sul ponte di *pescaria*, alla sinistra. In primo piano i negozi delle *beccherie* e *panetterie*, che solo con l'intervento scamozziano di sutura tra Libreria e Zecca saranno demolite.

scienza di una oramai violata e non più spendibile imbattibilità sul piano militare: è, tutto ciò, la conseguenza diretta della sconfitta di Agnadello e delle devastazioni delle truppe imperiali affacciatesi addirittura sul margine lagunare presso Mestre. Né mancano, in questa pur non esaltante prospettiva di autocelebrazione mirante all'autogiustificarsi e perpetuarsi, episodi di alta valenza e qualità etica e politica, affermazioni d'orgoglio « nazionale » e d'autonomia di giudizio e d'azione davvero storici e clamorosi.

Il più grande e qualificante fu senza dubbio quello relativo all'*interdetto* lanciato nel 1606 contro la città attestata fieramente a difesa delle proprie prerogative giurisdizionaliste contro le pretese pontificie « romane » di papa Paolo v. Non è solo questione di dottrina e di diritto canonico quella che divide Venezia da Roma. Ragioni di politica internazionale da un lato (gioca infatti un ruolo determinante la presenza spagnola nelle vicende italiane) e altre, d'ordine interno, spingono all'inconsueta resistenza che ha, in Venezia, la propria anima nel pensiero e negli scritti di Paolo Sarpi; ma che ha, altresì, risonanze e ripercussioni a livello internazionale, visti i diversi e contrastanti schieramenti nella questione di Francia, Spagna, Impero, Provincie Unite d'Olanda, Inghilterra.

Conclusasi infine la disputa sul piano diplomatico e semmai libellistico (la *guerra delle scritture*) in una composizione favorevole a Venezia, che tuttavia appare ai più intransigenti curialisti una sorta di « nuova Ginevra », i postumi dello scontro porteranno nel giro di meno di un trentennio a una profonda revisione della politica veneziana sia per quanto concerne gli interni equilibri politici — con la perdita di incisività del « partito » più tenace e combattivo nell'intransigenza anticuriale e di ispirazione sarpiana e antispagnola, quello così detto dei « giovani », e con l'affermarsi di « un'altra generazione oscillante tra una devozione baroccamente enfiata e una moralità estremamente disinvolta, incline a forme esagerate d'orgoglio individualistico, spesso puntigliosa e rissosa » (G. Benzoni) — sia nella sua stessa collocazione internazionale, pienamente ristabiliti i rapporti con Roma e, invece, vieppiù problematici quelli con casa d'Austria nel tentativo di conservare il dominio — almeno! — dell'Adriatico.

Tali vicende si dipanano in quel sessantennio grosso modo a cavallo dei due secoli (il XVI e il XVII) che vede — per l'ultima volta forse e per una ben singolare ragione quale fu l'*interdetto* — Venezia al centro di una storia di dimensioni ancora europee; un sessantennio che s'apre e chiude nel nome più temuto, aborrito e potente che si potesse allora pronunciare, quello della *peste*: essa — sia nella sua comparsa del 1576 come in quella del 1630 — lascia suggelli incomparabili e tragici nel cuore stesso della città; e la città ne esorcizza tuttavia le realtà di morte in due monumenti tra i più splendidi della sua stagione artistica: il Redentore di Andrea Palladio e la Salute di Baldassare Longhena, lucide enunciazioni di saperi e di razionalità in cui i frammenti residui della cieca distruzione compiuta dal morbo si ricompongono in insiemi significanti i quali risultano, alla fine, programmatiche confessioni di fede nella necessità di progetto non meno che nella potenzialità creatrice dei linguaggi.

Ma la fase nuova nella vita della città, di quella città che riposava tanto cosciente e fiera della sua potenza, opulenza e imprenditorialità nei sei grandi straordinari blocchi lignei di Jacopo de' Barbari, inizia proprio allorché questo sistema appare messo duramente in crisi. E spetterà a un architetto fornire lo scenario e mettere in forma la mutata condizione, il nuovo modo d'essere di Venezia nel dopo-Agnadello; dare un volto ai nuovi orizzonti ideali di cui si viene ammantando la Serenissima Signoria; fornire un repertorio di segni ad alta valenza simbolica e allegorica. Per far questo occorreva tuttavia operare una sorta di « rivoluzione dei linguaggi »: è quanto sarà chiamato a fare più di altri e con funzioni di particolare spicco e responsabilità Jacopo Sansovino.

Fig. 47 [9]. Giovanni Andrea Vavassore, « Venetia », 1535 ca.

La ristrutturazione dell'area marciana: Jacopo Sansovino

La *rivoluzione* sansoviniana è stata recentemente letta e interpretata nelle sue due componenti fondamentali e, per altro, tra loro in stretta correlazione: da un lato la novità di un linguaggio *romano* (e mai, crediamo, l'aggettivo è stato così caricato di significato oltremodo e variamente pregnante) rispetto a quello rinascimentale maturato in loco, il lombardesco-codussiano cioè; dall'altro lato le implicanze ideologiche, che *questo* linguaggio nelle sue applicazioni ad una serie di manufatti architettonici cruciali per la struttura e il volto della città viene ad avere, determinano l'acquisizione e la consacrazione dell'architettura fra tutte le altre come precipua e riconosciuta *arte di stato* [1].

Questa rivoluzione è fondamentale entro il processo di trasformazione della città; i capisaldi che essa pone — pur al di là del giudizio che è possibile e lecito esprimere circa la congruità e la « legittimità » linguistica non meno che sulla correttezza metodologica della vasta operazione sansoviniana — diventano ottiche di interpretazione per l'intera dimensione e struttura cittadina riletta e reinterpretata alla luce di princìpi ed esigenze di stringente evidenza non meno che di più criptici e magari esoterici messaggi.

Sansovino, giunto stabilmente in città nel 1527 e dopo un esordio che si articola nella serie di « prove » alle cupole marciane e, poi, alla Scuola di S. Marco e a S. Salvador, quindi al completamento delle Vecchie Procuratie della Piazza subentrando quale *proto* per la Procuratoria a Pietro Bon, tra il 1532 e il 1536 assume incarichi di enorme rilievo in città: la riedificazione dei palazzi Corner a S. Maurizio e Dolfin a Rialto, della Scuola Grande della Misericordia, della chiesa di S. Francesco della Vigna, oltre alle chiese di S. Giuliano, S. Martino, S. Geminiano e S. Fantino. Ma cruciale risulta il 1537: in quest'anno Jacopo concentra nelle proprie mani in una sorta di grande incarico pubblico — in progressiva e quasi irrefrenabile espansione — la responsabilità della ristrutturazione dell'intera area marciana: Zecca, Libreria, Loggetta [2].

Le linee di quest'operazione e le vicende che l'accompagnarono son note: progettata la Libreria in sostituzione del complesso d'edifici e funzioni sulla Piazzetta, progettata la Zecca, progettata la Loggetta del campanile, realizzata la Scala d'Oro di palazzo Ducale e inserita nel grande disegno la stessa Scala dei Giganti, voltate le Procuratie Vecchie e progettata la chiesa di S. Geminiano di faccia alla basilica di S. Marco, riordinate le botteghe all'angolo tra la Libreria e la Zecca (di incerta e contrastata definizione, tra l'altro) e il ponte tra la Zecca e i Granai di Terranova, soprelevata d'un piano la Zecca, ipotizzato forse l'isolamento del campanile e sottrattolo all'allineamento con il vecchio ospizio Orseolo modificando la stessa forma, dimensione e asse di orientamento della Piazza, Sansovino consegnava — pur incompiuto nella sua realizzazione —, alla città che gliel'aveva via via commissionato, il cuore urbano, cioè il nucleo civile religioso economico e funzionale ad alta significazione religiosa, fondamentalmente e radicalmente diverso da come egli l'aveva ricevuto appena un trentennio innanzi.

Ma non sarebbe tuttavia corretto valutare quest'area come un masso erratico abbandonato da Jacopo in un contesto sostanzialmente e altrimenti compatto: Piazza S. Marco con le relative e immediate adiacenze corrisponde alla porzione centrale di un complessivo disegno urbanistico e, nel momento stesso in cui avoca a sé — pur accortamente e mediatamente — la funzione di nuovo e irrinunciabile codice d'architettura, postula la necessità realizzata d'una dimensione storica non meno che d'un orizzonte mitico al di fuori del quale la città intera e le parti che la compongono son divenute fondamentalmente sorde e mute, se non quali sopravvissute citazioni di un'epoca oramai conclusa, ovvero come dimensione feriale e indistinta d'un corpo che, per converso, aspira a una compattamente eroica e alta capacità oratoria. Lo stesso *possibilismo* sansoviniano che ne determina la singolare capacità di inglobare scritture architettoniche e fatti urbani di diversa epoca, connotazione e qualificazione accentua in realtà un'attitudine sostanzialmente eclettica e storicistica purché fuori dall'ambito e dalle competenze maggiori di un operare architettonico viceversa tutto eloquentemente « alto ».

Gli anni a partire dal 1529-1530 vedono quindi Jacopo Sansovino impegnato in tutte le maggiori operazioni architettonico-urbanistiche da cui la città risulta investita in ciascuna delle sue più significative componenti. E, per altro, l'assoluta disponibilità e articolata flessibilità del suo metodo di lavoro e del suo linguaggio gli consentono di adeguarsi, nel corso di un quarantennio di attività, agli stessi scarti e aggiustamenti di linea che l'avvicendamento delle differenti leadership politiche e culturali al vertice della Repubblica gli impongono. Dall'età del dogado d'Andrea Gritti (1523-1538), che rappresenta lo snodo cruciale per la vita culturale veneziana non meno che per il suo destino architettonico e urbanistico (periodo che vede l'affermazione e continua ascesa di Jacopo) fino al termine del dogado di Pietro Loredan (1567-1570), attraverso momenti diversi e anche situazioni non facili (valga per tutte l'arresto e la condanna dell'architetto a seguito del crollo di parte della Libreria in costruzione), Sansovino appare detenere saldamente nelle proprie mani la bussola dell'architettura non meno che del complessivo progetto di *renovatio urbis* di Venezia, dopo aver raggiunto però una completa e significativa simbiosi con la realtà veneziana.

Diversa, come è noto, risulta la posizione e l'attitudine progettuale in Venezia di Andrea Palladio, presente solo dall'esordio degli anni '60, più continuativamente e in più vasti e significativi lavori dopo il '70, l'anno della morte di Sansovino e l'anno della pubblicazione dei *Quattro Libri d'Architettura* [3].

Sarebbe ancora riduttivo però seguire la *riscrittura*

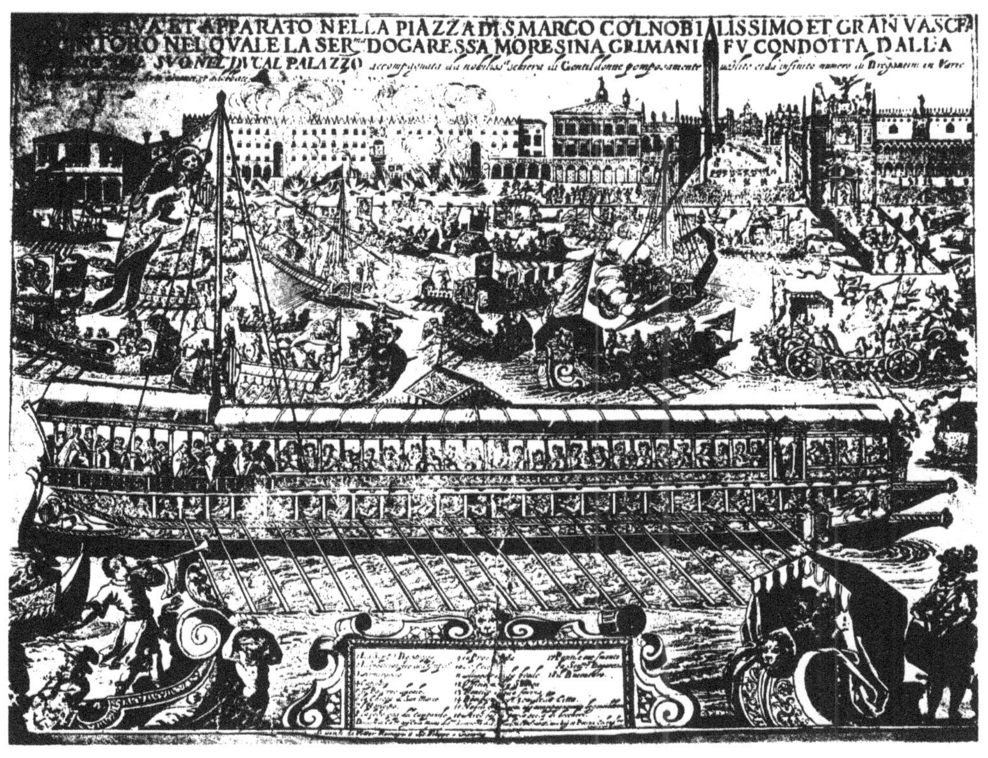

Fig. 48. Giacomo Franco, la dogaressa Morosina Morosini Grimani sul Bucintoro è condotta a palazzo Ducale il 4 maggio 1597. Incisione. La Piazzetta ha qui oramaí il suo assetto definitivo (comprese le botteghe sul ponte tra la Zecca e i Granai), cui si sovrappone l'apparato festoso per la cerimonia, ben rappresentata dal complesso di imbarcazioni da parata che accompagnano il Bucintoro.

classicista e *romana* della città (quanto meno di significative parti di essa), trascurando l'esistenza di un teso dibattito circa l'assetto territoriale lagunare da cui essa ricava la propria natura e la forma stessa e dal quale è oggettivamente condizionata; ovvero la presenza in città di grossi poli funzionali e strutture di servizio che, in parte almeno, risultano sottratti o vengono mantenuti estranei alle occorrenze della retorica architettonica: soprattutto l'Arsenale e, se pur con meno compatta e totale attitudine dimensione e ordine, aree residenziali, vasti organismi conventuali, zone banchinate (attrezzate a deposito e attività commerciali marittime) e altro ancora.

Architettura e mito nella Venezia del Cinquecento

Vi sono certamente taluni luoghi e momenti urbani nei quali le ragioni della forma (ripensata e resa oltremodo aulica dall'inserzione *romana* giusta il disegno mirante a ri-creare il volto nuovo corrispondente all'altrettanto nuova condizione veneziana del medio Cinquecento) e le ragioni funzionali si scontrano e s'incontrano escludendosi reciprocamente o dando vita a una stringente e dinamica unità dialettica [4].

L'impalcatura ideale e, insieme, il programma politico, che appaiono reggere le sorti veneziane e definire gli ambiti di significazione del grande composito sistema della Serenissima, vanno ricercati in quell'ambiguo e camaleontico nodo di speranze progetti e strumenti di governo che è stato definito il *mito* di Venezia nel Cinquecento [5] (ma che sopravviverà ben oltre la scadenza del secolo!). Tutto ciò s'incarna nei segni e nei luoghi

in cui si era già triangolata la struttura dei poteri della Serenissima: in Piazza S. Marco, luogo della « rappresentazione » del potere dogale e di incontro programmatico dei « poteri misti », in Rialto, luogo dei commerci internazionali, nell'Arsenale, « città delle arti », luogo delle tecniche. Minerva, Mercurio e Vulcano: diversi dispositivi che presiedono alla *renovatio* dei tre siti, diversi gli intenti, diverse le magistrature che guidano e controllano le operazioni, diversi gli strumenti di progettazione, diversi gli esiti storici delle operazioni stesse. Eppure, quanto accade in quei tre luoghi deputati forma in qualche modo un'unità dialettica. Ciò non per ignorare i numerosi interventi a scala minore — dai nuclei edilizi a corte assiale alle architetture seriali ad elementi standardizzati, ai nuovi palazzi patrizi, all'edilizia ecclesiastica, al rinnovamento delle scuole Grandi, di S. Rocco e della Misericordia, alla rete di attrezzature destinate all'assistenza e al controllo delle classi popolari (Pullan, 1971) — bensì per far emergere, dal confronto fra le vicende che presiedono al rinnovo dei tre luoghi sopra citati, conflitti che insistono direttamente sulle pratiche di potere della Repubblica. Minerva, Mercurio, Vulcano: se la prima dovrà vestirsi con i più « moderni » abiti dell'eloquenza, al secondo dovrà essere sufficiente un « funzionale » aggiornamento, subordinato alle leggi con cui si ripartiscono costi e utili di speculazione fra intervento pubblico e intervento privato nella ricostruzione posteriore all'incendio del 1514; ma al terzo sarà imposto — per più di una ragione e in molti sensi — di « tacere » [6].

È, in sostanza, una più o meno esplicita volontà di riqualificazione urbanistica e linguistica quella che guida il lavoro architettonico nel XVI secolo, a rispondere alle attese di una realtà civile di sempre altissima dignità e credibilità internazionale da un lato; e in lotta serrata volta a mantenere un senso e uno spazio nel concerto politico ed economico europeo, dall'altro lato.

Non si nega certo la centralità dell'operazione marciana — e delle speculari riduzioni dell'Arsenale e ristrutturazione del sistema ponte-mercato a Rialto — se si dà conto contestualmente dell'esistenza di un *secondo* e magari di un *ulteriore* sistema di lavori condotti e messi a segno nella compagine veneziana: dalla grande fortificazione di S. Andrea - S. Nicolò all'ingresso del porto di Lido (che vede attivo Michele Sanmicheli) ai lavori di progressiva definizione dei termini esterni sui margini nord e sud della città vera e propria con la conterminazione e selciatura delle Fondamente delle Zattere e delle Fondamente Nuove, fino all'escavo di tutti i maggiori canali cittadini e magari al tentativo costante di conferire dignità e forma intellegibili a quei *campi* e a quei siti che costituivano l'elemento policentrico distintivo della particolare, obbligata e condizionante morfologia della città.

Il mantenimento costante della funzionalità del sistema veneziano specie nelle delicate connessioni della sua duplice natura terrestre e acquatica era assicurato da una ininterrotta promulgazione di norme e definizione di misure specifiche e concrete su tutte le tematiche relative.

Resta tuttavia da considerare come i diversi sistemi urbani si connettessero a costituire un innegabile e organico continuum; cioè, in sostanza, le regole non scritte,

Fig. 49. Anonimo, « La meravigliosa Piazza de San Marco di Venetia » (foglio edito da Donato Rascicotti. Sotto la scena è un testo firmato e datato « V.S.A. [...] 1599 » [Vincenzo Scamozzi Architetto]).
L'assetto della piazza, per quanto visibile, è completato. In realtà sarà il Longhena a terminare la fronte delle Procuratie nella parte che non rientra nel raggio visuale dell'incisione. A proposito appunto delle Procuratie Nuove, così recita il testo dello Scamozzi: « Sono le fabriche per habitatione de gl'Illustrissimi Signori Procuratori fra tutte le fabriche di Europa incomparabili, per il sito, per la grandezza, per la forma, e per l'Artificio. Furono incominciate dall'Illustrissimi Signori Procuratori di San Marco con spesa publica l'Anno 1583, e l'Anno 1597 furono approbate dall'Eccellentissimo Senato sotto il Serenissimo Doge Grimani, che si dovessero seguire secondo il Modello di Vicentio Scamozzi Architetto di tanta opera, et contra l'opinione di molti Emuli ».

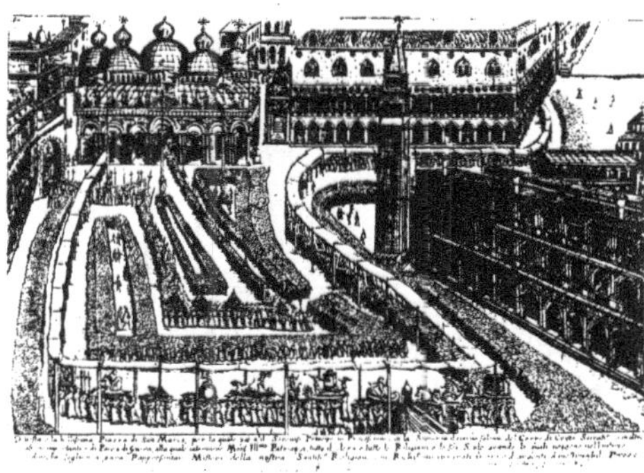

Fig. 50. Anonimo, processione in piazza il giorno del Corpus Domini. Incisione negli *Habiti d'Huomeni et Donne venetiane* [...] di Giacomo Franco, Venezia 1610.
Lo stato d'avanzamento nei lavori di edificazione delle Procuratie registra un passo avanti rispetto al « livello Scamozzi » (che lasciò la fabbrica alla decima arcata; le ultime sette arcate furono realizzate dal Longhena a partire dal 1640).

se così si può dire, che rendevano non solo tollerabile la compresenza di più princìpi ordinatori, ma che ne hanno via via favorito una sostanziale e produttiva interconnessione. Mentre non si può dire che tale continuità sia stata costituita da una sorta di omogeneità dei linguaggi architettonici (sono certamente infatti irriducibili i lavori di Sansovino non solo con i caratteri dell'edilizia minore ma anche con le opere dell'ambiente dei Lombardo o con i progetti di uno Scarpagnino) né delle tecniche costruttive o d'organizzazione dei processi produttivi nell'edilizia; neppure entro la petizione di principio di un carattere mitico e scarsamente significante che la critica d'arte ha da molto tempo « scoperto » in un'architettura veneziana fatta di effetti di luce, di colore, di superfici rispetto alla strutturalità di quella terrafermiera. Il carattere unificante appare piuttosto configurarsi quasi come una scelta di compresenza assoluta di tutte le esperienze architettoniche possibili entro una cornice di sostanziale « tolleranza » linguistica, dimensionale e funzionale pur dentro un rigoroso controllo pubblico; oltre che come accettazione di fondo di una qualche regola di massima economicità (di spazi, di segni e, naturalmente, di denari) posta a presiedere ogni più o meno radicale iniziativa di modificazione edilizia e urbana.

Il problema del ponte di Rialto e Andrea Palladio

Oltre al nucleo solido dell'area marciana, dunque, altri siti appaiono urbanisticamente « forti » nella concezione e nella pratica d'interventi che giungono a qualificare la Venezia cinquecentesca: si è citato, naturalmente,

Figg. 51-52. Anonimo, « La inclita città di Venetia ». Inserita ripetutamente in varie pubblicazioni a partire dai *Paesi nuovamente ritrovati* del Montalboldo (Venezia 1517), la piccola xilografia venne aggiornata con significative aggiunte e precisazioni architettoniche. Si vedano a questo proposito, nei due stati qui riprodotti, i *Magaz[g]eni* nella zona Libreria-Zecca; la Torre dei Mori con l'orologio; la loggia superiore di palazzo Ducale; il campanile di S. Marco e, soprattutto, il nuovo ponte di Rialto in pietra, in sostituzione di quello ligneo.

Rialto. Non può essere sottaciuto che quest'operazione appare via via condotta come un progressivo adeguamento della progettualità classicista al particolare *sito* realtino; come dire: dal « foro » albertiano-vitruviano, espresso dalla linea Fra Giocondo-Palladio, alla ferialità del mercato che Scarpagnino e Da Ponte (assentendo da presso se pur con scarso entusiasmo, evidentemente, l'onnipresente Sansovino) vengono ad adattare alle particolari valenze funzionali e rappresentative di questo manufatto collocato a cavallo della medietà del Canal Grande.

Le modalità secondo le quali si pervenne alla soluzione di fatto adottata — dogando Pasquale Cicogna — sono note: i tratti essenziali vedono il degrado incombente e le necessità di restauro del vecchio ponte di legno a varie riprese *reconzato* e rifatto, come nel 1444; oppure come, dentro il Cinquecento, nel 1507 ad opera di Scarpagnino; ma ancora nel 1524 si ripeteva un crollo, se pur parziale, del ponte ligneo così ristrutturato. È comunque tra l'incendio del 1505 del Fondaco dei Tedeschi e quello, sull'altra sponda del canale, nel 1514, del mercato che si decide il destino dell'area realtina o, meglio, che il rifacimento del ponte si inserisce come elemento trainante entro la più complessa e ambiziosa volontà di un riassetto dell'intera area dell'emporio mercantile veneziano. Di una tale progettualità alta e « all'antica » si fa primo e autorevole interprete il veronese Fra Giocondo con un'ipotesi descritta e lodata dal Vasari: « tentativo ambizioso, lacerante e pertanto inaccettabile, di calare, entro la connessa continuità figurativa del tessuto urbano di Venezia [...] una restituzione archeologica del foro antico, secondo la descrizione di Vitruvio e la interpretazione dell'Alberti » [7]. Talmente radicale la proposta di Fra Giocondo, da determinare un temporaneo spostamento dell'attenzione alla *forma* e al modello del ponte più che alla *riforma* urbanistica dell'area. Forse Michelangelo e Vignola, poi Sansovino ebbero a misurarsi con questo tema; nel contempo una soluzione, tutto sommato, di compromesso portava alla realizzazione delle Fabbriche Nuove. Palladio riprende — si direbbe in attitudine accademica ma nella sostanziale volontà di ridar quota al dibattito culturale cittadino tout-court —, con un'idea urbanisticamente provocatoria e perentoriamente autoqualificantesi, la problematica realtina.

Il monumentale manifesto architettonico è così assai vicino alle altre grandi « orazioni » di Andrea per Venezia: siano l'ipotesi per il Redentore a S. Vidal che quella — realizzata — alla Giudecca; siano l'idea della *Casa degli Antichi* nel convento dei Canonici alla Carità che i palazzi per Venezia nei *Quattro Libri*, che, infine, il composito intervento sul complesso di S. Giorgio. La celebre tavola dei *Quattro Libri* e il disegno del Museo di Vicenza illustrano due diverse redazioni dell'invenzione palladiana: sapienza archeologica, tipologia classica del tema del ponte, integrazione della frammentazione di funzioni e strutture entro un disegno unificatore, necessità funzionali ed economiche, coordinamento di uffici amministrativi. Palladio imposta cioè un progetto ancor più « scandaloso » e « lacerante » di quello di Fra Giocondo; anche perché adombrava più o meno apertamente una « bipolarità » del centro cittadino incompatibile con la reale gestione dell'urbano e della sua immagine e che, tra l'altro, avrebbe incardinato a un'immutabile e « chiusa » dialettica la più flessibile e possibilista pratica dell'urbano in Venezia [8].

I successivi elaborati di Scamozzi [9] degli anni '80 del secolo XVI sono riprese delle ipotesi palladiane di ridotta portata culturale e di assai equivoca loro lettura architettonica: lo scontro e la stessa vicenda del ponte si risolvono in un'acre contrapposizione tra Scamozzi e Da Ponte. Pur essendo duplici i piani della querelle (forma del ponte: a una oppure a tre arcate; perizia tecnica dell'architetto) può dirsi che sia di fatto ampiamente concluso, tra fine degli anni '80 e 1591, il dibattito culturale *a proposito* e *in nome* del ponte di Rialto; perché in realtà è oramai definitivamente tramontata, almeno a tale livello, la tesa polemica sull'assetto generale del cuore cittadino.

Quanto al ponte realizzato, potrebbe dirsi che la sua ottica non è altro che quella della grande massiccia *cucitura* delle due porzioni di città piuttosto che la creazione di un segno d'eloquenza classicisticamente monumentale. In qualche modo, cioè, la soluzione realtina potrebbe apparire contrapposta alla scelta marciana, avendo posto, a fronte di quella, i termini possibili di un rinnovamento interrotto e ripudiato o, almeno, mitigato nell'ossequio a una, se pur indefinita e sfuggente tradizione rispetto alle novità più marcate.

La cartografia cinquecentesca

Questa duplicità, se non dicotomia nella caratterizzazione delle scelte qualificanti del volto cittadino, ritroviamo esplicitata nelle successive edizioni della piccola veduta prospettica dal Molo a Rialto (per la prima volta inserita nei *Paesi nuovamente ritrovati* del Montalboldo del 1517, poi nelle *Cose notabili*, nelle *Cose meravigliose* e infine, e ripetutamente, nel più celebre *Viaggio da Venezia al Santo Sepolcro*) non meno che nelle numerose piante-vedute di Venezia che, in più o meno esplicita dipendenza dai modelli del de' Barbari e del Pagan, giungono ad arricchire il panorama cartografico veneziano del XVI secolo. A tal proposito varrà ripartire dall'altro caposaldo cartografico cinquecentesco, dopo la pietra miliare del gran maestro del caduceo: la pianta prospettica di Matteo Pagan del 1559 accompagnata, tra l'altro, da un breve testo di presentazione dietro il cui anonimato si cela il riferimento a Francesco Sansovino sotto lo pseudonimo di Anselmo Guisconi [10].

Il lavoro non può competere con la pianta-veduta del de' Barbari, e tuttavia appare essere la prima grande rassegna sulle novità rinascimentali realizzate in città: s'intravede il nuovo corpo di S. Francesco della Vigna, vi compaiono la Zecca e il castello di S. Andrea, la Misericordia, a Rialto il palazzo dei Camerlenghi e le Fabbriche, il convento di S. Stefano, la chiesa e il convento di S. Salvador e i riferimenti, se pur ridotti a poco più di simbologie cartografiche, a numerose altre fabbriche e interventi del primo Cinquecento.

Farà in pratica da divulgazione alla pianta-veduta del Pagan la fortunata *Venetia* di Paolo Forlani edita da Bolognino Zalterio nel 1566. Rispetto al lavoro del de' Barbari, Pagan introduce nell'universo veneziano, e a pieno titolo, tutta la fascia litoranea: da Tre Porti, a nord, fino a Chioggia, all'estremità sud, forzando l'allineamento e l'orientamento di tutto il territorio per farlo rientrare nei limiti e nella conformazione della tavola.

È proprio su quella allungata linea di confine che circonda come un anello lo « scrigno » lagunare che si registra il cambio d'ottica intercorso nel primo cinquantennio del secolo: tra scene galanti e piacevoli conversari

Fig. 53 [10]. Matteo Pagan, « Venetia », tra il 1559 e il 1562.

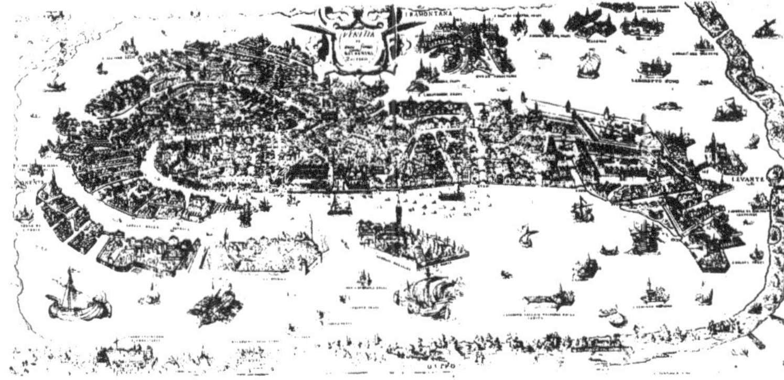

Fig. 54 [11]. Paolo Forlani, « Venetia », 1566. Di presumibile derivazione dalla grande pianta-veduta di Matteo Pagan del 1559, ne ripropone molti caratteri e dati, oltre all'impostazione generale.

Fig. 55 [12]. Francesco Hogenberg, « Venetia », 1572. Derivata dalla pianta prospettica di Paolo Forlani, ne ricalca, con qualche approssimazione, il modello e i dati informativi. La processione illustrata nella cartella in basso mostra il doge seguito dai dignitari che ne portano in corteo le insegne del comando.

Fig. 56. Anonimo, il margine nord della città dall'Arsenale alla Sacca della Misericordia, secolo XVI. Disegno a penna colorato.
Il progetto riguarda i lavori per regolarizzare tutto il fronte settentrionale di Venezia; l'intervento di maggior mole è quello relativo all'interramento di un vasto specchio d'acqua in corrispondenza del convento dei Domenicani ai SS. Giovanni e Paolo. Non ebbe mai attuazione, invece, l'ipotesi, accennata in questo disegno e sviluppata poi nel disegno riportato a fianco (fig. 57), di interrare o di attraversare, con una fondamenta isolata, la profonda Sacca della Misericordia.

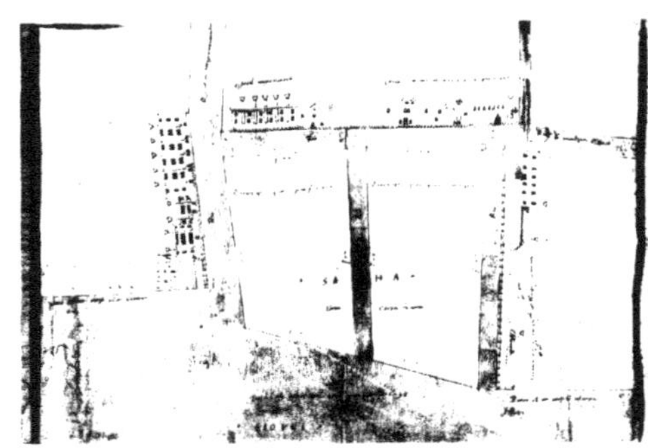

Fig. 57. Anonimo, progetto per la creazione, nella Sacca della Misericordia, di due ampie zone interrate collegate da ponti e separate da un canale. Nel disegno appare anche, documentata con grande lucidità, la situazione edilizia delle tre fronti esistenti sulla Sacca. Disegno a penna colorato.

Fig. 58. Anonimo, proposta per la fortificazione esterna di Chioggia, secolo XVI. Disegno a penna colorato. L'ipotesi di fortificare Chioggia con mura continue è per qualche verso avvicinabile alla proposta di Alvise Cornaro per fortificare Venezia, isolandola in una sorta di lago circondato da bastioni alberati, con opere di difesa.

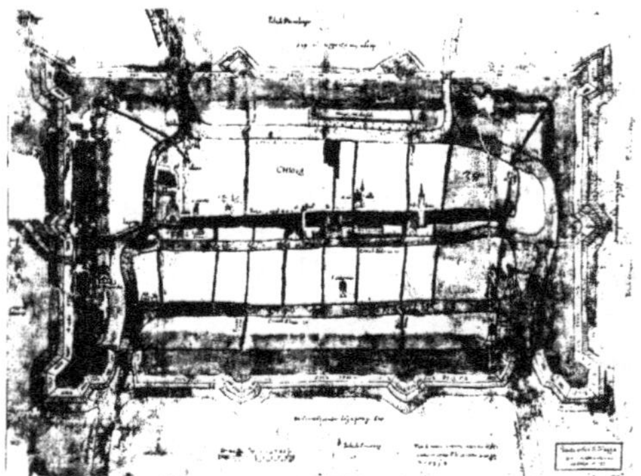

s'affaccia in laguna lo stesso spirito che animava l'esigenza suburbana di *otium* e spingeva Francesco Sansovino a parlare dei giardini di Venezia: gli spazi verdi sono in Jacopo de' Barbari solo le ancora non edificate e desolate spianate (si tolgano gli orti in primo piano di un'area sentita come non-urbana quale la Giudecca); in Pagan, per converso, si tratta già di giardini, come quello di cui andava fiero nella sua casa ai *Biri*, Tiziano. Ma il tema del giardino risulta nella Venezia cinquecentesca qualche cosa di più della semplice testimonianza di « straordinaria vaghezza et dilicatura » che alberga in città; infatti, al di là della « varietà de gli abbellimenti, et con gli ornati delle verdure, et delle pitture et sculture, con fontane et con altri ritrovati dilettevoli et gratiosi » di cui « si compiace ogni uno che gli riguarda, non senza consolatione et piacere » (secondo le parole di Sansovino jr.), la città — « cosa incredibile a i forestieri » — dimostra la propria perfezione e completezza sotto ogni profilo, testimoniando che la volontà progettuale e l'« artificio humano » possono superare ogni ostacolo naturale e ambientale.

Sansovino cita come particolarmente notabili i giardini della Giudecca e di Murano e, a Venezia, quelli di Gasparo Erizzo a S. Canciano, « ornato di fabriche con figure et pitture illustri »; quello di Andrea Michiel a S. Gervasio; di Francesco Bon e di Cesare Zilioli a S. Angelo, poi quelli di Pietro Bosello e Francesco Testa, di Tommaso Contarini alla Madonna dell'Orto (che sopravviverà sin all'Ottocento appunto a Cà Contarini del Zaffo); giardini hanno i Grimani à S.ta Caterina, i Moro a S. Antonin, Andrea Pasqualigo a S. Basilio e Leonardo Moro a S. Girolamo e, oltre agli altri, si ricorda quello dello scultore, architetto e decoratore Alessandro Vittoria alla Pietà [11].

A fine secolo la bella *Venetia* di Giacomo Franco (1597) ci consente di registrare un'unica novità di rilievo: il ponte di Rialto. D'altra parte solo la pianta-veduta di Matteo Merian (1635), fortunatissima e pubblicatissima, porterà qualche ulteriore contributo per la documentazione delle trasformazioni urbanistiche di Venezia. Più attento del Franco, Bernardo Salvioni nella sua pianta-veduta edita da Donato Rascicotti allo scadere del Cinquecento, se pur affrettatamente e sommariamente, documenta la non piccola espansione della città, sul fronte nord, realizzata con l'allargamento e il consolidamento delle Fondamente Nuove [12]: proprio quell'ampliamento che varrà a dare una sorta di retroterra ai SS. Giovanni e Paolo e alla Scuola Grande di S. Marco e che avrebbe dovuto colmare (come ingenuamente rappresentato da alcune carte quasi avesse avuto realmente attuazione) la profonda Sacca della Misericordia.

Sarà appunto il Salvioni ad aggiungere alla pianta della città le due vedutine delle « meraviglie » veneziane del secolo: la Piazzetta (con tutto quanto essa aveva comportato di novità linguistiche nei suoi celebri edifici) e Rialto (con il suo messaggio di ingegnerilità potente, compatta e « pittoresca »).

Assai limitata, quindi, la documentazione su quanto di nuovo il secolo poteva vantare d'architettura e gestione dell'urbano: il silenzio cartografico dichiara in sostanza un'inadeguatezza dei vecchi mezzi di rappresentazione ad articolare nello specifico veneziano le qualità e i limiti di una storia tortuosamente scritta e non pacificamente integrata al tessuto storico cittadino. La compiutezza della grande macchina urbana del de' Barbari — omogenea nel complesso ma massimamente discontinua nei frammenti; compatta ma individualizzata in tutte le sue parti, anche le più minute; ricca di invenzioni e di arredo e

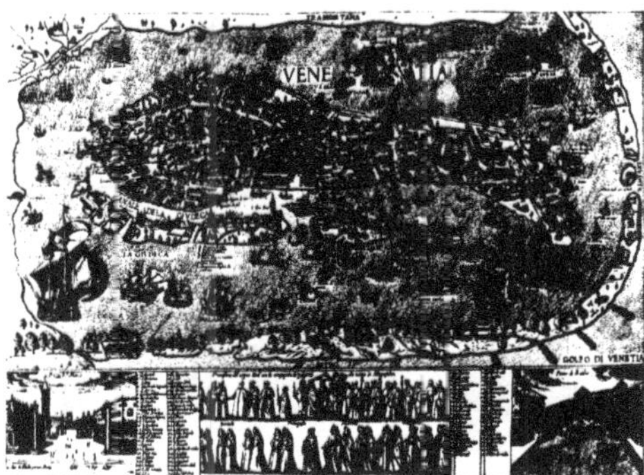

Fig. 59 [14]. Bernardo Salvioni, « Venetia », 1597 ca. Non particolarmente accurata e, anzi, approssimativa anche in episodi monumentali, questa pianta però documenta come avvenuta tutta l'operazione di marginamento del fronte nord con la creazione delle Fondamente Nuove. Lo zelo dell'incisore però si spinge anche oltre, fino a dar come realizzato l'interramento della Sacca della Misericordia, mai in realtà attuato.

tuttavia seriale — non è più idonea per la rappresentazione di un'immagine di città di fine Cinquecento: essa deve affidarsi all'eloquenza di altre orazioni che vivono e agiscono ciascuna la propria individua e inconfondibile dimensione formale, collocazione dialettica nel sistema, esemplarità irripetibile. Bisognerà infatti giungere al *Disegno della Pianta di Venezia* del 1627 di Alessandro Badoer, perché la cartografia, rompendo con il passato, presenti un nuovo principio ordinatore e una nuova resa grafica, alla scoperta di un tessuto portante, di una struttura di base nel disegno urbano depurato del molteplice, della variabilità accessoria, dell'ornamentazione architettonica.

La gerarchia dell'ordine rinascimentale non può quindi annullarsi nell'indifferente continuum del tessuto urbano medievale, pur riscattato da massicce riletture e riscritture aggiornate. La convenzionalità cartografica di questo secolo demanda ad altri sistemi di segni la manifestazione dei propri caratteri e delle proprie prerogative. Il campo spazia dalla magnifica silografia del Pagan, con il corteo dogale a Piazza S. Marco, alle varie

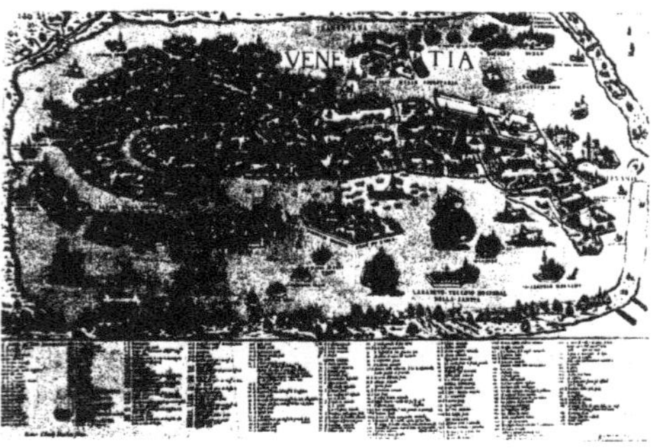

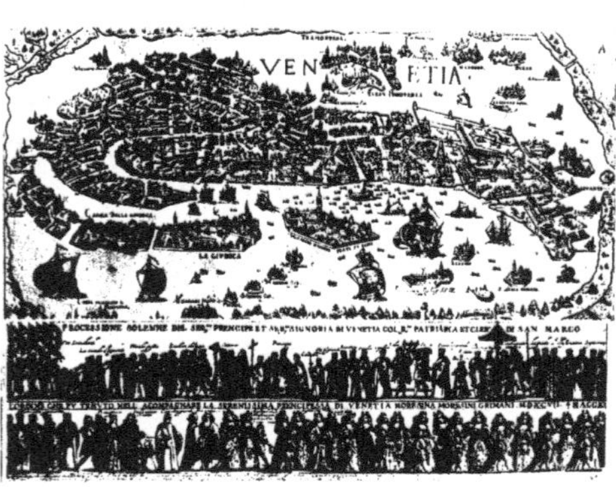

Figg. 60-61 [15]. Giacomo Franco, « Venetia », 1580 ca. e 1597. I due stati dell'incisione del Franco divergono soprattutto per l'introduzione del ponte di Rialto e per la sostituzione dell'elenco dei toponimi corrispondenti ai numeri con la solenne processione dogale e con il corteo di accompagnamento di Morosina Grimani il giorno del suo insediamento (4 maggio 1597).

stampe con feste, visite, celebrazioni e così via (gli arrivi di Enrico III di Francia con l'apparato palladiano, i Bucintori, i Teatri del Mondo, ecc.): in esse la città è insieme lo scenario e il pretesto per una rappresentazione « altra » e che tuttavia una volta di più ribadisce la incommensurabilità topografica del mito e, insieme, la sua ben concreta spendibilità ideale e ideologica e, quindi, politica.

L'Arsenale

« Ma la base et il fondamento della grandezza di questa Rep[ublica] anzi lo honor di tutta Italia, et pur di meglio e con più verità, di tutti i Christiani, è la casa dell'Arsenale, che s'interpreta Arx Senatus, cioè fortezza, bastione, antemurale, et sostegno del Senato, et della fede nostra contro l'armi degli infedeli », così Francesco Sansovino nel 1581. Di recente è stato annotato: « Una storia dell'Arsenale di Venezia nel XVI secolo può essere anche storia d'una fabbrica ininterrotta — salvo brevi intervalli — tra 1478 e 1590 circa » [13].

La dinamica che trasforma il volto e mette in crisi la struttura di Venezia tocca pienamente anche l'Arsenale, sebbene con caratteri e attitudini del tutto differenti, a rimarcare la diversità e le peculiarità della enorme macchina bellica marittima e terrestre della Dominante. E, in effetti, è proprio a partire dai primi anni '30 del secolo (gli stessi nei quali si avvia il disegno sansoviniano per l'area marciana) che gli eventi relativi all'Arsenale conoscono una svolta. Questa ne accentuerà i caratteri di segreta, o gelosamente difesa e guardata, macchina militare, a cominciare dalle misure, additate da Concina, relative alla tutela della chiusa segretezza dell'area: murate e sbarrate tutte le aperture, mantenuta attiva la sola porta principale « acciò ogn'uno [...] sia visto dalle guardie et portoneri di essa porta », addirittura chiuse e tolte terrazze e balconi circostanti dai quali si potessero gettare sguardi indiscreti oltre la cerchia delle mura; fino all'ordine dato ai costruttori del certo non prossimo campanile di S. Francesco della Vigna perché facessero « stroppar [chiudere] quella banda, per la quale si guarda verso l'Arsenale » [14].

Non meno interessante (e certo in linea con una corrente d'ingegneria idraulica lagunare, come s'è visto) è l'ipotesi — appena successiva alla metà del secolo — di isolare l'Arsenale torno torno con un canale; facendone cioè una cittadella che s'andava progressivamente dotando di polveri e munizioni e accentrando in esso la assai vasta attività di fabbricazione delle artiglierie veneziane.

Tuttavia la stessa interna organizzazione del complesso conosce nel corso del secolo un massiccio lavorìo di sistemazione: sia per quanto riguarda i princìpi ordinatori della grande macchina, sia nella stessa costruzione ex novo di una cinquantina di ampi capannoni. Né si può ignorare che l'attività edilizia cinquecentesca (quella citata e le numerose altre messe a segno nel secolo dentro le munitissime mura dell'Arsenale) si attua con il varo, il perfezionamento e il massimo impiego d'un linguaggio architettonico « industriale » serializzato e condotto a livelli ottimali di solidità ed efficacia costruttiva [15]. Tale linguaggio, passando per vari interventi d'incerta attribuzione e sempre più marcati però dalla sobria accettazione di un austero classicismo con venature manieristiche (portali dell'Artiglieria e del Bucintoro, reparti e ricoveri d'artiglieria, Gaggiandre — ossia i cantieri acquatici —) approda all'eccezionale vano delle Corderie, lungo ininterrottamente ben 316 metri per 20 di ampiezza (1579-1583).

Con questi interventi la enorme « casa della guerra » concludeva un ciclo della propria vicenda storica; e, in parte riecheggiandole, rispondeva con assai limitata intenzione dialettica alle novità che avevano investito il rimanente della struttura urbana di Venezia. Non solo le gravi difficoltà delle guerre con il Turco e i problematici aggiornamenti scientifici e tecnologici, le difficoltà politiche e una difficile neutralità armata nel concerto europeo, ma le stesse nuove modalità di conduzione dei fatti bellici (soprattutto il sempre maggiore spazio assunto dalle artiglierie pesanti) giungono a modificare non insensibilmente dapprima l'ordine tardo-gotico del cantiere veneziano e, successivamente, gli stessi princìpi ordinatori elaborati nel corso della prima parte del XVI secolo. Abbiamo innanzi tutto la ripresa d'espansione dell'Arsenale rispetto al tessuto urbano civile dell'estremità di Castello (fino all'innaturale e completo inglobamento della zona e delle fabbriche della Celestia); poi la minaccia continua costituita dai depositi delle polveri nei comparti delle aree abitate (gli incendi e le esplosioni sempre più rovinosi costringeranno infine a dislocare in laguna, su isole magari abitate solo da pochi religiosi, tali pericolosi magazzini); ancora: la progressiva chiusura del circuito cantieristico rispetto alla città normale e, addirittura, l'ipotesi di circondarlo con l'acqua (tanto che possiamo dire nasca proprio adesso il problema di una proporzionalmente e oggettivamente vastissima parte di città che viene a risultare separata e « diversa » rispetto al continuum edilizio); infine: la progressiva disparità economica della macchina dell'Arsenale, nella sua valenza bellica, rispetto agli stessi indirizzi politici di Venezia. Tutto questo — cui va unita una pur sommessa tentazione di riqualificare linguisticamente in termini aggiornati la perentorietà ingegnerile e funzionale del vecchio complesso cantieristico e militare — può dare la dimensione di un processo il quale mostra di riflettere in sé, e pienamente, ciascuna delle ragioni di disagio e di crisi che s'addensano sulla città all'esordio del XVII secolo.

Città e laguna: Cristoforo Sabbadino e Alvise Cornaro

L'ampliamento deciso e attuato per i margini cittadini a nord e a sud (le Fondamente Nuove e le Zattere, di cui s'è parlato) non era un fatto casuale. Anzi, unita alla problematica della difesa e preservazione dell'integrità lagunare, tale politica rappresenta il più lucido e « moderno » dei tentativi cinquecenteschi di porre la necessità di una pianificazione urbanistica in termini estremamente concreti: le ipotesi e le elaborazioni di Cristoforo Sabbadino e Alvise Cornaro attorno alla metà del secolo ne incarnano i due diversi e originali versanti.

Cristoforo Sabbadino è il massimo cartografo e tecnico lagunare del secolo. Nel 1557 uno scritto [16] fra i molti suoi (e relativa documentazione cartografica) ipotizza un considerevole ampliamento della superficie della città attraverso una serie di interramenti. Ma non si tratta solo del trasferimento di fanghi scavati dal fondo dei canali: Sabbadino ha in mente ed espone un vero e proprio « piano » per la grande comunicazione pedonale, per incrementare la ricettività abitativa, per sistemare, dar ordine, e razionalizzare il sistema dei canali esterni al nucleo cittadino e facilitare lo scorrimento delle acque in quelli interni, per determinare l'ubicazione di una vera e propria zona industriale cantieristica e infine per indubbie necessità d'ordine igienico sanitario. « Si tratta di un progetto dettagliato e preciso, con computo parziale e totale delle nuove superfici e del volume di fango necessario per ottenerle; quasi un piano regolatore moderno che cerca di razionalizzare le aree produttive disseminate nell'angiporto concentrandole in una fascia industriale alla Giudecca »[17].

La grande Sacca dell'Angelo, tra S. Marta e l'imboccatura del Canal Grande, ne sarebbe risultata almeno in parte interrata (cosa che avvenne alla metà dell'Ottocento); un ponte avrebbe scavalcato qui il Canal Grande permettendo di percorrere lungo tutto il sistema di nuove rive perimetrali l'intero circuito esterno cittadino. Soprattutto, però, un nuovo canale parallelo alle rive avrebbe rinvigorito il flusso d'acqua e il ricambio, impedendo quei fortuiti interramenti che disturbavano la navigazione interna ed erano ragione di insalubrità, e avrebbe altresì ampliato secondo un illuminato e controllato progetto il sistema urbano entro la sua naturale sede lagunare.

Il progetto Sabbadino, che mirava a fare di Venezia « la più bella e più comoda Città del mondo », secondo le parole dello stesso ingegnere, appare chiaramente subordinare l'ordine cittadino al buon ordine lagunare; né prende in considerazione la possibilità di un'esistenza veneziana *priva* del contesto della laguna. Questo progetto merita tuttavia una più dettagliata analisi e descrizione, dati gli elementi di straordinaria e lucida coscienza di funzioni urbane e strumentazioni tecniche che suggerisce e presuppone fin nel dettaglio. Innanzi tutto la grande *fondamenta* (larga passi 10 — cioè più di 17 metri! — e resa continua da ben trentasei ponti che scavalcano altrettanti rii interni nel loro affacciarsi ai margini urbani esterni) si rivela un'infrastruttura di portata eccezionale, oltre che un provvedimento che avrebbe modificato sensibilmente l'immagine planimetrica non meno che la « visione » complessiva in alzato della città da qualsiasi punto di veduta. La globale « normalizzazione » e la definizione precisa dei margini esterni (fino ad ora non infrequentemente imprecisi e instabili) sono solo un aspetto dell'intera questione. L'altro — connesso alla fruizione pedonale e all'esperibilità concreta di un percorso perimetrale — comportava la misurabilità stessa di questo perimetro insieme a una mutata immagine mentale della città.

Va anche detto che per la prima volta si affacciano con tanta insistenza e lucidità (da parte, tra l'altro, del maggior ingegnere idraulico del secolo e del più attento custode delle prerogative lagunari di Venezia) le ragioni del *pedonale*, quasi ad indicare anche degli orizzonti d'interpretazione e proposte di rinnovamento della complessiva ottica urbana per Venezia. (Si deve tuttavia rimarcare che, a differenza di molti progetti ottocenteschi per certi versi vicini a questo del Sabbadino, Cristoforo lascia al Canal Grande la sua connotazione essenzialmente acquatica, né vi prevede delle *fondamente* laterali). Vi è poi la singolare proposta di creazione di bacini interni compresi tra la nuova *fondamenta* e il vecchio margine urbano: i « luogi da tener le zatare », dietro i SS. Giovanni e Paolo e fino a S. Caterina (cioè depositi di legname giunto per fluitazione); i bacini per « le barche del Friuli, Trivisano et Fossetta » alla Misericordia; quelli per « le barche di Padoana, et Vicentina » a S. Chiara. Con il che si sarebbe venuta a determinare una serie di terminali che in parte riprendeva e rielaborava il sistema di arrivo e partenza dei *traghetti* verso la terraferma, ma che insieme anticipava con lucidità davvero singolare soprattutto la trasformazione e attrezzatura della testata occidentale della città secondo linee che saranno poi adottate tre secoli più tardi. (Discorso analogo sarebbe possibile ripetere per il margine meridionale della Giudecca: la grande area di nuova creazione destinata ad esser utilizzata come *Luogi da squeri*, anticipa singolarmente, come s'è detto, l'utilizzazione industriale dell'isola).

Diversa l'ottica entro cui si colloca Alvise Cornaro (per certi versi ulteriormente caratterizzata nello scambio epistolare e nel contributo fornito dai pareri di Girolamo Fracastoro). In particolare l'ipotesi Cornaro[18] considera due possibili e differenti prospettive e tempi d'intervento: il primo entro una visione simile al progetto Sabbadino; il secondo, assai più radicale e in prospettiva di « migliara d'anni », nel quale la città sarebbe risultata chiusa da poderose mura fortificate.

La corona di bastioni, lontana circa settecento metri dal margine urbano, accompagnata da un terrapieno alberato e da un canale anulare, ripropone, mutatis mutandis, lo schema di struttura delle città fortificate di terraferma (spianata, mura, « guasto », e così via), riportandone per imitazione analogica la successione e disposizione degli elementi (di qualche anno precedente è il progetto, anonimo ma in tutto analogo a questo, per fortificare Chioggia)[19].

Rispetto alla proposta Sabbadino (e alla celebre opinione negativa di Sanmicheli per l'anonimo progetto destinato a Chioggia)[20], la linea di fortificazione stabile indicata dal Cornaro appare una sostanziale, se pur sin-

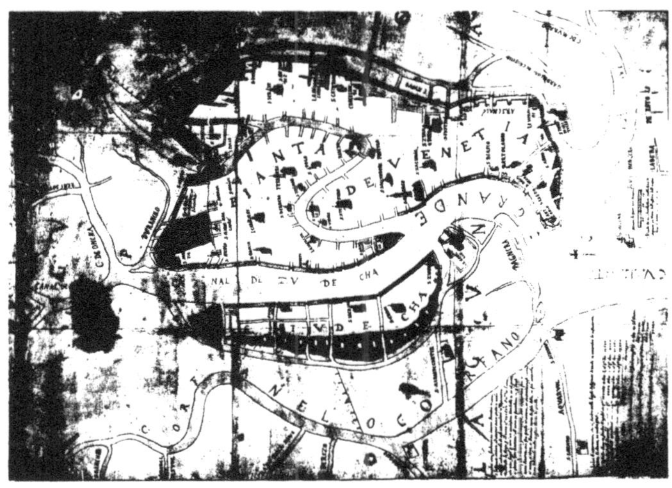

Fig. 62 [13]. Cristoforo Sabbadino, progetto per ampliamenti e altri lavori a Venezia, 1557.
La grande mappa illustra l'idea del Sabbadino di circondare tutta la città con una fondamenta (strada esterna) larga 10 passi veneti (più di 17 metri); di scavalcare il Canal Grande con un ponte al Corpus Domini; di interrare una serie di Sacche soprattutto a sud della Giudecca e sulla testa occidentale della città; di approntare dei bacini per l'attracco dei natanti per il trasporto merci provenienti dalle varie direttrici della terraferma; di scavare un nuovo canale di vaste dimensioni parallelo a tutta la fronte nord di Venezia. Nella legenda Sabbadino illustra le necessità di materiale per realizzare il progetto e i costi relativi.

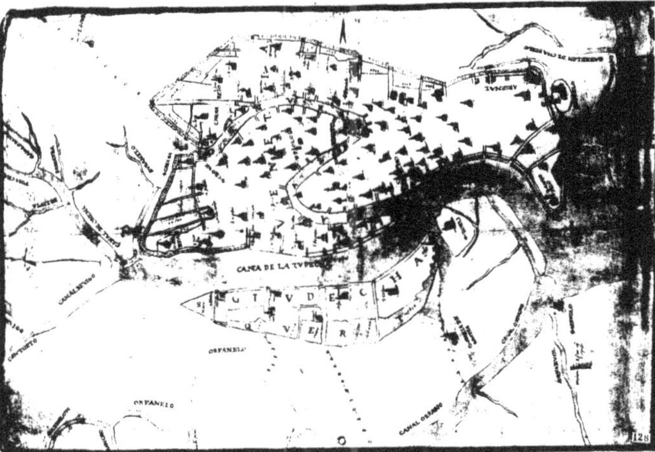

Fig. 63. Cristoforo Sabbadino, progetto di ampliamenti e altri lavori, metà del XVI secolo. Disegno a penna colorato.
Versione ridotta del precedente progetto ma presumibilmente di data assai prossima a quello, conserva parte delle ipotesi là formulate, eliminandone altre: uguale la progettata fondamenta perimetrale, manca il ponte sul Canal Grande allo Spirito Santo, come manca il canale parallelo a nord; rimane, tra l'altro, il grande interramento a sud della Giudecca destinato ad attività cantieristiche.

golare, rinuncia alle peculiarità lagunari del contesto veneziano a favore di una condizione « mista » o lacustre (il termine « lago » ricorre nelle scritture del Cornaro in luogo di laguna: unito ad indubbie analogie di concezione e rappresentazione, ha fatto avvicinare tale proposta all'immagine « della gran città di Themestian Messico » pubblicata nel 1556 dal Ramusio [21]).

Suggestiva sotto molteplici punti di vista, specie quello di sottrarre tutto il difficile equilibrio del sistema all'aleatorietà di troppe e faticosamente controllabili forze per affidarlo a una sorta di rigido meccanismo, in grado, tra l'altro, di eliminare ogni pericolo ed eventualità di invasioni nemiche, la proposta Cornaro contava di pervenire a far di Venezia « la città più grande e più bella, e si haverà dove fabricare per dar ricetto alle tante anime, che di continuo vanno moltiplicando, si darrà maggior corso all'acqua senza torgli luogo alcuno », si eliminerà il contrabbando, si renderà Venezia inespugnabile, la si fornirà di coltivazioni e legname tale da renderla autosufficiente a tempo indeterminato [22].

In qualche modo complementare a questa è l'altra serie di proposte di Alvise per un teatro, una fontana e una collina con boschetto da erigersi nel bacino di S. Marco tra il Molo e l'imboccatura del Canale della Giudecca: morte della laguna (e di Venezia?) e polemica riaffermazione delle scelte economiche del Cornaro per l'agricoltura e la politica territoriale si mescolano in un'utopia ludica ed eversiva insieme, che dové non poco toccare lo stesso ambiente della committenza palladiana [23].

Si può dire che sia la linea Sabbadino a prevalere nel corso dei successivi decenni, ancorché semplificata e condotta a talune schematiche redazioni: prima tra tutte la decisione di completare le Fondamente Nuove [24]; ma il versante Cornaro rimane come una vitalissima costante entro il dibattito urbanistico-territoriale veneziano. Va tuttavia sottolineato un elemento di fondo in tutta la riflessione lagunare cinquecentesca; essa si svolge con straordinaria lucidità sul problema del « futuro » veneziano in termini assolutamente estranei se non antitetici a quelli dell'architettura e dei suoi linguaggi. Anzi, la problematica lagunare e veneziano-lagunare appare forse il più credibile degli orizzonti culturali in senso lato, progettuali e operativi, di quello che pur risulta uno dei secoli maggiormente popolati di storie e vicende specificamente architettoniche. Il destino della città, cioè, viene affrontato entro un contesto di conoscenze sperimentali, riflessioni teoriche e prassi gestionale di estensione comunque territoriale e sicuramente coinvolgenti l'intero ecosistema lagunare.

L'incombente prospettiva di « torcellizzazione » della Serenissima (« molti bellissimi lochi, che erano quasi e giardini et borghi di questa città, si sono dishabitati et despopolati, come è Torcello [...]. Onde, se questi lochi così vicini si sono comminciati ad abbandonare, non è dubbio che questa città fra pochi anni debbia a venire a quel medesimo », scrive nel 1540 Alvise Cornaro) fa sicuramente da sprone all'approfondimento del dibattito lagunare nei suoi termini concreti e correttamente finalizzati, al di là di errori tecnici o interessi particolari che certamente si agitano sotto di esso. Rimane da considerare semmai il progressivo, parallelo e concomitante processo di « congelamento » che avviene da un lato a definire una sorta di « codice di comportamento » lagunare, rispetto ad assai più elastiche e sperimentali pratiche di gestione di tale realtà nei precedenti secoli; e, dall'altro lato, la fissazione compiuta di un'« immagine » di Venezia che non poco affida le proprie fortune all'assunzione stabile del linguaggio classicista in architettura e alla definizione dei canoni della scena urbana attraverso una serie di capisaldi rappresentativi-interpretativi di obbligata e aulica natura.

Struttura urbana e linguaggi dell'architettura

E tuttavia la vita della città nel Cinquecento risulta determinata dal più o meno equilibrato comporsi di differenti e molteplici istanze, come logico del resto: oltre che dall'affermazione dei luoghi e delle problematiche più alte e culturalmente centrali, dal lavorio di progressivo aggiustamento delle norme e provvedimenti che regolano la vita quotidiana della macchina cittadina e, da altro lato e su altra dimensione, dalla storia variegata dei fatti edilizi maggiori e minori che segnano nel concreto forme e funzioni dell'urbano. Per i primi, si pensi soltanto alla continua normativa volta a regolare la raccolta e smaltimento dei rifiuti urbani con l'istituzione e il buon funzionamento del sistema delle *scoassere* cioè dei cassoni e recinti di raccolta, contrada per contrada, di tali rifiuti; oppure, su altra dimensione, s'intende, tutta la normativa cinquecentesca che fa sì che ogni sponda sull'acqua sia consolidata e costruita di pietra e selciata. Il che

Fig. 64. Jacopo Sansovino, la Scuola Grande della Misericordia, prospetto posteriore. Incisione di Domenico Lovisa, 1720. Sulla sinistra si vede il singolare palazzo Tiepolo sul quale pure Sansovino ebbe ad intervenire, dimostrando doti ingegnerili e di restauratore non usuali.

trasformava non marginalmente l'aspetto di molta parte di città sia per quanto riguardava i rii interni che le *spiagge* esterne (e le decisioni di consolidare, ampliare e selciare la Riva delle Zattere e le Fondamente Nuove non sono che un tassello entro tale disegno)[25]; ancora: il bando e la pressoché completa scomparsa di animali da sella e da trasporto confinati alla fine nella *Cavallerizza* dei SS. Giovanni e Paolo per le accademie equestri dei nobili. E si potrebbe certo continuare con fatti piccoli e grandi: soprattutto con misure e decisioni relative a tutto il corpo della città oppure riconducibili a situazioni puntuali e determinate istanze, necessità o volontà di cambiamento.

Quanto alle realizzazioni architettonico-edilizie, basterà rammentare da un lato l'affermarsi della tipologia popolare cinquecentesca e, dall'altro lato, i risultati dell'incontro tra cinquecentismo *romano* e architettura dell'umanesimo veneziano: incontro che rapidamente si afferma con il giungere di Sansovino sulle lagune. È ancora a Jacopo che occorre ritornare per la decifrazione di alcuni capisaldi del composito sistema d'arterie che in realtà mette in relazione il nucleo di S. Marco con l'area realtina: su tale tracciato egli pone il suggello volta a volta discreto e mimetico, ovvero perentorio ed eclatante, del proprio metodo non meno che del proprio affermato linguaggio.

Ad una semplice elencazione di fatti non può non esser rilevata la frequenza degli interventi del *proto*: dall'ultimazione del complesso della Torre dell'Orologio all'ampliamento della calle Larga S. Marco (ossia dell'asse trasversale che collega — con un risultato di sorprendente qualità urbanistica — i due rami delle *Mercerie* e della *Spadaria* e, più oltre, della via che conduce alla canonica di S. Marco e ai SS. Filippo e Giacomo); dalla rifabbrica di S. Zulian agli interventi sulla chiesa di S.

Fig. 65 (*a sinistra*). Jacopo Sansovino, palazzo Dolfin (poi Manin) sul Canal Grande a Rialto. Incisione di Luca Carlevarijs, 1703.
Fig. 66 (*a destra*). Jacopo Sansovino, palazzo Corner della Cà Granda a S. Maurizio, sul Canal Grande. Incisione di Luca Carlevarijs, 1703.

I due capisaldi dell'architettura civile privata sansoviniana risultano inseriti con differente valenza ambientale e « monumentale » dall'incisore nelle sue tavole (tra l'altro attribuendo il Corner erroneamente allo Scamozzi). È infatti il Corner che, rifiutando il riferimento al loggiato coperto terreno in qualche misura passibile d'avvicinamenti tipologici con il fondaco veneziano, senza accostarsi al filone umanistico locale della linea Lombardo-Codussi, impone con perentoria efficacia la svolta classicistico-romanista che solo la formazione e la cultura di Jacopo potevano proporre e attuare in presenza d'una committenza votata ad alzare il livello del dibattito ideologico già assai vivace in città negli anni '30 del secolo.

Salvador e, prima ancora, all'omonimo convento dei canonici lateranensi, quindi ancora all'altro caposaldo architettonico, che affacciandosi al Canal Grande, sottolinea l'affermazione più aulica e « centrale » del linguaggio sansoviniano nell'architettura privata: palazzo Dolfin (poi Manin) sulla riva del Ferro.

Pressoché in contemporanea a palazzo Dolfin (sulla sponda del Canal Grande presso Rialto) e sempre partendo dal nucleo marciano, Jacopo avanza la sua manovra quasi a tenaglia sul cuore della città mettendo a segno altri interventi, altri capisaldi della Venezia rinnovata, sulla direttrice occidentale; quindi dal lato ovest della Piazza, quello dove la sua chiesa di S. Geminiano separa e congiunge le due testate ripiegate delle Vecchie e Nuove Procuratie: il palazzo di Giorgio Cornaro sul Canal Grande a S. Maurizio; la zona absidale della chiesa di S. Fantin, poco distante da quello. La presenza di Jacopo è tuttavia assai pregnante ancora a Castello, con S. Martino e la Cà di Dio; a Cannaregio con il grande *Tezon* della Scuola Grande della Misericordia; all'altro capo della città, a Dorsoduro, con l'ospedale e la chiesa degli Incurabili. Il lavorìo di riflessione e riscrittura si dispiega quasi per cerchi concentrici nell'imponente massa d'interventi che, anche al di là del ruolo di « legislatore formale » che Jacopo di fatto svolge, costituiscono i punti fermi della riforma urbana cinquecentesca di Venezia. La dilatazione dimensionale di alcuni di questi lavori, tra l'altro, accentuerà non insensibilmente la loro importanza rispetto alla definizione della nuova immagine di Venezia. Così come la Scuola della Misericordia apparirà un immenso tetto « che coverze meza la citadinanza »[26] (né può sfuggire in questa anonima definizione l'analogia col celebre giudizio dell'Alberti sulla cupola brunelleschiana né il gioco di riferimenti al manto della Madonna — patrona della Scuola — che copre i confratelli e i protetti), il palazzo dei Corner a S. Maurizio « scuopre ed è scoperto all'intorno per l'altezza sua, le lagune »[27]: come dire che Jacopo ha posto dei segni ed ha in realtà dato vita a delle opere che costituiscono ancora le vere e proprie emergenze del paesaggio urbano; che egli di tale paesaggio ha ipotecato i futuri sviluppi; che ha fornito dei parametri dimensionali e proporzionali in ordine alla complessiva lettura e decodifica dell'organismo veneziano.

La Venezia post-sansoviniana è altra forma e altra struttura rispetto all'emporio di fine Quattrocento e del primissimo Cinquecento delle vedute di de' Barbari, del Bordone, dello stesso Vadagnino. È ancora una volta Francesco Sansovino a fornirci delle direttrici di lettura tra i casi della privata architettura cinquecentesca: la sua conoscenza diretta delle vicende e la sua penetrante attenzione critica fan sì che i suoi giudizi non siano che parzialmente condizionati dall'altrimenti soverchiante figura e statura paterne.

La città policentrica e la « poetica del frammento »

Le prime e generali osservazioni di Francesco rivelano tuttavia un modo particolare d'intendere le « singolarità » di Venezia, la peculiarità della sua struttura e della stessa morfologia edilizia: da un lato l'individuazione della grande aulica arteria del Canal Grande, dall'altro però la coscienza che — salvo i margini esterni ancora abitati in maniera approssimativa e rudimentale — tutta la città ha uguale dignità e qualità di siti, una sorta di magnificenza diffusa e ininterrotta [28]; anzi: una grandezza contenuta e compressa dalle angustie naturali del luogo in cui l'« artificio » ha dovuto « suplire [...] al difetto della natura »: « onde cosa è manifesta, che se tutti i palazzi et casamenti havessero i cortili, et gli horti [...] et che le strade fossero larghe et spatiose come in terra ferma, la città sarebbe di gran lunga maggiore di qual si voglia altra nel mondo » [29]. Francesco tuttavia non considera questa città « maggiore nel mondo » quale un indistinto continuum urbano: Venezia infatti « a i sottili consideratori della cosa, si mostra non una sola ma più città separate, et tutte congiunte insieme. Percioché se si considera la sua situazione, ridotta in pianta senza i ponti, si vedrà ch'è divisa in tante grosse castella et città, circondate da suoi canali, alle quali si passa dall'una all'altra co' ponti o di pietra per la maggior parte o di legno che la congiungono insieme » [30]. È, come facilmente si vede, la realizzazione di quell'« universo urbano policentrico » che, annota Tenenti, « gli architetti rinascimentali cercavano di potenziare e reinventare nelle città della Penisola » [31] e che si presenta qui alla capacità d'analisi di Sansovino figlio.

Il primato detenuto dall'asse del Canal Grande entro il sistema *diffuso* dell'urbanistica veneziana e pur nel policentrismo di cui s'è detto, è riconosciuto senza eccezione alcuna: di fatto, agli edifici realizzati sulle sue sponde vien affidato il messaggio di più intensa e intenzionale pregnanza da parte di ciascun architetto (basti confrontare, nell'attività del Sanmicheli, palazzo Corner a S. Polo con palazzo Grimani sul Canal Grande a S. Luca, per rendersene chiaramente conto): così era stato per Mauro Codussi col Corner-Spinelli e il Loredan-Vendramin-Calergi; così è per quello che diviene l'edificio esemplare della nuova romanità lagunare, palazzo Corner a S. Maurizio del Sansovino. Il suo partito architettonico (« la faccia tutta colonnata doppiamente con lavoro Ionico di sopra, et Rustico gentile di sotto, et con fori nobili ») diviene assai presto e certo più che il sanmicheliano Grimani a S. Luca (« ricchissimo di fatture, perciò che gli intagli, i fogliami, et l'altre delicature quasi fatte per fino alle fondamenta, sono con spesa eccessiva [...] et la faccia è abbondante di esquisite ricchezze di componimenti et di lavori ») termine di riferimento: lo si vedrà in maniera assai esplicita nel corso del Seicento. E tuttavia non può al tempo stesso non cogliersi la portata irripetibile di quelle invenzioni (del Corner ma anche del Grimani) se da essi vengon tratte talune sottolineature e caratterizzazioni che si propongono anche dentro a un più sommario recupero non tanto di scelte distributive o di perentori linguaggi quanto piuttosto di metodo compositivo dell'architettura veneziana del Rinascimento, dove spesso — come ha recentemente annotato il Lorenz [32] — l'intelaiatura compositiva vien dalla tradizione locale di disegnare in pietra istriana le partizioni delle fronti che poi inquadrano e comprendono specchiature, finestrature e porte, lo stesso gioco di materiali e, magari, decorazione pittorica in trompe l'oeïl. Ancorché tutto ciò non debba esser letto nell'ordine di una *continuità* che si rivelerebbe scarsamente credibile, va pur detto che tale metodo compare anche nei grafici dei trattatisti allorché si accostano al tema veneziano (e valga per tutti il Serlio). Infine: particolare attenzione riserva Francesco Sansovino a un edificio che, pur non affacciandosi al Canal Grande, aveva mostrato — anticipando anche le scelte architettoniche di Jacopo — le possibilità della nuova « maniera », il « famoso palazzo del Patriarca Grimani, ridotto alla forma Romana ». Si tratta del vasto edificio che con vicenda edilizia non lineare né continua-

Fig. 67. Michele Sanmicheli, palazzo Grimani a S. Luca, sul Canal Grande. Incisione di Luca Carlevarijs, 1703. Il grande edificio dei Grimani rimane linguisticamente un fatto sostanzialmente senza seguito ma costituisce per converso un riferimento fondamentale nella complessiva costruzione dell'immagine monumentale di questa riva del Canale non meno che della speculare ripresa su quella contrapposta: si pensi ai palazzi Balbi, Bon-Rezzonico, Coccina-Tiepolo.

Figg. 68-70. (*A sinistra*) Michele Sanmicheli, palazzo Corner a S. Polo. Incisione di Luca Carlevarijs, 1703. (*Al centro e a destra*) Sebastiano Serlio, « Facciate fatte al costume di Venezia ». Da S. Serlio, *Trattato di Architettura*, libro IV, 156 e 155.
Fuori dalla condizionante dimensione di monumentalità delle rive del Canal Grande, Sanmicheli appare assai più disponibile ad adottare l'elaborazione tipologica condotta dalla trattatistica sul tema della casa veneziana e, quindi, ad esperire le possibilità della metodologia progettuale indigena condotta in termini colti sulla griglia della normativa compositiva degli ordini. Il confronto con le ipotesi veneziane del Serlio è, a questo proposito, eloquente.

tiva i Grimani vengono edificando sul rio di S. Severo, presso S. Maria Formosa:

> Compartito con belle stanze et Loggia à terreno, è fornito di figure antiche, et di torsi, con iscrittioni per tutto molto alla grande. Et le scale di sopra lavorate di pitture et di stucchi accompagnano i suoli et terrazzi fatti a compassi, con bellissimi soffitti, ne quali Francesco Salviati fece una Psiche, et i festoni furono lavorati da Camillo Mantovano, et Giovanni da Udine vi lavorò dentro una camera tutta di stucchi [33].

La disseminazione di fatti architettonici dentro il tessuto urbano in aderenza ai caratteri peculiari di un assestamento secolare non meno che in obbedienza a dettami, presunzioni e limiti posti dall'autorità tecnico-amministrativa fa sì che gli episodi risultino tanto più significativi e incidenti sulla complessiva delineazione e configurazione dell'urbano quanto più posseggono *al proprio interno* le qualità e i segni che ne fanno termini di riferimento visivo, capisaldi culturali, perni funzionali d'un sistema. Il rinnovamento dell'urbanistica veneziana cinquecentesca (al di là delle emergenze marciana e realtina) vive tutto entro questa dimensione e queste possibilità: si pensi, nella prima categoria, alla Misericordia e a Cà Corner; nella seconda, al palazzo dei Grimani a S. Severo o alla fronte della chiesa di S. Zulian; nella terza, a calle Larga S. Marco, agli Incurabili o al convento di S. Salvador, non meno che a operazioni « tecnologiche » e ingegnerili come la Riva delle Zattere o le Fondamente Nuove.

Per molti versi è lo stesso procedimento che Palladio non solo accetta ma giunge ad esaltare, quello che Corboz interpreta quale « poetica del frammento » [34] in Andrea

Fig. 71. L'arco e la loggia eretti da Palladio al Lido in onore di Enrico III di Francia, 1574, in un'incisione di Francesco Bertelli. L'intervento di Palladio nel progettare gli apparati scenografici per il solenne ingresso in città di Enrico di Francia risulta assai più che un segno di effimero, posto al naturale ingresso alla città per via di mare; anche perché, in queste architetture di legno e stucco, Andrea porta alle obbligate conseguenze e a una esposizione emblematica sia la condizione di margine nella quale il suo lavoro trova spazio in città sia i condizionamenti stessi posti per ammettere in Venezia il radicalismo del suo metodo e della sua ideologia dell'urbano.

allorché lavora alla scala architettonica e che, passando alla dimensione dell'urbano, gli consente di « liberarsi dell'handicap della prospettiva come legge d'unificazione urbana ferrea, di deconnettere gli ingranaggi astratti della città ideale, di sostituirli con frammenti aventi valore di posizione reciproca nella città reale ».

I fatti edilizi maggiori son quindi tutti in quella porzione di edifizi « moderni, magnifichi et grandi, così nella compositura come negli ornamenti, ne partimenti et ne luoghi utili per habitare » che, uniti a quelli antichi e gotici (di « architettura Tedesca »), danno vita a un complesso straordinario di « poco meno di cento » palazzi « i quali noi chiamiamo case per modestia, non havendo nome di Palazzo, altro che quello del Doge » [35].

Ma su tale primo ordito d'edilizia patrizia privata deve aggiungersi la trama dell'edilizia residenziale « cittadinesca » e popolare la quale, non infrequentemente traducendo in strutture collettive soluzioni distributive e funzionali dell'architettura maggiore, dà vita a complessi di straordinaria qualità e originalità. Sia nel tipo « a corte » aperta, cioè su doppia fila parallela in affaccio su un'ampia calle (corte), sia nel blocco esternamente compatto aperto internamente su una corte di servizio, sia in lotti allungati con testate « architettonicamente » qualificate e lunghe teorie di aperture laterali su un rio o una calle, l'edilizia media e popolare cinquecentesca viene a sostituirsi a fatiscenti (presumibilmente in parte anche lignee) case e intere *insulae*, distribuendosi praticamente

Fig. 72 (*in alto, a sinistra*). Andrea Palladio, la chiesa del Redentore. Incisione di Luca Carlevarijs, 1703.

Fig. 73 (*in alto, a destra*). Andrea Palladio, la chiesa di S. Giorgio Maggiore dalla Punta della Dogana. Incisione di Luca Carlevarijs, 1703.

Fig. 74. Francesco Smeraldi, S. Pietro di Castello, sede patriarcale realizzata su un'idea di derivazione palladiana. Incisione di Luca Carlevarijs, 1703.

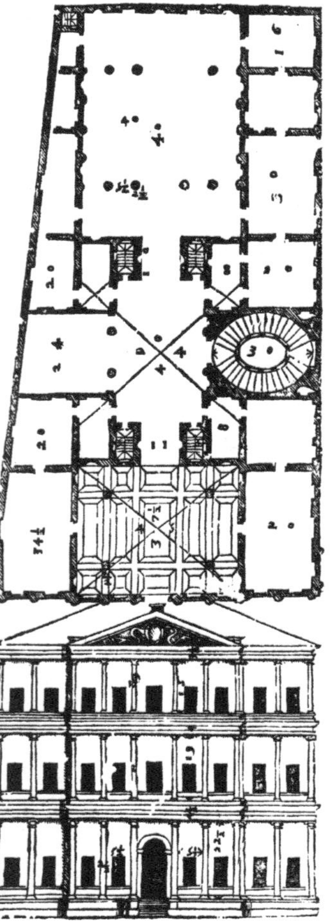

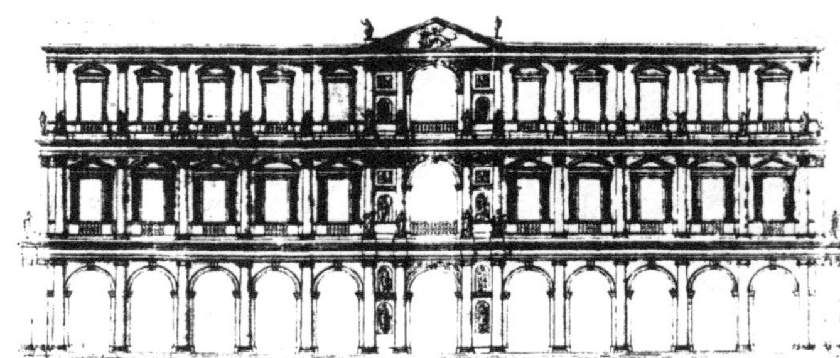

Fig. 75 (*a fianco*). Andrea Palladio, ipotesi d'un palazzo per Venezia. Da *I Quattro Libri dell'Architettura*, Venezia 1570.

Fig. 76 (*in alto*). Andrea Palladio e Francesco Zamberlan [?], possibile progetto per la fronte di palazzo Ducale dopo l'incendio del 20 dicembre 1577.

Fig. 77 (*in basso*). Antonio da Ponte, il ponte di Rialto da nord. Incisione di Luca Carlevarijs, 1703.

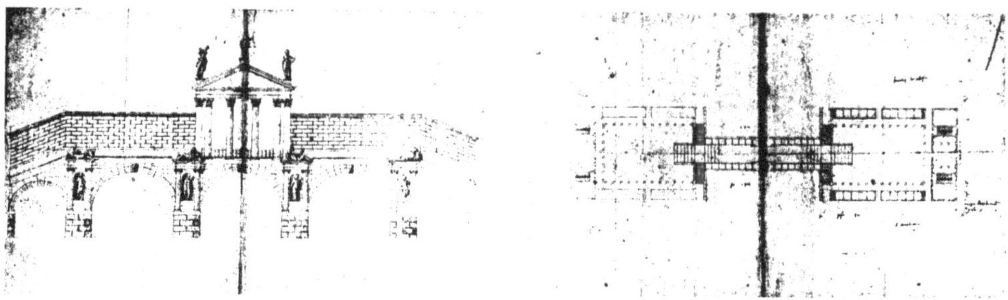

Figg. 78-79. Andrea Palladio, prima ipotesi per il ponte di Rialto: prospetto e pianta.

Fig. 80. Modi di Francesco Guardi, il ponte di Rialto secondo la successiva idea di Palladio: prospetto.

su tutto il territorio cittadino: talvolta in stretta connessione con i luoghi della produzione industriale e di estesi sistemi artigianali integrati (si pensi all'area tra l'Arsenale e le calli dei Furlani e dei Corazzieri nella zona di S. Antonin), tal altra occupando aree di intensa speculazione d'« affitto » (come a S. Basilio, ai Frari, a S. Maria Maggiore). Ma assai di frequente, questo tipo di urbanizzazione moderna e intensiva va ricondotta a iniziative dirette o connesse all'attività delle Scuole, cioè delle confraternite devozionali che per lasciti testamentali, donazioni e altro si trovano di fatto a gestire (per alcuni casi in maniera assai sciatta, per altri invece estremamente dinamica) un patrimonio abitativo di proporzioni imponenti [36]: il nucleo di Castelforte S. Rocco, presso la Scuola; già prima le case del legato Casazza ai Gesuiti ad opera della Scuola della Carità; quelle in calle Riello a S. Croce, e così via.

Edilizia popolare è anche quella del Ghetto, cioè del quartiere ebraico che, a partire dal primo Cinquecento, viene, seppur sotto rigido controllo, crescendo in un singolare intreccio di attività religiose ed economiche, assistenziali e culturali dentro una forma urbana che non conoscerà in Venezia altri e analoghi esempi, collocandosi per volontà politiche esterne assecondate dalle interne strutture sociali come una sorta di cittadella circondata dall'acqua (almeno fino all'aggiunta del Ghetto Vecchio) tanto pacifica e ben ordinata — a giudizio del Sansovino — che gli ebrei « riposandosi [a Venezia] in singolarissima pace, godono questa patria quasi come vera terra di promissione » [37].

La struttura di questa sorta di terra promessa si presenta nel suo primo nucleo — quello a ciò destinato dal Senato con terminazione del 1516 — come un'isola pentagonale con tutti i lati chiusi a mo' di fortezza (e, in realtà, l'ingresso e l'uscita dal recinto avvenivano solamente per due porte tenute sotto controllo e bloccate la sera) già nella pianta-veduta di Bolognino Zalterio: è, a ben vedere, la sola insula edilizia veneziana di ampie dimensioni convergente al proprio interno senza percorsi passanti che la taglino trasversalmente collegandola ad altri nuclei e complessi abitativi. Presto questo Ghetto si rivela insufficiente, e già dal 1541 gli vien aggregata la fascia edilizia che dal primitivo nucleo scende fino al Canale di Cannaregio (mentre una zona minore, il Ghetto Nuovissimo, sarà aggiunta nel 1633).

Il punto d'arrivo della cinquecentesca costruzione dell'immagine di Venezia — almeno nella fase montante di quest'itinerario — è sicuramente dato dalla presenza e dall'attività di Andrea Palladio. Tuttavia si tratta di un contributo segnato, e profondamente, da un'attitudine tutt'altro che favorevole ad Andrea in buona parte dell'opinione patrizia veneziana. Non che l'architetto padovano manchi di sostenitori (fra tutti valga il suo più strenuo e fedele partigiano, Marc'Antonio Barbaro); ma prevale di fatto una diffusa sensazione di « disagio » nei confronti delle sue ipotesi e proposte. Né può esser considerata un caso la sua esclusione da commissioni civili di pubblica rilevanza; tanto che sia i progetti rimasti sulla carta (tra tutti, certo, quelli per il ponte di Rialto) sia quelli di fatto realizzati debbono essere interpretati, nella loro qualità e intrinseca pregnanza come nel più complessivo disegno nel contesto urbano, alla luce d'uno sforzo di decodifica che lascia non infrequentemente ampie zone di pur suggestiva opinabilità.

È pur vero che rimangono — limpide ed esperibili — le realizzazioni e, soprattutto, la straordinaria teoria delle tre chiese sull'orizzonte del Bacino S. Marco; ma è altrettanto vero che i « testi » si son venuti configurando in capo a itinerari talora tortuosi e che ricevono logicamente illuminazioni da non meno variegati e forse contraddittori contesti. E vi è, non meno enigmatica forse, la « parlante » assenza di coevi inquadramenti vedutistici — di vedutismo prospettico e cartografico, s'intende — talché ne risulta moltiplicata da un lato la fatica di ricostruire almeno le corrispondenze iconografiche alle diverse fasi delle costruzioni e, dall'altro, di ancorare a solidi pioli figurativi l'interpretazione, coeva all'autore, della celebre cortina monumentale del Bacino.

Al di là di tutto questo e se pur per non organici e generali disegni, l'urbanistica palladiana appare nel Bacino S. Marco in tutta la sua innegabile singolarità e acutezza come nella sua non meno ignorabile condizione « ' marginale ' con cui la Serenissima è disposta ad accettare il progetto agitato da Palladio e dalla cerchia dei protettori » [38].

Entro un dibattito che si sviluppa tra i due poli problematici della conservazione e difesa dell'assetto lagunare e della *renovatio urbis*, Palladio, invitato ad operare sull'orizzonte scenografico del cuore portuale veneziano, chiama a raccolta tutti i dispersi e frammentari propri pensieri maturati su Venezia e per Venezia: dai successivi progetti per Rialto alle ipotesi dei palazzi, dagli interventi sulle chiese alla « casa degli antichi » del convento della Carità. Né tralascia vis polemica e desiderio di rivalsa accumulati nella sua anticamera veneziana, né, ancora, l'esperienza e i pensieri concepiti ripensando Fra Giocondo o nella lettura attenta di suggestioni mutuate da Alvise Cornaro. Così le realizzazioni d'Andrea — S. Giorgio e il Redentore in particolare — si comportano, « nei confronti del Bacino marciano, non diversamente da come il ponte di Rialto inciso nei *Quattro libri* si sarebbe comportato nei confronti del Canal Grande » [39]; cioè esiste un grande e conseguente modo d'intendere il senso di questa città in Palladio. Esso non solo non coincide con la concezione sansoviniana del rinnovamento urbano di Venezia ad esempio; ma ha nei confronti della stessa una tale radicalità di metodo che, lungi dal favorire le continue ed elastiche mediazioni attuate da Jacopo, tende invece a parlare nell'assolutezza degli oggetti d'architettura non meno che nello stringente alto dialogo che essi intessono tra loro in contiguità o a distanza, dando senso all'ambiente e legando entro una ragnatela di significati e rimandi le membra sparse d'un corpo altrimenti privo di ragioni e, forse, d'intelligibilità:

L'indefinito del Bacino — è Tafuri a fornire con lucidissima analisi le direttrici d'un percorso critico di non immediata decodifica — è dotato di *limiti*, diviene otticamente « misurabile », grazie alla *finitio* cantata dai luoghi palladiani, orgogliosamente chiusi nella loro « solitudine » *e per questo* adatti ad esser colti unitariamente, come punti emergenti di uno scenario dispiegato, di una « prospettiva circolare ». La loro eccezionalità fa leva sul carattere metafisico, onirico, assunto da frammenti classici rigorosamente articolati nel contesto lagunare: *spaesati* sono gli organismi di Palladio rispetto al continuum veneziano [40].

Se la cartografia di fine secolo riposa stancamente sui moduli iconografici impostati dal Pagan o addirittura sul grande archetipo debarbariano (e occorrerà attendere la classica fortunatissima pianta-veduta del Merian per rinvenire le novità palladiane) sono invece alcune incisioni e alcuni dipinti che giungono a cogliere la portata più figurativamente « eversiva », rispetto alla *forma urbis* veneziana e ai suoi meglio radicati caratteri, dell'interpretazione di Andrea. Si osservino le stampe e i quadri per la venuta del re di Francia, Enrico III, nel 1574, dove compare la scenografia effimera inventata dal Palladio: « Eppure, quell'allestimento non ha nulla dei compiacimenti propri dell'architettura effimera. *Seriamente*, Palladio erige le sue evocazioni del classico in un sito *lontano* dalla Venezia urbanizzata, ma che è — per l'occasione — inizio di un viaggio, di un percorso, destinato a portare l'ospite straniero al Molo » [41].

Capitolo nono

Il Seicento: città e architettura del Barocco

L'urto palladiano alla continuità e compattezza formale di Venezia ha l'effetto di un'operazione di spietata critica destrutturante *anche* nei confronti dell'appagato e appagante organismo sansoviniano, anche nei confronti del consolante mito veneziano destinato ad infrangersi, seppur non definitivamente, sugli scogli storici e politici del primo Seicento. Certo l'opera di Palladio avvia una riflessione sulla città la quale perviene assai presto a tradursi anche in prodotto cartografico, mentre si presenta come prima esigenza quella di distinguere nelle loro stratificazioni i sistemi che dan vita e sorreggono logicamente, non meno che funzionalmente, il corpo della città. Siamo in grado, sotto questo profilo, di valutare i due possibili esiti (o, quanto meno, i prodotti che paiono porsi antiteticamente agli antipodi) cui quest'esigenza conduce: da un lato il *Disegno della Pianta di Venezia* stampata una prima volta dal Badoer nel 1627 [1] e dall'altro la enorme pianta-veduta dipinta all'incirca nello stesso giro d'anni da un anonimo artista, ora al Museo Correr [2].

Badoer appare alla ricerca degli elementi primari della pianta di Venezia, del suo *Disegno*, come dichiara nel titolo stesso del lavoro: la sua è un'operazione delicata ma decisa di *sottrazione* d'immagine: tant'è che scompaiono case, siti storici e vedute prospettiche (salvo talune emergenze — per altro sommariamente e ingenuamente tratteggiate — che sopravvivono spaesate e fuori dimensione entro le vaste campiture) per lasciare sul terreno il profilo esterno della città e l'interna costruzione del sistema dei canali e delle isole spogliati di ogni episodio edilizio (anzi la ricca legenda nel riquadro di sinistra riporta appunto i « Nomi d'i rii più principali »). Sottratta alla disputa ideologica non meno che al dibattito urbanistico prevalentemente condotto sulla dimensione e la decifrazione delle strutture degli alzati; eliminata ogni volontà propositiva entro ipotesi di riforma lagunare o strettamente urbana; omologata ogni emergenza di grande architettura nella conduzione al livello quasi di geroglifico delle chiese e dei relativi campanili, rimane sul foglio bianco di Alessandro Badoer niente più che la fragile ragnatela di canali interni dal disegno sinuoso e « irrazionale » attorno alla serpentina del Canal Grande, ovvero i rii allungati e paralleli frutto dell'intervento di razionalizzazione della fascia settentrionale di Cannaregio. La « Eccelsa città di Venezia » appare una muta aggregazione di isole piccole e piccolissime, i secoli splendenti e progressivi densi di progetti e non meno ricchi di opere non hanno praticamente nulla mutato rispetto alla Venezia ancora originaria e primitiva della straordinaria mappa marciana di Fra Paolino. Si direbbe quasi che il fastidio per un dibattito secolare, la sfiducia negli strumenti agitati dalla polemica sulle acque e sui lidi, la consunta magniloquenza del mito veneziano tutto consolidato attorno alle « dimostrazioni » della retorica dell'urbano abbiano spinto Alessandro Badoer a ricercare ciò che *già c'era* e ciò che *rimane* della macchina veneziana, ad auspicare forse una rifondazione della città partendo dal disagio di una immagine negata.

Opposta a quella di Badoer la posizione dell'anonimo pittore della pianta secentesca che si trova al Museo Correr (e a lui si potrebbe avvicinare per somiglianza d'atteggiamento l'altro anonimo cartografo autore della pianta prospettica della città di poco anteriore al 1677) [3] dove il superamento della *crisi* a seguito delle operazioni palladiane vien tentato in un processo d'addensamento totalizzante d'architetture maggiori e d'edilizia comune, dove la *forma* della città appare assolutamente secondaria (e, in effetti, le deformazioni macroscopiche paiono addirittura assumere i toni di un'improbabile attitudine ironica) rispetto all'evidenza focale data alle nuove e moderne monumentalità realizzate, dove, per altro, ogni sconnessione prospettica vien ammessa (per tutte valga l'orientamento della fronte di S. Giorgio), per arrivare a dar vita ad una serie di quinte monumentali che sottolineano soprattutto l'andamento di talune direttrici urbane a segnare longitudinalmente un allineamento dominante nel corpo della città. Spiccano in questa singolare rassegna i capisaldi della moderna immagine di Venezia: oltre all'area marciana — finalmente conclusa con l'aggiunta ultima delle Prigioni al ponte della Paglia — palazzo Corner della Cà Granda, il Balbi « in volta de Canal » di Alessandro Vittoria, il Coccina-Tiepolo di Gian Giacomo de' Grigi, il retro (?) del Grimani a S. Luca, lo scorcio del Dolfin a Rialto, l'area realtina, la mole poderosa del Loredan-Vendramin-Calergi; e si potrebbe continuare fino ad opere dei primi decenni del secolo XVII. Pur senza voler forzare la mano in opinabili correlazioni, non si può non rilevare che — assente la preoccupazione esplicitata da Badoer di fissare la struttura fisica e « naturale » della città al di là delle trasformazioni delle immagini — la ricomposizione dei frammenti post-palladiani della realtà veneziana dà luogo a una *mostruosa* impossibilità di ancorare a certezze assodate e oggettivi riferimenti la disgregata compagine di una macchina non più perfetta e votata a registrare puntualmente le contraddittorie fortune dell'altalenante vicenda politica della Serenissima.

Prima tuttavia di entrare a pieno titolo nella competenza del secolo XVII, varrà forse ricordare che l'ultimo trentennio del XVI vede chiudersi nelle rispettive realizzazioni tutta una serie di operazioni che giungono quasi per esito naturale al loro epilogo, benché la temperie culturale sia notevolmente mutata rispetto ai momenti del loro avvio. L'area marciana vede il completamento della connessione Libreria-Zecca e l'avanzamento delle Nuove Procuratie scamozziane sui tre ordini lungo il lato sud della Piazza; vengono realizzate al ponte della Paglia le Nuove Prigioni (1581) ad opera del da Ponte; soprattutto significativa è la ricostruzione « com'era e dov'era » di palazzo Ducale dopo il disastroso incendio del 20 dicembre 1577, eludendo la proposta latamente palladiana (testimoniata presumibilmente nel celebre disegno Palladio-Zamberlan di Chatsworth); lo stesso ponte di Rialto vien realizzato nel 1589-1591 mentre aperti risultano i cantieri palladiani delle chiese.

Il dopo-Palladio: ingegneria e retorica

« L'introspezione critica degli otto, dieci lustri che tragittano dalla morte di Palladio all'avvento del Longhena » (anni scarsamente apprezzati e meno studiati) può tuttavia riservare qualche lume e richiamare gli itinerari della vicenda urbanistica e architettonica della Venezia secentesca. È stato di recente il Puppi[4] a riprendere puntualmente per mano, dopo le sue fondamentali fatiche palladiane, questi anni e queste problematiche. Episodi frettolosamente archiviati come espressione e campo d'azione d'una non meglio identificata « scuola palladiana » e nei quali, per converso, si scontrano e s'elidono una serie di *correnti* il cui ventaglio si apre da un palladianesimo condotto « all'impiego, meramente lessicale e tutt'al più articolato in schemi sintattici comunque impoveriti e rigidi, di un certo vocabolario, alla sua volta ridotto e semplificato » all'attività e al magistero di uno Scamozzi, alla scuola dei Proti quali il Sorella o Antonio Contin o dello stesso da Ponte il quale « incarna, assommando, esercitando e interpretando un raggio vasto di competenze e di specializzazioni, la figura peculiare dell'ingegnere-architetto veneziano ». Il da Ponte, dopo la morte di Sansovino, è addirittura il perno attorno al quale gravitano le opere di pubblica iniziativa dell'ultima parte del secolo:

> [...] lo troviam attivo e nel ruolo abbastanza scoperto di controllore o revisore del grande cantiere « aperto » di Palazzo Ducale — che, peraltro, apparteneva alle sue competenze istituzionali [...] e ad inaugurare quello, pur di sua spettanza, delle nuove Prigioni: ma v'è, a esaltarla, l'affermazione per il Ponte di Rialto [...] ad un « progetto » confidato alla sua gestione ed a una sua capacità organizzativa, riconoscibile, e riconosciuta, nell'uso della « consorteria » dei Contin da lui addestrata. Nei termini di una lettura completa degli esiti, par di concludere che l'emergere del personaggio, e l'attribuzione di compiti siffatti, sia inseparabile dal riconoscimento di un'attrezzatura tecnica capace di esprimersi ed articolarsi in forme, nel rapporto con il « dato » urbano, attraverso un linguaggio integrabile — e, dunque, finalizzabile ad un sapere superiore — con il continuum che aveva espulso ai suoi margini Palladio e neutralizzato Scamozzi, e che è veramente trasparenza d'una continuità dell'« idea di Venezia » e della redazione del mito da quella asserita in una congiuntura che la crisi dei conservatori e l'avvento dei « giovani » non pone in discussione[5].

Fig. 81 (*in alto, a sinistra*). Il palazzo Coccina-Tiepolo sul Canal Grande a S. Silvestro. Incisione di Luca Carlevarijs, 1703. Probabile opera di Gian Giacomo dei Grigi (Lorenzetti, Bassi), l'imponente edificio risulta ultimato attorno al 1560.

Fig. 82 (*in alto, a destra*). Palazzo Balbi « in volta de Canal ». Incisione di Luca Carlevarijs, 1703. Il celebre palazzo di Alessandro Vittoria (significativamente, ma erroneamente, attribuito al Palladio dall'incisore) ha costituito uno dei più chiari momenti di connessione — e quindi di passaggio — tra il momento pienamente rinascimentale nell'architettura civile veneziana, le sollecitazioni manieriste mature e gli annunci di istanze, suggestioni e addirittura moduli linguistici che saranno del Barocco.

Fig. 83 (*in basso, a sinistra*). Antonio da Ponte, le Prigioni Nuove alla Paglia. Incisione di Luca Carlevarijs, 1703. Realizzato dal successore del Sansovino, Antonio da Ponte (ed erroneamente attribuito al Tatti dall'incisore), l'edificio riprende i moduli del medio Cinquecento sansoviniano ma, soprattutto, suggella verso est la ristrutturazione dell'area marciana.

Fig. 84 (*in basso, a destra*). Palazzo Pisani a S. Stefano. Incisione di Luca Carlevarijs, 1703. Il vastissimo edificio attribuito a Bartolo Manopola si pone come fondale scenografico ad uno spazio aperto gestito e qualificato quasi come estensione urbana semiprivata del palazzo. La dilatazione dimensionale e l'articolazione laterale della fabbrica in corpi di diversa dimensione e connotazione ma, soprattutto, la ripetizione seriale degli elementi compositivi della fronte, oltre all'introduzione di fatti linguistici non precisamente canonici, annunciano chiaramente le nuove dimensioni e i nuovi orizzonti per i rapporti — tutti da ridefinire — tra architettura e città.

Un clima, quindi, profondamente mutato si registra nella ininterrotta costruzione dell'immagine della città: una « flessione dello slancio dell'iniziativa privata e religiosa che finisce per ripiegare salve eccezioni che non paiono tuttavia di gran risonanza, in opere di scala minore o in una sorta di ordinaria manutenzione dell'esistente cui il piccolo artigianato corporativo poteva supplire » [6] appare non offrire lo spazio a cose di grande rilevanza e impegno: ma non si può dimenticare un'opera architettonica cruciale come palazzo Balbi di Alessandro Vittoria sul Canal Grande a Cà Foscari, 1582-1590, dal quale ripartirà nel Seicento la tematica del palazzo veneziano. Risolti quindi — o ipostatizzati — i *grandi* problemi, « il semble ne rester aux urbanistes que peu de possibilité » e tuttavia una pur non approfondita osservazione rivela « l'ardeur des constructions entre 1600 et 1710 environ: l'espace urbain est, peu à peu, entièrement occupé et les divers quartiers prennent leur physionomie actuelle » [7]. Di più: possiamo dire che lungo tutti i decenni che si succedono dalla fine del Cinquecento — vale a dire dopo la conclusione dell'età delle grandi ristrutturazioni e riscritture sansoviniane del volto cittadino e dopo la meteora palladiana — fino al primo Ottocento, quindi per ben due secoli, l'urbanistica veneziana nel suo dipanarsi storico conosce un lungo percorso sostanzialmente continuo e lineare mentre appaiono decisamente prevalere sulle utopie come sui più realistici e ancora però innovatori progetti urbani la pregnanza e la capacità di parola del linguaggio dell'architettura. Considerazione, questa, che non è tuttavia automaticamente possibile e lecito estendere da un lato alla coscienza cartografica di una situazione urbana e dall'altro al so-

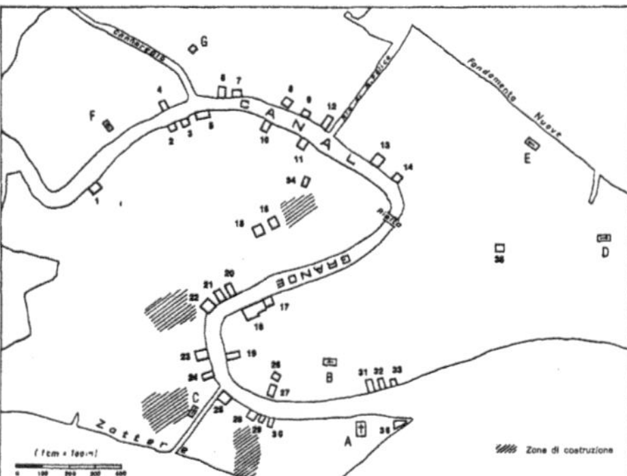

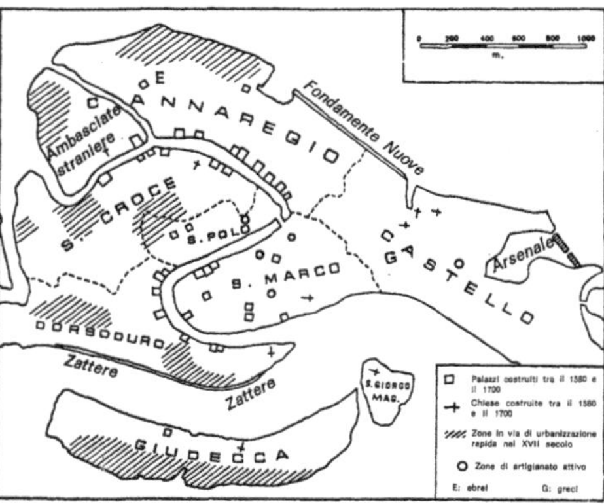

Fig. 85. Ubicazione degli edifici più importanti costruiti a Venezia nel corso del secolo XVII (1580-1710 ca.), secondo François Thiriet.

Edifici di architettura religiosa (contrassegnati da lettere dell'alfabeto): A, S. Maria della Salute; B, S. Maria Zobenigo; C, S. Trovaso; D, S. Lorenzo; E, S. Lazzaro dei Mendicanti; F, Gli Scalzi; G, Sinagoga.

Edifici di architettura civile (contrassegnati da numeri): 1. palazzo Diedo; 2. palazzo Gritti; 3. palazzo Donà-Balbi; 4. palazzo Flangini; 5. palazzo Marcello; 6. palazzo Correr-Contarini; 7. palazzo Gritti (di S. Marcuola); 8. palazzo Emo; 9. palazzo Zulian; 10. palazzo Belloni-Battagia; 11. palazzo Pesaro; 12. palazzo Boldù; 13. palazzo Michiel dalle colonne (Cà Matteotti); 14. palazzo Civran; 15. palazzo Corner-Mocenigo; 16. palazzo Albrizzi già Bonomo; 17. palazzo Corner-Gheltof; 18. palazzo Mocenigo; 19. palazzo Malipiero; 20. palazzo Dandolo-Paolucci; 21. palazzo Civran-Grimani; 22. palazzo Balbi; 23. palazzo Rezzonico; 24. palazzo Contarini-Michiel; 25. palazzo Contarini degli Scrigni; 26. palazzo Morosini; 27. palazzo Pisani; 28. palazzo Brandolin-d'Adda; 29. palazzo Balbi-Valier; 30. palazzo Loredan-Cini; 31. palazzo Flangini-Fini; 32. palazzo Tiepolo (albergo Europa); 33. palazzo Treves già Emo; 34. palazzo Muti-Baglioni; 35. palazzo Priuli (di S. Maria Formosa); 36. Dogana da Mare.

Fig. 86. Venezia durante il secolo XVII, in uno schema di François Thiriet (*op. cit.*, p. 207).

stanzialmente autonomo processo di aggiornamento del volto dichiarato o presunto della città. Volto che è plasmato da intenzioni e dichiarazioni d'intenti assai significative e di non piccola mole, e adattato progressivamente entro il sistema culturale della Serenissima con un proprio non secondario ruolo, a definire i contorni e i caratteri visibili del *miracolo veneziano*: costruzione, quindi, sommamente e dichiaratamente letteraria oltre che apertamente ideologica.

Se l'*ordine* scamozziano tendeva a chiudere il cantiere marciano (ma spetterà ad altri, tuttavia, sigillare il complesso delle Nuove Procuratie); e la straordinaria *cortina* palladiana era venuta a definire dimensioni e scelte formali del grande anfiteatro d'acqua del Bacino S. Marco, il Redentore appariva addirittura aver risolto i nuovi problemi dell'architettura religiosa manieristico-controriformista secondo la più raffinata e ambigua delle *misure* architettoniche venete, reinventando una singolare tipologia d'edificio sacro votivo, processionale e liturgico insieme.

La stessa divaricazione Sabbadino/Cornaro, di cui abbiamo parlato in precedenza, circa gli sviluppi futuri della città e del suo sistema ambientale, si risolveva a favore di una sostanziale non-scelta — se pur propendente verso l'ipotesi Sabbadino piuttosto che verso l'ipotesi Cornaro; tra il differimento sine die d'ogni problema e gli interventi di una sostanziale e quasi tautologica riaffermazione della *forma* veneziana sorretta da dichiarazioni di intangibilità rigida, si mostra per altro la quotidiana gestione di uno sperimentalismo tecnico disteso tra tentativi talora spericolati e tradizionalismo non illuminato.

Nonostante tutto questo, e nonostante le successive « chiusure » culturali e disciplinari presupposte dalla presenza e dall'attività di operatori urbani e di architetti più o meno a ragione definiti « di transizione », il Seicento veneziano si appresta, nell'esplosione soprattutto del suo massimo esponente, Baldassare Longhena, a rappresentare tutt'altro che un momento di ripiegamento e di rinuncia, costituendo invece, pur nella sua brevità, uno dei momenti qualificanti nella storia della città.

E sarà proprio l'architettura, in questo secolo, a segnare il momento più alto dell'intera stagione artistica e a mantenere, tra l'altro, la presenza veneziana a un livello europeo.

Dinamica urbana e immagine della città

La popolazione della città nel corso del secolo non conosce incremento: i 148 mila abitanti del 1586 sono diventati 138 mila nel 1696: la peste del 1630 fa sì che i veneziani scendano a circa 100 mila unità. La densità della popolazione tende quindi piuttosto a diminuire che a crescere: tendenza ulteriormente sottolineata dal discreto numero di nuove edificazioni e significative ristrutturazioni e dalla scomparsa, a favore di edificazioni, di parte dei numerosi spazi verdi: « Il faut — rileva Thiriet — donc réduire à peu de chose, en somme, le mouvement d'extension urbaine entre 1580 et 1700 ». Considerazione tanto più evidente allorché si operi un confronto tra periodi analoghi del Cinque, Sei e Settecento. Se, infatti, tra 1539 e 1550 registriamo 179 nuove edificazioni contro 8 restauri, tra 1621 e 1632 possiamo contare 157 nuove edificazioni e 27 restauri; tra 1764 e 1760 i rapporti in assoluto e relativi mutano sostanzialmente: a fronte di 95 nuovi edifici registriamo 398 restauri [8].

Son noti altresì i dati relativi alla diversa composizione sociale della popolazione veneziana nel trascorrere di alcuni decenni: tra il censimento del 1581 e quello del 1642 i nobili scendono dal 4,5 al 3,7%; i cittadini (professionisti, commercianti, burocrazia statale ecc.) salgono dal 5,3 al 7,7% e i popolani scendono anch'essi dal 90,2 all'88,6%: l'elemento di dinamicità ascendente è quindi dato dai *cittadini* — ossia dalla futura borghesia urbana — che non è secondaria protagonista delle trasformazioni edilizie e urbanistiche di Venezia.

Va segnalato tuttavia che la stessa pratica architettonica del XVII secolo viene a mutare in termini non marginali il rapporto tra oggetto edilizio e contesto urbano (e di ciò si fa interprete particolarmente attento e qualificato proprio Baldassare Longhena); né può negarsi che ciò avvenga in forza delle più generali linee di svolgimento dell'urbanistica d'età barocca, *anche* a Venezia.

Sarebbe illogico ricercare sulle lagune gli stessi princìpi e necessità che tra la fine del Cinquecento e l'inizio del Seicento han generato i piani della Parigi secentesca non meno che di Roma: la *continuità* veneziana rifugge dalla vastità e radicalità di quei disegni. Ciò nonostante i rimaneggiamenti determinati dalle operazioni affidate ai Contini e al Mazzoni, ai Sardi e al Longhena, al Gaspari e al Tirali non determinano sicuramente trasformazioni

Fig. 87. Anonimo, « Galleria del Cielo ». Incisione da *La Venezia edificata* di Giulio Strozzi, 1624.

Fig. 88 [16]. Giacomo Franco, « Venetia », frontespizio degli *Habiti d'Huomeni et Donne venetiane* [...], Venezia 1610.

meno sentite dell'immagine della città, né sono inserimenti di scarso rilievo nella sua sempre più compatta struttura edilizia. E neanche è possibile negare portata e qualità a scala urbana ad operazioni quali quelle Salute-convento Somasco-Dogana; area dei greci a Castello; area Mendicanti-Ospedaletto-SS. Giovanni e Paolo e così via. Più in generale, la massiccia serie di nuove edificazioni e le riforme edilizie sul Canal Grande e sulle fasce urbane che affiancano la via d'acqua sottolineano attenzioni e intenzioni che trascendono comunque la portata dell'oggetto per intessere dialoghi serrati e dar vita ad ammiccanti riprese e rimandi, i quali rimbalzano quasi a imbastire una ragnatela di marmo e di pietre che come un bozzolo luccicante avviluppa la città.

Né in questo gioco sono meno partecipi le architetture religiose rispetto a quelle civili o l'edilizia « minore » nei confronti di quella patrizia e monumentale; se ne veda la ricca puntuale rassegna dataci dalla Bassi [9]:

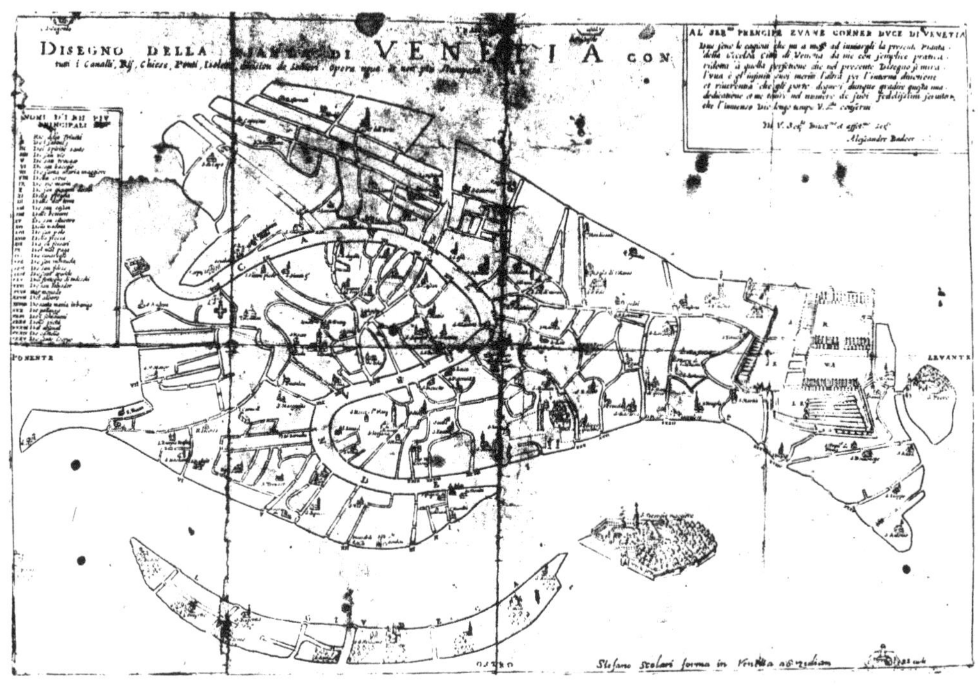

Fig. 89 [17]. Alessandro Badoer, « Disegno della pianta di Venetia » nella prima edizione del 1627.

dalle palazzine d'affitto per ceti medi sulle Zattere a S. Basilio, in fondamenta Rizzi a S. Maria Maggiore, a Cannaregio sul rio della Sensa, alle casette seriali per ceti popolari: alla Giudecca, a Castello, a S. Marta e a S. Nicolò, nel Ghetto e sparse in complessi di minori o maggiori dimensioni un po' su tutta l'area cittadina. Benché la gravitazione sulle sponde del Canal Grande delle grandi sedi nobiliari (di antica o recente, e quindi acquisita, nobiltà) e dei ceti professionali e commerciali attorno al centro realtino di qua e di là dal Canale venga ad annunciare una « ricerca del centro » che diverrà poi una costante nel corso del XIX secolo, la distribuzione senza precisi confini e zone stratificate (se non forse il Ghetto, per decisione politica; o la comunità ellenica, per scelta e attrattive spontanee) di edilizia maggiore e minore, di residenze patrizie e di case popolari e « borghesi » ancora una volta presuppone un coinvolgimento globale del sistema cittadino nelle vicende architettoniche ed edi-

Figg. 90-94 [18]. Anonimo, pianta-veduta di Venezia, 1630 ca. (*Qui sopra*) Veduta generale. (*Nella pagina a fronte, in alto*) Dettaglio di una parte dell'area nord della città, con il Canal Grande. (*Nella pagina a fronte, in basso*) Dettaglio con Piazza S. Marco e parte dell'area marciana. Molto chiare le Prigioni Nuove del da Ponte. (*Nella pagina successiva, in alto*) Dettaglio con il Canale della Giudecca e il Canal Grande, appena superata la Punta della Dogana. (*Nella pagina successiva, in basso*) Dettaglio con l'area realtina.

lizie del secolo. Le botteghe dei *tajapiera* (da una di esse, se pur toccata dai dibattiti culturali « alti », uscirà il Longhena) disseminano con la loro sterminata produzione gli stilemi e le cadenze apprese dai progetti dei grandi, esercitandosi nei cantieri delle enormi macchine architettoniche: siano quelli della Salute o del palazzo dei Pesaro, siano i mausolei Mocenighi o gli altari dei Tolentini, dei SS. Giovanni e Paolo o di S. Pietro di Castello. Incisori e intagliatori che s'affaccino per trasformare in vedute e panorami e piante l'immagine della città nel medio o nel tardo Seicento si trovano di fronte a un organismo che al rigore degli anni del primo e del secondo Rinascimento ha sostituito le notazioni « pittoresche » e variate di grandi macchine teatrali; le quali agiscono il palcoscenico di rappresentazioni sublimi o di emozionanti, raffinate, beffarde o sguaiate *pièces* urbane.

La pianta del celebre Matteo Merian — che si colloca attorno al 1635 — vuol fermare la situazione veneziana nella condizione « felice » di fine Cinquecento (e forse a questo deve la sua straordinaria fortuna, assieme all'espediente di presentarsi come una sorta di aggiornamento diligente del grande de' Barbari); ma il secentesco clima di festa e teatralità ininterrotta s'afferma nella varietà degli eventi acquei che si addensano nel Bacino S. Marco. Se quindi la puntualità dei riscontri lascia a desiderare (come ha sottolineato Schulz [10]), è piuttosto la compassata elegante esposizione delle regole che guidano la vita e il funzionamento di quest'organismo a fare

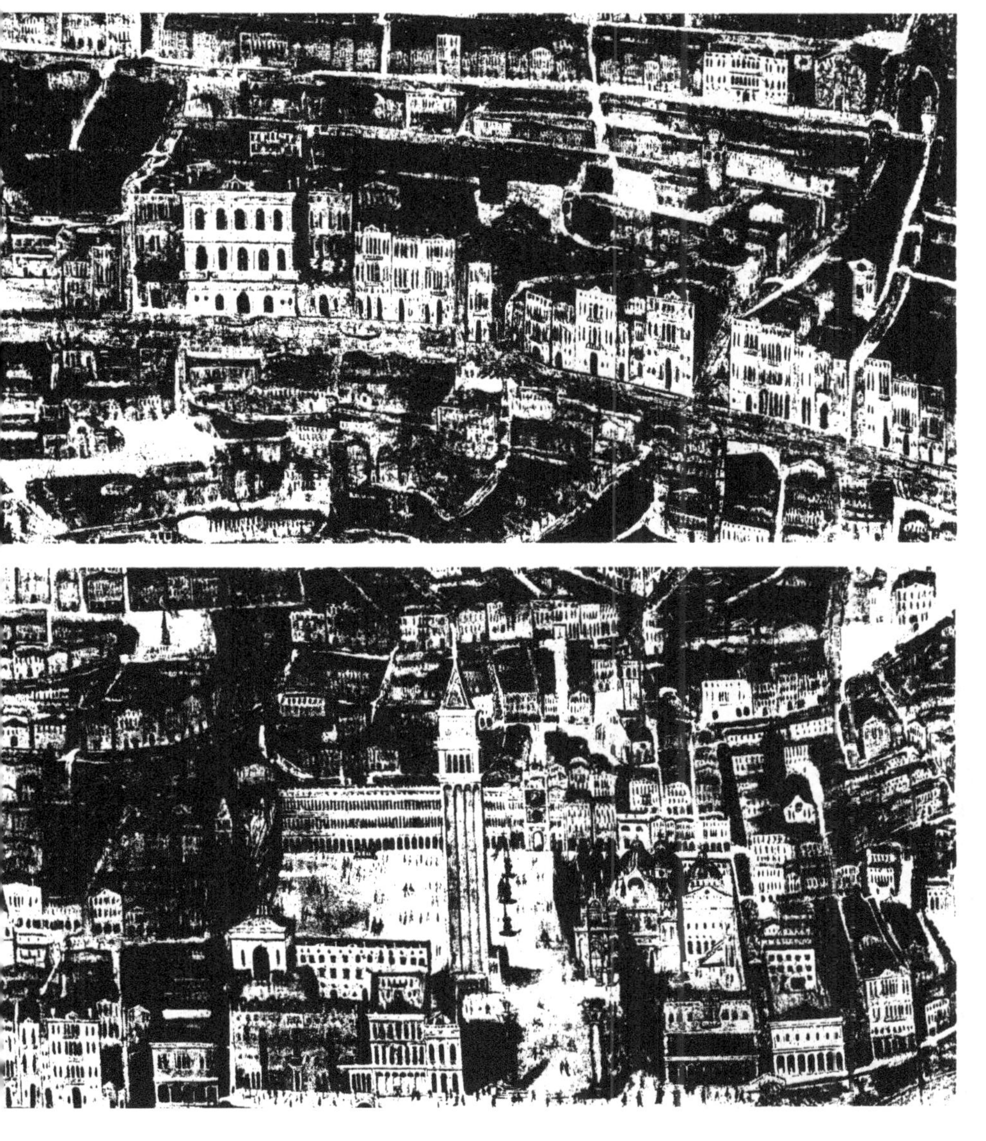

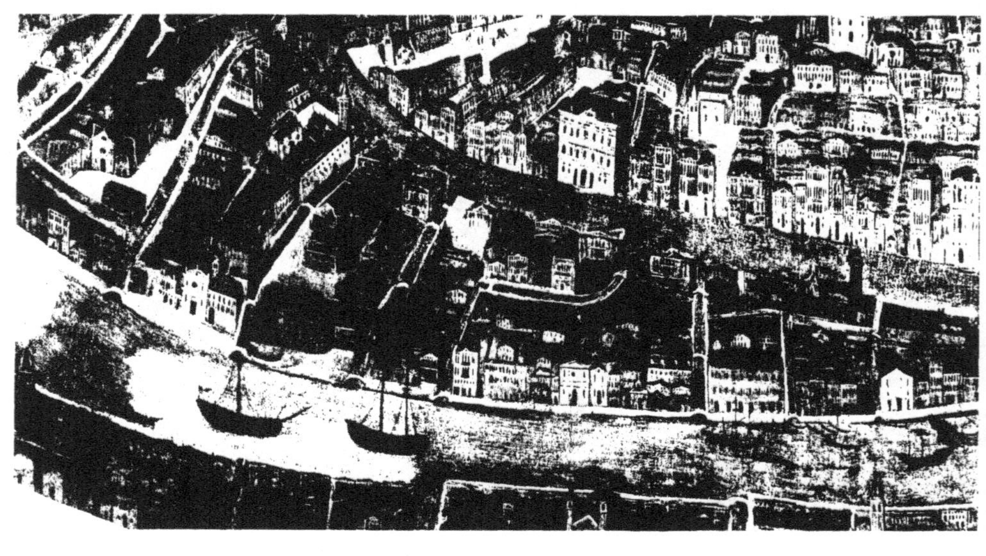

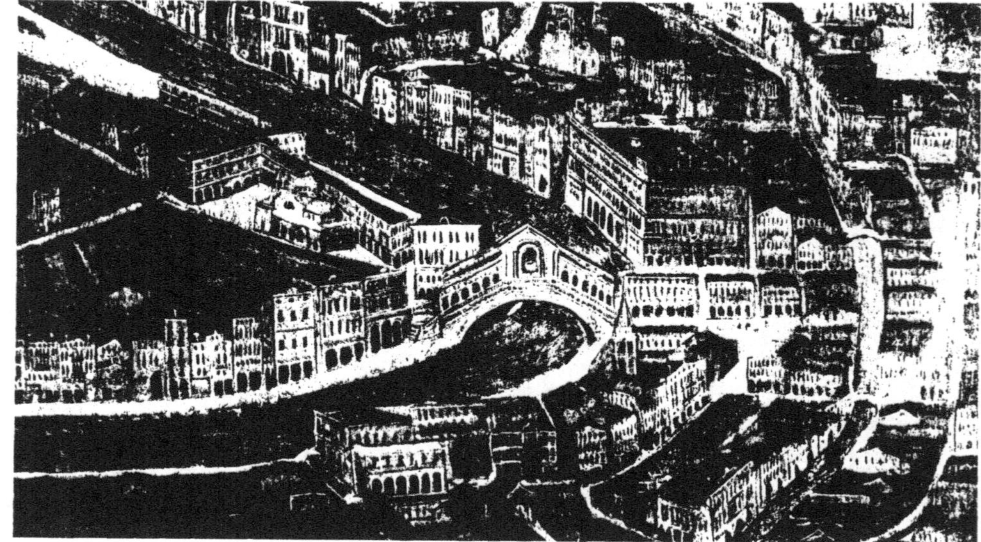

Fig. 95 [19]. Matteo Merian, « Venetia », 1635 ca.

della pianta-veduta del Merian un passaggio obbligato della cartografia veneziana. La perfezione tuttavia di essa macchina urbana (assai più originalmente e criticamente indagata ed esposta dal Badoer) nella letteratura e nella cartografia appare quasi uno scontato luogo trattatistico ed encomiastico e quindi, in piena consonanza coi tempi, retorico e metaforico: mai forse così efficacemente significato come nella anonima tavola inserita nelle edizioni (1621 e 1624) del « poema eroico » di Giulio Strozzi *La Venezia edificata*, condotto appunto sui miti di fondazione della città: nella *Galleria del Cielo* (così simile alle gallerie cartografiche di ogni reggia e principesca residenza: a cominciare da quella, celeberrima, vaticana) l'Arte — le cui vesti portano disegnate le effigi delle *Meraviglie del mondo* — e S. Marco escogitano e presentano a Dio Padre la forma e l'immagine di Venezia, forma e immagine, pertanto, a pieno titolo sante e perfette.

Cronologicamente precedente è la singolare pianta-veduta del frontespizio degli *Habiti* di Giacomo Franco [11]: la pianta della città è vista come attraverso una lente o uno specchio circolare: gusto anamorfico e piacere di rovesciare il punto di veduta tradizionale, uniti alla poderosa macchina scenica che inquadra il tondo sotto una cartella dove campeggia maestoso l'ancòra nuovo ponte di Rialto, conferiscono a quest'immagine caratteri che ben rappresentano e mettono in forma, riassumendone gli elementi più appariscenti, l'atteggiamento di allora.

Rispetto alla riscrittura assai generalizzata e alla ristrutturazione diffusa che quantificano vita ed evoluzione della città, vi sono taluni eventi che connotano con più incisiva e qualificante efficacia forma e struttura veneziane; si considerino, ad esempio, gli interventi di Bartolo Manopola, seguace e continuatore di da Ponte e dei Contini, a palazzo Ruzzini di S. Maria Formosa (primissimi anni del Seicento) o a palazzo Pisani a S. Stefano (secondo decennio del secolo): la dilatazione dimensionale, l'insistito disegno a bande di pietra istriana, l'allungamento dei fori finestra, la variegata presenza di elementi scultorei (siano transenne a traforo o protomi in chiave d'arco) danno il segno della distanza intercorrente, anche al semplice confronto linguistico, tra queste opere e il da poco superato momento scamozziano. Ma si considerino soprattutto la qualità e le modalità d'inserimento di queste architetture nell'urbano: l'articolazione quasi onirica dei corpi di fabbrica — nel palazzo Pisani a S. Stefano — attorno alle logge sovrapposte; qualità eminentemente scenografiche, volontà di creare non già grandi piazze, forse, ma sicuramente efficaci quinte teatrali tra gli spazi pubblici; addirittura, nel palazzo Ruzzini, un orientamento sfalsato rispetto all'asse principale del *campo* antistante. Tutto ciò denuncia l'intensità del dialogo con il contesto che queste macchine stabiliscono.

Si consideri, ancora, la sapienza scenografica di palazzo Moro-Lin di Sebastiano Mazzoni (1670 ca.): lo straordinario gioco per cui la curva del canale di faccia a Cà Foscari sembra scomporsi in due tronconi di palazzo suturati da una fascia centrale dove agli arconi giganti delle aperture dei piani nobili corrisponde l'arco minuscolo della porta a pelo d'acqua.

Ma assai più vasta e incisiva fu l'opera del Sardi: dalla creazione del singolare suggestivo campo di S. Salvador con la progettazione e realizzazione delle fronti della chiesa e della Scuola di S. Teodoro, dalla qualificazione della scena urbana del rio dei Mendicanti con la estesa fronte dell'ospedale e della chiesa di S. Lazzaro verso il confluire del canale in laguna sino alle Fondamente Nuove; dal capolavoro di S. Maria del Giglio (o Zobenigo) sulla piccola area del campiello alla fronte degli Scalzi sul vastissimo tratto di Canal Grande. Timpani curvilinei, colonne binate, angioli e santi a cielo libero si proiettano nella scena della città suggerendo letture nuove e proponendo nuove forme e nuovi immaginari, mostrando altresì la perfetta ricettività d'uno spazio frammentato e frequentissimamente scorciato, come è quello veneziano nei confronti dell'architettura barocca.

Fig. 96. La chiesa degli Scalzi (S. Maria di Nazareth). Incisione di Luca Carlevarijs, 1703. Il corpo della chiesa fu progettato ed eseguito dal Longhena; del Sardi è solamente la facciata, realizzata tra 1672 e 1680.

Baldassare Longhena

È però Baldassare Longhena a portare alle conseguenze più avanzate il fertilissimo rapporto tra il Barocco e Venezia, e soprattutto a esperire le possibilità di incidenza sull'urbano del progettare secentesco. La principale e geniale idea longheniana per la città è legata all'esecuzione della basilica della Salute a seguito della pestilenza del 1630. L'iter dell'operazione è per molti versi analogo a quello percorso per il Redentore palladiano: individuazione e scelta di un sito a seguito dell'escussione d'una serie d'ipotesi tutte scartate a favore dell'area del convento della Trinità presso la Punta della Dogana marittima. È a dire, sulla lingua del sestiere di Dorsoduro, che s'allunga a triangolo suddividendo il Bacino marciano in Canale della Giudecca e Canal Grande. L'edificio — che Longhena progetta per un'area leggermente

Fig. 97. Baldassare Longhena, palazzo Lezze alla Misericordia. Incisione di Luca Carlevarijs, 1703. La versatilità progettuale del Longhena e la sua sempre attenta volontà di contestualizzazione appaiono, ancor più che nelle grandi moli del Canal Grande, in opere come il Lezze, dove la scrittura monumentale si adegua ad assecondare l'andamento del paesaggio urbano e, anzi, a sottolinearne le particolarità topografiche.

Fig. 98. La chiesa della Salute, il convento Somasco, i magazzini della Dogana e la Punta della Dogana da Mare. Joseph Heintz il Giovane, olio su tela. Il vasto complesso longheniano — concluso dalla « punta » del Benoni — appare in tutta la sua estensione e, soprattutto, nella affermata valenza urbana di frammento di città completamente progettato e conseguentemente realizzato.

Fig. 99. Baldassare Longhena, la chiesa della Salute. Incisione di Luca Carlevarijs, 1703.

arretrata (a ridosso del convento e chiesa di S. Gregorio) rispetto alla punta estrema del complesso doganale, formato di magazzini, uffici e depositi — si imponeva immediatamente come grande perno di riferimento visivo a tutto l'ampio cuore del porto veneziano. La clamorosa qualità dell'oggetto architettonico racchiudeva in sé — nel perentorio presentarsi « in forma di rottonda », *macchina* « ottangolare » « d'inventione nuova, et non mai fabricata niuna a Venetia » [12] — tutti gli elementi per affermarsi su una scala in grado di trascendere abbondantemente la dimensione edilizia non solo proponendosi quale nuovo parametro di tutto il Bacino S. Marco, ma chiamando su di sé a raccolta una larga schiera di sovrasensi e riferimenti allegorico-teologici e ideologici che da essa s'irradiavano: una scala capace di modificare abbondantemente gli equilibri proporzionali, iconografici, urbanistici di quella più vasta area marciana, di fatto solo da pochi anni ristrutturata in radice.

Il monopolio dialettico S. Marco-Molo da un lato, S. Giorgio-Giudecca dall'altro (e dietro questi nomi e alle relative funzioni e soluzioni urbane ben possiamo scorgere la contrapposizione Sansovino-Palladio) veniva di fatto spezzato dalla creazione del terzo grande *polo*, la Salute. Né alternativo né elusivo rispetto ai problemi e all'immagine del centro cittadino, esso poteva addirittura concorrere ad esser il vero suggello, il completamento *definitivo* di un sistema rimasto aperto, assumendo su di sé, così come raccoglieva i raggi visivi della scena, la funzione di grande punto d'incontro, ma, anche, di superiore sintesi formale e ideale di una dicotomia altrimenti lacerante. E tuttavia non è precisamente questa — o meglio non è solo o principalmente questa — l'intenzione di Baldassare. Egli da un lato dichiara l'irrinunciabile contestualizzazione del suo capolavoro in quel sito, e non altrove [13]; dall'altro risponde di preferenza in termini indiretti alle provocazioni dei monumenti preesistenti, affidando comunque al *dominio* dell'architettura la chiave per condurre a leggibilità non equivoca insieme i volumi edilizi, la spazialità dell'ambiente e le relazioni che li legano e li condizionano reciprocamente, proprio a partire dall'*immagine* urbana che ne deriva.

La concezione della città che è propria di Baldassare Longhena è legata appunto al suo modo d'intervenire per frammenti successivi alla ridefinizione di estese aree urbane: i suoi lavori risultano sempre concepiti nel segno di una sottintesa o dichiarata proiezione dinamica e progressiva estensione spaziale dei progetti. È il caso della Salute, che comporta il rimaneggiamento dell'intera isoletta sulla triangolare estremità del sestiere di Dorsoduro; ma è anche quello del quartiere della comunità ellenica, attorno alla chiesa di S. Giorgio di recente ricostruita su modello di Sante Lombardo. Non meno penetrante è l'intervento al *nodo* Ospedaletto-Mendicanti-SS. Giovanni e Paolo (né è possibile ignorare la sua attività per la comunità ebraica). Analogamente, è opportuno osservare il coincidere delle volontà dell'architetto e della committenza nella costituzione quasi per aggregazioni successive della forma e della dimensione dei *lotti* su cui sorgono le vastissime macchine di Cà Bon-Rezzonico e Cà Pesaro non meno che di Cà Lezze alla Misericordia.

Le modalità secondo le quali Longhena *si appropria di frammenti di città* che reinventa e ridisegna, nulla più hanno della utopicità dei progetti cinquecenteschi; e lo stesso può dirsi del metodo di lavoro dei suoi coetanei colleghi architetti. Soprattutto non appare loro utile ed « economico » (si vedano le opinioni di Longhena e le ragioni esposte dai *Deputati sopra la fabrica* nel rifiutare di destinare alla Salute l'area vera e propria della Dogana e dei suoi magazzini: ragioni squisitamente di convenienza economica) ipotizzare piani di riforma dell'organismo urbano nel suo insieme o in sezioni rilevanti; la indubbia tensione riformatrice, o, comunque, di rinnovamento, viene trasferita in prevalenza alle parti sopra terra, alle quinte teatrali si sarebbe tentati di dire: cioè alla progettazione del contorno e degli indefiniti e indefinibili margini di un profilo d'architetture e di complessi plastici frastagliato e discontinuo.

Fig. 100 (*nella pagina a fronte*). Baldassare Longhena, palazzo Bon (poi Rezzonico) sul Canal Grande. La realizzazione del monumentale edificio interviene anche a ridisegnare l'assetto di un lotto assai profondo lungo il Canale di S. Barnaba. Il sovradimensionamento di questo, e di altri consimili progetti, ha come conseguenza una vicenda edilizia assai frammentata e di lunghissimo e accidentato percorso.

Fig. 101. Baldassare Longhena, palazzo Pesaro sul Canal Grande.

Fig. 102. Palazzo Pesaro: il bugnato a diamante e le teste di mostri del basamento. In prospettiva si può vedere Cà Corner della Regina di Domenico Rossi, che riprende, a più di cinquant'anni di distanza e nel clima del nuovo classicismo del primissimo Settecento, proprio i temi di Cà Pesaro.

Fig. 103. Alessandro Tremignon, chiesa di S. Moisè. Incisione di Luca Carlevarijs, 1703. Considerata il prodotto più « mostruosamente » deforme di tutta l'architettura seicentesca veneziana, il S. Moisè appare proporsi intenzionalmente tematiche di pittoresco e di « variato » entro un definito ambiente urbano, tra l'altro di notevole qualificazione data la prossimità all'area marciana.

Piante, vedute e « panorami » secenteschi

Anche la cartografia del XVII secolo raccoglie e asseconda le linee di questa insolita urbanistica veneziana, condotta all'insegna della saturazione e nel nome di prevalenti interessi del profilo in alzato e, quindi, una volta di più, dell'immagine. Si vedano in proposito i lavori di cui s'è già fatta menzione; e ad essi si aggiungano piante e vedute quali la pianta-veduta di anonimo edita dallo Scolari prima del 1677, ovvero quella — derivata dal Merian — del Milhauser grosso modo della stessa data; quelle del Merlo e del Coronelli, rispettivamente del 1670 ca. e 1693. In esse il sogno o l'incubo di una compattezza senza soluzione di continuità, di una città tutta costruita, che ha espulso le tracce pur frammentarie e « culte » che ancora la legavano a un qualche stato di natura, suggerisce di enfatizzare la sostanza lapidea di un tale groviglio; di dichiarare l'avvenuta totale simbiosi di tutti i frammenti in pacchetti edilizi simili tra loro e ripetitivi; che si giochi, infine, sulla lastra dell'incisore una fiera battaglia tra « l'oscurità degl'inchiostri » e la « chiara immagine di sì gloriosa Regina » secondo le parole del Merlo [14]. Si prendano proprio i lavori del Merlo oppure la *Venetia* anonima antecedente il 1677: l'ordinata città di Sansovino jr., che risultava quasi un insieme di « molte città congiunte in una sola », appare ora quasi un indistinto affollarsi di oggetti edilizi contrastanti e impossibili, il faticoso coesistere di un mondo quasi mostruoso di frammenti urbani i quali assistono a spettrali rassegne di vascelli sulle acque increspate del Bacino marciano. Vinto il richiamo di Badoer, dello stesso Coronelli, di Van Loon di scoprire le regole, di rappresentare la struttura, di dar ragione fondata alla forma di questo corpo affaticato sottoposto a singolari sollecitazioni, rimane sul terreno la spossata anticipazione di assemblaggi che prefigurano quasi la onirica, lucida e « folle » criticità di un *Campo Marzio* piranesiano.

L'impenetrabile selva di pietra quale risulta Venezia in queste prove cartografiche sconsiglia allora di praticare proficuamente il tema della pianta-veduta, se non in stanche riproduzioni di rami oramai consunti e muti. Topografia e vedutismo sembrano sul punto di ratificare un inevitabile divorzio — e, in realtà, solo le tecniche cartografiche del primo Settecento riporteranno forze fresche e linguaggi creativi alle pratiche dei bulini e dei torchi. Lo sdoppiamento totale dei punti di veduta cartografico (preferibilmente zenitale) e « vedutistico » (praticamente sul piano di campagna) può esser considerato del tutto avvenuto; ma non mancheranno sussulti e salti all'indietro, entro il primo trentennio del Settecento. La camera ottica dei vedutisti, le tavolette pretoriane e i teodoliti di periti misuratori e cartografi si sono immessi su strade oramai culturalmente e disciplinarmente divergenti. Nel Seicento viene piuttosto, dal nord Europa, l'indicazione per dar vita a immagini della città più suggestivamente prossime alla cultura urbana del momento e quindi in grado di conseguentemente informare e documentare su un modo di vedere una particolare città non meno che sull'immaginario urbano in cui si accomunavano i tratti diffusi e distintivi del fenomeno. Si tratta dei *panorami*, cioè delle lunghe strisce del profilo cittadino ripreso grosso modo a livello del suolo, dove, su una cortina edilizia prevalentemente rappresentata in termini assai convenzionali, spiccano le guglie dei campanili e qualche svettante mole edilizia di particolare emergenza: è il caso del lavoro pubblicato dal Van Der Heyden (1620 ca.), di quello del monogrammista T. K. pubblicato da Scacchi (1620), del panorama di anonimo della stessa data, di quello di Schnitzer, più tardo, di quello pubblicato dallo Scolari attorno al 1680 e di vari altri: tutti più

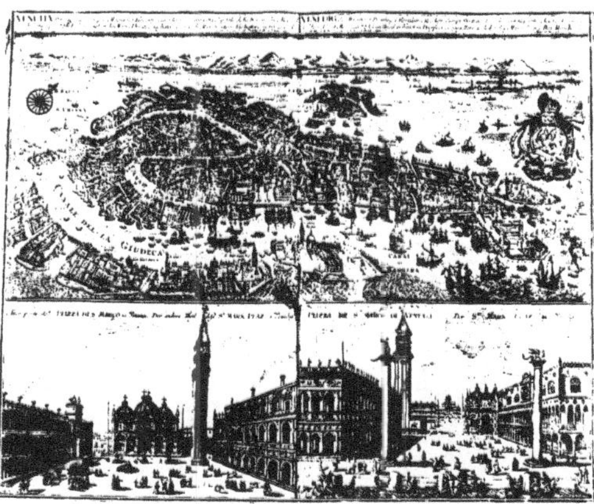

Fig. 104 [20] (*a sinistra*). Anonimo, « Venetia », 1677 ca. La semplificazione dei blocchi edilizi è in parte dovuta al punto di vista molto elevato: il risultato è tuttavia di non trascurabile efficacia e suggestione.

Fig. 105 [21] (*qui sopra*). Matteo Seutter, « Venetia Potentissima e la più Magnifica [...] », 1720 ca.

Fig. 106 [22] (*in basso*). Joachim Ottens, « Venetia », 1720 ca. Derivata, come la precedente, dal Merian; si tratta di prodotti attardati e oramai convenzionalmente dediti a riproporre immagini affermate della città. Scarsi o nulli gli aggiornamenti: mancano addirittura la Salute e la Punta della Dogana.

o meno debitori della veduta della città eseguita e pubblicata dal Blaeu nel 1614 ad Amsterdam: cioè di un monumento cartografico di portata internazionale.

Più singolare, e di inusitate dimensioni, il panorama di Portio e Dalla Via pubblicato nel 1686: la veduta diventa una sorta di percorso-sfilata che rompe la compattezza della fronte sul Bacino per incunearsi nel Canal Grande e giungere sino a Cà Foscari.

La novità non è di trascurabile momento. Questo panorama ci appare il crocevia di esigenze e scritture di differente matrice e significato; da un lato, il punto di partenza è sicuramente il genere dei panorami derivati dal Blaeu; da altro lato emerge un'intenzione documentaria che conduce ad esplicitazione cosciente il senso e la portata della lunga teoria d'edilizia monumentale nella quale si è trasformato negli ultimi due secoli il Canal Grande. Vi è poi la volontà di rappresentare in una sorta di traduzione in immagini che si susseguono oltre misura nello *spazio* il trascorrere del *tempo* necessario a percepire nei cortei acquei la parata architettonica del Canal Grande, cioè di mostrare in essere — se pur per emblemi iconografici — la natura insieme reale e scenografica della città così come essa vien esperita « dal di dentro ». Infine, a circa quindici anni dalla pubblicazione di questo *panorama*, usciranno le incisioni di Carlevarijs con i palazzi e gli edifici più notabili della città; la *frammentazione* dell'immagine urbana (qui da Portio e Dalla Via presentita) nelle singolari e isolate individualità delle architetture monumentali viene a indicare che lo stesso senso e percezione unitari del sistema veneziano non trovano più riscontro nella capacità di una sua evocazione e rappresentazione in com-

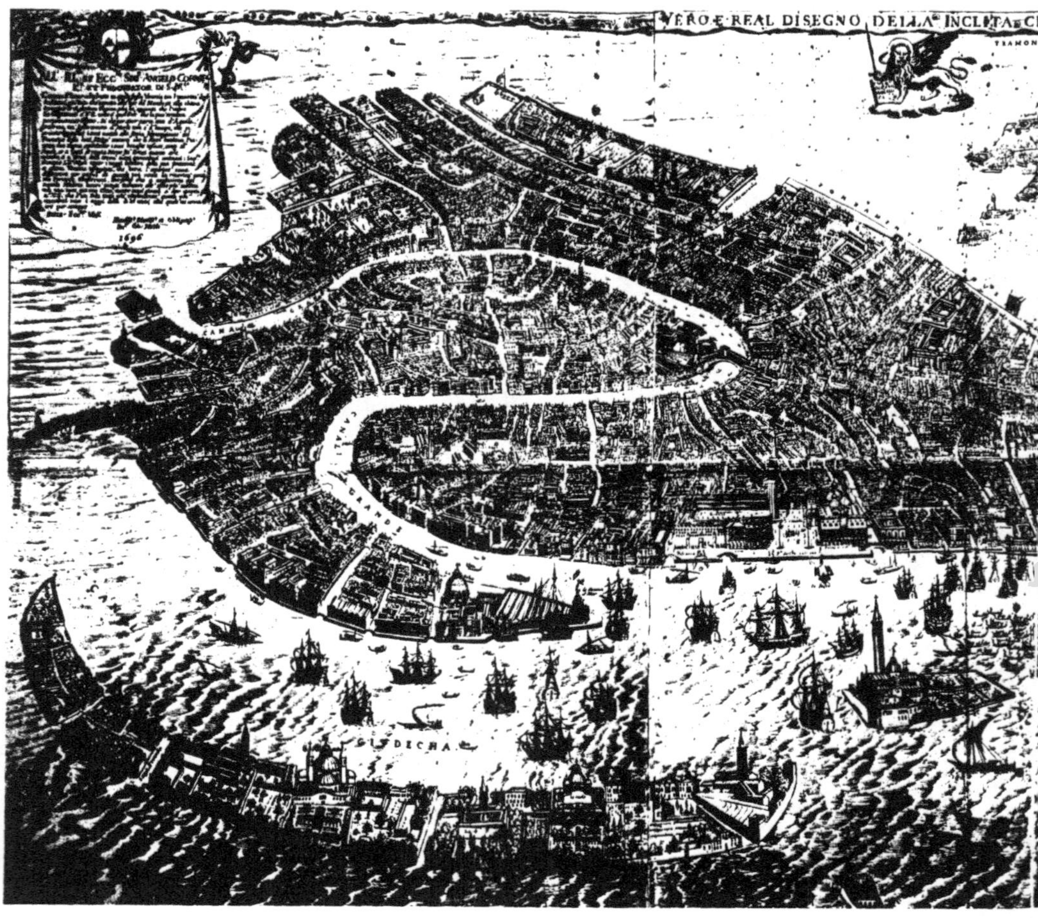
VERO E REAL DISEGNO DELLA INCLITA
1696
CANAL GRANDE
GIUDECHA

Fig. 107 [23]. Giovanni Merlo, « Vero e Real Disegno della Inclita Cità di Venetia », 1696. Uno dei prodotti ultimi e più interessanti del vedutismo prospettico, assai aggiornata e ricca di dati e informazioni, la pianta-veduta del Merlo ben testimonia dell'addensamento edilizio conseguito a fine Seicento quando il solo margine settentrionale della città appare ancora passibile di nuove edificazioni.

Fig. 108 [24]. Anonimo, « Città di Venetia consacrata al validissimo patrocinio della Sacratissima Vergine [...] », 1710-20 ca. Pubblicata da Giovanni Antonelli e riconducibile a matrici medio-seicentesche, presenta tuttavia un interessante tentativo di integrazione tra il « panorama » di tipo nordico e la tradizionale pianta-veduta: aggiornata e godibile, benché popolaresca e ingenua (si veda l'enfatizzazione della verticalità dei campanili tutti diligentemente descritti).

Fig. 109 [25]. Anonimo, « Pianta Iconografica di Venetia », 1696. Edita da Vincenzo Coronelli e accompagnata da otto pagine con 692 toponimi è, nonostante le piccole dimensioni, una delle più utili documentazioni sulla struttura della città. Abbandonato completamente il metodo prospettico, la pianta porta a compimento la proposta del Badoer di settant'anni innanzi e fornisce il primo vero studio topografico che anticipa la grande pianta dell'Ughi.

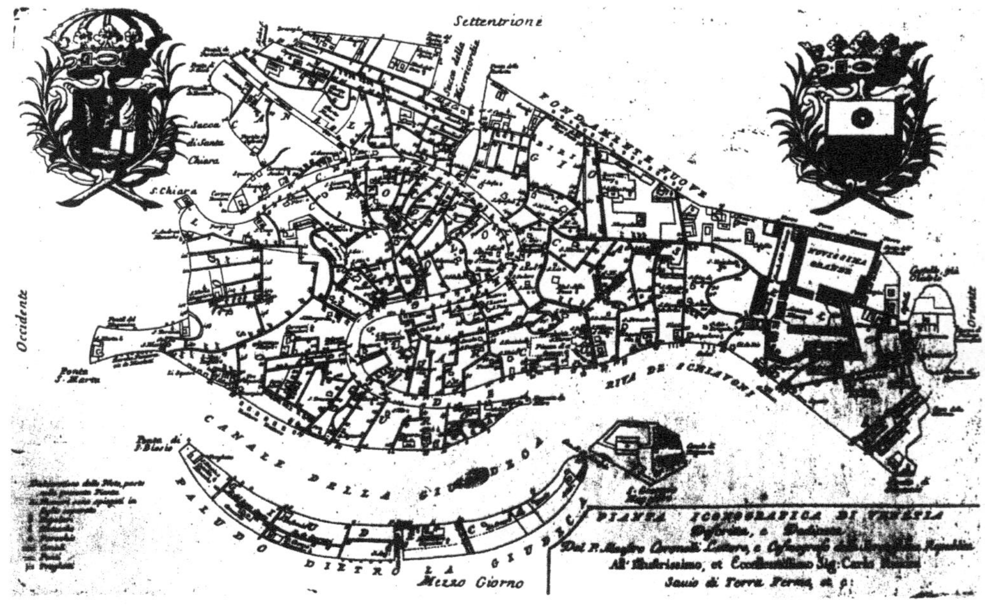

plessive e globali « vedute ». E appare quasi superfluo sottolineare cosa significhi, rispetto alla disseminazione di forme non meno che come mercificazione di un'immagine, la scomposizione di una totalità complessa e articolata in pur eloquenti e qualificati frammenti.

Il secondo Seicento

A fronte degli episodi che investono la quinta monumentale e duplice costituita dalle due « palazzate » sulle rive del Canal Grande — attività che attraversa come una costante questo secolo non meno che il successivo — esiste la diffusa e compatta attività edilizia legata al più intensivo utilizzo degli spazi interni che, nel Seicento, si fa più pressante ed efficace rispetto ad aree che ancora presentavano possibilità ricettive in tal senso. Il fenomeno tocca, talora in termini tutt'altro che marginali, i quartieri della città posti a occidente del Canal Grande oltre alle aree ancora scarsamente e discontinuamente urbanizzate di Cannaregio nord. Cioè può ben dirsi che Castello, S. Marco e Cannaregio fino all'altezza della Sacca della Misericordia già avevano conosciuto una sostanziale saturazione — anche d'edilizia residenziale media e popolare — nel corso del Cinquecento. Non è facile dire se abbia senso parlare a tal proposito d'una direttrice di attività e d'insediamenti che inizia a risentire di un prevalente orientamento verso terraferma degli interessi cittadini, non tanto secondo le linee del ben più vasto discorso circa l'ormai secolare politica di terraferma e fondiaria contrapposta a una marittima e commerciale, bensì piuttosto in una sorta di attrazione esercitata dalle infrastrutture e dai terminali dei collegamenti — i *traghetti* — con i mercati di Mestre (che proprio da Cannaregio partivano alla volta di tutto il ventaglio di vie di comunicazione dentro il territorio veneziano toccando altresì le zone residenziali, le celebri e celebratissime *ville*). È pur vero — ed è facilmente verificabile — che anche le più monumentali realizzazioni dell'architettura secentesca s'arrestano, verso est, al complesso Ospedaletto-Mendicanti (con « coda » a S. Giustina) e all'area dei Greci; mentre non si contano nella grande ansa ovest del Canal Grande e toccano, con gli Scalzi, la parte più occidentale di Cannaregio. Tendenza che non solo non si arresta ma s'incrementa nel secolo successivo.

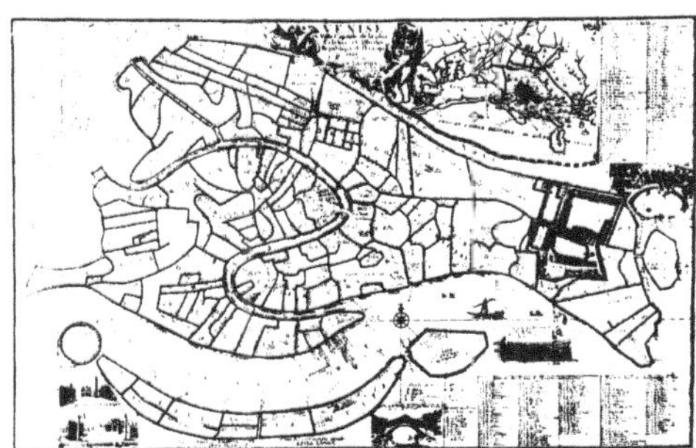

Fig. 110 [26]. H. Van Loon, « Venise Ville Capitale [...] », 1700 ca. Sulla scia della pianta edita dal Coronelli, aggiunge le vedutine, a rimarcare l'intento turistico del lavoro.

L'edilizia abitativa secentesca prosegue fino al cadere del secolo e oltre su quella linea di intensivo e razionale utilizzo di aree e volumi che s'era manifestato con caratteri propri fin dalle ampie realizzazioni del tardo Cinquecento. La quantità delle case costruite o ristrutturate impedisce di seguire le vicende di singoli blocchi edilizi. In realtà ancora intenzioni di decoro e di disegno mirano a conferire agli immobili caratteri e qualità formali che impongono le antiche partizioni e gli acquisiti moduli compositivi. Il linguaggio secentesco però, nell'edilizia « civile » e popolare come in tutte le realizzazioni connesse alla razionale soluzione di problemi pratici, di funzionalità e di servizi (non ultimi ospizi e ospedaletti del vitale articolatissimo sistema assistenziale connesso alle Scuole e alle confraternite) [15], si impegna in un'indagine tipologica e in una disincantata ricerca di essenzialità e comodità, decoro ed economicità che appare esemplare contributo a quel funzionalismo architettonico e urbanistico che proprio in Venezia e proprio nel primo Settecento ha anticipatori e profeti, avvisaglie curiose e proposizioni teoriche e che si riconnette — se pur per strade tortuose ed impervie — a quella ricerca sulla *qualità della vita* che è tra i vanti dell'età dei lumi secondo la lettura e l'ottica della cultura lagunare.

Figure d'architetti come quelle di Domenico Rossi e Antonio Gaspari rappresentano emblematicamente il passaggio tra Sei e Settecento non unicamente in rapporto ai temi del linguaggio architettonico. Mentre infatti il loro ambito progettuale si estende dal grande palazzo patrizio (siano il Sandi o il Corner della Regina per il Rossi, siano lo Zenobio o il Michiel per il Gaspari), all'edificio d'architettura civile, dalla chiesa (S. Stae, i Gesuiti, il duomo di Este, S. Vidal) alla ristrutturazione di preesistenze, ai « pareri » di statica e d'ingegneria (su S. Giorgio o S. Marco), ai completamenti di edilizie lasciate da altri interrotte, il loro *senso* della città appare talora condividere il metodo longheniano del frammento « parlante » o quello scenografico di Sardi o di Tremignon, talaltra riaprire sommessamente un dialogo con l'urbano, rapportarsi ai temi di un organismo più vasto e composito, e assecondarne le istanze. Si veda il trattamento che Gaspari riserva al portale e alla piccola fiancata di palazzo Morosini a S. Stefano; soprattutto la qualità antiretorica della presenza di palazzo Zenobio sul rio dei Carmini (si potrebbe, per altro verso, pensare alla rivisitazione classicisticamente austera di Cà Pesaro fatta dal Rossi in Cà Corner della Regina, ovvero alla quinta urbana garbata ed elegante di palazzo Tiepolo a S. Polo o, ancora, alla riscoperta « palladiana » della fronte di S. Stae) [16].

Cartograficamente si può dire che il secolo si chiuda con la rilevante — specie quantitativamente — produzione diretta da padre Vincenzo Coronelli. In particolare la *Pianta Iconografica* da lui edita riprende il *Disegno* di Alessandro Badoer (mentre sarà a sua volta ripresa nell'originale *Venise. Ville Capitale de la plus Celebre, et illustre Republique de l'Europe* incisa dal Van Loon e pubblicata dal de Fer a Parigi attorno al 1700) ma ne completa il progetto aggiornandone altresì le situazioni urbane, arricchisce quantità e precisione delle notizie, ne depura la concezione dalle sbavature di ingenuità contenute nelle sopravvivenze di prospettiva che Badoer non aveva saputo del tutto eliminare. Nonostante le piccole dimensioni dell'immagine, la *Pianta Iconografica* del Coronelli contiene ben 692 rimandi oltre alle informazioni scritte nel corpo della planimetria.

Rispetto a questo strumento moderno agile e informato (« Lo scopo pratico, diremmo quasi di informazione ad uso del forestiere, traspare dal suo inserimento in quasi tutte le guide pubblicate a Venezia nei primi decenni del '700 ») [17], i pur pregevoli lavori del Merlo (1696),

Fig. 111 [27]. T. K., « Venetiae », 1620. Questo « panorama » è abbastanza fedelmente ripreso da quello pubblicato dal Blaeu nel 1614. Di gusto decisamente nordico e con imprecisioni ed errori gravi (tra tutti basti la riduzione della Zecca a un'esile torre e il raddoppio della fronte sul Bacino della Libreria Marciana), l'incisione introduce elementi iconografici nuovi e scenograficamente efficaci, ampliando soprattutto la presenza dell'elemento marino con contorno di imbarcazioni alberate e attività connesse; ma, mentre fornisce assai scarsi dati di conoscenza sulla reale situazione della città, opera un rimarchevole tentativo d'omologazione dell'immagine di Venezia a quella più generale delle città portuali europee.

Figg. 112-113. Aniello Portio e Alessandro Dalla Via, panorama di Venezia dal rio di Castello fino a Cà Foscari in Canal Grande. Incisione, 1686. Due particolari.

del Seutter (1720 ca.), dell'Ottens (1719-25 ca.), o quello pubblicato dall'Antonelli all'incirca nel 1720, non possono che registrare limitati scarti nell'immagine tutto sommato canonica e consumata che due interi secoli di piante-vedute avevano affermato, efficacemente diffuso e abilmente sfruttato: la Punta della Dogana la cui realizzazione Lorenzo Benoni, *proto* alle Acque per un quarantennio, aveva strappato in una memorabile contrapposizione alla ostinata volontà del Longhena di dar compimento ai suoi grandi lavori sull'area della Salute, completata nel 1682, chiude con un oggetto-simbolo di notevole efficacia l'età dei grandi interventi secenteschi: né queste piante-vedute mancano di ricreare attorno a quella Punta, con la sua sfera dorata e la sua *fortuna*, una centralità marittima e lagunare tutto sommato stancamente e con poco entusiasmo riaffermata.

Capitolo decimo

Il Settecento: teorie e pratiche dell'urbano

La storia politica veneziana del Settecento — annota Marino Berengo — si riassume tutta nell'attento controllo del vasto gioco diplomatico e militare europeo. Tagliata oramai fuori per forza di cose e per propria consapevole volontà, dal fatto delle negoziazioni, la Repubblica non le perde d'occhio per evitare che i suoi territori e la sua pace sian posti in pericolo. Se la Venezia del Settecento non è più il teatro delle trattative che due secoli prima vi si svolgevano, essa non ha però perso il ruolo di grande centrale delle notizie politiche, di piazza dov'è facilissimo raccogliere gli « avvisi » di Germania, d'Oriente, fin dalla quasi mitica Moscovia, e sempre di tutti gli stati italiani. E ancora gli ambasciatori e residenti veneziani proseguono in una fervida attività: ma ad essi spetta ora soltanto osservare e riferire, non più inserirsi in una realtà in corso di fusione per tentare di plasmarla: da negoziatori si son fatti osservatori [1].

Gli anni d'esordio del secolo mostrano quindi, prima e dopo la pace di Passarowitz (1718), l'emarginazione di Venezia dai centri decisionali della politica europea (emarginazione sublimata e razionalizzata dalla teoria della neutralità). Da allora, quasi insensibilmente, si registra il trapasso a una condizione nuova: nella classe dirigente si diffondono atteggiamenti di cinica disillusione, velleità riformatrici, disperazione del futuro, timidi tentativi di galleggiare tra altrui debolezze: il tutto in precario equilibrio e in una sostanziale provvisorietà politica oltre che tra le apprensioni per le sorti dell'economia. Da ultimo si ha, a suggello definitivo, lo scontro della millenaria Repubblica con le logiche dei blocchi negli anni concitati e vorticosi delle affermazioni napoleoniche: i mesi della democrazia — tra il maggio e l'ottobre del 1797 — segnano una cesura radicale e insanabile (nonostante i tentativi di « piccola restaurazione » messi in atto dalla prima « dominazione » austriaca, 1797-1805) con il passato, nel mentre stesso gli eventi fanno balenare ipotesi, speranze o minacce di un ordine nuovo (accolte, come logico, con terrore, ovvero in attitudine trasformistica o, infine, con sincera adesione a già diffuse idealità libertarie e redentrici).

Ma questa fine — sulla quale si sono versate forse più lacrime (letterarie) che sulla caduta di Bisanzio — non deve *troppo* condizionare il discorso sul Settecento veneziano che non fu secolo di morte ma di vita, come stanno a dimostrare da un lato la diffusa volontà di *progetto* (in molti campi: istituzionale, culturale, nelle arti figurative, nell'architettura e nella gestione dell'urbano, nell'edilizia ecc.) e, dall'altro lato, la forza e l'inventività con cui si elabora e gestisce la nuova grande incarnazione del *mito* di Venezia, destinato a costituire per tutto l'Ottocento e ben oltre uno dei grandi serbatoi dell'immaginario dell'Occidente [2].

Può apparire intanto interessante sottolineare la capienza, per dir così, di questo secolo stipato di personalità che risultano tutt'altro che marginali o inessenziali per le vicende culturali dell'Europa intera; tanto che la storia della città e della sua presenza sulla scena continentale (ancorché oramai presenza assai scarsamente militare e politica ma decisamente artistica e culturale) appare quasi un intreccio di itinerari di uomini e di opere; si pensi ai viaggi canalettiani non meno che a quelli tiepoleschi; alle peregrinazioni dell'Algarotti e agli spostamenti del Pellegrini, della stessa Rosalba Carriera giù giù fino a Giacomo Quarenghi: ma, emblematicamente, alla ragnatela quasi forsennata di itinerari intessuta dall'infaticabile Casanova, fino a quella morte boema — dopo lo sfortunato « ritorno » veneziano (1774-1783) e una nuova serie di viaggi — che cade, come un simbolo patetico o grottesco, appena dopo la fine della Repubblica di Venezia, nel celebre maggio del 1797.

Storie e scadenze individuali e storia politica e isti-

Fig. 114 [28]. Anonimo, « Origine e Principio della Città di Venetia [...] », 1680 ca. Particolare. Questa metà di destra — con l'area marciana — del panorama anonimo edito dallo Scolari ad imitazione di quello del Blaeu, appare, pur nel gusto popolaresco evidenziato dalla colorazione a tinte assai vivaci, aggiornato e dotato di una qualche suggestiva efficacia. L'enfatizzazione della cupola della Salute testimonia dell'importanza assunta dal recente manufatto longheniano nel determinare la più complessiva immagine del profilo urbano.

tuzionale dello stato veneziano si assiepano quasi, alla caduta del secolo, in un concitato susseguirsi di eventi, il quale ha, se non altro, il merito di portare allo scoperto tensioni e smagliature di un sistema ma, soprattutto, quelle contraddizioni gravissime e insanabili che neppure le componenti del mondo veneziano più aperte e attente verso il nuovo e le profonde trasformazioni delle società europee avevano saputo o voluto cogliere [3].

La caduta della Repubblica di Venezia può allora apparire più che lo scompaginarsi violento e inaspettato delle carte della storia, il vero *ricomporsi* di cause, segnali, premonizioni, quasi di una serie innumerevole di indizi all'occhio indagatore di un detective.

Nel 1703 usciva la prima edizione de *Le Fabbriche, e Vedute di Venetia disegnate, poste in prospettiva et intagliate da Luca Carlevarijs* e nel 1717 *Il Gran Teatro di Venezia* di Domenico Lovisa: assieme alla più discussa e, almeno in parte plagiata, raccolta delle *Singolarità di Venezia* del Coronelli (1708-1709) si tratta di una prima e già assai vasta antologia di siti urbani colti con attitudine documentario-vedutistica e realizzata con finalità commerciali, affidata come è al mezzo incisorio: la assai ampia serializzazione consentita dalle lastre e quindi il prezzo relativamente contenuto, la maneggevolezza dei volumi, la suggestiva qualità di un realismo ad alta componente di idealizzazione e trasfigurazione, ne facevano immediatamente veicoli del tutto privilegiati per la disseminazione, nel mondo, dell'immagine della città. Presto altre raccolte (quelle di Canaletto, Marieschi, Giampiccoli, Visentini e così via) verranno ad arricchire il corpus vedutistico a stampa su Venezia, non infrequentemente suggerendo possibilità alternative per una stessa ubicazione.

I vedutisti sentono assai distintamente il richiamo di riprendere e proporre quanto segna il rinnovamento dell'immagine della città, sia scomponendo le singole parti architettoniche che a tali trasformazioni sono riconducibili, sia presentando l'insieme del risultato ottenuto da questo fitto lavorìo. Ma è indizio della libertà interpretativa verso i canoni stessi dei nuovi codici d'architettura, oltre che del desiderio d'intervenire criticamente sulla realtà materiale del contesto urbano, la produzione di un particolare tipo di vedute di fantasia ottenute dallo smontaggio e rimontaggio di brani d'architettura esistente o progettata in paesaggi stranianti insieme liberi e « perversi », a metà strada tra il *capriccio* e la *veduta* vera e propria: tra i più famosi le tele palladiane di Canaletto (e poi di Guardi) con il non realizzato ponte di Rialto, o quella — ancora di Canaletto — con i cavalli della Basilica su alti piedistalli lungo la Piazzetta [4].

Luca Carlevarijs, capostipite di un'intera generazione di vedutisti, s'incaricava, nella dedica delle sue *Fabbriche e Vedute* al doge Alvise Mocenigo, di dare i termini concreti e, insieme, la stessa giustificazione di tale « genere »: « Il maggior motivo, per cui io ho intrapresa la non lieve fatica di quest'operazione [quella cioè di mettere assieme le più di cento tavole dell'opera disegnandole ed incidendole] [...] è stato il sommo desiderio di rendere più facili alla notizia de' Paesi stranieri le Venete Magnificenze » [5]. Cioè, in definitiva, insieme documentare e rendere gloria al volto, alla forma, alla ricchezza artistica della città. In realtà Carlevarijs dà conto di un numero assai considerevole di architetture moderne, realizzate cioè lungo il XVII secolo, con attenzione che si direbbe particolare per gli edifici di architetti « barocchi » quali Longhena, Sardi e Tremignon. Logicamente Palladio, Sansovino, Scamozzi e Sanmicheli sono ben rappresentati nelle incisioni del Nostro, ma si direbbe che appaiano sentiti più come repertorio storico che architettura *in fieri*.

Salvo che per qualche tavola isolata, le vedute del Carlevarijs documentano una città densa fittamente di palazzi, tutta costruita e marmorea, tanto da giustificare la preoccupazione e, insieme, il vanto dell'artista, che dichiarava di essersi ampiamente applicato, per realizzare la sua opera, alle matematiche, « cioè Aritmetica, Geometria, Prospettiva, et Architettura Civile ». Assai raramente lo sguardo di Luca abbandona l'attenta documentazione del dato architettonico, del *costruito* appunto, per volgersi al contesto che, accennato, assolve nelle tavole un ruolo decisamente secondario. È tuttavia certo che nelle *Fabbriche e Vedute* vi sono già — e compiutamente — tutti gli elementi che contribuiranno poi a dar volto alla Venezia del Settecento: mantelli, tricorni, barcaioli e facchini, mestieri e arti per via, processioni e feste, gondole, miserabili, litigi, giochi, costumi orientali, parrucche e teatrini. Cioè tutto quell'universo elegante e mostruoso, tragico e fatuo, borghese e fantastico che popola i « paesaggi » umani di Goldoni e di Carlo Gozzi, non meno che di Canaletto e di Pietro Longhi.

Fig. 115 [29]. Anonimo, « Venetie gelegen in de Hadriatische Zee [...] », 1702. Ripresa tarda e ulteriormente nordicizzata della Venezia del Blaeu e delle più immediate derivazioni.

Vi è in tutti questi artisti, in forma di smania bruciante o di afflato conoscitivo, di tensione scientifica o di demitizzazione beffarda, il desiderio di metter in forma un'idea rappresentabile di questa città: dalla secchezza incisoria delle tavole del Carlevarijs fino all'iroso, caustico sarcasmo dei pulcinella del vecchio G. Domenico Tiepolo, dove i più consacrati *topoi* dell'immagine di vita e di cultura veneziana appaiono rovesciati e contraddetti. La scena veneziana quindi, prima di ogni altra cosa, e Venezia come teatralità e come scenograficità. Domenico Lovisa stesso, per altro, secondo tra i grandi incisori ad illustrare la città nel suo album, intitolava il proprio opus magnum *Il Gran Teatro di Venezia*, raccogliendo e incidendo in due volumi « vedute e pitture che in essa si contengono ».

Fig. 116 [30]. Friedrick B. Werner, « Venetia », 1750 ca. Interessante la lettura « nordica » che questa fortunata veduta prospettica ad angolo molto ribassato propone. L'immagine della città appare assai più compatta, raccolta e lenticolare che nelle corrispondenti raffigurazioni veneziane; accentuata la verticalità sottolineata dallo svettare dei campanili.

La Venezia illuminista di Ludovico Ughi

La grande pianta di Venezia di Ludovico Ughi (1729) è coeva alla affermazione di una delle ultime gloriose stagioni della pittura veneziana, quella del vedutismo canalettiano.

Ma Ughi si spoglia di residui scenografici, di pretesa tridimensionale, per giungere alla redazione della « geometrica Pianta » della città « per la prima volta delineata con le più caute misure, e graduazione degl'Angoli », come puntigliosamente si sottolinea nella dedica dell'iscrizione. La pianta dell'Ughi, al di là dei legittimi vanti dell'autore, è in effetti un documento storico di importanza rilevantissima circa l'architettura e l'urbanistica veneziane. I vari e differenti livelli di lettura che essa consente restituiscono non solo un'immagine composita della forma cittadina, bensì una assai più significativa rassegna della realtà e anche di problemi, di condizioni materiali e di storia delle idee.

La Venezia gloriosa tra i delfini nell'angolo superiore destro [6], l'iscrizione del Sannazaro nel cartiglio del putto alato, il « trionfo » dell'angolo sinistro in basso, mentre suggeriscono pur sempre trattarsi della Venezia marinara e dogale, mercantile e militare della tradizionale iconografia celebrativa, non possono tuttavia non mettere in luce come l'autore e l'editore si sian tratti indietro di fronte alla perentoria novità di scrittura dell'opera, e abbiano chiamato a mitigare in certo senso la radicalità di un risultato, gli effetti sicuri dell'usuale bagaglio illustrativo. Di più, inaugurando in ciò un genere poi fortunato, è stato offerto un ulteriore sussidio di meno intransigente novità: la serie delle 16 belle vedutine che affiancano la pianta vera e propria: insieme codificazione di siti d'obbligo, monumentali e di assoluta identificabilità, e « aggiunta » di vedutismo, che consente di abbassare sul piano della esperibilità concreta l'angolo di percezione visiva della immagine cittadina. Immagine che rimane però, sotto questo profilo, assolutamente frammentaria.

Il grado di astrazione compiuto da Ludovico Ughi rispetto alla tradizione cartografica locale in un elaborato di tali dimensioni va senza dubbio con forza sottolineato: nella serialità di due secoli e mezzo di prodotti, le novità apportate da questa pianta sono rilevantissime. E a ragione possiamo quindi collegare tale testo a un più generale moto di riflessione e ripensamento sulla città e sullo stato veneziano in atto nel primo scorcio del secolo.

Ma certo gran parte del discorso che è possibile ricavare dalla pianta dell'Ughi va a fondarsi su ciò che essa dice in concreto, con segni, tratteggi e campiture luminosamente esposti e dichiarati all'osservatore: fatti che si situano nell'ordine dell'intervento monumentale ma non infrequentemente registrano trasformazioni e novità nell'assetto edilizio medio e magari in quello minore.

È appunto su tutta questa pluralità di piani (cui va aggiunta l'altra grande categoria della decorazione, dell'arredo, dell'apparato duraturo e caduco) che si muove ed incide, nel medio Settecento veneziano, la teoria e la pratica dell'operare in architettura, oltre che la riflessione critica sul tema della città.

Pur registrando una punta demografica negli anni '60 di 150 mila abitanti, la popolazione veneziana è di poco inferiore alle 140 mila anime alla fine del Seicento così come alla fine del Settecento. Ne consegue che l'attività edilizia complessiva si situa prevalentemente nell'ottica dell'aggiornamento, della ristrutturazione, della rifabbrica piuttosto che dell'edificare ex novo o, magari, dell'urbanizzazione di nuove aree, mentre al di fuori di un serrato dibattito teorico sulle dottrine e sul linguaggio dell'architettura, paiono assenti idee-forza condotte sulla scala urbana e territoriale tali da catalizzare dinamiche di sviluppo o linee di tendenza globalmente *progettate*. Vi è certo, e ben rilevabile, un moto di assestamento sociale e di interna redistribuzione delle stratificazioni socio-funzionali [7], che ha il suo perno proprio nella categoria di *cittadini* (l'area economico-culturale per certi aspetti assimilabile ad una sorta di ceto borghese) cui corrisponde anche un concreto movimento nella dislocazione di abitanti in determinate zone della città. Soprattutto il sestiere centrale di S. Marco e i due maggiori di Castello e Cannaregio vedono accelerato l'uno il moto ad assumere i caratteri di *centro città* (cui perverrà compiutamente nel secolo successivo), gli altri una sorta di processo di proletarizzazione. Ma altre realtà ancora si affacciano su questa scena: « Soprattutto nell'arco del secolo XVIII che più precisamente configura la geografia urbana delle classi, non è soltanto la città con i quartieri a darci dei precisi argomenti di analisi né la terraferma [...] ma il *servizio lagunare*: le isole grandi e piccole tutte intorno a Venezia, tanto ricche di immagini e tanto povere di dati » [8].

Inizia cioè quella tendenza, per certi aspetti contraddittoria, che mira ad esportare le dinamiche veneziane sulle isole vicine e ad assimilare di fatto queste al territorio del centro cittadino. Non a caso Vincenzo Coronelli (cartografo, ingegnere, poligrafo) arriva a progettare e pubblicare nel 1714 un ponte che metta in stabile comunicazione S. Marco con la Punta della Dogana e questa con l'isola della Giudecca [9].

A nuovi fuochi urbani di alta qualicazione formale e di ancor più spinta efficacia simbolica è affidata la costruzione dell'immagine della Venezia settecentesca, la quale tuttavia si lega non meno diffusamente e compiutamente alla dialettica interno/esterno, alla creazione di spazi, prospetti, scene fittizie, alla esaltazione pacata del vivere quotidiano come all'occasione grande, insolita, celebrativa.

Si prenda l'esempio, non casuale, degli edifici religiosi: ben venticinque di essi in città conoscono una rifabbrica completa ovvero una significativa riforma [10]. Si presti attenzione inoltre alla schiera di teatri che, fino alla fabbrica della Fenice (1792) e oltre, continua a costituire oggetto emblematico di dispute, di dibattiti teorici e di lavori concreti.

Numerosi sono infatti i teatri costruiti o ricostruiti nel corso del secolo: dal S. Benedetto al S. Samuele, al S. Cassiano, al S. Girolamo, al Vendramin, al S. Moisè, al Balbi di Mestre, fino alla Fenice [11]. Né è certo un caso la fitta partecipazione teorica e trattatistica su questo tema nel momento in cui accettiamo che la teatralità sia una componente non secondaria nella vita e nel costume veneziani del Settecento e che ciò sia insieme quintessenza e metafora d'una « condizione »: così come l'arco di Palladio per Enrico III di Francia era assai più che un ornamento posticcio, ora — per converso — ogni evento si configura sopra ogni altra ragione e natura come provvisorio e fuggevole oltre che come rappresentazione d'altro, come allusione e come rinvio. Né appaia esagerato riconoscere tali caratteri nella stessa architettura — soprattutto in quella « maggiore » — laica o religiosa che sia.

L'enumerazione delle grandi moli che conobbero ristrutturazioni radicali o edificazioni ex novo (se ne vedano gli elenchi utili ancorché necessariamente incompleti nei lavori, più volte citati, di Elena Bassi, di Brusatin, di Georgelin, di Massari, di Lewis [12]) può tuttavia condurre alla costruzione di una mappa tutto sommato e

Fig. 117 [31]. Ludovico Ughi, « Iconografica Rappresentatione della Inclita Città di Venezia [...] », 1729. Si tratta della prima grande planimetria moderna di Venezia eseguita sulla base di rilevazioni e misurazioni appositamente effettuate. Per la prima volta appare con grande precisione il rapporto tra edificato e aree libere. Particolare attenzione è riservata ai giardini, documentati con dovizia di particolari anche nel disegno interno. Di buona qualità le sedici vedute che affiancano la pianta vera e propria. La documentazione offerta da questo lavoro ha costituito per numerosi decenni la base di partenza per il disegno di progetti di intervento e di ristrutturazione fin dentro l'Ottocento.

Fig. 118 [31]. La parte occidentale della città come appare nella pianta dell'Ughi.
L'autore mette a frutto l'esperienza cartografica a lui precedente insieme a una personalissima e lucida coscienza strutturale del tessuto cittadino. Soprattutto risulta significativo ed eloquente l'incontro tra la maglia ortogonale di Cannaregio e l'andamento serpentino e « centrico » di S. Polo e S. Croce. Evidente la funzione portante del grande asse di comunicazione acquatico del Canale di Cannaregio, vera « porta » nord-occidentale della città.
La Sacca di S. Chiara, che qui appare assai scarsamente edificata e molto ricca di verde, sarà l'area soggetta a maggiori modificazioni sin dai primissimi anni del secolo XIX. Proprio trattandosi della più vasta e profonda penetrazione della laguna nel corpo della città, è stata, assieme alla vicina Sacca dell'Angelo, una delle zone più « deboli » del sistema veneziano e più soggetta a radicali modificazioni. Nella Sacca di S. Chiara, e fino ad affacciarsi sul Canal Grande di fronte alla chiesa di S. Simeone Piccolo (in costruzione all'epoca della stesura della pianta dell'Ughi), verrà ad insediarsi negli anni '40 dell'Ottocento il terminale ferroviario.

quasi obbligatoriamente contrassegnata dai caratteri di frammentarietà e, si può dire, di disgregazione del tessuto cittadino. È questa tuttavia proprio una delle conseguenze necessarie della storia urbana settecentesca in Venezia. Tanto che potremmo giungere ad affermare che, dopo Longhena, l'attività progettuale e la pratica del costruire perdono la capacità e la possibilità d'una sintesi unitaria sia nelle intenzioni d'uno o più progettisti, sia per quanto emerge dalla stessa normativa, abbondantemente promulgata, volta a dar ordine e, meglio, a contenere e controllare l'attività edificatoria [13].

È, questa, una riprova da un lato della connessione strettissima intercorrente tra condizioni, crisi, volontà, stato di salute e regime economico della classe di governo e complessive *forma* e *imago urbis* (tanto che alla situazione di crisi, alla incapacità di riforme, alla disgregazione politica corrisponde una parallela frammentazione della realtà e della coscienza dell'urbano); e, dall'altro lato, del distacco che si sta producendo tra città reale e città virtuale. Il dibattito teorico sull'architettura e sui linguaggi — che ha in Venezia uno dei massimi fuochi europei [14] — diventa sempre più una disputa appassionata sulle riforme oppure un ripiegamento nell'utopia; Lodoli, Memmo, Algarotti e Milizia non meno che Scipione Maffei e fino a Zaccaria Seriman parlano d'architettura e città nei termini medesimi con cui disputano delle impraticabili riforme istituzionali; anzi: nominano quelle per parlare di queste.

Gli architetti in senso proprio limitano la loro partecipazione in tutto ciò al campo di stretta pertinenza disciplinare con accentuata preferenza per le problematiche del linguaggio (mentre ingegneri e *proti* vengono ampliando alla dimensione territoriale l'ambito del loro lavoro). Solo Temanza, come vedremo, nel nome di una riacquisita dimensione storica, tenterà anche di tracciare un orizzonte futuro, le linee cioè di un'ipotesi culturale e progettuale di ampio respiro: ma si tratterà purtuttavia del riconoscimento definitivo dell'avvenuta insanabile cesura con il passato, della nascita stessa del neoclassicismo e di una « archeologia » urbana applicata sul corpo della città. Non meno che per Piranesi — anche se in termini non connotati dalla carica « negativa » e radicale dell'incisore — per Temanza la riflessione sull'antico (sulla storia) e magari la sua riproposta (vera o apparente che sia) è, prima di tutto, una lettura critica sulle condizioni del presente.

La « perdita dell'immagine »: Giorgio Fossati

È un prodotto cartografico-vedutistico come la prospettiva a volo d'uccello di Giorgio Fossati (1743) a presentarsi senza dubbio con i caratteri della più originale atipicità entro il sistema iconografico *della* e *sulla* Dominante. Tanto che, pur acquisiti tutti gli elementi di tradizionale contrassegno di quel mondo, il risultato denuncia alla fine e per converso una singolare perdita di senso. Né la classica figura « a pesce » delle piante, né i profili oblunghi di vedute della fronte sono ravvisabili in questa nuova prospettiva che registra una realtà urbana compatta ma dal profilo indefinito, nella quale scompaiono i canali interni e vien scardinata la gerarchia espressiva e illustrativa acquisita nel corso dei secoli.

Paradossalmente sarebbe forse possibile dire che, nel momento in cui rappresenta la città, il Fossati la neghi nella sua definitezza ed identificabilità nella forma. Vicende forse di carattere personale possono aver segnato il pessimismo di Giorgio Fossati (del quale per altro ci son pervenuti documenti di straordinaria importanza ed efficacia: bastino i numerosi catastici diligentemente compilati, oltre alle opere realizzate). Ma, più sottilmente forse, lo stesso declinante destino della Repubblica e della sua capitale insinua in questa veduta la sensazione di una perdita d'identità e, al contempo, lo smarrimento degli usuali ancoraggi illustrativi della cartografia e del vedutismo tradizionali, senza tuttavia ritrovare — come era invece avvenuto per l'Ughi e come certamente avveniva per Canaletto e la sua scuola (le cui opere sarebbe del resto ingenuità leggere quali realistiche e quasi « fotografiche » documentazioni dell'esistente, data la carica visionaria e fantastica che le sostanzia) — nella oggettiva chiarezza espositiva proprie di un metodo e di una tecnica di aggiornata e moderna concezione, occasione e motivo per superare brillantemente, con fede illuministica, le ricorrenti tentazioni di crisi.

A meno di quindici anni dalla pianta dell'Ughi, l'elaborato di Giorgio Fossati fornisce una lettura in controluce della medesima realtà, capovolgendone ottica e significato e suggerendone una decifrazione decisamente anti-illuministica.

Questa del Fossati è l'ultima grande riflessione condotta graficamente sulla *forma* di Venezia; tra non molti anni compariranno l'edizione critica di Tommaso Temanza della prima, trecentesca, rappresentazione cartografica

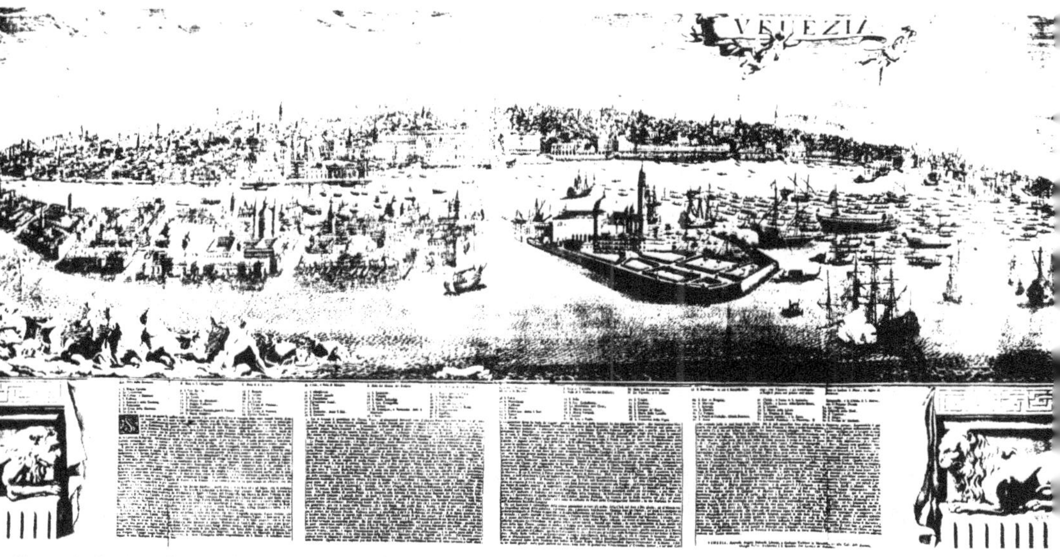

Fig. 119 [32]. Giorgio Fossati, « Venezia », 1743. La veduta è, nel suo genere, una delle più originali che siano state eseguite. L'immagine della città che ne risulta è assolutamente inconsueta, essendo notevolmente modificati il punto di veduta, i rapporti proporzionali, la forma più generale del complesso urbano. Assai ricche tutte le informazioni fornite per la fronte sud della città e per la Giudecca.

Fig. 120 [32]. Pur debitore delle tradizionali raffigurazioni di corsi acquei e regate (come in molte piante e vedute di differenti secoli), Fossati conferisce anche a questo tradizionale e festoso avvenimento una qualche spettrale connotazione, come di corteo funebre che salda a oriente la grande massa lenticolare della città alle due propaggini di S. Giorgio e della Giudecca.

Fig. 121 [32]. Particolarmente allucinata risulta l'immagine del centro città che Fossati fornisce nella sua veduta: il prevalere della dimensione verticale, l'infittirsi dei campanili, l'indistinto ammassarsi dell'edificato sono tutti elementi che concorrono a dar spessore alla straniante atmosfera che domina la grande incisione.

Fig. 122 [32]. Anche verso il margine occidentale (così come sull'opposto lembo della veduta) si perdono le possibilità di esatte verifiche documentarie — salvo che per la Giudecca — a favore di un disperdersi progressivo, nell'indistinta contrazione, della forma « reale » della città compressa dalle deformazioni prospettiche.

Fig. 123 [32]. Più che per altre aree urbane la veduta di Giorgio Fossati appare documentariamente utile per la Giudecca.
Il progressivo consolidarsi della cortina edilizia verso le Zattere appare qui tuttavia piuttosto nel suo carattere di «retro» urbano, dove la scenografica risposta alla parata monumentale marciana mostra ancora ben marcati i segni e la connotazione di fascia suburbana.

della città [15] e la veduta fantastica della Venezia delle origini proposta nell'incisione di Orlandini e Colombo [16], mentre continueranno a circolare tutti i generi di vedute fino alle cartoline illustrate di Giacomo Guardi [17]. Si afferma così, da un lato, il prevalere d'interesse per il confronto con la storia e la nascita di una nuova storiografia urbana, rispetto all'elaborazione sul presente; e, dall'altro lato, la rinuncia a ogni giudizio in favore di una rappresentazione di maniera, bozzettistica e spesso scontata, destinata a un pubblico occasionale di visitatori e turisti.

Dopo il lavoro del Fossati e per alcuni decenni lo sforzo di comprensione della composita unitarietà di un sistema quale risultava essere Venezia viene abbandonato, a favore di una maggiore frammentarietà di vari specialismi (di rappresentazione ma anche d'intervento sul concreto della realtà urbana o magari delle indagini storiche); oppure viene ricondotto ad un livello, forse superiore, di interventi e studi commisurati alla dimensione territoriale (donde il rinascente interesse per gli studi idraulici e per il problema lagunare da un lato, e per il tema della villa e delle riforme agrarie dall'altro) [18]. Ma è pur vero che la città, anche nel rifiuto con cui molti tentano di cancellarne il segno nel proprio orizzonte di interessi, continua ad essere la ragione stessa di scontro e di contrasto, la pietra di paragone da cui risultano provati intenzioni e volontà, slanci di affetto non meno che d'odio e di rifiuto: si pensi, nel Settecento veneziano, ai letterati, ai filosofi e ai riformatori, ai maîtres à penser, ai polemisti, agli artisti: da Scipione Maffei a Piranesi, ad Andrea Memmo, a Canova, a Giandomenico Tiepolo.

Nonostante questo (e nonostante i segni premonitori, gli indizi di crisi, lo stesso moto accelerato di senescenza che pare investire le strutture veneziane) sarebbe errato aspettarsi una sorta di condizione di millenarismo o di attesa della fine, nell'avvicinarsi a quella scadenza del secolo che coincide con la fine politica della Repubblica (1797); altrettanto errata risulta la diffusa convinzione che arti e realtà culturali, produzioni dell'ingegno e attività di progetto cessino d'improvviso a quella data.

Urbanistica e storia: Tommaso Temanza

Le linee dell'urbanistica veneziana nel Settecento, come s'è già avuto modo di segnalare, non sono così unitariamente perseguite né tanto chiaramente enunciate da consentirci di riassumerne l'andamento e i caratteri in qualche semplice formula. Da un lato è infatti possibile agevolmente rilevare che mai risulta esposto con lucidità un qualche disegno generale tale da catalizzare i moti più o meno spontanei e frammentari che poi via via rendono fatto concreto la trasformazione urbana. Ma è altresì certo che di fase di modificazione si tratti, visti gli episodi che è dato allineare e visto il segno che tutto ciò lascia sul volto di Venezia. La tendenza che pare emergere, oltre ai fatti che sottolineano il progredire di una riforma linguistica assai variegata, è quella che segue direttamente — e forse più che in altre epoche e circostanze — l'andamento e le oscillazioni dell'assetto proprietario: quindi le concentrazioni immobiliari e il loro adeguamento, la geografia di distribuzione delle proprietà pubbliche o di enti laici o religiosi, la crescita di peso di

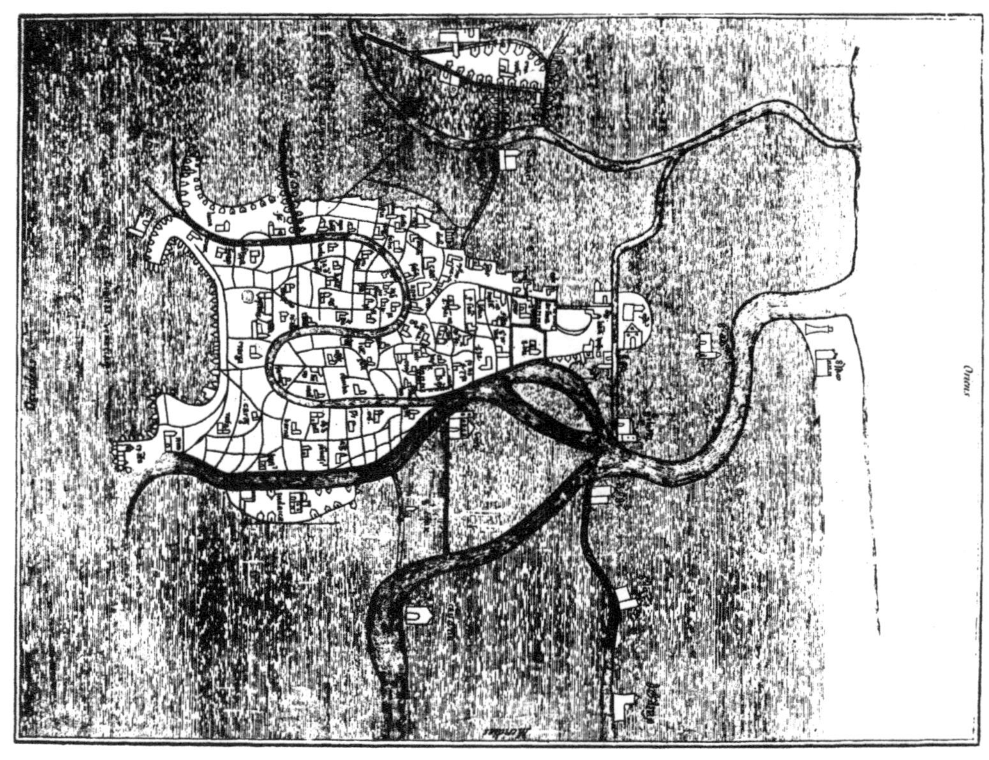

Fig. 124. Tommaso Temanza, « Ichnographia inclytae Urbis Venetiarum Desumpta ex Codice Membranaceo Saeculi Decimi quarti Marcianae Bibliothecae signato CCCIC [...] », Venezia 1780.

un ceto grosso modo « borghese » e il precipitoso declinare della nobiltà minore o decaduta.

Da questa dinamica, che s'esprime in assestamenti sulla distanza media o lunga, emergono anche delle novità più precisamente edilizie e tipologiche, che non rimarranno senza conseguenze sul volto della città; ed emergono altresì i non trascurabili profili di talune figure professionali ridisegnate a ridosso di tali movimenti: architetti e periti, soprattutto; i primi frequentemente protagonisti di dispute e magari polemiche a stampa proprio sui temi dell'architettura e della città, e persino in testi satirici o in trattati estetici e filosofici.

Se è vero che assistiamo ad alcuni interventi volti a modificare la maglia viabilistica o a razionalizzare dei servizi (ché tali risultano essere gli interramenti di alcuni rii e la loro copertura o l'allargamento della Riva degli Schiavoni [19]) è in un « altrove », peraltro assai prossimo al cuore della città, che si dispiega l'ultimo e massimo sforzo di un'ingegneria urbano-territoriale di rilevantissima portata. Si tratta di un intervento carico al massimo di contenuto politico e intenzionalità ideale: la progettazione e realizzazione, da parte dell'ufficio dei Savi alle Acque, delle difese a mare sui litorali di Lido e Pellestrina. Tommaso Temanza, che ne fu a lungo il direttore dei lavori e il conservatore, dopo l'iniziale progettazione di Bernardino Zendrini, può forse costituire il fulcro attorno al quale ricostruire le linee di tale politica lagunare e territoriale che mira a ricondurre se non ad unità, almeno entro un'intenzionalità progettuale la conservazione e il rinnovamento di Venezia e del suo contesto fin quasi alla fine del secolo.

Temanza, nella sua triplice veste di storico, di architetto, di ingegnere ai Lidi e su opere fluviali, lavora, su scale diverse e con strumenti e tecniche differenziati, ad un unico grande progetto: l'adeguamento progressivo di un articolato assetto territoriale e l'approntamento di una poderosa macchina d'artifizi (ingegnerili ed idraulici, architettonico-urbanistici, linguistici e retorici) volti alla valorizzazione e tutela d'un *unicum* storico quale gli appariva Venezia nel suo eccezionale decorso cronologico e nella sua irripetibilità di *oggetto assoluto*. L'altrove storico su cui si fonda l'ideologia stessa degli interventi facenti capo a Temanza (e si potrebbero paragonare persistenze e riflessi di ciò nel giovanissimo Piranesi che di Temanza fu allievo e assistente prima della « fuga » a Roma) [20], la strutturalità del controllo dispiegato sul territorio, l'impegno linguistico esercitato su una sorprendente volontà di mediazione tra intransigenze lodoliane, patrimonio della tradizione e riproposte accademiche di osservanza neopalladiana sembrano quasi scontrarsi — per profondità e complessità culturale — con le altre realtà dell'architettura e dell'urbanistica nella Venezia del XVIII secolo.

Fig. 125. Valentino Orlandini e Ignazio Colombo, « Stato delle isolette di Rivo-alto, prima Culla della Città di Venezia, vedute nella loro semplicità », Venezia 1796-1797.

Le stesse dispute di Massari e Fossati, la stessa originale produzione effimera di un Maccarucci, di un Codognato e dei Mauro [21]; la scenografia teatrale, gli apparati celebrativi occasionali o ricorrenti delle pubbliche feste e dei corsi d'acqua, *regatte* e cortei appaiono tessere una troppo labile trama per poter essere avvicinati alla ciclopica opera dei Murazzi. Il che è per buona parte vero. E tuttavia, assieme alle cartografie di cui abbiamo detto sopra e assieme a tutta l'immane produzione vedutistica settecentesca, non sono componenti secondarie nella costruzione dell'*immagine* della città né la ragnatela bianca distesa ad opera di Andrea Tirali come una guida di lettura, parametro di misurazione dello spazio e insieme ricordo di una decorazione di tappeto sul selciato grigio della Piazza; né il nuovo apparato di gallerie lignee per la *fiera della Sensa* progettato da Maccarucci (lo si con-

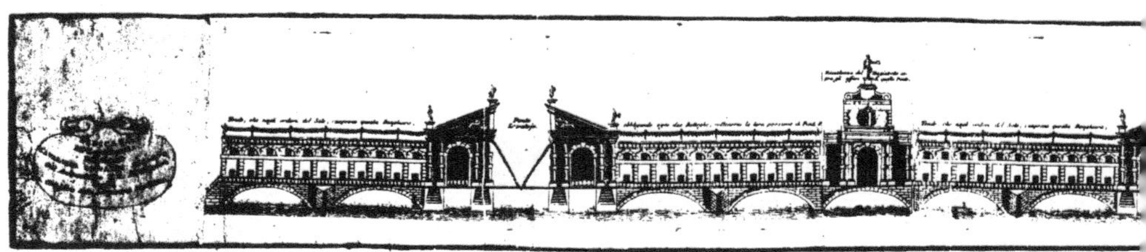

fronti con la fabbrica della *fiera* in Verona, disegnata da Pompei e propiziata da Scipione Maffei, o con *l'idea* del Prato della Valle di Memmo e Cerato: vi si scopriranno non casuali analogie)[22]; né l'esercizio di composizione quasi rétro giocato nel ridisegno della Piazzetta dei Leoni.

Una cultura urbana

Ben più ampia la valenza della scala dell'intervento architettonico insita nel profondo lavoro di riprogettazione di una vasta porzione della parete d'affaccio sul Canal Grande nel corso dell'ultima stagione barocca e, poi, di quella settecentesca. I capisaldi erano stati posti certamente dagli interventi longheniani, punto d'arrivo, a loro volta, di un percorso iniziato da Sansovino e Sanmicheli. Da Cà Corner della Regina di Domenico Rossi a palazzo Flangini, da palazzo Grassi del Massari al completamento di Cà Rezzonico ancora del Massari, a palazzo Manfrin, si tratta di una rilettura anche dimensionalmente significativa, condotta a seconda dei casi con critica e ironica sufficienza, con impegno largo e massiccio di criteri di dilatazione dimensionale, con sostanziale volontà di differenziazione e di rinnovamento. Sono gli stessi atteggiamenti, del resto, alla base delle costruzioni scenografiche per le grandi e celebratissime feste pubbliche settecentesche (si vedano gli apparati per le visite di Pio VI o dei Duchi del Nord) o, affermati magari coscientemente nelle acutissime e critiche « ricomposizioni » reali-fantastiche in chiave illuministico-palladiana dal Canaletto (commissionatagli dettagliatamente una delle più celebri, come è noto, da Francesco Algarotti)[23].

Gli effetti di queste, e delle molte altre, « manomissioni » attuate sul corpo della città non sono certo trascurabili: l'avvicinamento e la sostituzione di precedenti fuochi prospettici non ne sono che la componente più scenografica. Vi è poi la mutata dislocazione delle linee di proprietà e il differente utilizzo dei fondi: tipici i casi di Cà Pesaro, di Cà Rezzonico, di Cà Corner della Regina; delle stesse case d'affitto destinate sia a utenze borghesi che popolari; dell'incredibile sogno regale — e certo quasi di sfida — a fine secolo messo a segno dal Manin per la ristrutturazione e l'ampliamento del sansoviniano palazzo Dolfin presso Rialto; di palazzo Zenobio ai Carmini; della mostruosa incompiuta mole di palazzo Venier a S. Vio; delle case dei Farsetti presso S. Luca; e così via. Né minore rilievo paiono assumere le grandi imprese di reinvenzione degli spazi interni, sia nell'aggiornamento di domestici linguaggi in usi e costumi che testimoniano (ad esempio, nelle tele del Longhi) d'un livello di civiltà altissimo, cosciente ed ironicamente critico ed autocritico; sia allorché assolvono a funzioni celebrative dispiegate sulle corde dell'epica o della mitologia nel dar vita a orizzonti di glorie storiche e d'improbabili destini radiosi (dai Tiepolo al Crosato, da Guarana a Cedini, a Mengozzi Colonna...).

Questo *paesaggio domestico*, profondamente veneziano anche se nuovo, che da una parte giustifica e dall'altra surroga un minor impegno d'opere pubblicamente fruibili, che trascorre dall'altissimo microcosmo longhiano ai camini piranesiani, insieme pirotecnici eroici e leziosi; che annovera tra i suoi titoli esperienze estese su un ventaglio che sa contenere le accademie letterarie non meno che le sedute delle logge massoniche insieme ai forse più brillanti salotti culturali europei, alle collezioni più opu-

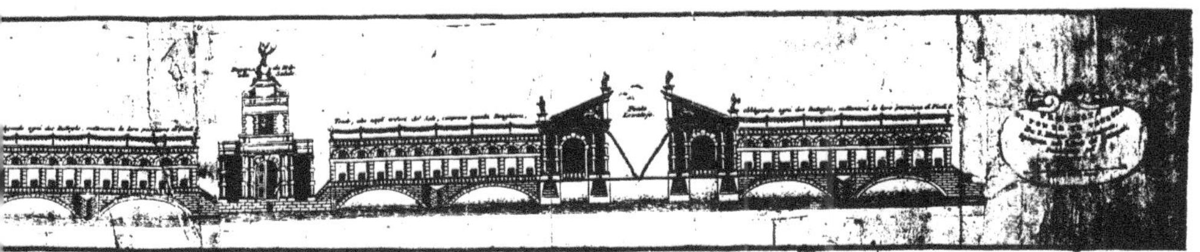

Fig. 126. Vincenzo Coronelli, proposta di ponte in Venezia da S. Marco alla Giudecca, 1714. Incisione. Il ponte avrebbe dovuto collegare S. Marco con la Punta della Dogana, alla Salute; di qui proseguire fino alla Giudecca, attraversando il canale omonimo. Tre levatoi (uno sul Canal Grande, gli altri due sul Canale della Giudecca) avrebbero consentito il passaggio del naviglio di maggiore stazza o alberato. Un grande numero di botteghe — concepite sul tipo di quelle esistenti sul ponte di Rialto o di quelle sansoviniane sotto la Zecca — poteva costituire ragione non indifferente alla realizzazione del manufatto, per suo conto vera infrastruttura di collegamento mirante a inserire direttamente l'isola della Giudecca nell'ottica della dinamica urbana del centro-città.

Fig. 127. Gaspare Van Wittel, l'ingresso del Canal Grande, la Punta della Dogana e il Canale della Giudecca. Olio su tela, 1710; particolare. Già nel primo dei vedutisti operanti in Venezia sullo scorcio iniziale del secolo appare evidente l'effetto di dilatazione spaziale determinato dalle particolari caratteristiche scenografiche e prospettiche del Bacino S. Marco, sempre esaltato nelle sue attitudini marittime e portuali e nella vitalità dell'emporio commerciale. Assai forte risulta la funzione di asse prospettico esercitata dal blocco Dogana/Salute.

Fig. 128 (*nella pagina a fronte, in alto*). Il massimo di resa, in quest'ottica, è forse ottenuto dal Canaletto nel dipinto del Museo di Boston con la veduta del Bacino ripresa proprio dalla Punta della Dogana (olio su tela, 1735-1740 ca.). L'effetto è di straordinaria efficacia e suggestione: allontanando in termini assolutamente irreali il fondale della rappresentazione, la vastità dell'emporio e l'enormità della metropoli sono suggerite dal brulicare delle imbarcazioni e dalla compatta, falcata cortina edilizia che si allontana fin dietro S. Giorgio.

Fig. 129 (*nella pagina a fronte, in basso*). Stesso effetto Canaletto si era proposto anche nel dipinto, di qualche anno precedente (olio su tela, 1730 ca.), ma con punto di veduta opposto. Riva degli Schiavoni, qui rappresentata, è oggetto costante di particolare attenzione da parte degli urbanisti: ampliata proprio in questi anni del Settecento, prolungata nella volontà napoleonica ma risparmiata intatta dal Selva, coinvolta in vari progetti ottocenteschi di differente natura e portata, essa riceve negli anni '30 del Novecento il suo assetto attuale. Ma tale assiduo interesse non ha certo ragioni di solo carattere paesistico o vedutistico. In realtà la Riva ha sempre costituito la più naturale banchina del sistema portuale veneziano e lo sbocco all'acqua di una serie di attrezzature (fondaci ed empori, cantieri di rimessaggio, uffici) di immediato rilievo marittimo e commerciale.

Fig. 130 (*qui sopra*). Michele Marieschi [?], il Canal Grande alla Salute. Olio su tela. L'espediente prospettico adottato dall'autore esalta oltre misura il ciclopico fuori-scala della Salute rispetto alla rimanente realtà architettonico-edilizia. D'altro canto il disequilibrio proporzionale così ottenuto sottolinea il diverso livello stabilito tra l'ordine della quotidianità e quello della Storia e dell'oggetto monumentale.

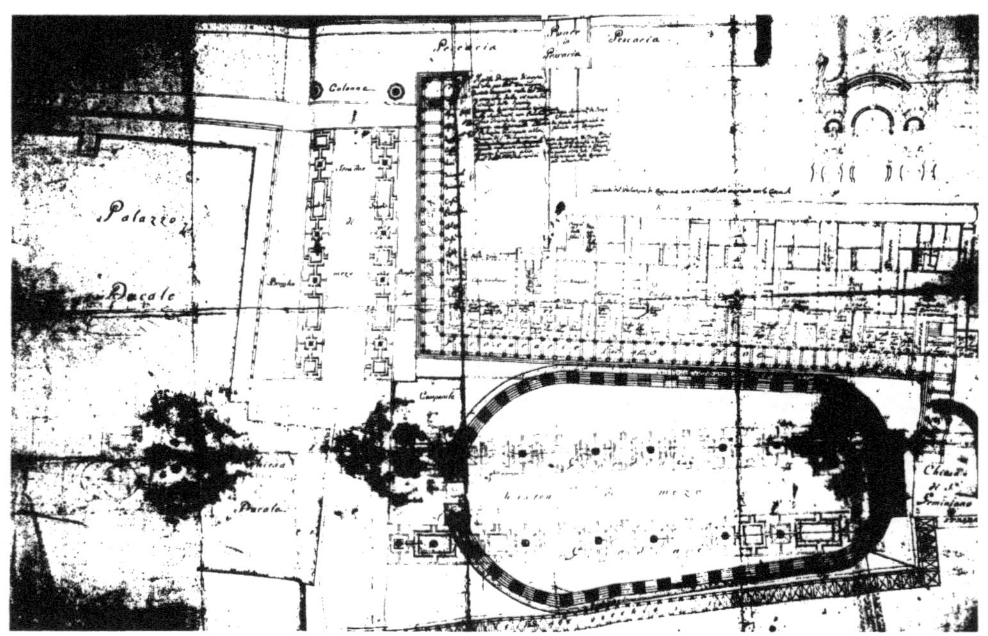

Fig. 131. Antonio Codognato, planimetria di Piazza S. Marco con il tracciato dell'arena per le feste in onore dei Duchi del Nord, 1781. Incisione. Ben visibile — sotto il tracciato dell'arena provvisoria — il disegno della nuova pavimentazione della piazza così come era stato realizzato dal Tirali mezzo secolo innanzi.

Fig. 132. Antonio Baratti e Pietro Gaspari, veduta della Fiera della Sensa, 1777. Incisione. Si tratta dell'apparato della nuova fiera, progettato da Bernardino Maccarucci, che ogni anno veniva montato in piazza in occasione della festa dell'Ascensione.

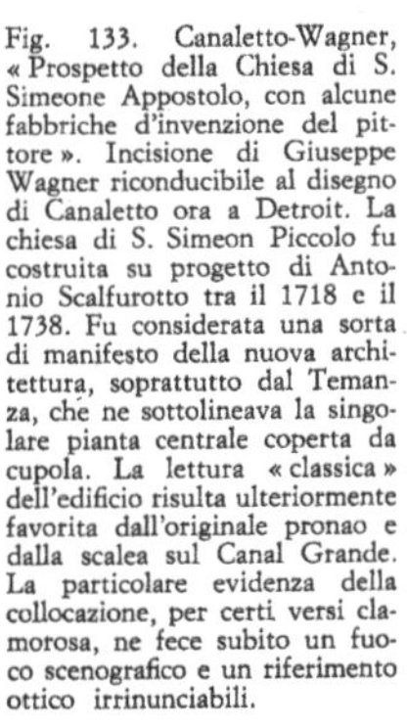

Fig. 133. Canaletto-Wagner, « Prospetto della Chiesa di S. Simeone Appostolo, con alcune fabbriche d'invenzione del pittore ». Incisione di Giuseppe Wagner riconducibile al disegno di Canaletto ora a Detroit. La chiesa di S. Simeon Piccolo fu costruita su progetto di Antonio Scalfurotto tra il 1718 e il 1738. Fu considerata una sorta di manifesto della nuova architettura, soprattutto dal Temanza, che ne sottolineava la singolare pianta centrale coperta da cupola. La lettura « classica » dell'edificio risulta ulteriormente favorita dall'originale pronao e dalla scalea sul Canal Grande. La particolare evidenza della collocazione, per certi versi clamorosa, ne fece subito un fuoco scenografico e un riferimento ottico irrinunciabili.

Fig. 134. Michele Marieschi, il Canal Grande tra gli Scalzi e S. Simeon Piccolo. Olio su tela. 1741. Contrapposti frontalmente, i lavori di Scalfurotto e Sardi/Longhena vengono quasi a definire graficamente la distanza tra i due momenti della cultura architettonica veneziana tra Sei e Settecento; ma l'incisione esplicita nondimeno con grande perspicacia la funzione urbana di queste due chiese affrontate che formano un ingresso (o un'uscita) al grande « corso » del Canal Grande, quasi una risposta all'altro maestoso « portale » di S. Marco e della Salute.

Fig. 135. Tommaso Temanza, chiesa della Maddalena, Venezia (a partire dal 1760). L'autore stesso definiva sinteticamente i caratteri programmatici dell'edificio: « Semplice e regolare. Le parti esterne corrispondono esattamente all'interno e le proporzioni sono musicali ». Oltre alla grande rilevanza linguistica, l'edificio presenta un originale e significativo studio per la contestualizzazione nel delicato tessuto urbano della zona. Collocato sul bordo di un canale, il piccolo tempio ne asseconda l'andamento curvilineo; isolata dalla frastagliata cortina edilizia circostante e pur divenendo subito il polo di riferimento principale per tutta l'area, la Maddalena entra in un arguto, felice rapporto dialettico con le preesistenze, a testimoniare della sottile coscienza del problema ambientale veneziano nel progettista.

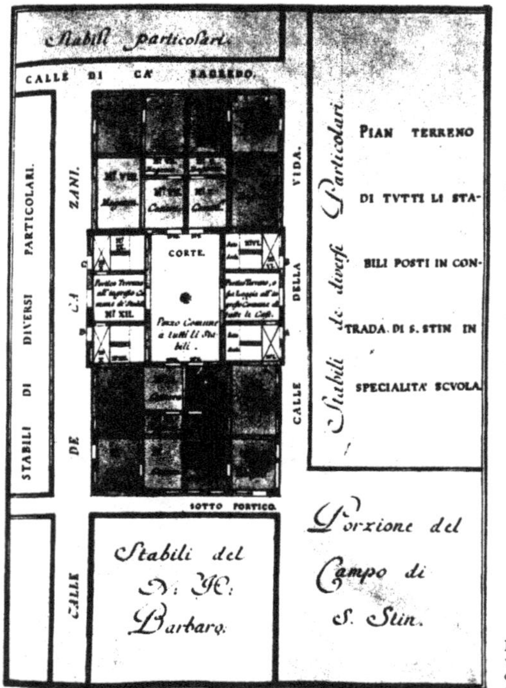

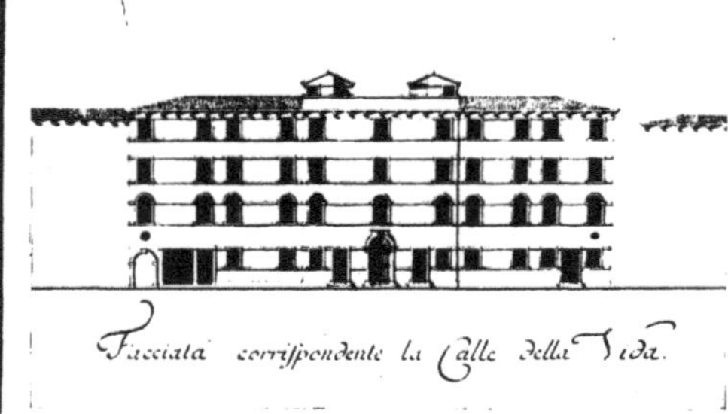

Figg. 136-137. Giorgio Fossati, « Catastico Universale di tutte le fabbriche e stabili in specialità della Veneranda Scuola di San Rocco [...] », 1770. Stabili a S. Stin: pianta del pianterreno e facciata su calle della Vida.

Figg. 138-139 (*nella pagina a fronte*). Giorgio Fossati, « Catastatico Universale di tutte le fabbriche e stabili in specialità della Veneranda Scuola di San Rocco [...] », 1770. Stabili a S. Andrea: pianta del pianterreno e facciata su calle S. Andrea.

lente, curiose o esclusive (presto sul piede d'essere distrutte o disperse in una delle più gigantesche diaspore d'arte e di cultura mai conosciute e cinicamente messe in opera) non è sicuramente separabile da quello urbano — *esterno* — che configura tradizionalmente il volto d'una città. Né se ne potrebbe ignorare la condizionante esistenza specie quando ridefinisce rapporti e concezioni spaziali, o quando *si espande* oltre i limiti delle *funzioni* e delle rappresentazioni di luoghi e realtà promiscue, trionfa nelle epopee teatrali, disegna la spettacolarità scenografica degli spazi collettivi: dai teatri alle piazze, dai ridotti ai casini, dalle vie agli interni religiosi, determinando un continuum dal quale sarebbe impossibile e improprio venir a ritagliare innaturali partizioni.

Entro siffatto contesto spetta a talune emergenze di particolare e pregnante forza evocativa di fornire i para-

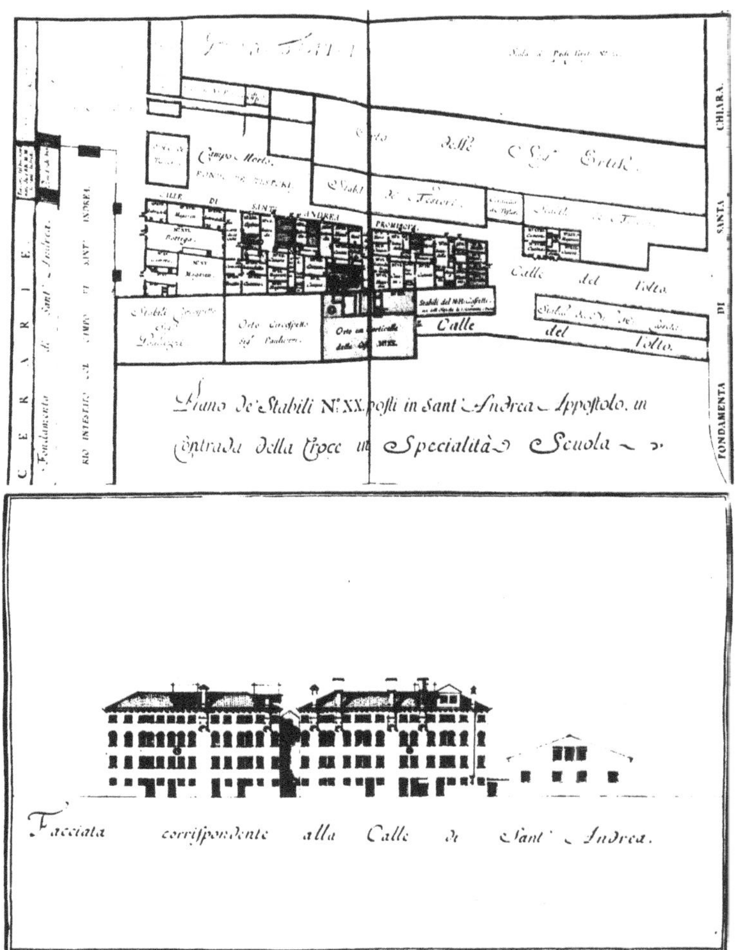
FONDAMENTA DI SANTA CHIARA
CERARIE
Calle del Volto
Calle del Volto
Piano de' Stabili N.° XX. posti in Sant' Andrea Appostolo, in
Contrada della Croce in Specialità Scuola
Facciata corrispondente alla Calle di Sant' Andrea.

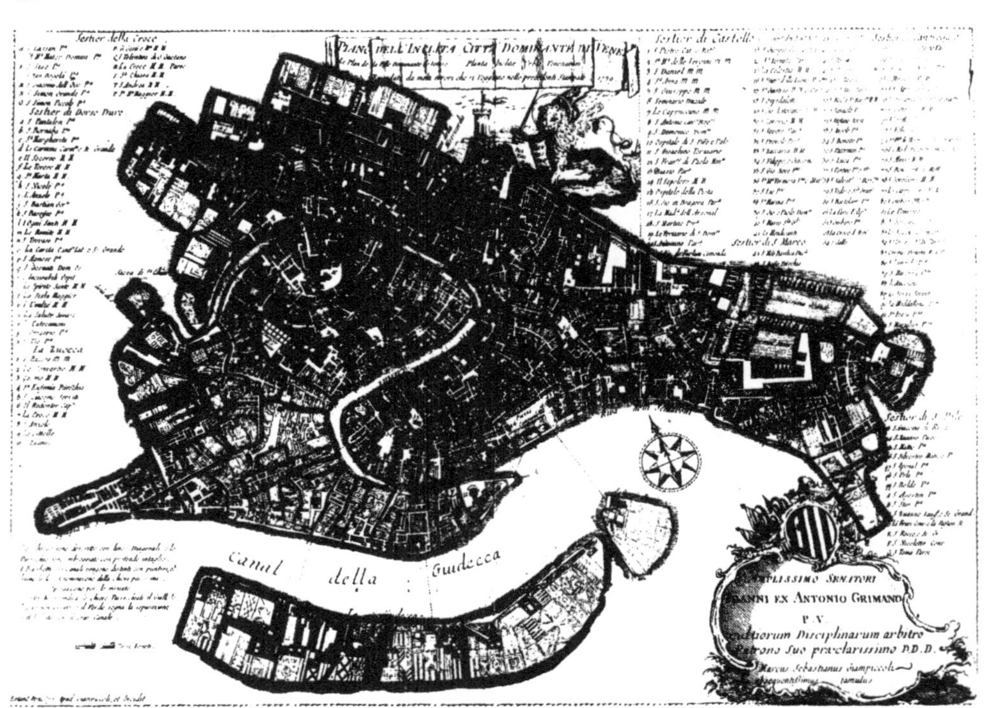

Fig. 140 [33]. Anonimo, planimetria di Venezia, 1779.

Fig. 141. Anonimo, l'incendio di S. Marcuola, planimetria e veduta, 1789. Frontespizio della pubblicazione d'occasione *Stanze sull'incendio* [...], Venezia 1789. Per la vastità e la rovinosità delle conseguenze, l'incendio di S. Marcuola rimane illustrato in numerose testimonianze iconografiche coeve. Eventi di questo tipo, per far fronte ai quali scarsamente efficaci furono i corpi dei pompieri appositamente organizzati, continuarono a segnare in termini non indifferenti le aree più fittamente edificate e popolate della città. I lavori di riedificazione, mentre favorirono un aggiornamento tecnologico e di materiali, determinarono anche ristrutturazioni più profonde dell'assetto edilizio e urbanistico.

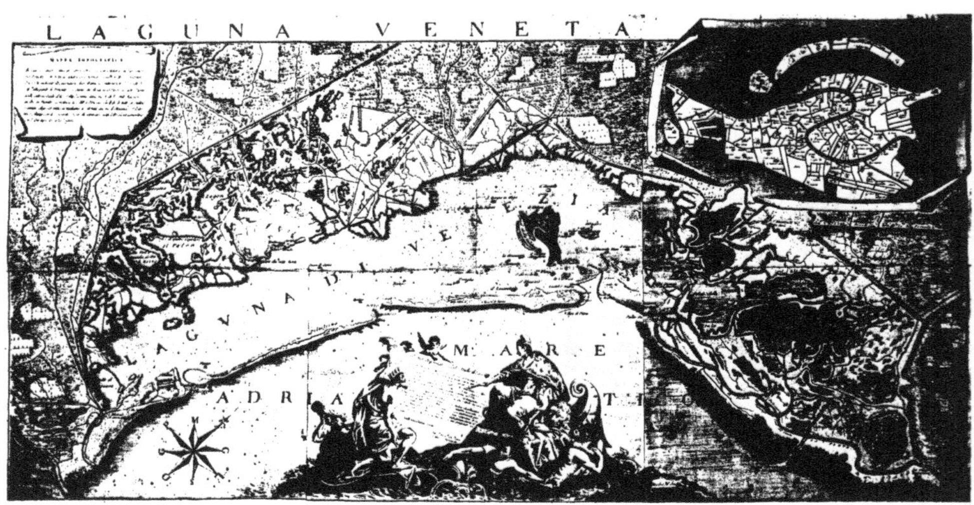

Fig. 142 [34]. Anonimo, « Laguna Veneta », 1780. Gli studi di idraulica e i problemi della conservazione dell'assetto territoriale della laguna e del suo contesto più immediato tendono a connettere sempre più strettamente, anche sotto il profilo grafico, la città e il composito sistema insulare e di terraferma che la circonda. Evidentissimo in questa mappa l'intervento antropico più radicale, il « Taglio di Brenta Nuovissima », che coincide con la stessa conterminazione del margine sud-ovest della laguna. L'allegoria in basso rimanda esplicitamente alla articolata natura dei caratteri e della potenza stessa di Venezia.

digmi di lettura o d'interpretazione delle numerose tensioni *al nuovo* e garantire altresì legittimità logica e leggibilità di messaggi a quanto poteva ancora esser considerato un sicuro ancoraggio a sperimentati campi culturali e assodati orizzonti semantici. Il che valse sicuramente a determinare gli ambiti del dibattito fisiocratico, ovvero di quello sulla riformabilità delle istituzioni statuali, e anche gli ambiti della celebre disputa teatrale, non tanto nella fittizia alternativa Gozzi-Goldoni (ché gli indizi di una ragione progressiva e « moderna » attraversano in diagonale il corpus teatrale di ambedue i commediografi) quanto nella coscienza di situazioni limite condotte a formulazioni di spettacolo ma, in realtà, in maggiore o minore aderenza a lucide o fantasmatiche visioni di incombere storici.

Dialettica che tocca l'architettura e i suoi linguaggi e che determina altresì e variamente la vita della città, in un fermento di proposte innovatrici che subito portano a un dibattito di estensione europea.

Dentro la Venezia settecentesca (città e architettura) la geometrica perentorietà di un edificio come la piccola chiesa della Maddalena — sulla quale si incrostano in evocazioni di molteplici stratificazioni i rimandi storici non meno che i manifesti teorici, la proclamazione di una ragione progettuale « laica » e moderna assieme all'ammiccante rinvio a saperi esoterici e cifrati — assume la funzione e la dimensione di un grande nodo al quale conducono tutte le più avanzate esperienze della cultura settecentesca [24]. Ma da esso contemporaneamente si irradiano, come una luce che via via espandendosi dia vita a un paesaggio accidentato di grandezze e banalità, un nuovo verbo architettonico e una non meno nuova considerazione dell'urbano. Una volta di più, comunque, la riflessione architettonica e la figura dell'architetto paiono emergere al ruolo demiurgico di giudici e costruttori della storia: giudici spietati e cinici — come il Lodoli o Piranesi — e artefici volenterosi e fattivi (come l'innumerevole schiera di quanti lavoravano a Venezia).

Capitolo undicesimo

Dalla fine della Repubblica all'unificazione del 1866: Francia e Austria

I pochi mesi democratici del 1797 furono periodo troppo breve, convulso, spontaneista perché si sia potuto inscrivere, in concreto, nella forma della città: al di là di taluni segni e di altre eloquenti, e tuttavia precarie, riappropriazioni di spazi pubblici per cerimonie o rappresentazioni di decisa qualificazione democratica [1], assai poco è dato di rinvenire [2].

Nel segno di una difficile continuità con l'epoca veneta (ad ignorare quasi la rivoluzione giacobina o, quanto meno, ad esorcizzarla) sono gli anni del primo governo austriaco [3]. Fatto nuovo appare l'inizio di un processo di degrado e di precarietà che marca con qualche insistenza il periodo. Nella gestione della realtà urbana, i fatti non paiono di emergente evidenza; e tuttavia s'impone una presa di coscienza progressiva dei problemi concreti di un organismo né elastico né, tutto sommato, in grado di rinnovarsi nella prosecuzione allentata e burocratica di una prassi gestita quasi per procura e con scarsa partecipazione.

Questo primo periodo austriaco, vissuto nell'impressione del presunto *tradimento* di Campoformido, termina con la pace franco-austriaca di Presburgo, conseguente ad Austerlitz, del 26 dicembre 1805.

L'età napoleonica

Venezia e il Veneto entrano, dal 1° maggio 1806, nel regno italico: capitale è Milano; Napoleone cinge la corona ferrea di re d'Italia; viceré è nominato Eugenio di Beauharnais. Inizia una delle avventure storiche più controverse e radicali nella vita della città e della sua struttura urbana; inizia soprattutto un'esperienza di disaggregazioni e riaggregazioni nel tessuto istituzionale, di revisione del senso, dei destini, della natura stessa di Venezia. Fu senza dubbio, quello napoleonico, il periodo della storia della città nel corso del quale con maggior pregnanza e più pericolosa spregiudicatezza si volle concepire un futuro per Venezia non ipotecato dai condizionamenti delle preesistenze; un periodo nel quale toccò primieramente ai tecnici delle grandi scuole napoleoniche risolvere un complicato rebus entro il megasistema dell'impero.

Se tutto ciò avviene certamente sotto l'impulso novatore della cultura napoleonica, va detto che l'ambiente

Fig. 143 [35]. Anonimo, proposta per una nuova divisione amministrativa di Venezia, 1797. Una differente divisione amministrativa e denominazione dei quartieri della città avrebbe ingenuamente dovuto rimandare allo spirito nuovo portato dalla rivoluzione giacobina e dalla caduta del vecchio ordine oligarchico.

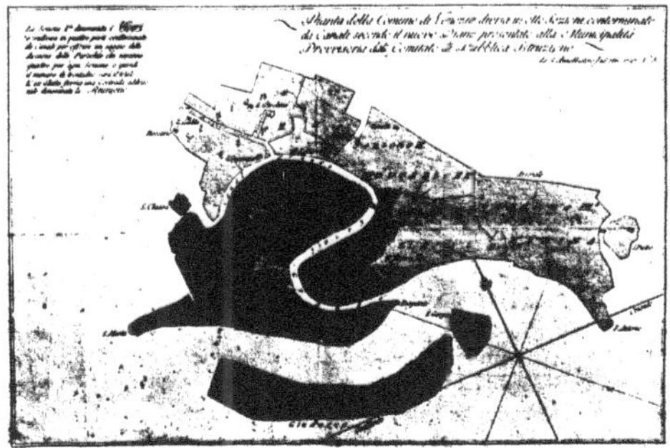

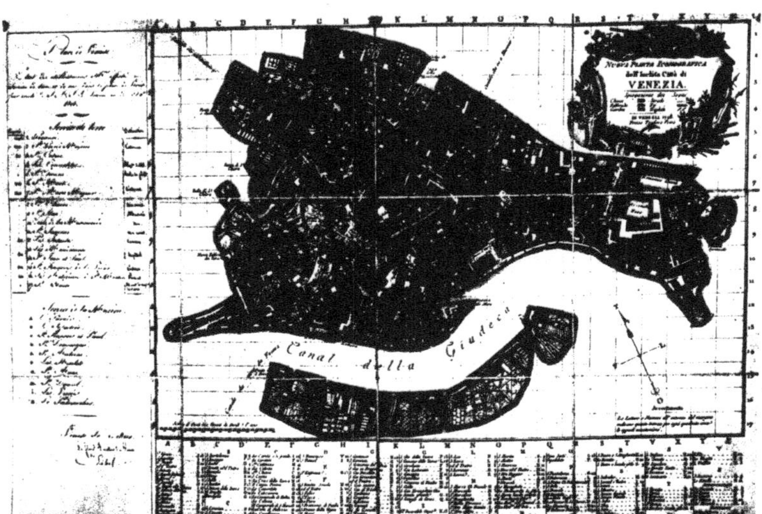

Fig. 144 [36]. Anonimo, «Nuova Pianta Iconografica dell'Inclita Città di Venezia», 1798. Sull'esemplare qui riprodotto (terza edizione di una fortunata planimetria derivata dall'Ughi) sono annotate a mano le destinazioni d'uso, prevalentemente militare, di un'ingente porzione di patrimonio edilizio storico: processo di trasformazione d'uso e di strutture che proseguirà sino ai giorni nostri.

locale offre una buona disponibilità ad accettare le sollecitazioni, anche traumatiche, che quest'esperienza comporta.

Due strumenti, uno legislativo e uno tecnico-disciplinare, sono approntati per rendere possibile la formulazione e la conseguente realizzazione di un progetto di ampio respiro: la costituzione della Commissione per l'Ornato e la promulgazione, il 7 dicembre 1807, di un corpo di provvedimenti di varia natura concernenti la città di Venezia.

L'anno esatto che intercorre tra l'annessione al napoleonico regno d'Italia e la nomina della Commissione all'Ornato è scandito dai rapporti sempre più allarmati circa la situazione economica e fisica della città, dall'invio di commissioni a Milano e Parigi, dalle ricognizioni compiute dai tecnici francesi per verificare esattamente e sotto diversi profili lo stato della città e della sua finanza [4] e, soprattutto, di quell'Arsenale la cui fama leggendaria solleticava, sopra ogni altro argomento forse, i desideri e i disegni dell'imperatore su Venezia [5].

La Commissione all'Ornato

Fatto fondamentale fu la costituzione della Commissione all'Ornato per Milano, capitale del regno d'Italia, e per Venezia, seconda città dello stesso; la Commissione veniva infatti incaricata dal sovrano della redazione di un *piano* regolatore vero e proprio:

> Le Commissioni — recitava l'art. v del decreto istitutivo — a richiesta delle rispettive municipalità, fanno i progetti occorrenti pel miglioramento simetrico de' fabbricati fronteggianti le strade; e per l'allargamento o rettifilo delle strade

Figg. 145-147. (*In alto*) Canaletto, Piazza S. Marco verso occidente. Incisione di Antonio Visentini. (*In basso, a sinistra*) Giovanni Soli e Lorenzo Santi, la cosiddetta ala napoleonica della piazza. (*In basso, a destra*) Gaetano Pinali, arco proposto per sostituire la chiesa di S. Geminiano del Sansovino sul lato ovest della piazza. Incisione.
Una delle manomissioni più clamorose in città fu quella che portò alla demolizione di edifici cinquecenteschi per dar spazio alla reggia napoleonica — e poi asburgica — a Venezia. Dietro il fatto materiale c'era tuttavia la volontà di significare inequivocabilmente l'esordio di un'epoca nuova nella vicenda storica veneziana che ha sempre avuto in Piazza S. Marco il proprio più ufficiale ed emblematico specchio.

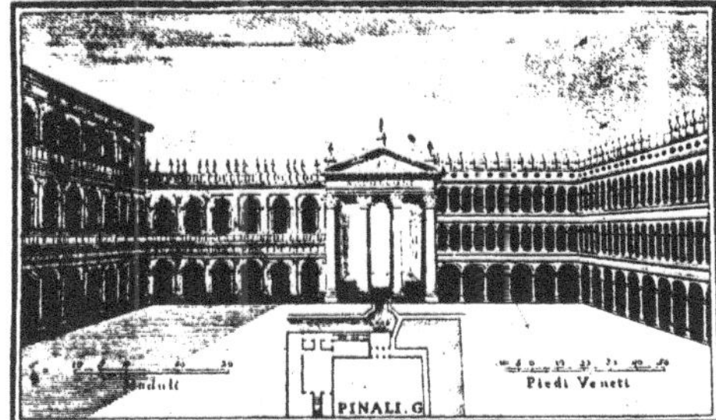

Figg. 148-149. Palazzo patriarcale in Piazzetta dei Leoni: (*in questa pagina*) situazione fino al 1835; (*nella pagina a fronte*) la fronte attuale. Altro intervento assai discusso — e avversato — fu quello per realizzare, secondo la volontà asburgica, la nuova residenza del Patriarca in Piazza S. Marco. La soluzione adottata privilegia un'impostazione tardo-neoclassica rispetto ai numerosi pastiche eclettici proposti dall'architetto e denota, nel complesso, il non spregevole livello linguistico di Lorenzo Santi.

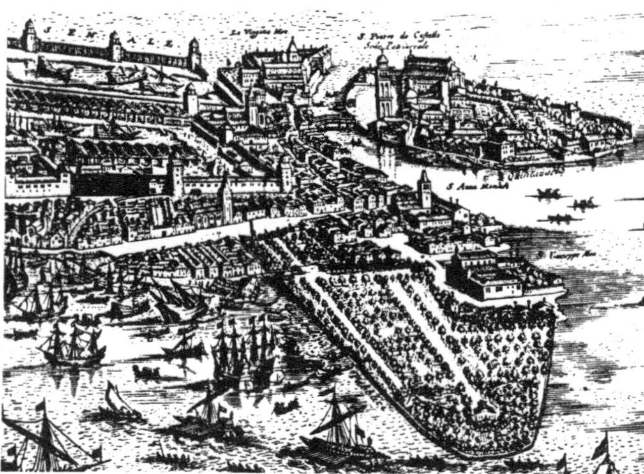

Figg. 150-151 [19]. L'estremità orientale della città nella pianta prospettica di Matteo Merian, quindi prima degli interventi napoleonico-selviani del primissimo Ottocento (*in alto*) e (*in basso*) in una edizione « corretta » che registra le demolizioni e la creazione della strada Eugenia con la copertura del rio di S. Anna.

Fig. 152 (*nella pagina a fronte, a sinistra*). Gian Antonio Selva, rilievo della punta orientale di Venezia con l'indicazione degli stabili da demolire per la creazione dei Giardini.

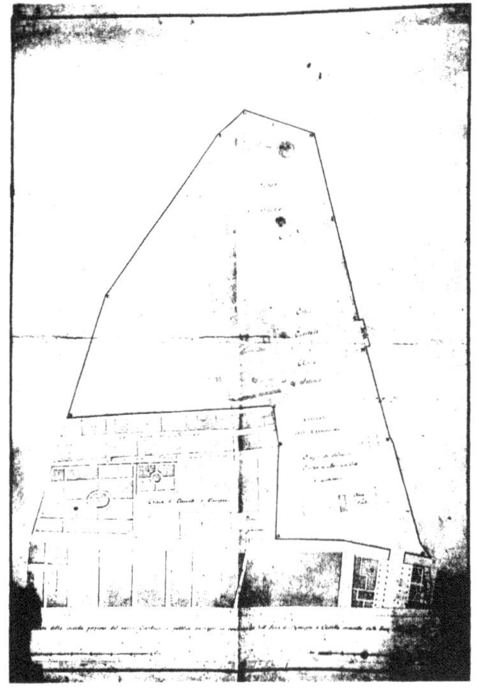

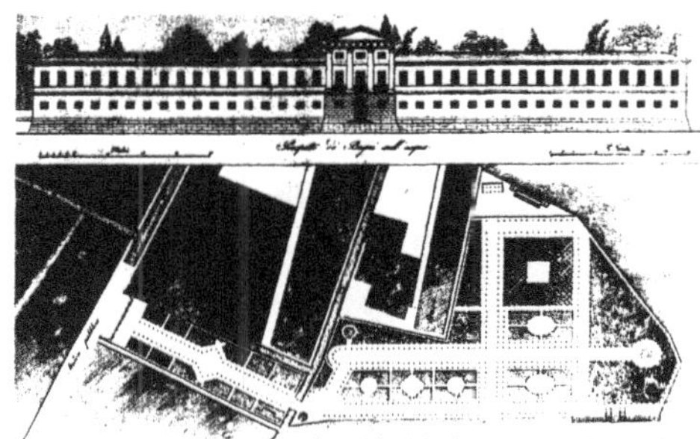

Fig. 153. I Pubblici Giardini in una tavola delle « fabbriche di Venezia » di Cicognara-Selva-Diedo. Nella parte superiore è raffigurato il prospetto dell'edificio per i Bagni Salsi che si sarebbe voluto prospiciente la laguna.

Fig. 154. Nicola Grimaldi, progetto di ristrutturazione dei Giardini Pubblici, 1867. La bella modificazione romantica del giardino selviano conserva tuttavia il grande stradone centrale che già aveva costituito l'asse viario principale della sistemazione dell'area. A fine secolo i Giardini saranno progressivamente occupati dalle strutture della Biennale.

stesse, e per la esecuzione dei progetti medesimi, dietro gli ordini della Municipalità, si concertano coi particolari [=privati][6].

Per Venezia, almeno inizialmente, non era previsto che la Commissione — subito istituita e composta da Sella, Diedo, Mezzani, Facchina e Garofoli[7] e presieduta dal podestà, conte Renier — estendesse il proprio mandato nei termini esplicitati dall'art. IV del decreto per la capitale Milano; di fatto, però, a seguito di richiesta di chiarimenti e delucidazioni inviate dalla Commissione veneziana al ministro dell'Interno, in una risposta di questi appaiono chiarissimi il senso e i poteri di tale organo:

I doveri della Commissione all'Ornato si riducono a far tracciare un piano delle Città [...] descrivendo in tal piano le linee, che debbono indicare i tagli da farsi a qualche Contrada, e gli aumenti da aggiungersi a tal altra [...]; in seguito ai delineamenti che saranno proposti, e che potranno essere addotati dalla prelodata A[ltezza] I[mperiale] i doveri della Commissione come tale cessano, e cominciano quelli dell'Amministrazione Comunale[8].

Fig. 155 (*nella pagina a fronte, in alto*). Via Eugenia (ora via Garibaldi) dal ponte della Veneta Marina.

Fig. 156 (*nella pagina a fronte, in basso a sinistra*). Gian Antonio Selva, « Cimitero Generale di Venezia [...] »: prospetto a mezzogiorno e sezioni del progetto iniziale. Disegno a penna acquarellato.

Fig. 157 (*nella pagina a fronte, in basso a destra*). Gian Alvise Pigazzi, cavalcavia a S. Francesco della Vigna.

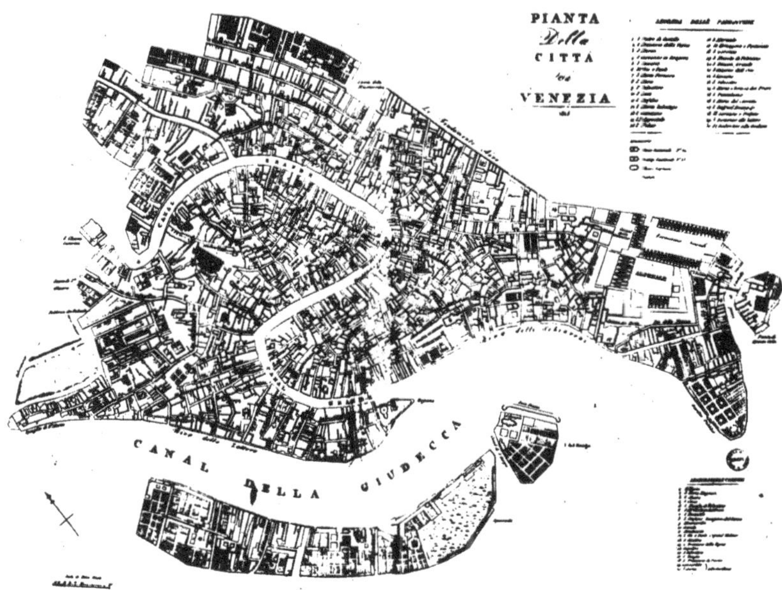

Fig. 158 [37]. Anonimo, pianta di Venezia, 1815. I giardini del Selva, l'estremità orientale della Giudecca completamente spianata, la bonifica della Sacca dell'Angelo sono gli elementi più vistosi delle modificazioni primo-ottocentesche qui documentate.

In sostanza, la Commissione dovrà esercitare funzione di controllo sulle trasformazioni di edifici con fronte pubblica; redigere una classificazione delle strade urbane e di accesso alle città[9], esprimere pareri e formulare progetti su immobili di ragione o destinazione pubblica; redigere una bozza di piano regolatore nell'applicazione dei princìpi informatori dell'urbanistica neoclassico-napoleonica; svolgere — in particolare a Venezia — funzione di tutela e salvaguardia di edifici e oggetti monumentali e storico-artistici.

La Commissione all'Ornato, tra alterne vicende, tenta di far fronte ad un così pesante carico di responsabilità; soprattutto però — e specie nella figura del suo leader Gian Antonio Selva — si sente attratta dal compito di redigere un piano di ampio respiro. È quanto testimoniato sino a noi da varia documentazione e dalle trascrizioni grafiche riportate su una copia della pianta dell'Ughi all'uopo acquistata dalla Commissione[10] e di recente rinvenuta[11].

Ma sia il disegno innovatore espresso dal piano Selva e, poi, dalla legge speciale del 7 dicembre 1807 che ne decretava il finanziamento e l'attuazione; sia la quotidiana dinamica urbana fatta di episodi minori e, talora, di gravi attentati all'integrità del composito e fragile tessuto veneziano: tutti vanno visti entro il quadro politico-economico che ha per centro Parigi e l'impero. Significativa la relazione ad Eugenio Beauharnais del maggio 1806 stesa dal commissario generale della Marina a Venezia, Bertin:

La position Topographique de Venise, placée au fond du golphe Adriatique, et les provinces qui l'entourent aussi populeuses que fertiles et particulièrement abondantes en munitions navales de tout genre doivent assurer au prince qui les possède l'empire de ce Golphe et celui de la Méditerranée. L'Arsenal de ce Port, l'un des plus complets qu'il y ait en Europe, offre toutes sortes de facilités pour construire à la fois un gran nombre de Bastimens [12].

Tale è appunto l'importanza del complesso cantieristico-militare veneziano, che si registra nei suoi confronti una sorta di spartizione dei livelli di competenza tra operatori locali e tecnici di alto e altissimo livello a Parigi: a questi toccano le decisioni sull'Arsenale, sia in dimensione militare che mercantile; sui canali di collegamento tra esso e le bocche di porto; sulle stesse capacità produttive e commerciali cittadine; agli operatori locali sono demandati, per contro, il risvolto progettuale alla scala urbana, gli studi, la redazione di programmi e la loro diretta gestione in quest'ambito.

La « legge speciale » del 1807, il « piano » di G. A. Selva e la politica napoleonica

Il decreto napoleonico datato 7 dicembre 1807 [13] comprendeva misure concernenti il territorio e l'assetto idrogeologico, redistribuzioni amministrative, provvedimenti di natura economica, istituzione del porto franco, ristrutturazione e sistemazione di tutto l'apparato ecclesiastico. Venezia città è interessata direttamente per quanto concerne i confini del suo dipartimento, le sue fonti di rendita, il porto, il litorale e l'Arsenale, la realizzazione di alcune opere pubbliche (il cimitero generale, l'ospedale degli infermi, i Giardini pubblici di Castello, la prosecuzione della Riva degli Schiavoni, la passeggiata con giardino alla estremità orientale della Giudecca), la costituzione della Congregazione di Carità, l'istituzione del porto franco a S. Giorgio. Si aggiungano a ciò i rimaneggiamenti in corso o previsti sull'area marciana (palazzo Reale, Giardino, Biblioteca, palazzo Ducale ecc.), la scelta dei locali per la Casa di Forza e quella d'Industria e per le sedi delle numerose caserme e uffici pubblici e, ultima — ma non per importanza —, la quotidiana opera di conservazione, adattamento e trasformazione di tutto l'organismo urbano: dallo scavo dei canali alla ricostruzione dei ponti e delle strade, alla salvaguardia di oggetti monumentali. Avremo, anche solo da quest'elenco, idea della dimensione e della complessità di un rapporto con la città che si configura come un pregnante e impegnativo dialogo con la storia materiale di un luogo e, insieme, come un contrastato intreccio ideologico con le sue proiezioni nella cultura popolare e dotta.

Se la linea di fondo di tutto il piano napoleonico è costituita dalla rivalutazione dell'attitudine portuale della città e, in ciò, dalla funzione assolta dal binomio Arsenale-Bacino S. Marco, è possibile elencare, anche in dettaglio, luoghi e modalità d'intervento sulla struttura urbana e sulla sua forma. Ne delineiamo qui di seguito i tratti emergenti.

Creazione dei Giardini a Castello [14] con la demolizione di un articolato complesso di preesistenze storiche di prevalente carattere ecclesiastico e assistenziale. Questo giardino fu progettato da Gian Antonio Selva quale parco pubblico e disegnato, però, secondo uno schema geometrico di giardino all'italiana (tranne l'estremità orientale, la pittoresca « motta » di S. Antonio). Il parco prevedeva, oltre a una ricca serie di attrezzature di contorno (scuderia e rimesse, ristorante, tempietto ecc.), anche un grosso edificio ad uso balneare sulla fronte-Bacino, ma questo, come tutte le altre costruzioni in progetto — oltre a quelle già ricordate si parlò anche di un mercato e di un macello — non fu realizzato. Non passeranno però molti anni che si ricomincerà a parlare di insediamenti balneari.

Il collegamento tra tali Giardini e il rimanente della città doveva essere assicurato da un prolungamento della Riva degli Schiavoni, cioè della banchina mettente da S. Marco a S. Biagio; ma Selva preferì attuare altra soluzione: creare cioè una linea di collegamento interna, coprendo un canale — quello di S. Anna di Castello — e collegandolo al Giardino tramite un grande viale alberato. Questa scelta gli consentiva, rispetto al prolungamento della Riva, di non espellere la serie di cantieri navali in affaccio sul Bacino tra S. Biagio e il rio di S. Giuseppe [15].

L'isola di S. Giorgio veniva dichiarata porto franco: di conseguenza si costruivano magazzini, depositi e alloggiamenti per gli addetti. In più si dava vita a una darsena con l'erezione di un molo e due torrette-faro alle estremità (su progetto Mezzani-Venturelli).

Altro grande parco era previsto per tutta la vasta area della estremità orientale della Giudecca, dalla zona delle Zitelle fino alla Punta di S. Giovanni. Su questi terreni, già per altro assai ricchi di verde, il giardino avrebbe dovuto combinarsi con una grande piazza d'armi per parate ed esercitazioni: acquistati i terreni e demolite le preesistenze, difficoltà finanziarie impedirono però, ormai negli anni austriaci, di procedere oltre.

Lavoro immediatamente messo allo studio e rapidamente realizzato fu quello per la costruzione del cimitero generale della città nell'isola di S. Cristoforo. Anche in questo caso è Gian Antonio Selva ad elaborare successive redazioni del progetto fino a quello definitivo, semplice e quasi dimesso [16]. Questo della concentrazione in un unico sito, fuori dal centro abitato, del cimitero, è un elemento che viene a modificare la tessitura stessa della maglia urbana: le numerose aree destinate a sepoltura in contiguità delle chiese diventano pressoché automaticamente terreni assai « deboli », presto, infatti, coinvolti in modifiche viarie o in trasformazioni di immobili.

Fondamentali sotto ogni riguardo sono, poi, gli effetti sulla stessa struttura urbana della politica napoleonica nei confronti delle organizzazioni ecclesiastiche e dei loro beni: trasformazioni nel numero e nei confini delle parrocchie (portate da 72 a 40 e poi a 30); concentrazioni di conventi e case religiose; requisizioni e vendita di beni mobili e immobiliari [17]. Il più delle volte tali operazioni hanno come finalità l'attivazione di servizi urbani di notevole importanza, sottratti al controllo delle autorità religiose e fortemente caricati di valenze civili laiche: ospedali militare e civile, casa di lavoro, carceri, archivi, ginnasio-liceo, accademia di belle arti; ma anche — e sarà questa tendenza ancora accentuata dagli austriaci — caserme e magazzini militari. La vasta, potente, articolata, ricca maglia di conventi e di « scuole », confraternite e opere pie stesa fittamente su tutto il corpo della città storica viene lacerata in termini tali che il ripristino ne risulterà impossibile — oltre che inattuale — anche alle restauratrici volontà absburgiche.

Si è fatto cenno all'Arsenale, al porto e ai canali che li mettevano in comunicazione. Gli anni napoleonici attivano un vasto processo — interrotto solo dal blocco navale posto dagli alleati antinapoleonici alla città — di revisione di tale sistema: riforma dell'Arsenale con l'ammodernamento degli scali e dei cantieri e l'apertura di una porta nuova sull'angolo nord-est. Da qui un profondo canale avrebbe consentito ai navigli di ampia stazza di raggiungere le bocche di porto e, soprattutto, quella di Malamocco, rinnovata totalmente con la costruzione di due enormi dighe marmoree che avrebbero garantito la navigabilità alla bocca e ampliato considerevolmente la profondità dei passi [18].

Anche questo complesso di provvedimenti (cui vanno aggiunti quelli, connessi, per le bocche fluviali contigue alla laguna e la definizione di un vasto programma di lavori su tutto il territorio circostante) non sarà abbandonato dopo la caduta di Napoleone e il passaggio della città all'area dell'impero austro-ungarico; talvolta, anzi, se ne amplieranno modalità ed effetti.

Il Catasto napoleonico

Di tutto questo lavoro esiste una parallela attività preparatoria e accompagnatoria che ne rende possibile l'attuazione e ne determina talora gli esiti: si tratta delle operazioni per la compilazione del Catasto urbano e di quelle per il censimento della proprietà ecclesiastica e affini. Ciò comporta un immane sforzo di catalogazione, rilevazione scientifica, riduzione grafica di una grossa percentuale di materiale urbano; e significa, ovviamente, la definizione di un rapporto col corpo materiale della città o con vaste parti di essa, non più e non unicamente rivolto alla determinazione del reddito.

Anche sotto il profilo cartografico la compilazione del Catasto urbano (1808-1811) è un evento di assai vasta portata: non solo come dato di conoscenza bensì anche — e fondamentalmente — come dato d'interpretazione e di potenziale trasformazione della realtà veneziana; per la prima volta ci troviamo davanti a una trasparente immagine complessiva della città al livello del piano stradale, priva di qualsivoglia tentazione prospettica come anche di ogni benché minimo accenno al pittoresco.

La secchezza del disegno (talora sciatto e addirittura approssimativo, come per alcuni edifici monumentali) e la stessa stringatezza dei numeri apposti su ogni singola parcella di immobile o di scoperto; le graffe che collegano cortili, giardini e orti ai rispettivi edificati; le lettere poste su chiese, edifici del governo e pubblici; i pochi nomi parzialmente distribuiti su alcune entità dotate di autonoma evidenza; tutto questo ricondurre lo spessore storico della città a reticolo strettamente bidimensionale, semplificarne la forma complessiva e dei singoli elementi in alzato a profilo muto, lasciare al di qua e al di là delle linee la indeterminatezza del non cono-

Fig. 159. Anonimo, laguna di Venezia, 1818. Incisione. Particolare con Venezia e il Lido. Evidenti i grandi lavori avviati dai francesi per le dighe di S. Nicolò e Malamocco, giunte a compimento nei successivi decenni ad opera dell'amministrazione asburgica. Le modificazioni apportate con la realizzazione di queste ingenti opere (non casualmente messe in relazione con i vecchi settecenteschi «ciclopici» Murazzi veneti) toccarono sopra ogni altro elemento conformazione, dimensione e mantenimento delle bocche portuali e incisero nettamente sulla praticabilità dello scalo militare e commerciale veneziano da parte dei navigli di ingente stazza.

Figg. 160-165 (*nella pagina a fronte*). Dall'alto in basso a sinistra, tavole 19, 26 e 21 del Catasto napoleonico, 1808-1811; dall'alto in basso a destra, tavole IV, IX, VII del Catasto austriaco, 1838-1842: le due serie di tavole mettono a confronto rispettivamente la zona di S. Marco, i Giardini a Castello, l'Arsenale.
Il Catasto napoleonico è il primo catasto generale corredato di tavole grafiche compiuto sulla città; ad esso si rifaranno anche le successive rilevazioni catastali sia cartografiche che di classificazione urbana. Le informazioni che tale elaborato fornisce, sia nella prima redazione che nelle successive edizioni, risultano, ad ogni aggiornamento, in tutta la loro vastità e dettaglio, anche al solo confronto fra zone e parti di città.
Si considerino le tavole qui riprodotte: spicca nell'area marciana la situazione della cosiddetta «ala napoleonica», presentata nel napoleonico come già realizzata secondo il mai compiuto progetto dell'Antolini; singolare attenzione riserva l'austriaco ai due giardini, di Castello e Reali a S. Marco, assunti ad emblematico segno della cura riservata alla città (ancorché decretati e realizzati in parte sotto il precedente regime). Anche l'Arsenale mostra di essere pervenuto, negli anni austriaci, a una compiuta ristrutturazione e precisa destinazione d'uso nelle sue varie parti. Sempre nella tavola dell'Arsenale compare la grande via (Eugenia e poi Nuova dei Giardini) ottenuta da Gian Antonio Selva con la copertura del rio di S. Anna e destinata a mettere in comunicazione la nuova e vasta area di verde pubblico con l'ultimo tratto della Riva degli Schiavoni.

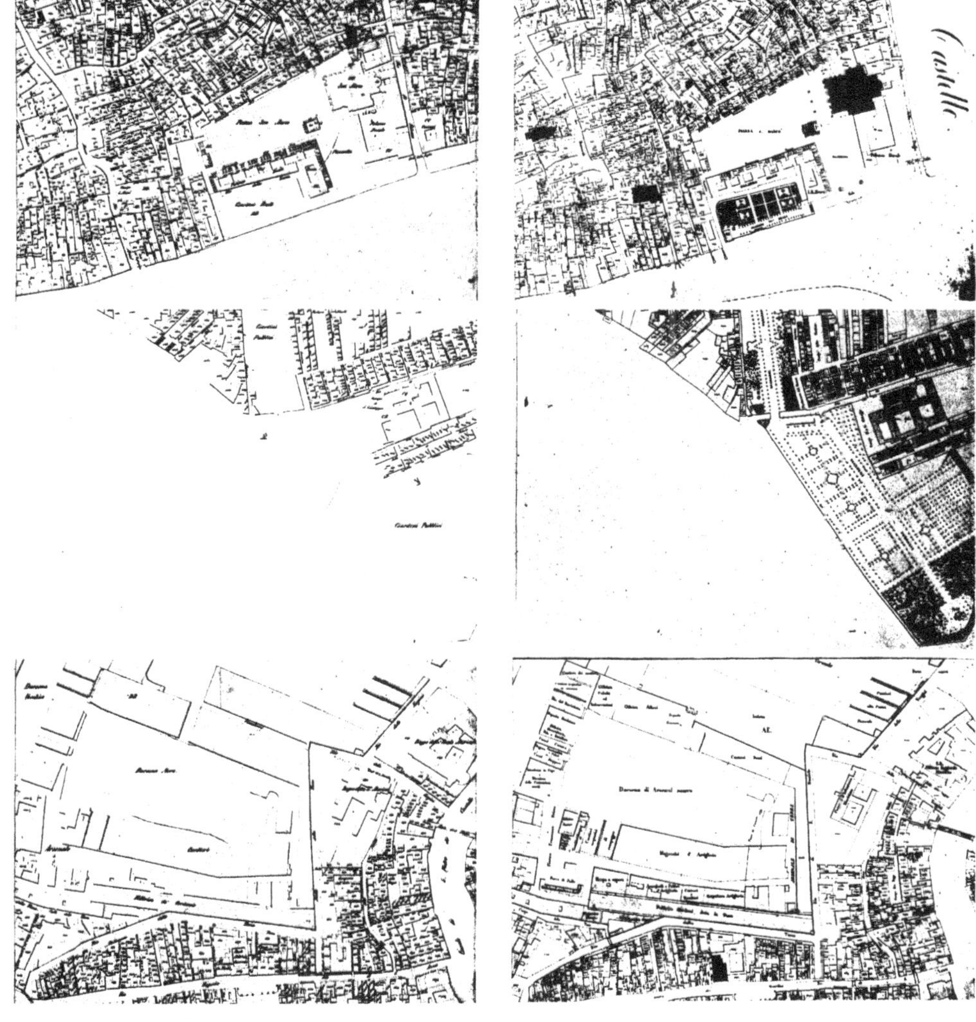

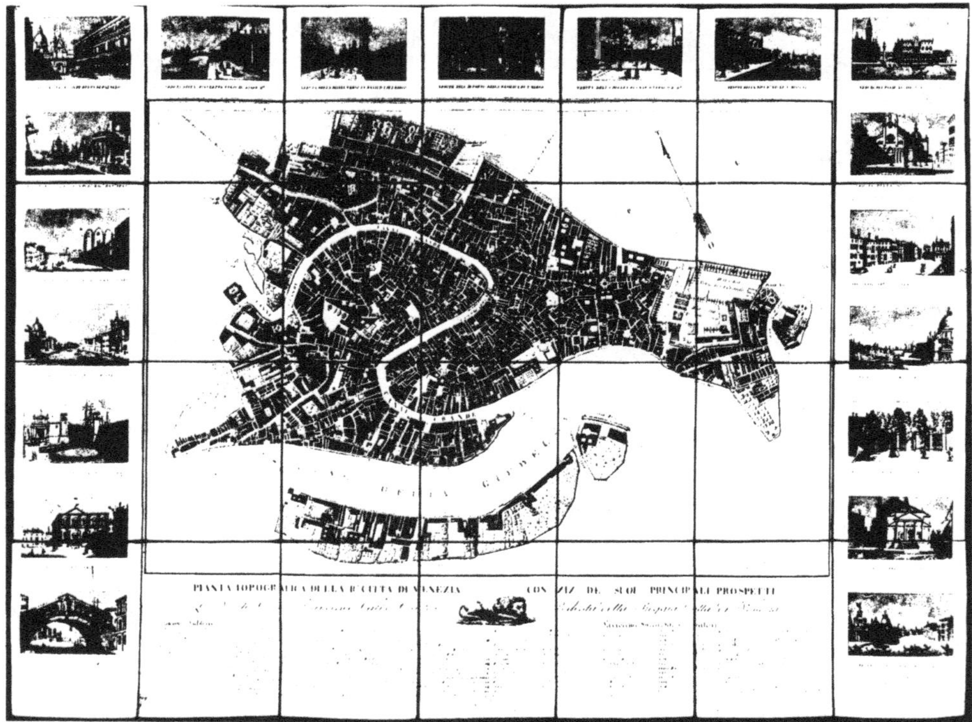

Fig. 166 [38]. G. A. Sasso, « Pianta topografica della R.a Città di Venezia [...] », 1818-1827. La forma esterna e l'interna articolazione del tessuto cittadino risultano connesse inscindibilmente ai « ricordi » monumentali e ai siti artistici.

Fig. 167 [39] (*nella pagina a fronte, in alto*). Carol Lose, « Prospetto Generale » da S. Giorgio, 1830 ca.

Fig. 168 (*nella pagina a fronte, in basso*). Antonio Lazzari, « Veduta Panoramica componente un assieme di alcuni più cospicui Edifizi di Venezia », 1830 ca. Incisione. Gli « edifizi » sono, da sinistra a destra: « 1. Dogana da Mare; 2. Tempio di S. Maria della Salute; 3. Campanile di S. Pietro di Castello; 4. Palazzo Grimani; 5. Palazzo Vendramin Calergi; 6. Campanile di S. Giorgiò Maggiore; 7. Palazzo detto dei Camerlinghi; 8. Ponte di Rialto; 9. Fondaco dei Tedeschi; 10. Campanile di S. Giovanni Elemosinario di Rialto; 11. Pubbliche Prigioni; 12. Palazzo detto la Ca' D'Oro; 13. Palazzo Cornaro a S. Maurizio; 14. Monumento Colleoni; 15. Campanile dei SS. Apostoli; 16. Tempio di S. Simeone Minore ».
Il « mostro » scenografico creato da A. Lazzari (del resto, espediente non isolato nel genere: basti pensare alle varie composizioni fantastiche pre-canalettiane) riassume in termini assai eloquenti la natura esemplare della storia architettonica cittadina in una scelta antologica di modelli e di vertici artistico-monumentali. Nel porsi quasi ad alternativa rispetto alle puntuali e « complete » rassegne di edilizia cittadina (cfr., più avanti, figg. 175-178, le tavole del Canal Grande di Dionisio Moretti), la veduta di Lazzari rivela la spiccata destinazione turistico-amatoriale, per altro di non spregevole qualità grafica.

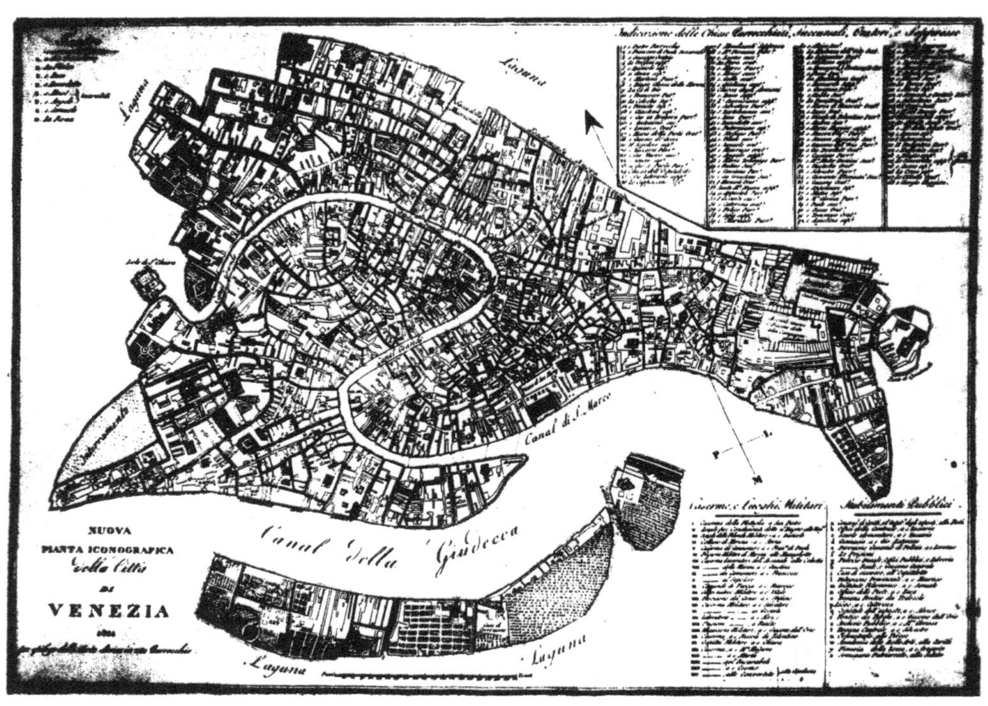

Fig. 169 [40]. Giambattista Paganuzzi, « Nuova Pianta Iconografica della Città di Venezia », 1821. Incisione di G. Vittorio Pasquali.

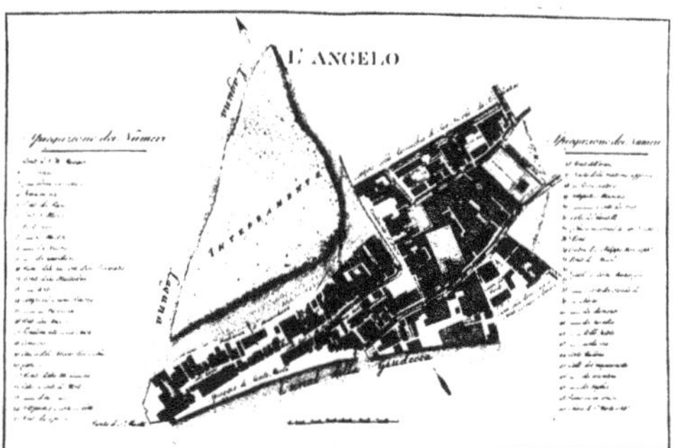

Figg. 170-173 [41]. Giambattista Paganuzzi, le parrocchie dell'Angelo Raffaele, di S. Nicola da Tolentino, di S. Geremia e di S. Pietro di Castello. Incisione di G. Vittorio Pasquali. Grazie alla scala adottata per le tavole delle varie parrocchie della città, Giambattista Paganuzzi fornisce una considerevole massa di informazioni su ogni angolo di Venezia. In effetti le trasformazioni, sia di considerevole mole che di più minuta e diffusa portata, iniziano proprio a partire dai primi anni '20 per infittirsi e moltiplicarsi poi nei decenni successivi.

sciuto o dell'indifferente e indifferenziato sottintende e presuppone che altre chiavi di lettura, oltre alla semplice fruizione delle forme, consentono di decifrare l'enorme graffito: e, in realtà, i numeri rimandano a sommarioni, registri, indici e anagrafi che costituiscono la vera « tridimensionalità » di un catasto. E presuppone anche che si sia pienamente compiuta una profonda operazione di riduzione culturale alle specifiche ragioni, normative e poteri che hanno voluto quella particolare rappresentazione dell'organismo urbano. Infine: il rimescolamento di funzioni, usi, destinazioni delle varie parti di città si appoggia senza ostacoli ad un tessuto normalizzato e pienamente omogeneizzato — almeno in sede grafica — piuttosto che navigare pericolosamente tra emergenze storiche e « monumenti ».

Alcuni indizi sono tuttavia rivelatori della natura fortemente ideologica di questa operazione: le tavole del Catasto ci mostrano come già eseguiti gli interventi appena decretati da Napoleone (che sono invece ancora in fase di studio ed elaborazione o, al massimo, da poco iniziati). Questi sfondamenti verso il futuro compiuti dai tecnici del Catasto, rispetto al rigore logico che presiede al lavoro di restituzione dell'esistente, sono il segno dell'immediata e non casuale messa in crisi di una parte dei fondamenti dell'operazione catastale.

Altrettanto nuova e non meno efficace risulta la compilazione, nel 1809-1811, della grande pianta della laguna sotto la direzione del francese, capitano del genio, Augusto Denaix « appoggiata su accurate osservazioni astronomiche, triangolazioni, rilievi topografici, scandagli, osservazioni mareometriche » [19]. La *Carta Topografica Idrografica Militare della Laguna di Venezia* del Denaix è un fatto rilevantissimo sia sotto il profilo tecnico, cartografico e di rappresentazione scientifica del territorio [20], sia perché strappava, alla pur relativa aleatorietà della pratica e alla chiusura di un sapere trasmesso corporativamente [21], le possibilità di conoscenza, confronto e intervento sul complesso lagunare, per affidarle al nuovo e progressivo ambito delle tecniche disciplinari.

Una reggia in Piazza S. Marco

Un ultimo grande tema viene trattato dal governo napoleonico: quello aulico, rappresentativo, che ha il suo momento più impegnativo e problematico nella profonda riscrittura avviata per il composito sistema di Piazza S. Marco [22].

« Violata » la sacralità religiosa e civile della grande *platea Sancti Marci* già con l'innalzamento dell'Albero della libertà nel maggio del 1797, anche la stessa compatta e continua storicità del « cuore » di Venezia viene sottoposta a revisione sotto il governo napoleonico: il viceré Eugenio Beauharnais decide infatti di dar vita al palazzo Reale nel complesso sansoviniano, scamozziano e longheniano delle Procuratie Nuove; ma decide altresì di approntargli un accesso trionfale con la costruzione di uno scalone d'onore e di locali di rappresentanza degni della nuova destinazione.

Messa in crisi tanto risolutamente l'integrità del complesso marciano, un'intera serie di cantieri si apre a modificare in vari siti quanto ricevuto dai secoli precedenti. Gli effetti di più profonda incidenza sono: 1) la rottura della continuità funzionale di quest'apparato nei confronti dell'intero contesto veneziano: demolizione dei granai gotici sul Molo, creazione dei giardinetti « reali », interruzione del passaggio dal Molo al *fontego* delle farine con la trasformazione di un ponte (quello presso la Zecca) in belvedere e la chiusura di un altro, allontanamento della pescheria e di varie attività commerciali; 2) la revisione formale dell'intero assetto ed equilibrio della Piazza: demolizione della chiesa sansoviniana di S. Geminiano, in fronte alla basilica di S. Marco, e di un tratto delle Vecchie Procuratie, sfondamento della parete ovest e messa in comunicazione diretta della Piazza verso la direttrice di S. Moisè, revisione della stessa parete minore est, a fianco della basilica, e successiva edificazione della nuova sede del patriarcato; 3) rimescolamento profondo della assodata semanticità delle parti del complesso; marginalizzazione di palazzo Ducale (che ospiterà la Biblioteca Marciana, la Borsa, la Camera di Commercio e altri uffici); esaltazione delle Procuratie Nuove (come si è visto, divenute palazzo Reale e sede del governo), erezione della basilica a cattedrale (funzione sino ad ora assolta dalla decentratissima sede di S. Pietro di Castello), trasformazione della libreria di S. Marco in appartamenti privati del viceré. Una statua di Napoleone, in Piazzetta, sembra compendiare, questa volta in termini addirittura ingenui, il desiderio di dichiarare, anche otticamente, quale fosse il perno politico del nuovo ordine.

Salvo quanto troppo esplicitamente riveli la matrice

francese e napoleonica, il successivo governo accoglierà tali indicazioni, spesso anzi dilatandone la portata: giardinetto belvedere e Kaffeehaus; palazzo patriarcale; scalone e luoghi di rappresentanza e salone da ballo; utilizzo di palazzo Ducale.

Quasi sicuramente attratta, per modalità di rappresentazione, dalle tavole del Catasto napoleonico, può considerarsi la *Pianta della Città di Venezia* del 1815, quindi redatta nel momento di passaggio tra l'ordine napoleonico, la Reggenza del governo provvisorio del principe di Reuss-Plauen, l'annessione all'impero d'Austria e la proclamazione del Lombardo-Veneto. Singolare che, oltre all'elenco delle 30 parrocchie, la legenda riporti soltanto quello delle caserme: quasi a sottolineare la non felice condizione della città. Se il mancato uso del tratteggio allinea su un unico livello pieni e vuoti della struttura cittadina, è, al contrario, riservata cura affatto particolare alla delineazione dei maggiori giardini, sia quelli pubblici di Castello che i molti privati sparsi in tutta la città.

I dati nuovi che vi si possono leggere riguardano la darsena del porto franco a S. Giorgio; la spianata della Giudecca dove si sarebbero dovute realizzare la « Grandiosa passeggiata » e la piazza d'armi (vera e propria « terra bruciata » di vastissime dimensioni); l'interramento in alto della Sacca dell'Angelo, a occidente tra la Punta di S. Marta e la fabbrica tabacchi.

Gli anni austriaci: crisi e benessere

Al governo del napoleonico regno d'Italia subentrarono, dal 1814, l'Austria e il regno Lombardo-Veneto [23]. Reintegrata nel ruolo di capitale (al pari di Milano) e gratificata dal recupero di opere d'arte da poco portate a Parigi (la cerimonia per l'arrivo della quadriga bronzea sul pronao della basilica segna emotivamente una sorta di « ritorno all'ordine »), la città tuttavia conosce, almeno fino alla metà degli anni '30, uno dei periodi più tragici della sua storia: l'interruzione prolungata dei rapporti commerciali con le tradizionali piazze mediorientali, i danni bellici, l'isolamento rispetto alla terraferma, la flessione demografica, la fine dell'attività cantieristica, la decadenza di numerose famiglie patrizie, tutto contribuisce a comporre un quadro allarmante dell'intera situazione, per altro accentuata dall'esplicito privilegiamento dell'Austria per il porto di Trieste e per l'arsenale di Pola [24].

Solo lentamente, e grazie a un sostanziale assestamento degli equilibri politici europei e a una maggiore attenzione del governo ai problemi lagunari, si registra una fase di ripresa che proseguirà senza interruzioni fino alla « rivoluzione » del 1848-1849 [25].

È un periodo denso di novità anche per quanto concerne l'urbanistica veneziana: minor tensione civile che negli anni del regno d'Italia ma un lavorìo più assiduo, capillare, continuo, che si esplica innanzi tutto nell'incremento del processo, già avviato sin dal primo Ottocento, di pedonalizzazione della realtà cittadina a scapito dei collegamenti e della viabilità basati sulla maglia acquea [26]; e poi anche nella estensione dei servizi urbani, tuttavia essi pure in diversa accezione che nella precedente esperienza: spesso affidati per realizzazione e gestione in appalto a privati, sovente qualificati più quali naturali estensioni delle « comodità » del vivere borghese che come presenze significative — laiche e civili — sul territorio. Un tipico esempio è la vicenda dei teatri che da palestre didattiche sempre più si trasformano in luoghi di trattenimento salottiero (ma le rivoluzioni romantiche ne riscatteranno presto le origini). Altra linea portante dell'urbanistica di questi anni è data dalla ripresa dei lavori del sistema porto-Arsenale: l'avvio della grande diga di Malamocco e della controdiga di Pellestrina, la costruzione dei fari, l'affidamento di commesse militari ai cantieri dell'Arsenale ecc. Infine, i fattori forse di maggiore importanza dell'urbanistica veneziana ottocentesca: la costruzione del ponte ferroviario translagunare (1842-1846), le cui conseguenze, dirette o indirette, segnano profondamente tutta la storia successiva della città, e il collegamento stabile con la terraferma e Milano grazie alla strada ferrata ferdinandea.

La stessa attività di rappresentazione cartografica rimane assai influenzata, dal progetto prima e dalla costruzione poi, del grande manufatto del ponte. Già prima della sua realizzazione le diciture avvisano che l'area tra la chiesa di S. Lucia e l'isoletta di S. Chiara è destinata alla bonifica per la testata del ponte e la Stazione ferroviaria. Ancora: il capolavoro della cartografia veneziana dell'Ottocento, la pianta di Bernardo e Gaetano Combatti (1846 e 1855), riporta la situazione di quella zona a lavori in corso e, successivamente, grazie a un'aggiunta sagomata, a lavori finiti.

L'avvio di una florida attività turistica — che con la nascita di musei e l'apertura al pubblico di raccolte private vuol sottolineare la valenza culturale e artistica di tale corrente di traffico ma che, con il continuo moltiplicarsi di alberghi, locande, ristoranti e attrezzature ricettive, mostra l'aspetto commerciale del fenomeno — favorisce la redazione di *guide* e di piante della città, destinate appunto al turista per orientarsi nella città dedalica o per costituire ricordo, souvenir. Dal recupero di vecchi rami frettolosamente aggiornati al disegno e incisione di nuove planimetrie, vedute, panorami, che vengono ad avvalersi delle recenti tecniche litografiche, un florido mercato prende le mosse sin dal terzo decennio del secolo, innestandosi tuttavia su una radicata tradizione.

Oltre alla « scientifica » oggettività delle mappe del Catasto napoleonico (ma si è visto che il valore informativo dell'elaborato era tuttavia altissimo e rimane per noi prezioso ben oltre la semplice e meccanica rilevazione del geometra!), alcuni lavori restituiscono, con grande efficacia e precisione, la *forma* di Venezia a intervalli quasi regolari nel tempo: in particolare la pianta (1821) inserita nella descrizione del Paganuzzi delle 30 parrocchie di Venezia, scomposta appunto per circoscrizioni religiose, ma dotata di un felice quadro d'unione ricco di indicazioni e rimandi; quella di Marco Perissini del 1841; soprattutto quella, già citata, dei Combatti: la ricchezza dei dettagli, dei rimandi, dei toponimi unita alla considerevole qualità grafica di questi elaborati ne fanno fondamentali strumenti di conoscenza sotto molti riguardi della Venezia ottocentesca.

L'urbanistica veneziana del medio Ottocento

Al raffronto di queste successive cartografie le modificazioni urbanistiche si evidenziano: il vasto interramento della Sacca dell'Angelo, sopra S. Marta, completato già dai primi anni '20; la sparizione di alcuni canali interni trasformati in strade (alla Carità, a S. Leonardo, dietro Piazza S. Marco alle *colonnette*, ai Frari, a S. Silvestro ecc.); il raddoppio del cimitero di S. Cristoforo con l'unione di quest'isola a quella di S. Michele; la realizzazione del nuovo e moderno macello a S. Giobbe; l'evidenziarsi, per piccoli e medi interventi stradali, di un percorso pedonale anulare tra S. Marco, S. Stefano,

Figg. 174-178. Dionisio Moretti, (*qui sotto*) « Corso del Canal Grande di Venezia » e (*nella pagina a fronte*) quattro delle quarantasette tavole che illustrano tutto il profilo delle due fronti del Canale. Dal volume di Antonio Quadri, *Il Canal Grande di Venezia*, Venezia 1828-1829, con incisioni di D. Moretti.

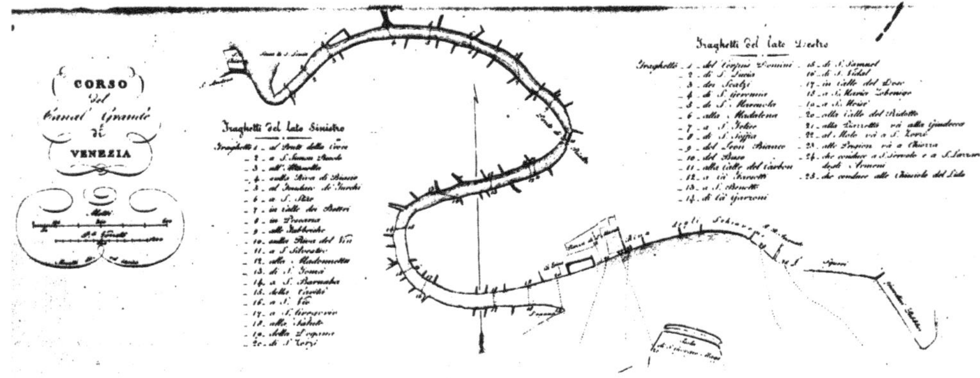

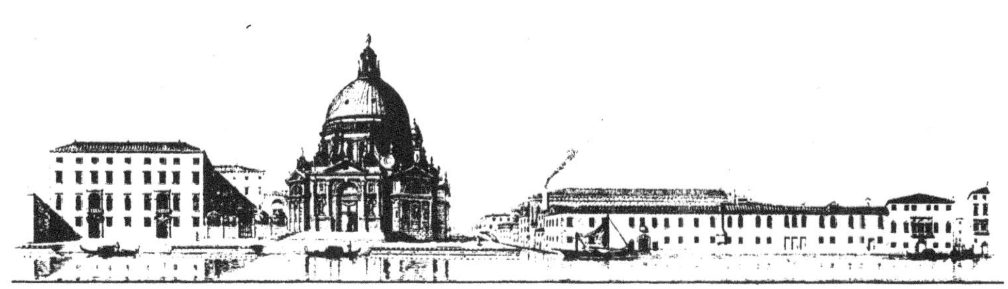

PROSPETTO
di
VENEZIA

Fig. 179 [42]. Giambattista Garlato, « Pianta della Regia Città di Venezia e sue Isole vicine », Venezia 1838.

Fig. 180. Giuseppe Bertoja, veduta di Venezia da dietro le isole della Giudecca e di S. Giorgio, 1830 ca. La litografia illustra il progetto di G. Biondetti Crovato per l'arrivo della linea ferroviaria a S. Giorgio, dopo l'attraversamento del canale per Fusina e lungo il margine sud della Giudecca.

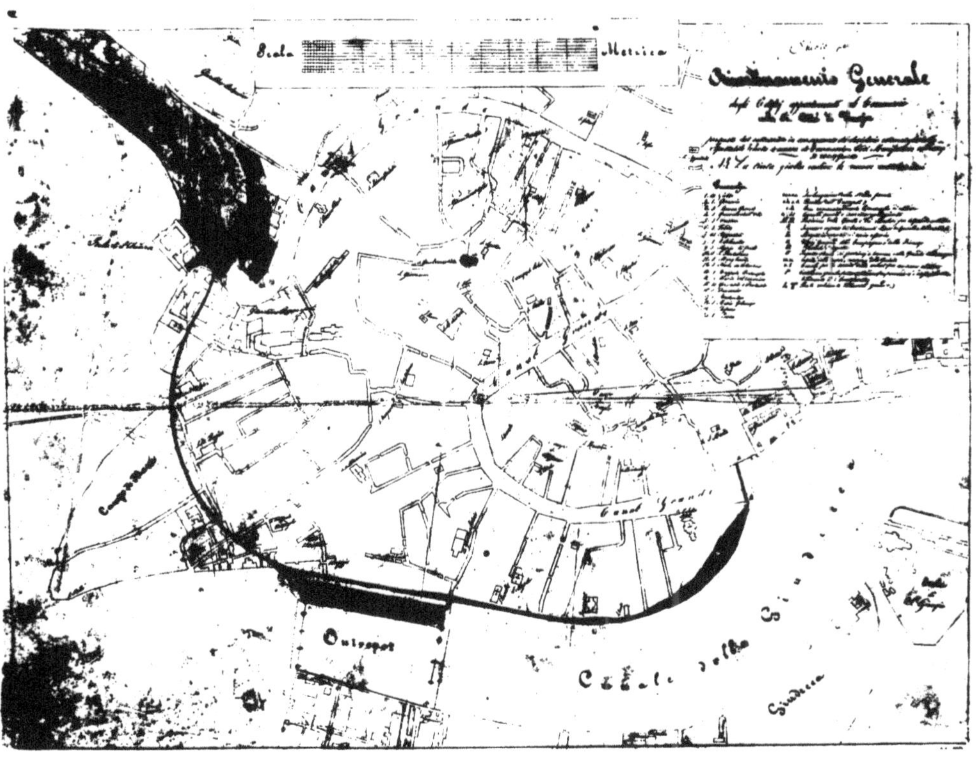

Fig. 181. Giuseppe Jappelli, disegno per il progetto di riordino delle strutture portuali e commerciali e creazione dell'Entrepôt, 1850. La planimetria illustra con grande evidenza l'idea jappelliana per il prolungamento della linea ferroviaria fino alla Punta della Dogana e, soprattutto, per la creazione di una grande stazione commerciale con punto franco tra S. Basilio e la Giudecca. Una delle finalità del progetto era tuttavia quella di ridare all'antico centro cittadino la sua funzione direzionale rispetto a un'intensa e crescente attività portuale.

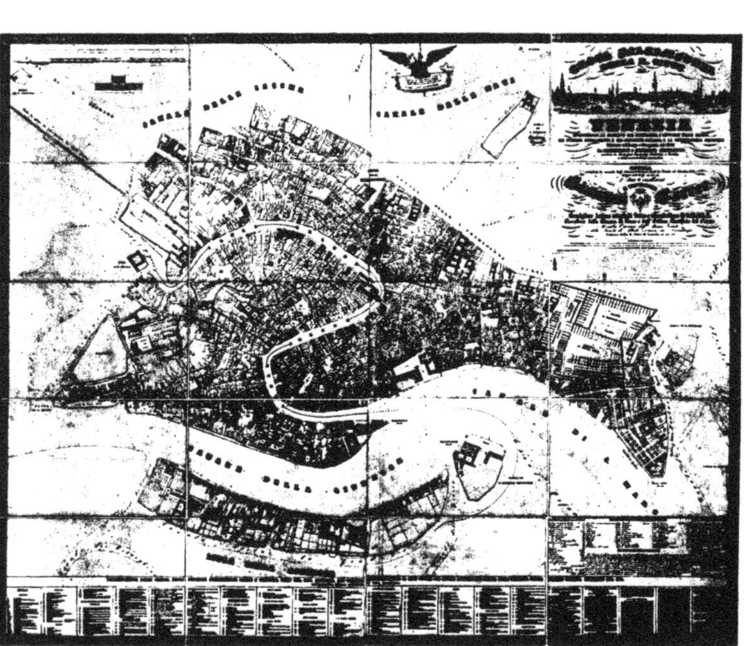

Figg. 182-187 [43]. Bernardo e Gaetano Combatti, « Nuova Planimetria della R. Città di Venezia [...] », Venezia 1846-1856. In basso, e nella pagina a fronte, alcuni particolari.

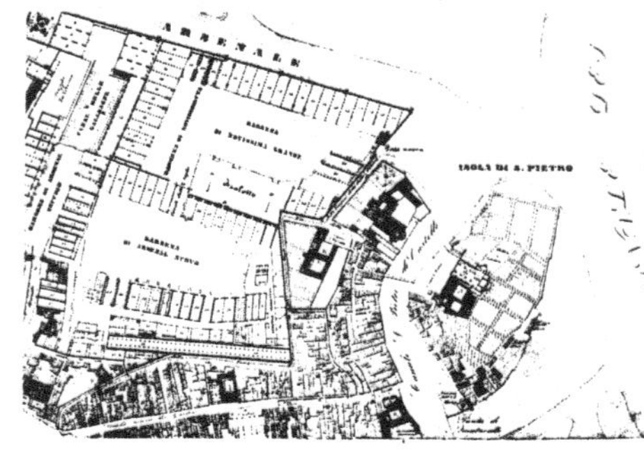

S. Luca, Rialto e, di qui, verso la Stazione ferroviaria (cioè il riconoscimento, anche nei lavori stradali, della esistenza di un *centro-città*, fatto sottolineato dalla lievitazione degli affitti e dalla concentrazione di attività commerciali per generi di lusso, oppure di locali d'intrattenimento alla moda)[27]. Ma è tuttavia la presenza del terminale ferroviario a costituire fattore primario di trasformazione: il rovesciamento delle linee di tendenza del vivere cittadino dal tradizionale baricentro Piazza S. Marco-Bacino al nuovo affaccio verso la Stazione e la terraferma[28].

Il decadimento funzionale dell'area marciana è un passaggio quasi obbligato in tale dinamica: il tentativo di G. Jappelli, nel 1850, di ricostruire il sistema conferendo nuova centralità al Bacino S. Marco col trasporto del terminale ferroviario passeggeri e merci fino al Canale della Giudecca è, almeno per ora, destinato a restare lettera morta[29]. L'unico effetto che ne sortirà è la costruzione del ponte metallico sul Canal Grande alla Carità (1852), presto seguito da uno analogo a S. Lucia (1854); ma l'operazione non fa a questo punto che sottolineare la prepotente tendenza alla pedonalizzazione di Venezia e rispondere alle pressanti richieste della proprietà immobiliare del sestiere di Dorsoduro. Sono linee di sviluppo destinate poi ad essere continuate ed approfondite con l'annessione al regno d'Italia (1866).

Rispetto alla definizione del volto della città, non meno importante e significativo dei dati fino ad ora accennati è quello costituito da interventi di restauro, di ripristino, di modificazione o di sostituzione, comunque d'aggiornamento, dell'edilizia di vario livello: inizia insieme l'età dei grandi restauri (S. Marco, Cà d'Oro, palazzo Ducale, palazzo Franchetti, palazzo Giovanelli ecc.) e quella del recupero degli « stili » nel superamento del rigore tardo-neoclassico. Spesso si tratta d'interventi che trascendono la dimensione dell'oggetto architettonico e, toccando la scala dell'urbano, vengono puntualmente ripresi nella cartografia[30].

La pianta di Bernardo e Gaetano Combatti

Bernardo e Gaetano Combatti rilevarono e disegnarono accuratamente a scala 1:3000 la situazione di Venezia nel 1846, aggiornandola a tutto dicembre 1855; incisore ne fu per la maggior parte Giambattista Garlato, mentre il poligrafo Francesco Berlan ebbe a curare la parte redazionale nel collegato volume di notizie e descrizioni della città[31].

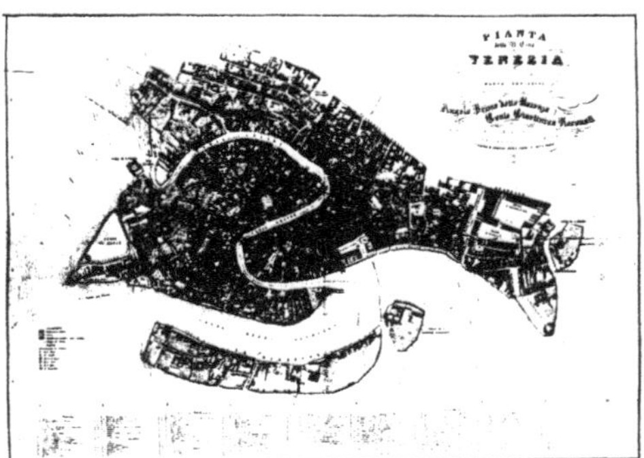
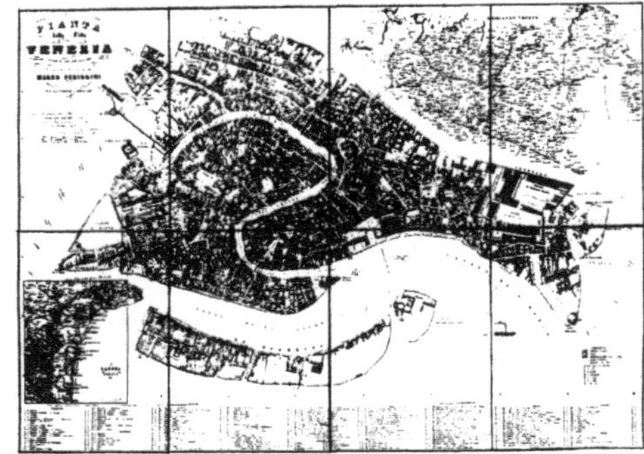

Figg. 188-189 [44]. M. Perissini e G. Cattaneo (inc.), « Pianta della R. Città di Venezia »: (*a sinistra*) primo stato, 1841; (*a destra*) quarto stato, 1866.

Pensata e realizzata per onorare gli scienziati italiani convenuti a Venezia nel 1847 in occasione del congresso loro riservato, la « nuova panoramica » (che, nonostante il titolo, è in realtà una pianta zenitale) può considerarsi il capolavoro della cartografia veneziana del secolo XIX. L'impaginazione è molto ariosa e arriva a comprendere, a nord, parte dell'isola di Murano; su tutti i lati è possibile cogliere, inoltre, il dispiegarsi del sistema dei canali, delle secche, delle barene che circondano, nella laguna, la città vera e propria. Di eccezionale precisione è la trattazione di tutti gli edifici e complessi monumentali, le cui planimetrie interne ed esterne costituiscono ancora oggi un bagaglio di informazioni preziosissimo. Anche la delineazione delle aree verdi è assai particolareggiata: un preciso confronto con la documentazione fornita dal Paganuzzi e dall'Ughi è possibile fin nei dettagli minuti. Grandissima attenzione è riservata dai Combatti all'area della Stazione ferroviaria come al ponte translagunare, descritto in dettaglio e arricchito di una puntuale didascalia. Vengono riportate con grande fedeltà tutte le alterazioni al tessuto stradale pedonale e acqueo, e così le modificazioni, anche interne, a episodi monumentali: si veda, quale esempio, la precisa registrazione della pianta, di recente ristrutturata ad opera di G. B. Meduna, della chiesa di S. Silvestro rispetto alla primitiva redazione di L. Santi.

Anche l'Arsenale, grazie a speciale e diretta concessione dell'arciduca Federico, poté esser rilevato e riprodotto con esatto disegno « in modo da scorgere la sua interna costruzione architettonica [...], tutti gli Uffici, tutte le Officine, e vi si conta esattamente il numero dei cantieri, persino le colonne e le pilastrate ». Nella quarta delle venti tavole che compongono questa pianta, oltre alle belle iscrizioni in vari caratteri ornati, vi è anche una pregevole veduta della zona di S. Marco ripresa grosso modo dall'isola di S. Giorgio.

La pianta dei Combatti è redatta con una minuziosità diligente di singolare rigore; ma essa è al contempo uno studio topografico e grafico di grande forza creativa e di sostenuta programmaticità. Con buona ragione pensiamo possa essere definita uno dei maggiori « monumenti » prodotti in Venezia dall'età absburgica. Di quell'età, appunto, essa incarna tutti gli aspetti di più pregevole natura: la rispettosa conoscenza del dato storico, la volontà rigorosa d'ordine e di chiarezza; la evidenziazione inequivoca dei rapporti tra i luoghi e le corrispondenti funzioni; la mentalità catalogatrice minuta e vigile, costantemente protesa al funzionale aggiornamento dei dati.

Fig. 190 [45]. Ippolito Caffi, panorama di Venezia dal campanile di S. Giorgio, Venezia 1840-1850 ca.

Fig. 191. Ippolito Caffi, Riva degli Schiavoni, 1865. Olio su tela.

Fig. 192 [46]. Giovanni Pividor, panorama di Venezia, Venezia 1847. Particolare.

Fig. 193. Antonio Lazzari [?], veduta di Venezia verso est, 1853. Incisione.

Il ritratto di Venezia che ne risulta è di una efficacia senza dubbio eccezionale. La tessitura del complesso urbano si evidenzia con una nettezza senza precedenti. Non solo: la città dei Combatti appare chiaramente nel suo momento più fortunato del primo cinquantennio del secolo: quella floridezza che poteva consentire all'amministrazione cittadina di polemizzare scopertamente con i detrattori del regime, perché si sentiva forte delle sue realizzazioni, dei suoi restauri, delle sue opere pubbliche, delle nuove iniziative e servizi.

(Contemporaneamente alla pianta dei Combatti altra e analoga opera capitale nella pur sterminata bibliografia veneziana si incaricava di divulgare, e sempre in occasione del congresso degli scienziati italiani del 1847, la nuova realtà di Venezia: i volumi della *Venezia e le sue lagune*, redatti da vari collaboratori per incarico dell'amministrazione municipale, resta il non superato modello di enciclopedica e rigorosa radiografia di una città, delle sue istituzioni, della sua storia e delle sue presenti condizioni economiche e sociali [32]).

La rilevantissima importanza documentaria della pianta dei Combatti sta nell'unire informazioni aggiornatissime e sempre esatte su particolari lavori in città (andamento delle operazioni di interramento di rii, costruzione di nuovi ponti e, soprattutto, esame delle aree e dei manufatti legati alla realizzazione della linea ferroviaria) a restituzioni grafiche di situazioni pure storicamente acquisite ma esposte con nuova lucidità, precisione ed eleganza di segno (si valutino, ad esempio, i complessi di palazzo Ducale o delle Procuratie, il ponte di Rialto, l'Arsenale, tutti gli edifici monumentali) e, infine, a notizie su situazioni caduche qui fortunatamente fissate: margini sull'acqua e canali, giardini e orti, approdi e banchine e così via.

La concezione della città che sta a monte del lavoro dei Combatti è quella di un organismo vitale, in continuo rinnovamento e aggiornamento, nel quale, attorno a fuochi storico-monumentali evidenziati in tutta la loro singolarità e rilevanza, ruota un tessuto edilizio composito, articolato, mobile e che si giudica capace di rispondere alle necessità dei tempi.

La decadenza degli ultimi anni austriaci. Il turismo

Si è parlato di situazione relativamente felice: ma essa è destinata a subito infrangersi nelle giornate della rivoluzione quarantottesca e in quelle di repressione e di povertà che ad esse seguirono.

La rivoluzione del 1848 frena infatti bruscamente la ripresa economica veneziana. Al ritorno dell'Austria la condizione della città appare nuovamente disastrosa; in più le « punizioni » imposte a seguito della sua resistenza ad ogni costo ne fiaccano ulteriormente le forze. Lentamente avrà inizio una nuova fase della sua storia altalenante. Quanto ai lavori pubblici, sono i ponti metallici sui vari rii che appaiono inizialmente attrarre gli ope-

Fig. 194 [47]. E. Rouargue e Ch. Lalaisse, veduta prospettica di Venezia, Paris 1855.

Fig. 195 [48]. Travani e Lefèvre, *Veduta di Venezia a volo d'uccello* [...], 1855 ca. Particolare.

ratori municipali, e quindi sempre nell'ottica di una riforma in senso pedonale di Venezia. Risulta invece per ora tramontata l'idea di tunnel subacquei, già affacciata, per il Canal Grande, nei primi anni '40 (ing. Salvadori).

Messe a segno alcune significative realizzazioni, sempre dentro il *centro* cittadino (ampliamento di campo S. Bartolomeo, 1854-56; allargamento di calle del Lovo, 1859), l'attività urbanistica riprende vigore con l'assunzione, nel 1860, di P. L. Bembo alla carica di podestà. Nonostante le difficoltà del momento, egli non ripiega verso atteggiamenti di rinuncia o di sconforto, ma intraprende una vigorosa azione di contenimento della spesa e di risanamento dell'economia, attraverso il potenziamento delle strutture commerciali da un lato — pur con piena coscienza dei limiti e delle non ampie possibilità di incidenza in un contesto generale politicamente assai poco benevolo — e di intrapresa di un vasto piano di interventi per lavori pubblici dall'altro [33]. Tali misure e iniziative non valsero tuttavia a modificare l'andamento dell'economia della città, compressa tra la crisi della regione veneta e quella più specifica della propria funzione e dimensione portuale sia per ciò che concerne il dato quantitativo (diminuzione in assoluto e in percentuale di tutte le attività produttive e commerciali del porto adriatico), sia quello qualitativo (la subordinazione all'emporio portuale triestino e la funzione ormai scontata e irreversibile di scalo succursale absburgico per l'alto Adriatico).

La visione d'insieme dei problemi e della scala d'intervento necessaria a risolverli, oltre che la consapevolezza delle possibilità connesse a moderne infrastrutture di servizio, fanno di P. L. Bembo un intelligente pianificatore. Non solo: per la prima volta, in questo periodo dell'Ottocento, si prende coscienza della rilevanza economica dell'attività turistica, non più relegata tra le astrattezze delle romanticherie, ma realisticamente condotta entro una visione solidamente connessa ai dati di struttura

Fig. 196. Il ponte metallico alla Carità progettato e realizzato da E. H. Neville nel 1852-1854.

Fig. 197 (*in alto, a destra*). Il ponte metallico sul Canal Grande agli Scalzi realizzato da Neville nel 1857-1858. Come il precedente ponte alla Carità (il ponte dell'Accademia come subito fu chiamato) questi importanti manufatti assolvono una funzione direttamente relazionata alla definizione dei grandi percorsi pedonali nel medio Ottocento veneziano. Servizio più esplicitamente legato alla presenza del terminale ferroviario per il ponte degli Scalzi e necessità di immettere l'area residenziale di Dorsoduro nell'ambito del « centro » cittadino per il ponte della Carità, costituiscono i moventi immediati per la realizzazione dei due manufatti, dotati di una qualità di disegno e tecnologica assolutamente insolita per l'ambiente ingegnerile veneziano.

Fig. 198 (*in basso*). Ponte dei Ragusei, 1854. Sempre nell'ottica della pedonalizzazione, questi manufatti metallici costituirono una soluzione economica e di grande flessibilità d'impiego e furono adottati in pratica su tutta l'area del centro storico.

Fig. 199 (*qui sopra*). Ludovico Cadorin, palazzina Marioni (poi Mainella) sul Canal Grande a S. Trovaso, 1858. Veduta laterale. Il versante più specificamente « ornatistico » delle riprese storicistiche di Ludovico Cadorin appare ben significato in questa interessante palazzina, dove il ricorso alla decorazione in cotto segna, insieme, una scelta di economicità e un partito linguistico latamente « lombardesco », di spinta pittoricità e originale ambientazione.

Fig. 200 (*a destra*). Giovanni Battista Meduna, edificio per negozi al ponte del Lovo, 1859. La palazzina segna uno dei momenti più interessanti e creativi nell'ambito della primissima fase eclettica dell'architettura veneziana: ne è una riprova l'attenzione subito suscitata presso i critici. Ma anche sotto il profilo della più generale contestualizzazione nella zona, l'edificio segnava con qualche anticipo e secondo modalità singolari (la cessione al comune di parte dell'area per consentire un allargamento viario) la destinazione commerciale del « centro » cittadino.

e alle attività produttive, ancorché se ne riconosca la natura settoriale.

Il programma del podestà enunciava lucidamente e sinteticamente — e, soprattutto, in termini moderni e disincantati — il problema veneziano in tutta la sua complessità:

Vide il Comune non bastare alla prosperità di Venezia il tramutarla in una vasta locanda per i forestieri richiamati dal suo clima, dalla salubrità delle sue acque, da' suoi spassi e trastulli di gioia; ma che era d'uopo dissotterrare qualche industria morta e rianimare le esistenti; riannodare corrispondenze coll'Oriente; dare novella vita al commercio avvilito col favorire la navigazione, coll'istituire un servizio diretto di vapori, col migliorare il porto di Malamocco, coll'ultimare l'escavazione dei canali interni, col rendere accessibile ai legni maggiori il porto di Lido mercé piroscafi rimorchiatori, col migliorare così i porti, i canali e le lagune, coll'agevolare le comunicazioni, risparmiando al transito le spese di un duplice trasporto [...]; facilità di comunicazioni che avrebbero do-

Figg. 201-202. La ristrutturazione medio-ottocentesca della Riva degli Schiavoni è per la gran parte motivata dalla destinazione turistico-alberghiera del sito. Residui di linguaggio architettonico neoclassico e affermazioni del neolombardesco si sommano a definire uno dei più caratterizzati e « riqualificati » luoghi urbani. La più originale tra le proposte di questi anni è quella dell'imprenditore Busetto « Fisola » e dell'architetto Cadorin, che prevedeva la realizzazione di un immenso edificio plurifunzionale che si sarebbe dovuto distendere tra le Prigioni alla Paglia e il ponte dell'Arsenale su un vastissimo allargamento della Riva degli Schiavoni.

vuto estendersi, giusta i pensamenti del Comune, anco per la parte terrestre, compiendo la strada ferrata del Brenner, che avrebbe riunita Venezia alla Germania centrale e con la Svizzera, non che costruendo altre linee che la ponessero in comunicazione col Trentino per Castelfranco e Bassano [34].

Nei cinque anni successivi al 1859 il movimento della navigazione ebbe a subire un calo netto del 35%; l'importazione per via di mare diminuì tra il 1860 e il 1863 del 42% e l'esportazione del 37%; il movimento per la terraferma subì una diminuzione altrettanto grave; se si mantenne quasi inalterato il valore totale delle importazioni, quello delle esportazioni ebbe un calo del 54,5% [35]. Ma la decadenza economica di Venezia nell'ultimo scorcio di amministrazione austriaca non sembra intralciare la dinamica azione della giunta Bembo; anzi, appare piuttosto stimolare le energie, nel tentativo di rallentare una rovina che avrebbe altrimenti assunto le dimensioni del disastro. Sommando a questo punto gli interventi dell'amministrazione nel campo della viabilità pedonale e acquea, i restauri dei pubblici manufatti, le realizzazioni nuove, i provvedimenti per l'igiene e la salubrità dei ceti non abbienti alle edificazioni e alla massa dei restauri più o meno radicali messi in atto da privati cittadini o società negli stessi anni, avremo un complesso di lavori di vastità e portata assai considerevoli e, per di più, destinati a « tirare » — di riflesso o per confronto — anche negli anni a venire, tanto da incidere significativamente sul volto di Venezia nel periodo a cavallo tra Absburgo e Savoia. Questa azione appare tanto più significativa quanto più nuovo e singolare era il linguaggio architettonico che s'andava in quegli anni attivamente diffondendo ad opera della « terza generazione » di architetti ottocenteschi.

L'attenzione più viva e gli studi anche più puntuali sono riservati dal Bembo e dall'ingegnere in capo del

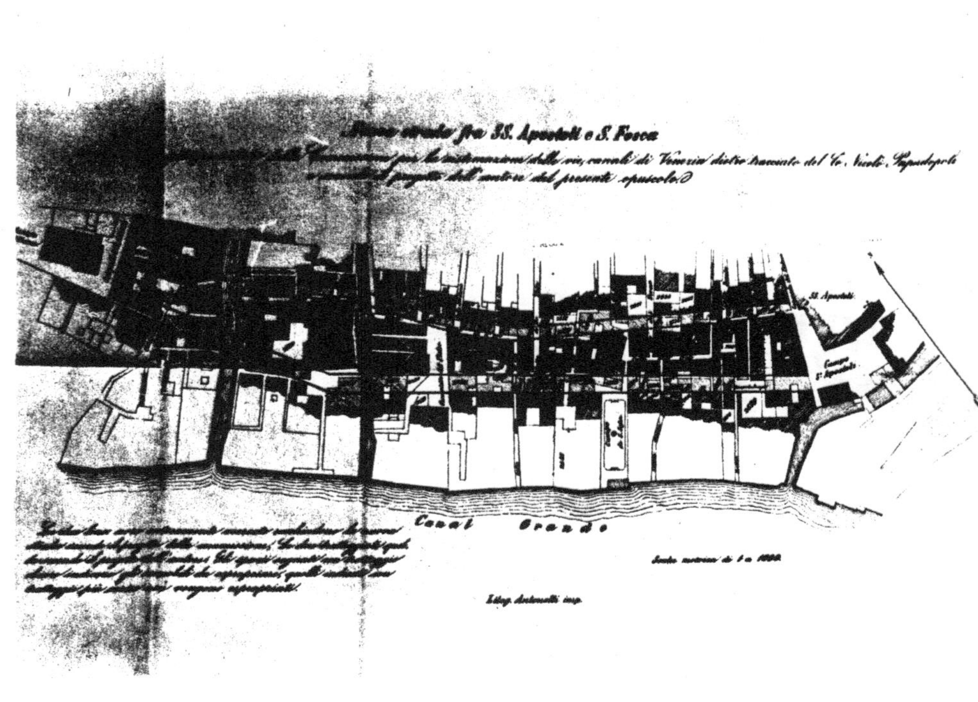

Fig. 203. Progetti per la nuova strada tra SS. Apostoli e S. Fosca. L'illustrazione mette in risalto le due diverse ipotesi di tracciato della Strada Nova. Con linee continue è rappresentato il progetto (poi effettivamente realizzato tra 1867 e 1871) elaborato da apposita commissione su proposta del conte Papadopoli; con linee tratteggiate il progetto, assai meno perentorio e, tutto sommato, meno violento con le preesistenze, dell'ing. Fano.

municipio, Bianco, alla realizzazione della direttrice viaria S. Bartolomeo-Stazione ferroviaria; in realtà saranno portati a compimento una serie di interventi puntuali, che solo i grandi lavori del dopo-Unità legheranno insieme nella strada di grande traffico tra i SS. Apostoli e la lista di Spagna.

Ma trova attuazione anche il disegno per la sistemazione di un attraversamento di grosse dimensioni dall'appena costruito ponte della Carità alla Riva delle Zattere: vi si perviene con l'interramento del rio di S. Agnese e una serie di sistemazioni collaterali. Altri interventi, di minori dimensioni, presentano caratteri e modalità di realizzazione in tutto analoghi a questi citati [36].

Tutto il *centro*, dalla Riva degli Schiavoni alla sponda del Canal Grande, da campo S. Luca a campo S. Bartolomeo, dal rio dei Greci alla Frezzeria a S. Fantin conosce contemporaneamente l'aggiornamento linguistico che marcherà inconfondibilmente vasti brani di città. Talora questi interventi, e spesso i più significativi, sottolineano i luoghi delle trasformazioni viarie: al ponte del Lovo è Giovanni Battista Meduna a costruire i prospetti della rinnovata calle; in campo S. Vio è Pividor; a S. Moisè è l'ing. Fuin; in Frezzeria l'ing. Calzavara; a S. Stefano, a S. Trovaso e altrove Lodovico Cadorin [37].

Alcuni progetti per opere di inusitate dimensioni e uno studio preliminare per la Stazione marittima chiudono il consuntivo dell'urbanistica degli anni austriaci in Venezia: in particolare quelli per un mercato in ferro fuso e ferro battuto, cristallo e pietra d'Istria, pensato dall'ing. Berchet per Rialto; per un mastodontico complesso turistico polivalente sulla Riva degli Schiavoni dell'arch. Cadorin; un'ipotesi per la Stazione marittima tra S. Marta e S. Basilio servita da un prolungamento della linea ferroviaria per condurre i vagoni in banchina. Sono gli ultimi — e assai interessanti, va detto, ma oramai fuori tempo — propositi per Venezia: avrebbero dovuto rispondere ai bisogni della città e della sua economia giocando su tutti i tasti possibili: il grande commercio marittimo e su rotaia; una turistizzazione su scala industriale; un servizio interno commerciale e direzionale degni di una moderna city. Pur momentaneamente abbandonati, questi progetti lasceranno però tracce vistose, anche se di diversa incidenza, nell'urbanistica veneziana dei successivi decenni [38].

Fig. 204. La Strada Nova come si presenta oggi.

Capitolo dodicesimo

Venezia nell'Unità d'Italia

Appare lecito dire che termina con il 1866 un'epoca nella storia della città. Ciò non deve significare tuttavia caricare di eccessivi significati quest'affermazione. È vero che scompaiono dalla scena e dalla vita veneziana princìpi di eterodirezione mettenti a Parigi prima e a Vienna poi; ma Roma non apparirà, nei fatti, più vicina. Termina una « dominazione » che dopo il 1848-1849 aveva assunto marcati caratteri polizieschi; e finisce anche la sensazione di precarietà per ogni iniziativa intrapresa; più lenta a dissolversi sarà invece una radicata cautela generata da malcelati sospetti e, forse, insofferenza.

Meno deciso lo stacco nei confronti della politica urbanistica; suggerimenti, indicazioni, progetti saranno presto, come si è detto, attentamente ripresi.

Primo tra tutti il progetto relativo alla creazione di una stazione commerciale marittima servita, per via di terra, dalla strada ferrata. Ma — e questo è certo un fatto nuovo nell'atteggiamento della borghesia e dell'intellettualità cittadine — all'origine di un periodo assai dinamico per le trasformazioni urbanistiche di Venezia, vi è l'iniziativa assunta spontaneamente da un gruppo di cittadini per chiedere all'amministrazione (sindaco è il patriota Gio Batta Giustinian) la redazione di un piano per lo sviluppo cittadino, cioè di un vero e proprio strumento pianificatorio e, insieme, di regolamento edilizio:

Illustrissimo Signor Conte!

Nelle principali città nostre che conservano ancora l'antica conformazione, si fa sempre più manifesto il bisogno di sistemare, secondo le esigenze del tempo, le vie di circolazione, e di ridurre gli antichi caseggiati a comode, e salubri abitazioni del ceto medio, che prevale nell'attuale stato di civiltà. Coi suoi processi di divisione, e di organizzazione del lavoro, e dell'uso più generale del ferro, e del cemento, l'arte permette di erigere ora tali fabbricati con spesa più mite, e minor occupazione di area.

A Venezia il bisogno n'è così profondamente sentito, che, appena ne fu libera, i capitali si offrivano spontanei per le grandi intraprese edili. Soltanto, in mancanza di un piano generale prestabilito, non è possibile né di coordinare i progetti già compilati per l'apertura di nuove vie, né di concretare un progetto per fondare delle società costruttrici. A quest'effetto occorre: stabilire fin d'ora la topografia della Città fra uno o due secoli; precisare le diverse categorie di strade, e di canali; indicare i monumenti da rispettarsi, e le case da demolirsi; rendere ostensibile il piano al pubblico; ed ottenere dal Governo, che vi è interessato sotto tutti gli aspetti, che le spese di riduzione siano riconosciute di utilità pubblica, per poter imporre le occorrenti servitù stradali, ed ottenere il diritto di espropriazione forzosa [1].

Ha in tal modo inizio una vicenda di elaborazioni e proposte che si trasformerà, in pratica, alla fine degli anni '80, nel Piano di Risanamento e nel Piano Regolatore, e attorno a cui si accenderà un'assai aspra disputa.

La Commissione per il Piano di Riforma: le linee dell'urbanistica veneziana dell'ultimo Ottocento

Gio Batta Giustinian recepiva prontamente le sollecitazioni contenute nella lettera dei 13 cittadini; vista la necessità « che venga studiato e fissato un piano generale di sistemazione delle vie e dei canali e di ricostruzione di case tanto per gli agiati che per i poveri, [...] insomma la futura topografia generale della città in ogni sua parte », egli provvedeva alla nomina di una Commissione di nove membri con « l'incarico di studiare un piano generale di sistemazione, [...] ed al più presto possibile dare il risultato dei propri studi » [2].

Al momento di accingersi a un lavoro difficile e controverso, la Commissione auspicava di poter conoscere

Fig. 205. Il Bacino Orseolo, realizzato a partire dal 1869.

Fig. 206. Campo S. Paterniano prima degli interventi iniziati nel 1869, in un'antica immagine fotografica.

Fig. 207. Enrico Trevisanato, progetto (realizzato) per la sede della Cassa di Risparmio nell'ex campo S. Paterniano (poi Manin), 1879. Disegno a penna acquarellato.

« il diverso stato dell'antica topografia di Venezia in diverse epoche, per dedurvi ove fosse possibile la legge del suo passato sviluppo, a base del criterio che deve informare la compilazione del piano sistematico richiesto » e inviava una richiesta in proposito al direttore del Museo Correr, conte Niccolò Barozzi. È la terza volta, se pur con diverso accento, che questa esigenza si affaccia nella recente storia urbanistica veneziana. Una prima indagine storica — e, lo si ripete, sempre a fini progettuali — c'era stata nei mesi della democrazia giacobina del 1797. Il comitato di Istruzione Pubblica aveva compiuto un folgorante excursus storico circa la forma della città e aveva, anzi, provveduto a elaborare dei primi giudizi sul *come* le disuguaglianze sociali s'erano inserite nel corpo materiale di Venezia:

> La decadenza dell'Impero d'Oriente obbligò alcuni uomini liberi a fuggirsene ed a ritirarsi in queste lagune, dove, a poco a poco fabbricatesi alcune case, s'unirono in dolce fratellanza. Crebbe la popolazione, e divenne una città; ma sempre i primi nostri padri restarono uniti in dolce pace, conservando l'amicizia, la fede, la giustizia, e che poi a poco a poco declinarono, e finalmente divennero tanti oligarchi. Si esamini Venezia e si troverà anco nella sua forma delle sregolatezze, dei disordini[3].

Il risultato operativo era poi stata una proposta, tradotta anche in una semplicissima mappa, di ridenominazione dei quartieri cittadini secondo un criterio strettamente e significativamente *ideologico*; di riorganizzazione delle parrocchie, portate a minor numero, in una più razionale distribuzione e a un più equilibrato dimensionamento; di una espressa eppur generica volontà di eguaglianza sociale e di giustizia economica manifestantesi proprio a partire da una più ordinata organizzazione e gestione del territorio urbano.

L'importanza di questo « manifesto » stava appunto — come si è altrove indicato — nella verifica storica di un assunto ideologico preciso, democratico ed egualitario; cioè nel rovesciamento d'ottica operato rispetto alle ricerche erudite settecentesche e di tutta una vastissima letteratura, sovente encomiastica, incentrata sull'esaltazione della giustizia e perfezione di governo della Serenissima; oltre che nell'individuazione del legame stretto

Figg. 208-209. Il ponte di S. Moisè prima dell'apertura di via XXII Marzo (1875-1885 ca.) e come appare oggi. Sulla sinistra l'edificio neorinascimentale progettato dall'ing. Balduin.

esistente tra struttura sociale e forme della sua presenza sul territorio.

A questa prima verifica può certo collegarsi anche la seconda domanda di lumi storici da noi registrata e affidata alla rappresentazione cartografica, quella del Selva e della Commissione all'Ornato nel 1807. Ma il prevalente interesse progettuale fa in questo caso che emerga la *fattività*, la realizzabilità rispetto alla *ricostruzione* storica: Gian Antonio Selva si propone di aggiornare la sua mappa al presente, e passa quindi immediatamente al progetto. Senza disprezzo per la storia ma istituendo una dialettica serrata, disinibita nei confronti del passato, preoccupato di segnare l'organismo urbano con i caratteri tipici della cultura contemporanea, Selva ha coscienza di operare su una struttura vivente, per la quale ipotizza una evoluzione adeguata alle esigenze della vita moderna. Egli non appare guidato da un'ansia di conservazione bensì piuttosto da una lucida e dinamica volontà di trasformazione. Rispetto a ciò la pianta dell'Ughi poteva fornire il massimo di informazione unito al massimo di precisione scientifica: la sua grafia chiara, oggettiva, senza sbavature interpretative apparirà come il campo privilegiato, privo di condizionamenti sentimentali e compiacimenti della memoria, per una sovrapposizione al presente di una geografia urbana del futuro, come di fatto, se pur limitatamente rispetto al progetto, avvenne.

Ancora differente la successiva occasione di ricognizione cartografica, questa del 1866. Mutato il quadro culturale e mutate le condizioni della città e le intenzioni stesse degli operatori, si cerca di scoprire ora la *legge*, o le leggi, che hanno determinato nascita, conformazione, crescita e decadenza stessa di questo organismo. Anche se poi gli effetti dell'indagine storica sull'operare saranno totalmente dimenticati, essa è ormai fatto irrinunciabile per l'analisi urbana e si afferma come elemento essenziale — almeno a livello di intenzioni — per gli interventi concreti. Ma, soprattutto, essa si impone come passaggio nodale per la ricostruzione, insieme, del processo storico e dell'immagine della città, al di là della rappresentatività allegorica, allusiva e di evocazione della convenzionale trasmissione della *forma urbis* e dei suoi simboli più ricorrenti.

Fig. 210. Bartolomeo Foratti, « Progetto di un nuovo ponte da erigersi in Venezia sul Canal Grande », 1867 (delineato da Marco Moro). Litografia.

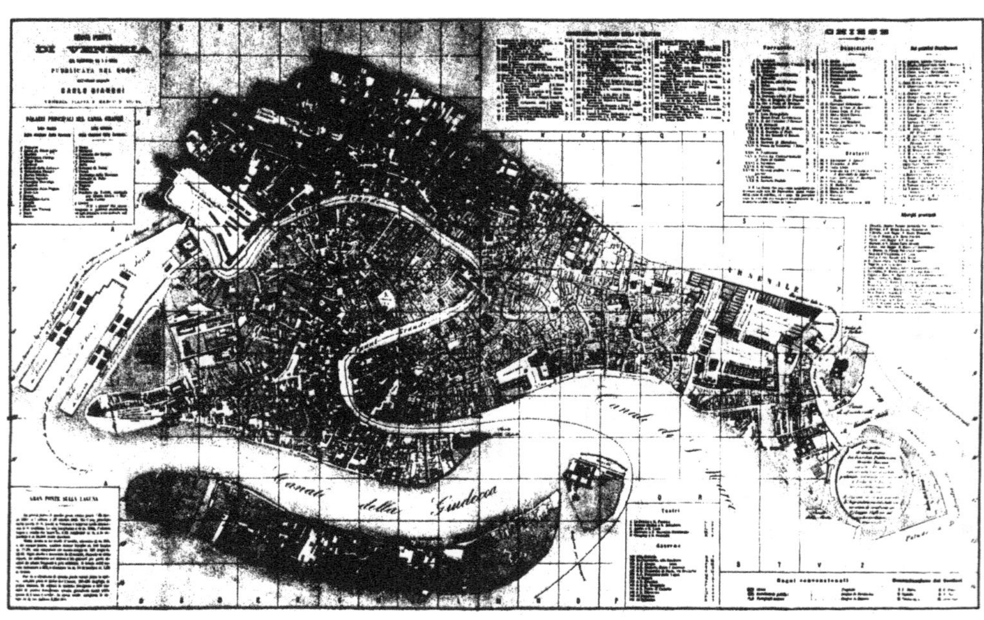

La Commissione per il piano riceveva e vagliava suggerimenti, idee e progetti inviati — a seguito di un bando pubblico — da esperti e da semplici cittadini ed elaborava al proprio interno, suddivisa in sottocommissioni, proposte per l'Amministrazione sia di carattere generale che puntuali indicazioni d'intervento. Anche se non arrivò a delineare l'invocato piano generale (i suoi lavori terminavano anzitempo su una sostanziale spaccatura, con relazioni di maggioranza e di minoranza), la Commissione resta un momento centrale della vita stessa veneziana del secondo Ottocento: essa fu il primo organo attivato con incarichi di elaborazione urbanistica e viene a precedere di un ventennio quel Piano Regolatore e di Risanamento con il quale solitamente si fa coincidere la nascita in Venezia della politica di piano. In ogni caso il dibattito non solo urbanistico ma storico, economico e anche scientifico-tecnico cui diede luogo è la premessa imprescindibile di ogni ulteriore successiva elaborazione.

I particolari equilibri politici e tecnici venutisi a creare nel seno della Commissione stessa, oltre all'ancora provvisoria situazione generale del Comune, limitarono notevolmente la formalizzazione delle sue acquisizioni e dei suoi lavori ma l'importanza degli elaborati da essa esaminati o prodotti fu enorme. Innanzitutto affrontò in

Fig. 211 [49] (*nella pagina a fronte*). Carlo Bianchi, « Nuova pianta di Venezia », 1869.

Fig. 212 [50] (*qui sopra*). Anonimo, « Vénise vue à vol d'oiseau ». Da Ch. de Yriarte, *Vénise*, Paris 1878.

termini globali il problema dell'urbanistica veneziana, anche se poi le carenze tecniche e culturali della maggior parte dei commissari e il più generale clima politico-economico e amministrativo tendente oramai verso quel neoinsularismo destinato a imporsi quale criterio-guida della vita cittadina impedirono che da ciò scaturissero i possibili benèfici effetti di un'organica programmazione urbana. Raccolse poi una massa ingente di elaborazioni redatte al suo interno o da cittadini e operatori ad essa esterni e innescò un ampio processo di revisione delle strutture della città (in questo, per converso, va detto che essa non poco contribuì a rendere familiare e a sancire ufficialmente la politica dello « sventramento »). Studiò talune soluzioni viarie e d'altro genere che determinarono concretamente i lavori attuati dalle future amministrazioni (in particolare produsse il progetto in dettaglio della strada SS. Apostoli - S. Fosca, subito realizzata). Tracciò, in definitiva, le linee pressoché obbligate dell'urbanistica veneziana per venti anni e oltre [4]. Il livello medio dei progetti e, quindi, della cultura di progettisti e operatori veneziani in questo lasso di tempo, non è esaltante: prevalgono i tecnicismi e le semplificazioni, anche brutali.

Soli fattori di unificazione in una massa di proposte

Fig. 213. Marco Moro, il mercato Vittorio Emanuele II secondo il progetto di Federico Berchet, 1866. Litografia. L'enorme edificio avrebbe dovuto sorgere a prosecuzione delle sansoviniane fabbriche di Rialto; adottando tecnologie e concezioni funzionali di ispirazione francese si sarebbe voluto dotare la città di una infrastruttura di dimensione addirittura regionale, servita da attrezzature urbane moderne. Il complesso non avrebbe, naturalmente, mancato di intaccare in termini assai pesanti tutta l'antichissima zona tra Rialto e l'area di S. Cassiano.

Fig. 214. La zona del mercato di Rialto dove si sarebbe dovuto edificare il mercato dell'ing. Berchet, in una vecchia fotografia (nella quale si può per altro notare la ristrutturazione neogotica del grande edificio al centro dell'immagine).
Il fabbricato più scuro e leggermente arretrato sulla destra è l'antichissimo « stallon » dei Querini, demolito e rifatto nel primo Novecento nonostante la riconosciuta vetustà e importanza storica del reperto, per far luogo alla pescheria di Laurenti e Rupolo.

Fig. 215. Il mercato in ferro realizzato da Annibale Forcellini nel 1892. Il manufatto, avversatissimo e — pare — poco funzionale, fu smontato appena dieci anni appresso la costruzione, e venduto. Contemporaneamente si provvedeva alla ristrutturazione per il mercato attuale. Nonostante le critiche, la grande tettoia metallica del Forcellini presentava degli indubbi elementi di pregio: soprattutto non intaccava minimamente le preesistenze (tanto che poté essere smontato senza lasciar traccia) né tentava impossibili mediazioni storicistiche, dichiarando senza equivoci la sua natura e il suo preciso ambito linguistico e funzionale.

Fig. 216. La Pescheria nuova sul Canal Grande, opera di Cesare Laurenti e Domenico Rupolo.
Le intenzioni di suggellare in affaccio sul Canal Grande tutta l'area del mercato, che si riteneva non risolta e male attrezzata, condussero alla realizzazione di uno dei « falsi » più clamorosi di tutto lo sviluppo del Canal Grande. Alquanto approssimativo nel linguaggio e tipologicamente non motivato, quest'edificio (e la parte retrostante che riprendeva varie notazioni dello « stallon ») rimane come un grande e non risolto segnale linguistico di scarsa credibilità.

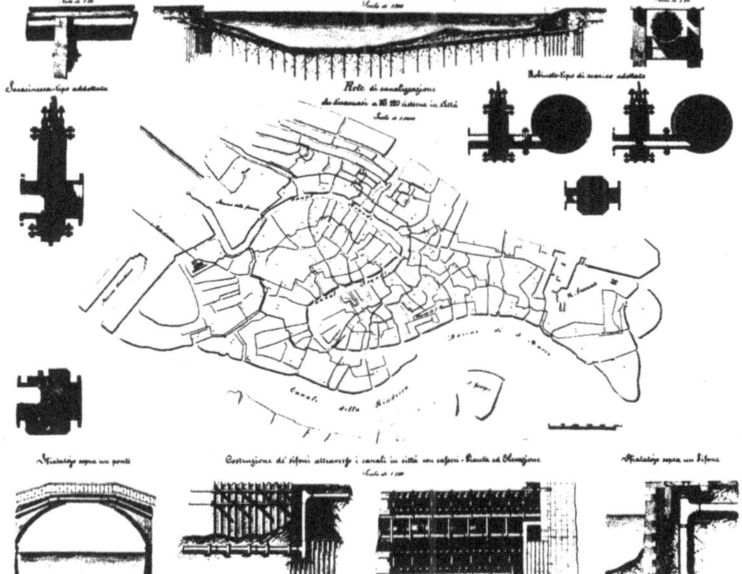

Fig. 217. Anonimo, rete di canalizzazione dell'acquedotto e dettagli tecnici. Cromolitografia. L'acquedotto fu solennemente inaugurato in Venezia nel 1884 con la realizzazione di una grande fontana provvisoria a Piazza S. Marco.

altrimenti di difficile inquadramento logico appaiono essere alcune generali finalizzazioni intraviste nell'operare urbano: il desiderio di adeguamento della struttura cittadina alle esigenze di una nuova economia sia nel rapportare i complessi esistenti a necessità e orizzonti su scala nazionale ed europea, sia nella costruzione di infrastrutture capaci di determinare il decollo dell'economia cittadina; e tutto ciò nella duplice coniugazione delle occorrenze interne alla città e dei suoi collegamenti con l'esterno (riservando particolare considerazione allo sfruttamento del recente ponte ferroviario translagunare).

È presente l'urgenza di una vigorosa campagna di risanamenti viari ed edilizi, e, in ogni caso, l'impostazione di quartieri per case popolari e di centri sociali modernamente attrezzati, che non trascura, naturalmente, preoccupazioni d'ordine estetico e ambientale direttamente connesse a vere o presunte necessità turistiche e di decoro.

Alla luce di queste considerazioni d'ordine generale, il disegno globale di sistemazione della città che emerge dai lavori della Commissione prevede soprattutto: 1) la creazione di alcuni assi di grande scorrimento e di diretta

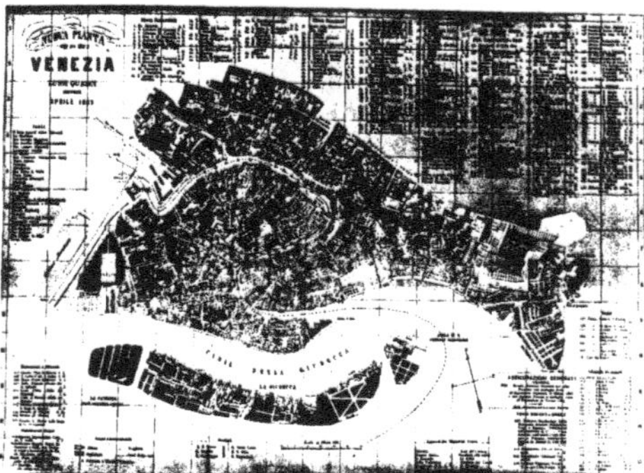

Fig. 218 [51]. Luigi Querci, « Nuova pianta di Venezia », Venezia 1887.

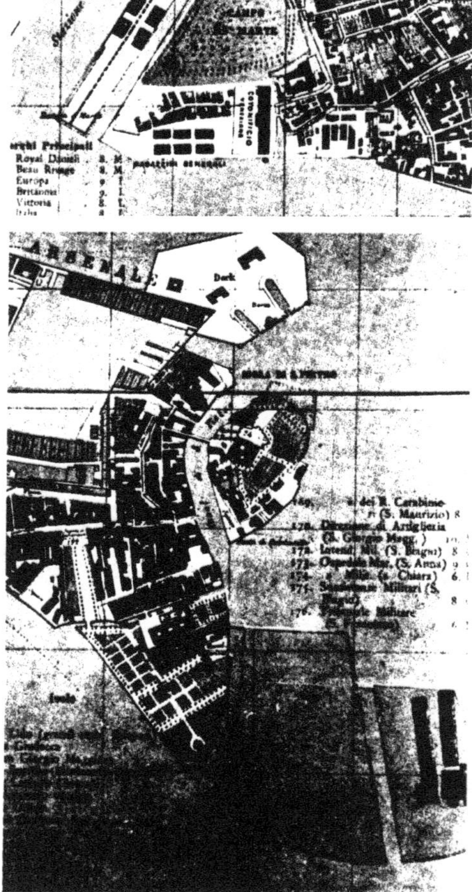

Figg. 219-220 [51] (*a fianco*). Luigi Querci, « Nuova pianta di Venezia ». Seconda edizione, 1891: due dettagli. Nel dettaglio in alto è possibile individuare, presso il Campo di Marte, la trasformazione dell'area dei Magazzini Generali e del Cotonificio Veneziano; in quello in basso, le modalità dell'interramento del canale tra S. Elena e i Giardini napoleonici.

congiunzione tra centri ritenuti di vitale interesse nel cuore storico di Venezia: Rialto - S. Marco; S. Marco - S. Stefano; S. Marco - S. Lucia; S. Marco - Riva del Carbon ecc.; 2) la realizzazione di una grande congiunzione anulare tra S. Bartolomeo - SS. Apostoli - Ferrovia - S. Pantaleone - Cà Foscari - Cà Rezzonico - Accademia - S. Stefano - S. Angelo - S. Paterniano - S. Luca - S. Bartolomeo; 3) l'apertura di una comunicazione diretta Rialto-Ferrovia attraverso i sestieri di S. Polo e S. Croce.

Oltre a questi lavori di carattere viario, altri interventi apparivano auspicabili: 1) la creazione di alcuni quartieri per case operaie (a S. Rocco, a S. Francesco della Vigna, a S. Leonardo, a S. Marta, a S. Pietro di Castello ecc.); 2) il risanamento, attraverso lo sventramento e la rifabbrica, di realtà edilizie anche ampie e particolarmente degradate; 3) la riqualificazione generale del sestiere di Cannaregio (in funzione, ovviamente, della presenza del terminale ferroviario) e di quello di Dorsoduro a seguito della costruzione del ponte in ferro sul Canal Grande

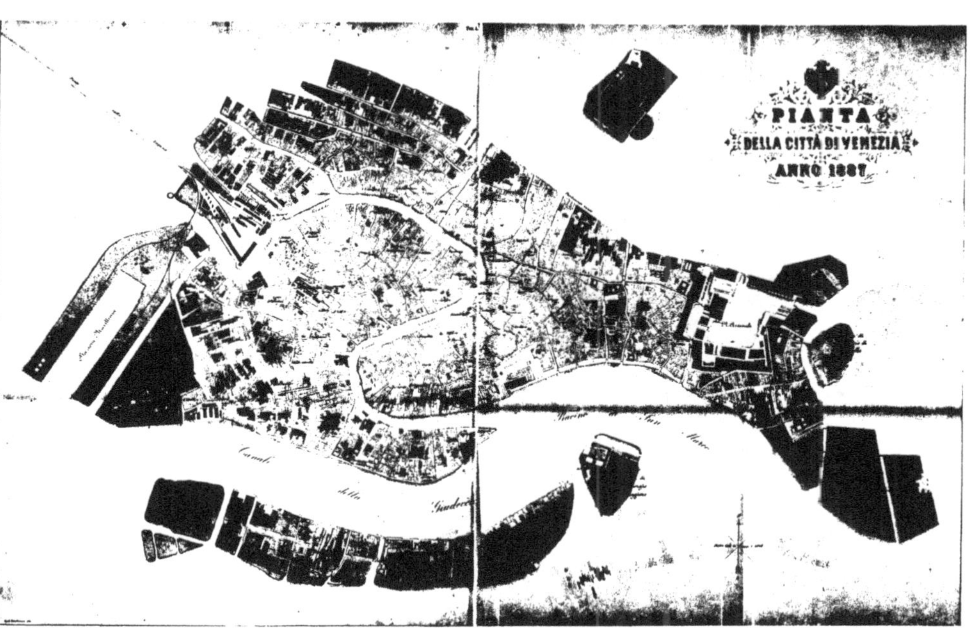

Fig. 221 [52]. A. Vendrasco, « Pianta della città di Venezia », Venezia 1887. In questa pianta semi-ufficiale è possibile apprezzare tutte le trasformazioni avvenute e in corso nel primo ventennio di vita « unitaria » della città. Come evidente, i fatti più macroscopici riguardano le estremità est e ovest di Venezia; ma anche la Giudecca conosce una serie non indifferente di modificazioni.

Fig. 222 [53]. Anonimo, veduta di Venezia a volo d'uccello, 1887 ca.

all'Accademia e in previsione di un possibile e progettato prolungamento della ferrovia sino alle Zattere.

Più frammentario, ma non per questo trascurabile, l'interesse riservato a interventi minori tendenti alla facilitazione delle comunicazioni e a puntuali operazioni di abbreviamento e risanamento su percorsi anche non principali con conseguente creazione di nuovi ponti, sottoportici, piccoli allargamenti e limitate demolizioni. Restava irrisolto il problema della Stazione marittima e della conseguente edificazione delle infrastrutture di servizio del porto commerciale: ma l'orientamento generale si stava rivolgendo decisamente verso la zona Zattere - S. Basilio - S. Marta.

Altri problemi affrontati per i quali si auspicava la soluzione riguardavano: 1) la ridefinizione e conseguente rivitalizzazione marinara e cantieristica della zona di Castello gravitante sull'Arsenale; 2) la sistemazione di tutta la rete fognante secondo necessità igienico-sanitarie, di decoro e funzionali; 3) la riqualificazione funzionale e sistemazione igienica e idraulica della rete dei canali (quantunque restasse non del tutto risolta la questione dei rapporti tra vie d'acqua e di terra).

I « grandi lavori »

Le realizzazioni riguardarono, nel ventennio intercorso tra i lavori della nostra Commissione e il Piano Regolatore e di Risanamento, una serie di trasformazioni viarie di differente entità. Le maggiori furono messe a segno durante il mandato sindacale di Gio Batta Giustinian, Antonio Fornoni e Dante Serego Allighieri: la creazione della via Vittorio Emanuele II, cioè la Strada Nova, tra i SS. Apostoli e S. Fosca (che facendo tutt'uno con precedenti e successivi minori interventi diede vita all'auspicato asse Rialto-Ferrovia); l'apertura del vasto campo Manin, presso S. Luca, attraverso alcune demolizioni pertinenti all'antica area di S. Paterniano; il Bacino Orseolo, a ridosso di Piazza S. Marco e destinato a impostare il successivo asse S. Marco - S. Luca; via XXII

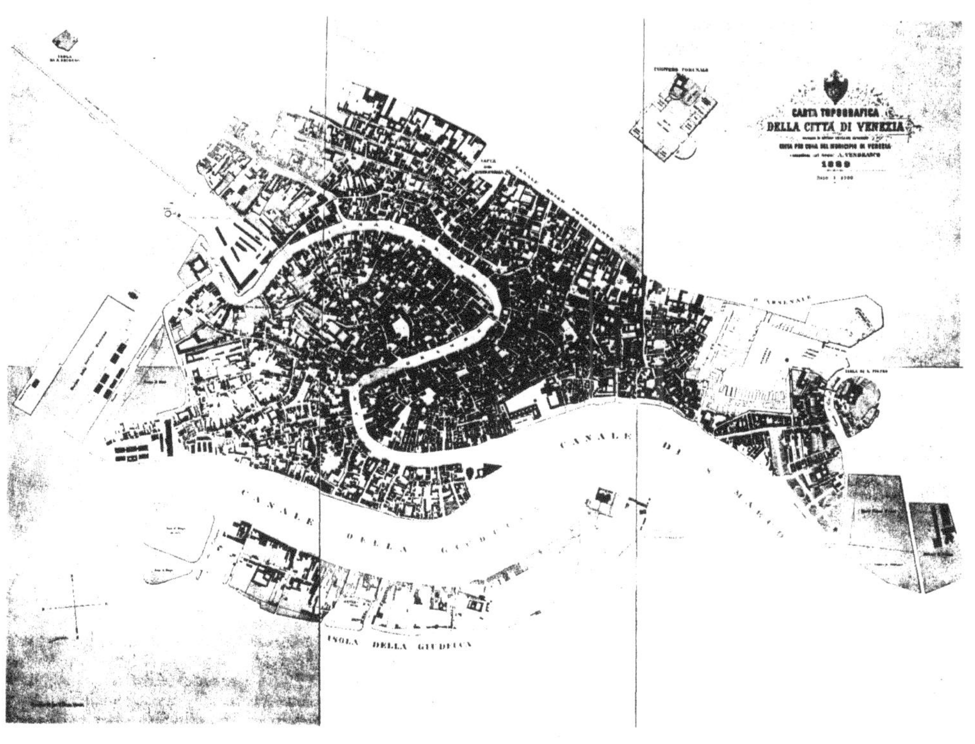

Fig. 223 [54]. A. Vendrasco, « Carta topografica della Città di Venezia secondo le ultime varianti avvenute, edita per cura del Municipio di Venezia », Venezia 1889. Pianta ufficiale e assai importante documentariamente: precisa e dettagliata (grazie alla scala 1:3000), consente di rilevare lo stato dell'edificato e della viabilità con quasi completa esattezza.

Fig. 224. « Piano Regolatore e di Risanamento della città di Venezia ». A fronte sono posti i progetti elaborati dal Municipio e quelli suggeriti dalla Commissione Boito, d'Andrade, Berchet e altri (1887-1891).

Marzo, allargando e rettificando calle Lunga S. Moisè, tra Piazza S. Marco e S. Maria del Giglio; calle Larga 2 Aprile tra campo S. Bartolomeo e S. Salvatore.

La tecnica è quella dello sventramento, della rettificazione del tracciato e della riedificazione secondo un aggiornamento linguistico e funzionale operato per lo più sull'edilizia borghese tardo-ottocentesca di terraferma: aggiornamento favorito dalla presenza in città, dopo l'unificazione del 1866, di imprenditori e progettisti attivi su altre piazze italiane.

È certo che il processo di trasformazione strutturale di cui è più pienamente e massicciamente investito l'organismo veneziano dopo gli anni '50 è quello facente capo alla Stazione marittima, realizzata tra S. Basilio, sul canale della Giudecca alle Zattere, e la testata del ponte ferroviario [5]. Nell'affrontare il problema dell'ubicazione della Stazione marittima si evidenzia uno dei temi che già all'epoca della progettazione del ponte ferroviario aveva vivacemente interessato specialisti e pubblica opinione, quello cioè dei possibili — e per lo più temuti — riflessi di grossi manufatti e nuove infrastrutture sul delicato equilibrio idraulico e igienico del sistema lagunare. L'emergere di tali preoccupazioni riporta anche ricorrentemente a galla (fino ai giorni nostri, va detto) il particolare rapporto esistente tra il consolidato, il costruito e la composita maglia dei canali, barene, valli da pesca, paludi che lo circonda e con esso il più delle volte si integra.

Ma oltre a ciò si confrontavano — sempre nel merito della più conveniente ubicazione della Stazione marittima — diverse e talora contrastanti ragioni e ipotesi progettuali. È forse possibile comprendere entro tre posizioni di massima le opinioni al proposito: grandi banchine all'estremità e oltre la Riva delle Zattere e la Spiag-

Fig. 225 [55]. Rilievo topofotografico, 1913. Testimonianza eccezionale per qualità, intensità e dettaglio, eseguita secondo la tecnica del montaggio a mosaico rifotografato.

gia di S. Marta (ipotesi avallata dall'autorità della Commissione speciale istituita dal re e presieduta da Pietro Paleocapa; si trattava, sostanzialmente, di una ripresa aggiornata e parziale del progetto di Giuseppe Jappelli del 1850 e fu, nei fatti, la soluzione adottata); estensione verso Canal Grande della zona di S. Andrea, oppure lungo un lato del ponte ferroviario verso la laguna, delle esistenti attrezzature già per piccola parte attivate nel recinto della Stazione ferroviaria a S. Lucia; infrastrutturazione dell'isola della Giudecca, facendo traversare il canale omonimo dalla linea ferroviaria e utilizzando quindi le notevoli possibilità di trasformazione insite in una zona di città meno vincolata da presenze storiche e artistiche in fitta serie.

La Stazione marittima così come fu realizzata (essa entrò in funzione a partire dal 1880) mise le premesse per un globale coinvolgimento di trasformazioni radicali in tutta la testata occidentale della città: da S. Giobbe a nord dove iniziano, urbanisticamente, a farsi sentire gli effetti della presenza del terminale ferroviario, fino a S. Basilio e S. Sebastiano a sud — presto coinvolte nell'area della « Marittima » e della industrializzazione lì subito insediatasi — su un fronte il cui frastagliato profilo si sviluppa per più di duemila metri, le alterazioni appaiono subito complesse e assai profonde.

La documentazione cartografica accompagna dettagliatamente le fasi di questa come delle altre metamorfosi avvenute nel medesimo giro d'anni: a monte possiamo porre senza alcun dubbio la planimetria dei Combatti, a valle quella del geometra Vendrasco (1889), mentre il cammino appare progressivamente cadenzato dalle varie edizioni della bella planimetria di Marco Perissini. In particolare, la Commissione del 1866 lavora, oltre che su mappe parziali, sull'aggiornata edizione del Perissini, di quell'anno appunto.

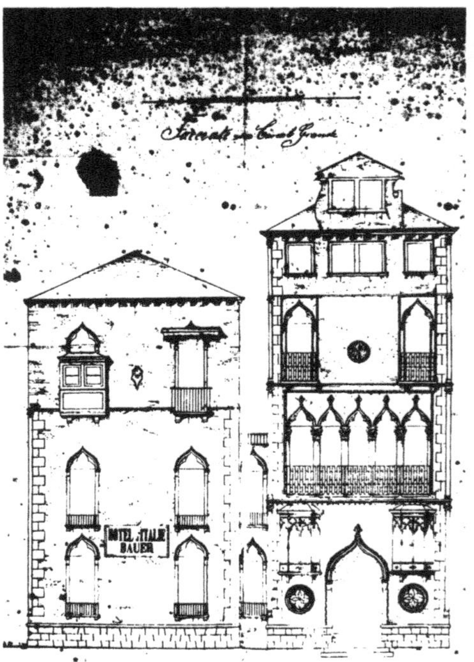

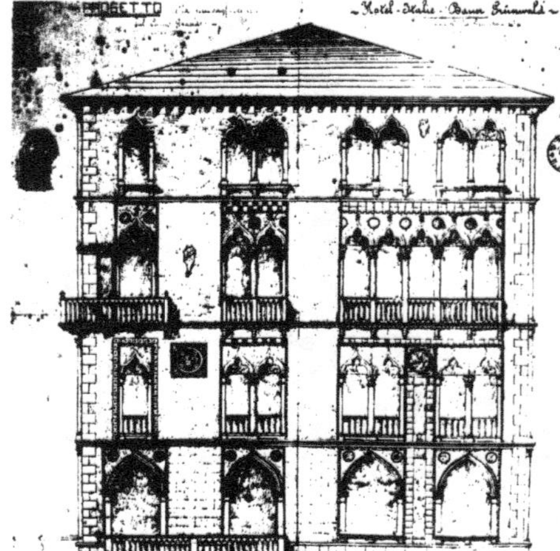

Figg. 226-227. Giovanni Sardi, Hôtel Bauer-Grünwald sul Canal Grande a S. Moisè. Situazione esistente e progetto per la nuova facciata. Disegni a penna.
L'operazione per la creazione dell'Hôtel Bauer è molto significativa nella storia dell'architettura veneziana per più ragioni. Anzitutto la vicenda ben s'inserisce nel grande processo di ristrutturazione edilizia legata alla dotazione di attrezzature alberghiere (l'area da S. Moisè a S. Maria del Giglio ne fu toccata in termini particolarmente profondi). Poi vanno segnalate la disinvoltura con la quale l'architetto trasforma i due corpi di fabbrica in un unico palazzo e la grande e mimetica libertà con la quale egli viene a definire un nuovo, e a suo modo originale, linguaggio « gotico ».

Fig. 228 (*nella pagina a fronte*). L'Hôtel Bauer in una foto di fine Ottocento.

Il Piano Regolatore e di Risanamento e le realizzazioni del tardo Ottocento

Se l'elaborazione del 1886-1891 ha nome di Piano Regolatore e Piano di Risanamento e se è certo frutto di un'ottica programmatoria e unitaria, il complessivo significato urbanistico e culturale di quest'insieme di proposte non suggerisce certamente la coscienza di visioni e metodologie di respiro ampio e disegno preveggente. Il Piano in realtà consiste di una quarantina di progetti prevalentemente rivolti a modificazioni della rete viaria pedonale: qualche allargamento tramite demolizione di case giudicate insalubri, l'eliminazione di passaggi ritenuti angusti e la creazione di alcune direttrici privilegiate di traffico, la definizione progressiva di un qualificato asse con attribuzioni direzionali tra S. Luca e S. Bartolomeo.

La disinvolta pratica urbanistica degli anni immediatamente precedenti il Piano, mescolata alle prime radicali obiezioni, oramai non più solo locali, sui metodi, le tecniche e i risultati degli interventi del restauro artistico, di ripristino e interpretativo su edifici storici di primario rilievo, costituì tuttavia la più idonea miscela perché i 24 progetti di risanamento e i 16 di viabilità di cui era composto il Piano (cui vanno aggiunti i due progetti per case sane ed economiche) provocassero un incendio di polemiche e di contrasti che segnarono assai profondamente la vita cittadina.

In realtà i progetti non differivano né per sostanza né per quanto attiene forme e modalità, dal corpus degli elaborati redatti nei lavori della prima Commissione del 1866.

L'approvazione definitiva del Piano non fu che l'ul-

Fig. 229. Hôtel Bauer. Il corpo laterale, che dal giardinetto giungeva a campo S. Moisè, viene pesantemente investito dalla riforma messa a segno sulla soglia degli anni '50 del Novecento, né meno deturpanti risultano le varie dissennate soprelevazioni. Di fronte a questi interventi, la stessa metodologia del Sardi può risultare rispettosa e filologicamente raffinata.

Fig. 230 (*in basso*). L'Hôtel Bauer, corpo su campo S. Moisè (progetto dell'arch. M. Meo, 1946-1949).
Il tentativo, per altro poco riuscito, di immettere in città elementi del linguaggio dell'architettura contemporanea ebbe a suscitare polemiche accesissime e un sostanziale rifiuto della pubblica opinione. L'operazione si rivela di basso profilo anche perché — timorosa di compiere delle verifiche di carattere storico — appare alla fine un ambiguo e poco credibile « manifesto » senza radici.

timo tratto di un faticoso itinerario, a seguito di correzioni e modifiche, e dopo che era stato affidato a una Commissione mista municipale e ministeriale l'incarico di esprimere pareri di merito e d'opportunità circostanziati e non impugnabili [6].

Rispetto al 1866, possiamo registrare dei passi avanti per quanto concerne gli strumenti di conoscenza e di valutazione della esistente situazione economica, sociale, igienico-sanitaria, storico-artistica di Venezia; ma va anche detto che non appaiono individuati gli idonei strumenti operativi per realizzare una accettabile mediazione tra i dati di rilevamento e le istanze del corpo sociale, delle realtà edilizie, del sistema urbano.

Il piano prevedeva ridotti tempi di attuazione: 12 anni per i progetti di risanamento e 30 per quelli di viabilità. Non tutti gli interventi approvati ebbero realizzazione [7]; e alcuni — contro i quali si erano tuttavia appuntati gli strali degli oppositori — rivelarono nel corso degli anni di non possedere l'effetto disgregatorio temuto: anche perché fatti assai più radicali e strutturali stavano trasformando su vasta scala la realtà veneziana.

La redazione finale del Piano fu pubblicata nel 1891 [8]; comprendeva la *Relazione* della Commissione mista (pre-

Fig. 231. Francesco Marsich, Grand Hôtel des Bains, al Lido (1900 sgg.). Il des Bains fu il primo grande insediamento alberghiero di livello internazionale al Lido: quindi efficacemente inserito nel disegno imprenditoriale di « lancio » del sistema balneare veneziano dopo i più o meno riusciti tentativi medio-ottocenteschi.

Figg. 232-233. Giovanni Sardi e coll., Excelsior Palace Hôtel al Lido. Veduta dalla strada in una vecchia immagine fotografica e veduta generale dall'alto della situazione attuale.

Singolare e coraggioso nelle scelte linguistiche moresco-bizantine e gotiche, l'Excelsior rappresentò subito un fattore determinante per l'affermazione del Lido e della società dei grandi alberghi (la celebre CIGA) nel panorama delle stazioni balneari di lusso in Europa. La concezione dell'Excelsior era quella di fornire al proprio interno ogni possibile servizio e di disporre addirittura di un porticciolo privato per i collegamenti celeri con S. Marco; esso soprattutto però garantiva un'ambientazione climatica e balneare di prima qualità, disponendo di un retroterra culturale e storico quale Venezia poteva assicurare. Dal 1937 l'Excelsior ospitò anche le prime edizioni della Mostra Cinematografica della Biennale, fino alla edificazione del Palazzo del Cinema, a poche decine di metri dall'albergo. Molto presto la originaria redazione dell'Excelsior secondo i piani del Sardi (che muore nel 1912) sarà ampliata e, soprattutto, verrà ad affiancarsi la dilatata mole del cosiddetto « palazzo del mare » che ne riprendeva taluni stilemi appesantendone tuttavia, in una insistita ripetitività, gli esiti finali.

Figg. 234-236. Nella vicenda architettonica veneziana a cavallo tra Ottocento e Novecento Giovanni Sardi occupa un posto di rilievo. Nella sua produzione può vedersi un ventaglio di sperimentazioni e di acquisizioni eclletticamente assai ampio ma filologicamente sostenuto da una apprezzabile indagine storica (anche se non mancano cadute e infortuni banali). Buoni frutti della sua produzione possono vedersi in tre edifici esemplari pur nella diversità d'impianto: casa Scarpa alle Zattere, casa Ravà a S. Silvestro e la palazzina Nigra a S. Simeon *grando*. Questo terzo, in particolare, appare ben avviato su un terreno di sperimentazioni e realizzazioni avvenute nei primi vent'anni del secolo, che hanno rappresentato il momento di maggior partecipazione in Venezia a problematiche architettoniche di livello europeo.

Fig. 237 (*in alto, a sinistra*). Giuseppe Torres, casa sul rio del Gaffaro, 1905. Gli esiti più raffinati ed esoterici dello storicismo veneto-bizantino e il versante Monaco-Vienna dell'architettura del primo Novecento appaiono fondersi, in questo come in altri lavori del Torres, in una sottile vena poetica colta e sommessa, segnando tuttavia un filone della ricerca architettonica veneziana assai vitale e destinato ad affermarsi nella Scuola d'Architettura, fondata nel 1926.

Figg. 238-240 (*a fianco, in alto e nella pagina a fronte*). Di matrice decisamente austro-tedesca è il linguaggio del forse più originale architetto veneziano del primo Novecento, Guido Costante Sullam.
Nelle bellissime — e deturpate — ville al Lido, Sullam mostra di essere oramai pienamente sciolto dai condizionamenti degli « stili ». Indagatore attento dei problemi tecnici non meno che delle notazioni d'ornato, Sullam è in realtà dotato di strumenti progettuali di consumatissima e raffinata qualificazione, che gli consentono la realizzazione di non marginali — e pur tra loro assai diversificati — capolavori, quali il villino Monplaisir e lo stesso Cimitero ebraico al Lido.

sieduta da Camillo Boito e composta da Alfredo d'Andrade, Federico Berchet, Antonio Dal Zotto, Federico Stefani, per il ministero della Pubblica Istruzione; Giovanni Ponti e Giovanni Perosini per il ministero dei Lavori Pubblici; Giovanni Bordiga, Angelo Alessandri e Attilio Cadel per il comune di Venezia); una relazione medica; una disamina dettagliata di ogni progetto; una serie di allegati statistici e relativi ai costi; l'ordine del giorno finale della Commissione; una serie di illustrazioni e tre tavole grafiche che riportavano sommariamente i progetti iniziali e i suggerimenti di modifica elaborati in seno alla Commissione.

Le raccomandazioni votate in sede finale sottolineano la necessità dell'escavo continuo dei canali; di migliorare o realizzare ex novo un accettabile sistema fognario; di razionalizzare la distribuzione dell'acqua potabile; di proibire l'utilizzo dei piani terra a fini abitativi e, comunque, di risanare gli edifici ancora recuperabili, ricostruire le « case vecchie non risanabili », ricorrere, ove possibile, alla soprelevazione. Raccomandazioni assai generiche nel

Fig. 241. Assai più periferica e provinciale la produzione di un architetto quale Ambrogio Narduzzi (che pure ha qualche felice intuizione in una serie di progetti per quartieri popolari alla Giudecca). Lo storicismo di marca veneto-bizantina e gotica appare scolastico e impacciato anche se non privo di grazia, come in casa Basso al ponte delle Guglie.

Fig. 242 (*a fianco*). Assai pesanti furono i guasti messi a segno da architetti e ingegneri estranei a ogni problematica di linguaggio e piattamente operanti nell'ordine delle più massicce e banali ristrutturazioni dell'antico. È il caso dei Fano, che manomettono irreparabilmente tutto il variegato « retro » delle Vecchie Procuratie verso il rio dei *farai* e il Bacino Orseolo; ristrutturano vari edifici nella zona di S. Luca e realizzano palazzi come questo sul Canal Grande presso il Fondaco dei Tedeschi.

complesso e non certo in grado di frenare la corsa alla rifabbrica o alla radicale trasformazione; tutt'altro.

Singolare la preoccupazione dei commissari — evidentemente spaventati dalle reazioni dell'opinione pubblica più avvertita — di dimostrare la *non* esistenza del Piano, quindi di negare alla radice lo sforzo programmatorio che aveva purtuttavia mosso gli amministratori locali nel proposito di dar organicità agli interventi cittadini: « Il Piano di Risanamento ed il Piano Regolatore si risolvono in un limitato numero di progetti di limitata importanza, studi di modificazioni parziali, che obbediranno forse a concetti generali, ma non sono fra loro collegati e dipendenti gli uni dagli altri, potendo ciascuno stare da sé » [9].

Gli interventi più significativi realizzati furono quelli a ridosso di Piazza S. Marco e che mettono in comunicazione con ampi percorsi pedonali il Bacino Orseolo con campo S. Luca e campo S. Gallo; S. Salvador con la

Riva del Carbon; i rimaneggiamenti tra S. Stefano e S. Samuele e quelli tra SS. Giovanni e Paolo e i Miracoli. Alcune delle operazioni progettate e per il momento cancellate si ripresentarono puntualmente qualche anno appresso ed ebbero attuazione: si tratta di interventi presso Cà Foscari o per l'ampliamento della Riva degli Schiavoni.

Al di fuori del Piano, ma con effetti certo di maggiori proporzioni, avvengono in questi stessi anni altre modifiche al volto e alla struttura della città. Due fattori, tra loro direttamente connessi, ne sono alla base: la progressiva tentata industrializzazione e le espansioni del complesso portuale. A ciò vanno aggiunte le provvidenze e le iniziative per la edificazione di quartieri di case igieniche e popolari.

Prima tuttavia di accennare a questi fatti, alcune altre considerazioni si debbono proporre attorno ad eventi che segnano in maniera non trascurabile la storia veneziana di quegli anni. La questione dei restauri, innanzitutto; e, conseguentemente, la polemica sui restauri. Il problema veneziano è, infatti, oramai divenuto di rilevanza europea: l'accusa di superficialità e leggerezza ai tecnici operanti in città (sulla basilica di S. Marco; su palazzo Ducale; sulla Cà d'Oro; su palazzo Cavalli-Franchetti; sul Fondaco dei Turchi; a S. Gregorio; a palazzo Tiepolo-Papadopoli e su innumeri altri edifici storici e artistici) esplode clamorosamente proprio in occasione degli interventi allarmati della stampa europea sui restauri a Venezia [10]. Dal grande polverone sollevato da tutto questo (nella cui fitta nebbia si succedono rovesciamenti di posizioni, azioni mimetiche, strumentalizzazioni di personali rancori e così via) la schiera dei difensori dell'integrità e intangibilità storica di Venezia che ne emerge (e che quasi sempre coincide, per vocazione naturale, con gli oppositori al Piano e agli interventi urbanistici) non rivela certo dimensione culturale di maggior levatura rispetto agli « ingegneri » e ai tecnici della trasformazione e dell'intervento ammodernatore ad oltranza [11].

Il livello medio della questione rimane piuttosto basso, sicuramente di corto respiro, di impianto municipalistico e passatista, incapace di intravvedere dimensioni e prospettive di ampia portata, incapace, soprattutto, di pensare creativamente e in termini originali insieme il futuro della città e la salvaguardia dei suoi caratteri. In questo senso l'unico sostanziale e non marginale moto che investe Venezia appare quello legato a una sua progressiva « valorizzazione » artistica; mentre con il primo decennio del nuovo secolo anche la balnearità e la connessa industria turistica conoscevano l'esordio di una fortunata stagione [12].

L'interesse turistico-balneare per la spiaggia del Lido che si era embrionalmente affacciato subito dopo la metà dell'Ottocento, si consolida a fine secolo ed esplode nei primissimi anni del Novecento.

L'isola a vigne ed orti, sottoposta per buona parte a servitù militare (molti *forti* proteggono le due bocche portuali e il margine esterno della lunga striscia sabbiosa) conosce una rapida intensa urbanizzazione. I caratteri — non regolati per altro da alcun piano o progetto complessivo — sono di volta in volta mutuati da quartieri residenziali e da cittadine balneari italiane e straniere; un tentativo di città-giardino rimane fatto isolato e non particolarmente significativo entro il quadro generale. Assai più interessante sottolineare il desiderio di sperimentare linguaggi architettonici nuovi (e non ammessi nel « cuore » storico di Venezia) nella colonia di ville e villette che presto saturano le non grandi disponibilità di terreno del Lido; come significative — anche alla scala urbana — risultano alcune grosse realizzazioni, e sempre legate all'utilizzo turistico dell'isola: i grandi complessi dell'Hôtel des Bains e dell'Excelsior (tra il 1900 e il 1907), che rimangono i testimoni del migliore livello progettuale messo a punto in questo momento nell'area veneziana.

Il problema della casa e l'edilizia popolare

Il piano 1886-1891 prevedeva anche la costruzione di case popolari; circa 100 mila metri cubi destinati al « ceto medio » e circa 78 mila per operai su aree ricavate da demolizioni; altri 61 mila metri cubi a S. Elena e 163 mila edificando zone di scoperto in città. Complessivamente: di contro a un totale di 276 mila metri cubi di demolizioni, 400 mila metri cubi di nuove edificazioni. Al di là delle operazioni di esproprio e delle provvidenze da ottenere sulla base della recente Legge di Napoli, l'operazione si sarebbe però voluta affidare alla libera iniziativa del mercato edilizio.

L'incremento della popolazione, pur se inferiore a quello registrato in altre città italiane, non era trascura-

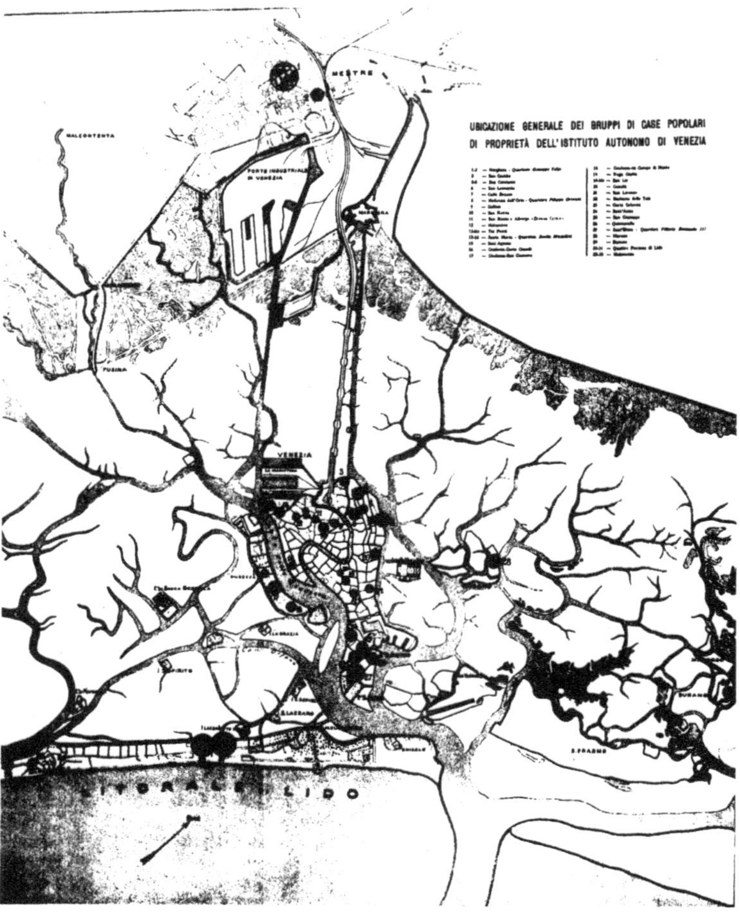

Fig. 243. Ubicazione generale dei quartieri d'edilizia popolare in Venezia e nel territorio lagunare. Da P. Donatelli, *La casa a Venezia nell'opera del suo Istituto*, Roma 1928.

Fig. 244 (*nella pagina a fronte, in alto a sinistra*). Casa per alloggi popolari in campo S. Ternita (1867-1868).
Si tratta del primo esperimento di edilizia popolare realizzata a scopi umanitari sull'area della demolita chiesa della Trinità. Il risultato è, architettonicamente, forse l'ultimo prodotto di una tradizione « locale » prima della diffusione e completa affermazione degli storicismi. L'ambientazione nell'area è buona e l'utilizzo di tipologie e distributivi risulta naturale ed efficace anche nell'originale e riuscita « corte » interna, oltre che nelle soluzioni strutturali e nell'organizzazione di funzioni e tecnologie.

Fig. 245 (*nella pagina a fronte, in alto a destra*). Le nuove case popolari e gli antichi edifici in demolizione nel quartiere di S. Marta.
Necessità di maggiori volumi abitativi e difficoltà di recupero d'edilizia « minore » antica hanno non infrequentemente prodotto guasti molto pesanti soprattutto ad aree marginali del centro storico; così a S. Marta, a S. Leonardo, alla Madonna dell'Orto e altrove, dove ebbero realizzazione alcuni dei « quartieri » tra Otto e Novecento.

Fig. 246 (*nella pagina a fronte, in basso*). Quartiere di case popolari alla Giudecca, presso la chiesa del Redentore. Da *Le case sane economiche e popolari del Comune di Venezia*, Bergamo 1911.
Sfruttando le vastissime zone verdi di orti e giardini privati, alla Giudecca ebbero realizzazione ampi complessi di case popolari, a lungo divenuti veri e propri ghetti, pur in prossimità del centro cittadino.

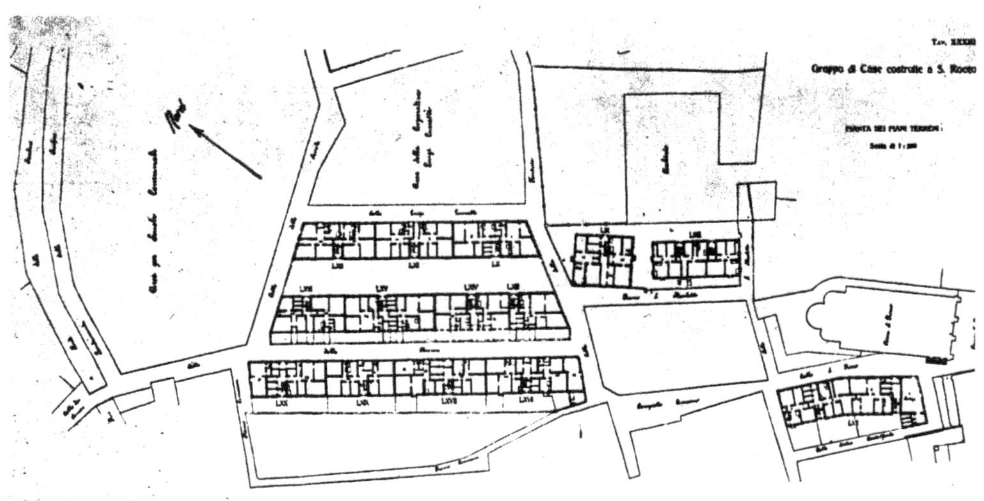

bile, specie se si consideri la rigida definizione dei margini esterni della città: 120 mila nel 1868 e 129 mila nel 1871; 134 mila nel 1881; 152 mila nel 1901, gli abitanti di Venezia saranno più di 160 mila nel 1911, con un aumento da vedersi soprattutto negli addetti a un'industria che conosceva gli anni della sua maggiore fortuna [13].

Alcuni esperimenti di edilizia popolare agevolata realizzati fin dal 1870 [14] erano rimasti fatti isolati; l'iniziativa privata non interveniva in dimensione considerevole nel settore; altri tentativi danno risultati del tutto trascurabili. Sarà la nuova giunta, laica e moderatamente progressista, guidata da Riccardo Selvatico (1891-1895), ad affrontare con maggiore decisione il problema. Nel 1891 si inventa il sistema dei « premi d'incoraggiamento » ai costruttori, meccanismo che andava a coprire — secondo i calcoli dell'ufficio comunale — all'incirca il 12% della spesa di costruzione. I beneficiari si impegnavano a osservare tempi brevi di realizzazione, a rispettare standard volumetrici dati, a mantenere la destinazione d'uso per tutta la durata di fruizione del « premio », a costruire secondo i progetti elaborati dall'amministrazione. Dal 1905 il sistema dei premi veniva esteso dalle nuove costruzioni ai restauri di fondo e alle radicali trasformazioni a fini abitativi.

Nel 1893 anche il Comune in prima persona si impegna per la costruzione di « case sane, economiche e popolari »: il fatto era senza dubbio pionieristico in Italia e giunse a dei risultati di qualche significato. Oltre ad edifici isolati, l'edilizia comunale o sovvenzionata portò alla realizzazione di una serie di « quartieri »: a S. Giobbe (1904-1905: 7 edifici); a S. Leonardo (1904-1906: 8 edifici); ai Gesuiti (1904-1906: 11 edifici); a S. Giacomo alla Giudecca (1906-1907 e 1909-1910: 6 edifici); a Corte Colonne a Castello (1907-1909: 6 edifici); a Quintavalle a S. Pietro di Castello (1907-1909:

Figg. 247-248. F. Marsich, quartiere di case a S. Rocco: (*nella pagina a fronte*) planimetrie al terreno e (*qui sopra*) prospetti. Da *Le case sane economiche e popolari del Comune di Venezia*, Bergamo 1911.

Fig. 249. P. Bertanza, quartiere di case popolari alla Madonna dell'Orto. Veduta prospettica.

Fig. 250. Veduta prospettica di una parte del quartiere Vittorio Emanuele III a S. Elena.

Fig. 251. Piano Regolatore del quartiere.

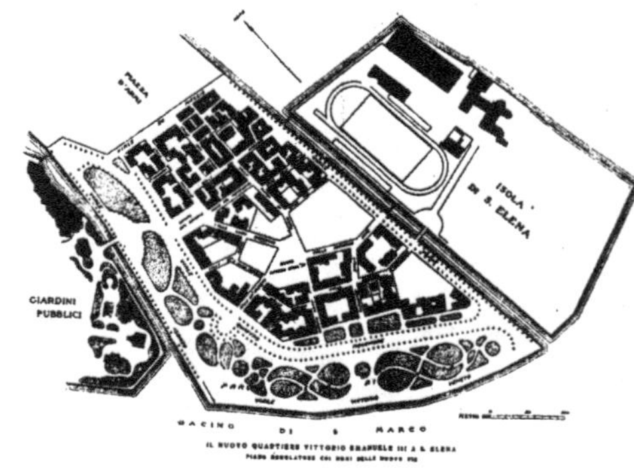

9 edifici); a Malamocco (1909-1911: 4 edifici); a S. Rocco (1909-1911: 14 edifici). Tra il 1891 (anno dell'istituzione dei premi ai costruttori) e il 1900 furono edificati 155 mila metri cubi (47 mila a premio); dal 1900 al 1905, 254 mila metri cubi; dal 1906 al 1910, ben 934 mila metri cubi; le edificazioni a premio o direttamente gestite dal Comune furono però non più di 420 mila metri cubi nel primo decennio del nuovo secolo; tuttavia i numeri stanno a indicare che un certo meccanismo si è a questo punto — e anche grazie agli incentivi dell'ente pubblico — messo in moto [15].

La Commissione per l'edificazione su iniziativa del Comune di « case sane, economiche e popolari » (e con il determinante apporto della locale Cassa di Risparmio) era attiva fin dal 1893; nel 1910 essa fu trasformata in « Istituto Autonomo per le Case Sane ed Economiche »;

nel 1914, uniformandosi in ciò al resto del paese secondo la normativa di legge da poco emanata, divenne l'Istituto Autonomo per le Case Popolari (IACP).

Il linguaggio architettonico adottato sullo scorcio del XIX secolo e fin all'arrivo in città di qualche esperienza « novecentista », fu prevalentemente ispirato alla riproposta, tardiva, di storicismi di diversa natura. Tra una breve e non fortunata stagione neocinquecentista e un permanere di neogotico variamente interpretato, si situa la vicenda assai più significativa e singolare di un tentativo neobizantino o, più correttamente forse, veneto-bizantino, nel quale si mescolano suggestioni orientaleggianti bizantine e moresche, il primo gotico veneziano, certo romanico lagunare « pittoresco » e policromo. L'elemento più interessante è che, per questo tramite, si dà vita a un tentativo autonomo e creativo di impostare su basi nuove il problema del rapporto con l'ambiente veneziano e gli stili storici. L'esperimento è di breve durata, ma costituisce fattore di mediazione con importanti esperienze figurative europee, avvicina sensibilità altrimenti solo periferiche a quanto si stava ricercando negli ambienti centro-europei, soprattutto [16]. E tuttavia tale lavorìo, per quanto intenso, non viene ad incidere sensibilmente sulla struttura cittadina [17].

Più marcato l'effetto ottenuto da altri « quartieri », che continuano ad essere costruiti in varie aree periferiche della città: ancora alla Giudecca: a S. Giacomo e nell'ex Campo di Marte (1919-1921, per una dozzina di edifici); ancora nella città-giardino del Lido (1920-1921: 14 edifici di varia misura); alla Madonna dell'Orto (Cannaregio) sorgeva il quartiere Filippo Grimani con 10 edifici (1922), a Castello in Barbaria delle Tole (1921-1922: 3 edifici), e altrove.

Di notevole entità furono le opere di urbanizzazione sulla bonifica effettuata tra l'isola di S. Elena e i Giardini di Castello [18]. Questi stessi ampi giardini voluti, come si è visto, da Napoleone e realizzati dal Selva, conoscono una radicale trasformazione in occasione delle Biennali; anzi, fin dal 1887, in occasione dell'Esposizione Nazionale Artistica, e la costruzione del grande, rudimentale complesso espositivo realizzato dall'ing. Trevisanato e da Raimondo D'Aronco in affaccio sul Bacino di S. Marco.

La Biennale, oltre a costruire un nuovo grande padiglione (1895 e successivi vari ampliamenti) favorisce però, sin dal 1907, la realizzazione di padiglioni nazionali che invadono progressivamente la vasta area fino al canale di S. Elena e, successivamente, parte anche della nuova isola. Alcuni dei nomi che compaiono nell'album di questa singolare lottizzazione sono di spicco (Hoffmann, Aalto, Scarpa, Rietveld, BBPR); altri assecondano invece con lavori poco significativi l'aspetto trionfale e celebrativo degli anni meno felici delle esposizioni veneziane. Il risultato finale è una sorta di città-giardino delle Muse, caotica ed enfatica, la quale ha sottratto a una libera fruizione buona parte del verde pubblico cittadino [19].

Venezia « città industriale »

La volontà di dare caratteri industriali all'economia cittadina è una costante che attraversa senza interruzione tutto il secondo Ottocento, e che in particolare esplode dopo l'annessione di Venezia al regno d'Italia. Vi sono varie ragioni a motivare tale scelta: il timore di perdere l'aggancio con la direttrice economica che s'affermava nei settori avanzati e « moderni » del regno; la volontà di utilizzare pienamente infrastrutture esistenti e in progetto (ferrovia e attrezzature portuali); una tradizione manifatturiera in vena di operare un salto qualitativo e quantitativo e spinta a sostanziali aggiornamenti tecnologici per conservare il proprio mercato e acquisirne ulteriormente; lo stesso desiderio di dare prospettiva imme-

Fig. 252. Fasi di sviluppo cronologico dell'Arsenale. Da M. Nani Mocenigo, *L'Arsenale di Venezia*, Roma 1938.

Fig. 253. La Nuova Officina del Gas a S. Marta (1909). Realizzata nella grande area dell'ex Campo di Marte a S. Marta (sulla testa occidentale della città) nei primissimi anni del secolo, l'Officina consentiva di dotare il servizio di tecnologie moderne e delle necessarie garanzie di sicurezza a più di mezzo secolo dall'introduzione delle prime condutture del gas a Venezia.
Le possibilità della Venezia industriale erano ovviamente legate in maniera diretta alla dotazione di moderne infrastrutture e servizi: sarà questo uno dei temi dominanti in tutto il dibattito sul futuro economico della città fin dal medio Ottocento.

diatamente produttiva a una economia che si riteneva troppo a lungo sacrificata in dimensioni commerciali e di servizio; la presenza di capitale, in buona misura non veneziano, per tradizione votato ad orizzonti d'intervento sovraregionali e sensibile ad ampliare i propri terreni di attività; il richiamo, infine, di suggestioni più composite, sfumate, confuse: intenti d'imperialismo economico insieme a richiami militari e marittimi, rinascita dell'Arsenale e dell'industria bellica, vocazioni panadriatiche e suggestioni anseatiche: per converso, però, anche la ricerca di una sorta di splendido isolamento insulare velleitario e di poco futuro.

Di fatto l'industria permea il tessuto edilizio storico, satura le maggiori aree libere, ne crea di nuove [20]; salda in un sistema compatto settori deboli e sfrangiati della città; trasforma il volto di gran parte dell'isola della Giudecca, riforma quasi tutta Murano; crea a cavallo del Canale della Giudecca, una vera e propria area industriale attestatasi, da un lato, tra la nuova Stazione marittima e S. Trovaso (con la realizzazione dei nuovi magazzini del punto franco, della Marittima e dei grandi complessi del Cotonificio Veneziano e delle Officine del Gas) e, di là dal Canale, con l'enorme mole del Mulino Stucky e tutto il composito sistema di attività produttive che ad essa si affianca [21].

La creazione e il progressivo ampliamento della grande infrastruttura della Stazione marittima è, rispetto al moto di industrializzazione cui la città è sottoposta, insieme volano e conseguenza. Le stesse dimensioni dell'attività mercantile assolta lo fanno chiaramente intendere: si con-

Fig. 254. Un'altra veduta della Nuova Officina del Gas a S. Marta (1909).

sideri che nel 1880 (anno di ingresso in funzione delle banchine) il movimento merci cittadino è di circa 40 mila tonnellate (il 10% nelle nuove attrezzature, il rimanente nella diffusa e frammentata zona portuale attorno al Bacino S. Marco); dieci anni dopo il movimento tocca quasi le 100.000 tonnellate, dove alla Marittima spetta il 60% del totale trattato; ancora un decennio e si supererà il tetto di 1 milione e 200 mila tonnellate, ma alla Marittima ne spettano quasi 1 milione e 100. (Il trend non accennerà a crisi fino alla guerra, se nel 1912 si arriverà quasi a toccare i tre milioni di tonnellate). La sollecitazione violentissima cui è sottoposto l'intero organismo cittadino per la pressione diretta di tutta questa attività mercantile, e indirettamente per le connesse attività ed esigenze collegate, tocca il suo apice e conosce una frenetica ricerca di soluzioni alternative allo scadere del secolo XIX e all'esordio del successivo, sfociando poi nell'*invenzione* del porto di Bottenighi e nella creazione di Marghera. Ma fino a quel momento è ancora il fronte occidentale della città (e, in parte almeno, l'isola della Giudecca) a sopportare l'impatto con il dinamismo il più delle volte disgregante di una crescita considerevole e tuttavia di scarsamente affidabili radici strutturali.

Le fantasie urbanistiche, che attorno agli anni '50 dell'Ottocento s'erano applicate a risolvere il tema delle connessioni della linea ferroviaria con la città insulare, si agitano in questo frangente attorno al nuovo quesito: come raddoppiare le capacità ricettive e le dimensioni complessive della Marittima, cioè *verso dove* dirigere la crescita. Tuttavia, in tutto questo periodo che si concluderà con l'apertura delle banchine di Marghera (ma il porto sarà subito integrato al polo industriale), il grande ferro-di-cavallo della Marittima arriverà ad espandersi e a diffondere urbanisticamente la sua influenza in termini vistosi. Quasi contemporaneamente si ampliava, a est, l'area dell'Arsenale per la creazione del piazzale dei Bacini (1873), del piazzale delle Vergini e dell'area, vastissima, del Nuovo Bacino nel 1912; e per ricavare, infine, un angusto triangolo con abitazioni di servizio (le Casermette) nel 1916.

È evidente che anche questa ulteriore espansione della città è connessa a istanze industriali e belliche non indirettamente collegate al più generale modello di sviluppo impostato per Venezia sullo scorcio dell'Ottocento e che ha il suo esito naturale nella guerra del '15-18, ma che ha, quali premesse immediate e prossime, la pubblicistica — e l'ideologia che l'esprime — circa il destino marittimo e adriatico-imperiale di quella che era stata la Serenissima: un iceberg la cui più vistosa emergenza appare essere la figura e l'operato di Piero Foscari, al quale va riportata anche l'attività di Gabriele D'Annunzio e che culminerà nell'impresa fiumana.

Dalla lignea piro-corvetta *Vettor Pisani*, varata nel 1869, ai sommergibili *Nautilus* e *Nereide* del 1913, passando per i mezzi corazzati, le cannoniere e gli incrociatori, più di trenta mezzi bellici sono il frutto della nuova stagione dell'Arsenale: e tuttavia l'evoluzione futura del complesso rivelerà l'inutilità di una tanto massiccia espansione [22].

Marghera e Mestre

Le vicende urbanistiche veneziane tra le due guerre son dominate dalla realizzazione del porto industriale di Marghera e del suo quartiere urbano e dalla prima espansione dell'abitato di Mestre; dal Piano di Risanamento della città storica presentato nelle linee di massima nel marzo del 1939; infine dalla realizzazione del collegamento autostradale con la terraferma e dalle conseguenti operazioni messe a segno nella zona di S. Chiara per costituire un adeguato terminale.

Come è noto, l'idea di dar vita fuori del centro storico ad un'altra area portuale attrezzata a causa dell'aumentato volume dei traffici e per l'impossibilità di una soddisfacente espansione non legata a vincoli ambientali e monumentali in Venezia [23], data dai primissimi anni del secolo. È stata ricostruita di recente sia la genesi di quest'idea come le sorti di quella che è parsa a qualcuno una « prova generale » della stessa nella presenza e nei tentativi dell'imprenditoria e della finanza italiane in Montenegro.

Appaiono centrali, sia nell'una che nell'altra iniziativa, la figura di Giuseppe Volpi e il capitale della Banca Commerciale [24]. Di fatto il progetto dell'insediamento portuale in terraferma nell'area di Bottenighi viene nel 1917 approvato definitivamente, nell'elaborazione ultima dell'ing. Coen-Cagli, con procedura che a molti è parsa quanto meno singolare e spericolata. Le novità sostanziali risiedono nell'aver previsto, in aderenza al porto, un'area di intensa industrializzazione pesante; il legame di quest'impresa con quelle della produzione e trasporto dell'energia elettrica (sempre facente capo al gruppo Volpi); la presenza dello stato in qualità di fornitore di servizi a titolo gratuito.

Sin dai primi anni '20, in diretta connessione con l'insediamento e l'espansione delle strutture portuali e industriali, è pensato un quartiere residenziale stretto tra la Stazione ferroviaria di Mestre, la strada provinciale Mestre-Malcontenta mettente a Padova, una strada comunale e l'area industriale [25]. Il richiamo alle esperienze di città-giardino può sembrare, in un tale contesto, addirittura macabro. Ma ci fu; ed ebbe le sue enfatiche celebrazioni. Il disegno del quartiere urbano richiamava con apparente ingenuità Howard e il suo modello di città-giardino, appunto; mentre intendeva attenersi, quanto alla creazione di un sistema viario tutto da inventare, a un modello che effettuasse la fusione del « sistema americano dei tracciati rettilinei con quello degli eccessivi tracciati curvilinei » [26]. La metodologia d'analisi e i criteri d'intervento richiamati erano quelli teorizzati da Henry Sellier per l'Office public des Habitations del dipartimento della Senna: ma il richiamo appare più un tentativo di copertura che un reale rimando metodologico.

I lavori d'urbanizzazione — e ciò una volta di più testimonia circa le modalità seguite in tutta la colossale impresa di Marghera — erano a carico del Comune, già divenuto proprietario dell'area acquistata sul mercato al prezzo di una lira a metro quadrato. Si prevedevano edifici monofamiliari per dirigenti e impiegati e altri con vari appartamenti, anche se di dimensioni contenute.

Nel giro di un paio d'anni sia l'Istituto Autonomo e

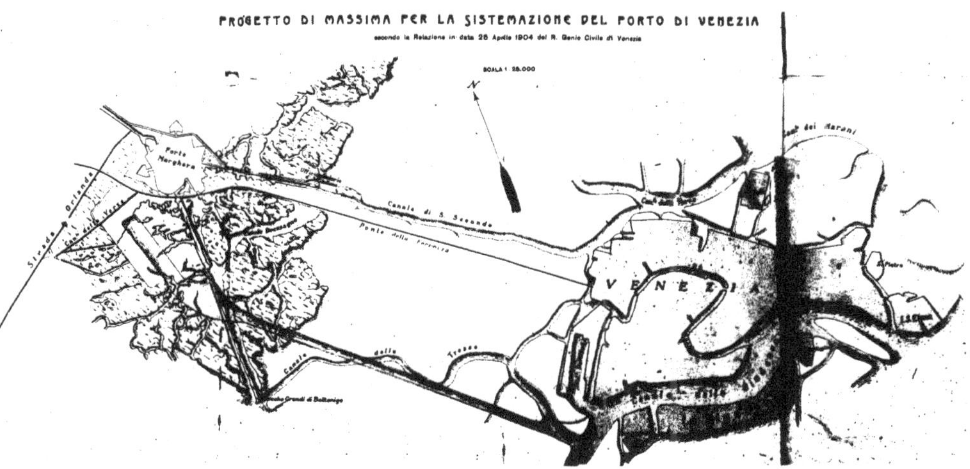

Fig. 255. Ipotesi per lo spostamento del porto commerciale ai Bottenighi (Marghera) nel 1904. Progetto del Genio Civile di Venezia.

Fig. 256. Il sistema Venezia-Mestre-Marghera dopo lo spostamento del porto in terraferma.

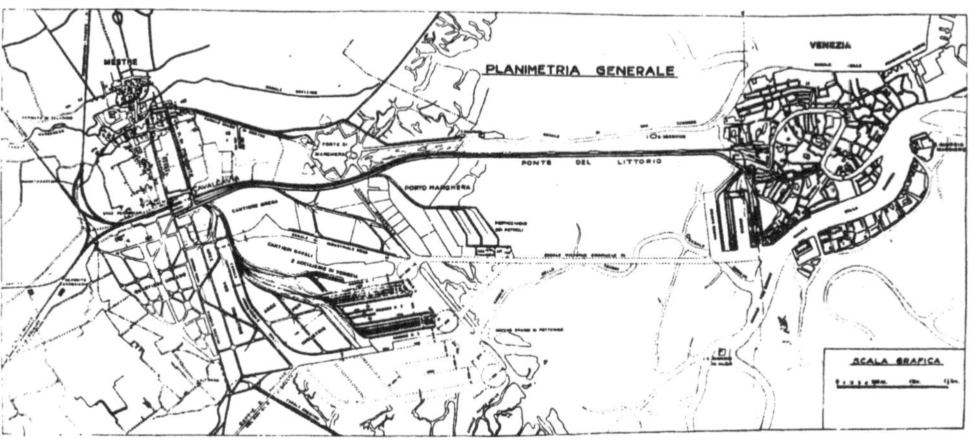

altri enti pubblici che imprenditori privati erano già attivi sull'area. Nel quindicennio che va dall'inizio degli anni '20 al 1936 il quartiere urbano di Porto Marghera passa da 1000 a 6000 abitanti. La struttura del quartiere risulta allungata sull'asse centrale cui fanno capo i sistemi viari secondari che si staccano da piazzette-svincoli entro un complesso organizzato gerarchicamente in termini abbastanza semplicistici.

Nello stesso arco di tempo anche il nucleo di Mestre conosce il suo primo considerevole sviluppo. Nel caso di Mestre, però, ciò avviene al di fuori di qualsivoglia intervento pianificatorio: il bando di concorso per il Piano Regolatore di Massima per l'ampliamento e il risanamento dell'abitato di Mestre è del 30 giugno 1934 (Mestre era già passata nel frattempo dagli 11 mila abitanti del 1901 ai 40 mila del 1935). La redazione del Piano era tuttavia, alla chiusura del concorso, affidata all'Ufficio tecnico municipale, invitato ad avvalersi con larghezza dei suggerimenti e delle acquisizioni contenute nei 10 progetti presentati.

Gli elementi che caratterizzano il Piano di Mestre, redatto dall'ing. Antonio Rosso e presentato nel 1937 [27], si possono così riassumere: 1) acquisizione del nuovo ponte autostradale del Littorio (1932-1933) quale asse logico e funzionale del sistema Mestre-Venezia; 2) inserimento di questo sistema in un più vasto piano regionale; 3) costruzione di un terminale stradale e di una connessa stazione portuale (il « porticciolo di S. Giuliano ») nell'area di S. Giuliano, e collegamento di tale area alla testa del ponte autostradale attraverso un grande snodo viario (il futuro cavalcavia di S. Giuliano); 4) collegamento a tale manufatto dei grandi assi stradali e, attraverso un'ulteriore serie di manufatti autostradali di vaste dimensioni, alle maggiori direttrici viarie regionali e nazionali; 5) esclusione, a nord, di Carpenedo dal conurbamento mestrino delimitato da una grossa circonvallazione di nuova realizzazione; 6) soluzione dei problemi idraulici e idroviari attraverso il parziale interramento del Canal Salso e di altri minori corsi d'acqua; 7) interventi sul centro storico di Mestre miranti, con demolizioni di notevole entità, a creare più agevoli condizioni di viabilità; conseguente copertura del Canale Osellino lungo le vie Poerio, XX Settembre ecc.; 8) creazione di una rete stradale a maglia ortogonale « necessaria a rendere utilizzabile il territorio compreso fra il Canal Salso, il Forte Marghera e gli impianti ferroviari ».

Quanto invece all'espansione dell'abitato e ai conseguenti criteri edilizi, il piano proponeva una zonizzazione articolata che avrebbe dovuto dar risposta alle croniche e non risolvibili carenze del centro insulare:

> Si è voluto dare allo sviluppo la prevalente caratteristica dell'abitato estensivo, così da non alterare la fisionomia di un centro industriale artigiano, agricolo, che deve completarsi entro regole predisposte, a norma delle tendenze più moderne, e deve ricordare che i veneziani, costretti da particolarità ambientali a un sistema tutto particolare di vita, hanno, per antitesi, un attaccamento appassionato a tutto ciò che ricorda, per ampiezze di orizzonti e per abbondanza di verde, il rinnovamento e l'appagamento di aspirazioni molto sentite [28].

Le zonizzazioni previste sono così riassumibili: costruzioni intensive attorno al vecchio centro di Mestre, nei nuovi quartieri di S. Giuliano, di via Principe di Piemonte, del nuovo piazzale a ovest di Forte Marghera; costruzioni semi-intensive (case a blocco o abitazioni accostate): attorno alle zone intensive, lungo la banchina del Canal Salso, presso il cavalcavia per Mirano; costruzioni estensive (case a schiera o villini isolati): tutte le altre zone; ville a giardino: lungo le zone di completamento degli spazi verdi; zona delle piccole industrie, agenzie di trasporti: fra il Canal Salso e gli impianti ferroviari; zone sportive: a nord di S. Giuliano e a nord-ovest di Forte Marghera lungo il Canal Salso; porticciolo sulla laguna a S. Giuliano; zone del macello e foro boario; area dei mercati locali presso il centro di Mestre: nuovo cimitero a nord della nuova strada Castellana; verde pubblico con l'esproprio di due parchi già esistenti presso piazza Umberto e alla testata di via Dante da trasformare in giardini pubblici; zone militari; zona aeroportuale (forse presso Campalto) con annesso idroscalo.

I tempi per la realizzazione del Piano (che prevedeva la sistemazione di quasi 500 ettari di territorio edificabile) erano previsti in un trentennio con una interna gradualità di urgenze e realizzabilità; prima fase: sistemazione, ampliamento e risanamento del centro di Mestre e delle zone immediatamente adiacenti; seconda fase: zone di attività sportive, industriali-commerciali, arterie di traffico principali, testata del ponte del Littorio, bonifica e cavalcavia a S. Giuliano; terza fase: completamento e attivazione di tutti gli impianti, attrezzature ecc.

La variante del Piano (del 1942 e sempre dell'ing.

Rosso) a seguito del voto del Consiglio nazionale dell'Educazione, delle Scienze e delle Arti del 18 genn. 1941, oltre a proporre una serie di modifiche del complesso piano stradale, in sostanza stabiliva di ampliare notevolmente il nuovo quartiere di S. Giuliano allungandone la fronte sulla laguna dagli iniziali 600 a 2000 metri, fino a comprendere quindi l'area di Campalto[29].

Si veniva in tal modo ad accentuare in termini rimarchevoli la scelta *lagunare* dell'espansione mestrina, potenziandone considerevolmente le stesse infrastrutture (quali ad esempio il già previsto e qui ampliato porticciolo di S. Giuliano) e riducendo a uno schema di viabilità ancor più elementare la maglia stradale di tutto il complesso in un generale privilegiamento dei grandi assi di comunicazione nazionale e diminuendo gli attraversamenti delle zone abitate.

Dai due Piani, del 1937 e del 1942 (mai approvati), usciva la proposta per una città a più centri rozzamente delineata: da un lato un piano di risanamento del vecchio centro di Mestre in grado solo di distruggere dati storici e ambientali non casualmente dotati di grande forza aggregativa oltre che di specifiche e non superate funzioni (si pensi al Canal Salso e al suo tradizionale servizio di arteria di grande comunicazione per carichi pesanti tra il centro insulare e il cuore stesso di Mestre), senza tuttavia saperli sostituire con criteri moderni apprezzabili e lucidi; da altro lato il tracciato di una città nuova (a S. Giuliano) che, oltre a un pregevole spunto di partenza (l'affaccio lagunare, destinato a grande fortuna nella redazione dei piani futuri) non era in grado che di fornire un disegno urbanistico semplicistico e brutale. Si può dunque affermare (anche perché nella realtà le proposte di questi elaborati ebbero dei séguiti) che in questi piani si può già scorgere il non felice destino futuro della città.

Fatto amministrativo di notevolissima portata era stato, nel 1926, l'aggregazione al comune di Venezia dei territori dei comuni limitrofi di Mestre, Chirignago, Zelarino, Favaro Veneto e della zona di Malcontenta nel confine del comune di Mira. La creazione di questa sorta di Grande Venezia rispondeva a istanze direttamente connesse all'attivazione del porto industriale di Marghera e ricalcava modalità di intervento comuni a quanto accaduto in altre città. Vi furono resistenze e, a fatti ormai avvenuti, tentativi di vanificare gli effetti del provvedimento, senza però conseguenze apprezzabili. Tale aggre-

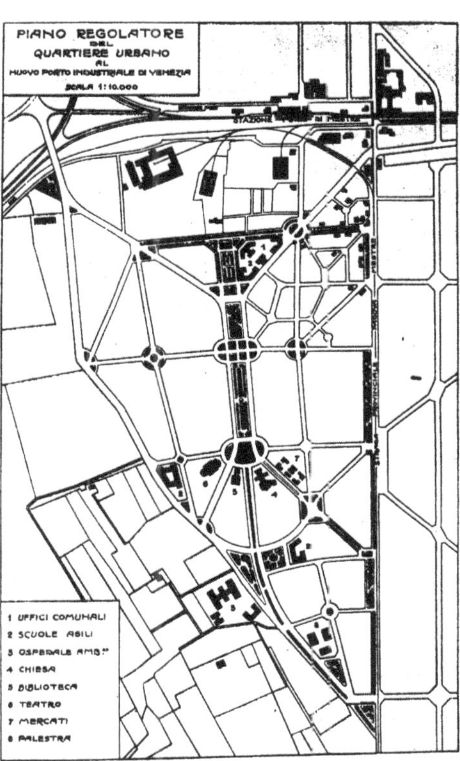

Fig. 257. Piano Regolatore del quartiere urbano di Porto Marghera, 1922.

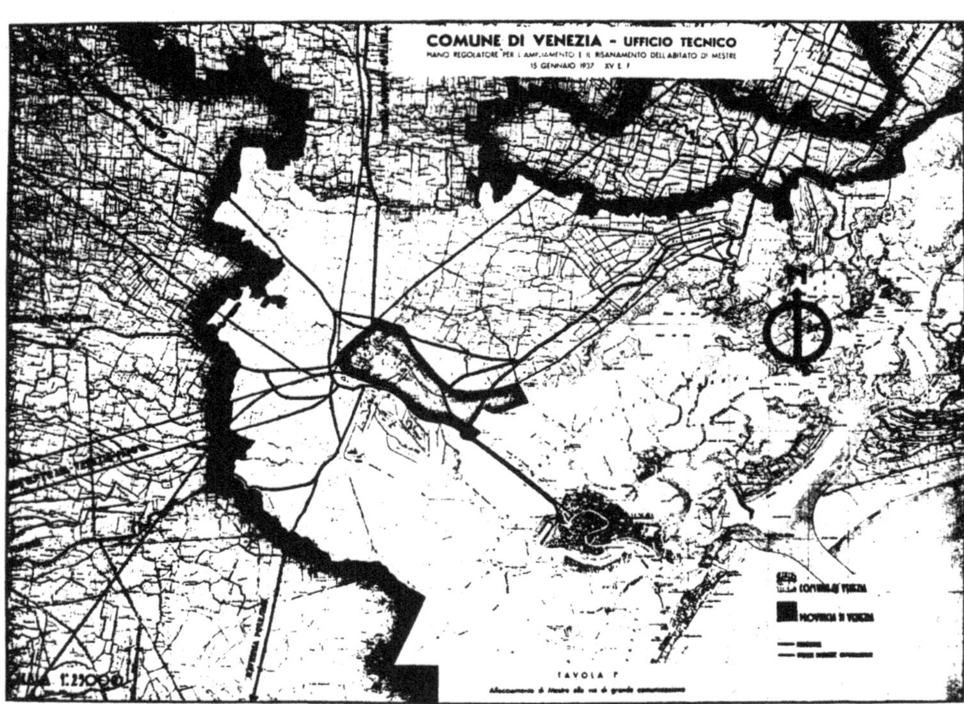

gazione — che, specie negli anni del secondo dopoguerra, risultò fattore di arricchimento culturale e sociale nella vita del comune di Venezia nel suo complesso — per le modalità secondo le quali fu attuata e per il non esser riuscita ad accompagnarsi all'entrata in vigore di un piano regolatore adeguato ai bisogni e alle dimensioni di quella realtà, risultò un agente riduttivo e sostanzialmente punitivo rispetto a un articolato sviluppo di Mestre e al suo stesso riconoscersi e configurarsi quale nucleo urbano dotato di propri caratteri e identità[30].

Il ponte autostradale

La costruzione del collegamento autostradale tra Venezia e la terraferma è del 1932-1933: si è visto che esso appare ben presente negli orizzonti urbanistici dei redattori del Piano di Mestre. Rispetto alle scelte per la terraferma esso incise per quanto riguarda talune direttrici determinate dai grossi svincoli di S. Giuliano e di Mestre; per il resto, sottolineò di fatto lo sbarramento tra le due zone d'influenza di Mestre e di Marghera più

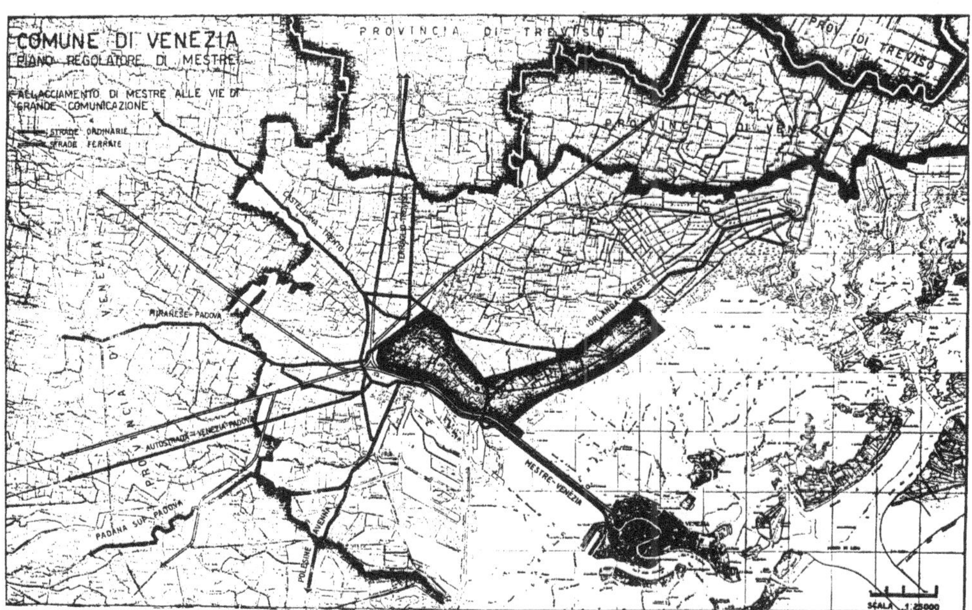

Figg. 258-259. A. Rosso, Piano Regolatore di Massima per Mestre: (*nella pagina a fronte*) Tavola d'insieme, 1937; (*qui sopra*) Variante, 1943. Si noti la vastità dell'affaccio lagunare — soprattutto nella proposta di variante —, uno degli elementi di maggior interesse negli elaborati dell'ing. Rosso.

che abbondantemente impostate dalla linea ferroviaria.

Assai più radicali furono invece le conseguenze che quest'opera ebbe su Venezia insulare.

Ancora una volta va detto che la questione del ponte fu occasione, tra fine Ottocento e primi anni del Novecento, di accesissime dispute nell'opinione pubblica. L'idea di affiancare al ponte ferroviario un manufatto per il collegamento autostradale, dapprima respinta a più riprese, si impose infine per il convergere d'interessi e volontà di fondo degli amministratori di Venezia — quella Venezia degli anni di intesa cordiale tra fascismo e industria —, ben decisi a segnare eloquentemente con il marchio di una efficiente e disinibita modernità la presenza e la vitalità della classe di potere locale e dei suoi naturali alleati. Con la realizzazione del ponte autostradale e del suo terminale veneziano è iniziato un processo di trasformazione e di degrado di un'area di città sempre più vasta; i problemi aperti e lasciati tutti insoluti con la creazione di un *cul-de-sac* quale è risultato piazzale Roma, si sono risolti in una spirale perversa mirante,

Fig. 260. L'ingresso a Venezia come appariva negli anni '50. Risultato chiaramente leggibili le modalità secondo le quali il ponte autostradale si stacca da quello ferroviario scavalcando il ramo di binario che entra nella Stazione marittima e, a destra, giunge in banchina.
Il terminale autostradale non è ancora divenuto la zona di maggior degrado in città; ma già si possono intuire le ragioni dei gravi problemi futuri, ingigantiti dall'enorme crescita del traffico automobilistico privato e dalla situazione di *cul-de-sac* in cui piazzale Roma si trova. Né meno gravi sono risultati lo squarcio compiuto sul tessuto storico della città e il progressivo espandersi dell'azione di deterioramento.

insieme, a forzare le preesistenze con aggressioni parziali su un considerevole territorio e a pretendere nuovi e ulteriori analoghi interventi.

Già prima della costruzione del collegamento ferroviario del 1842-1844 erano state ripetutamente avanzate ipotesi e proposte per una strada carrozzabile che legasse con un secondo percorso Venezia alla terraferma. Subito dai primissimi anni unitari quest'idea, nelle sue diverse incarnazioni, diviene un leitmotiv martellante e monotono: proposte continue si hanno, da quella del Fornoni fino alla nomina di commissioni comunali allo scadere del secolo; poi nuovamente altre varianti e ulteriori plebisciti, polemiche e concorsi; a guerra finita, ancora nel 1924, e fino al progetto definitivamente accolto del 1930 [31]. Se il progetto accettato non faceva che ricalcare, per gran parte del suo percorso, affiancandosi al manufatto esistente, il tracciato della linea ferroviaria, la zona terminale, che se ne distaccava brutalmente poco prima della Stazione ferroviaria, produceva subito effetti devastanti su un'area destinata a continue espansioni.

Prima ancora dell'inizio dei lavori un progetto veniva redatto e approvato: quello per la creazione, da S. Andrea a Cà Foscari, di un nuovo percorso acqueo diretto: la tecnica è ancora quella della demolizione e dell'allargamento; essa sarà ulteriormente praticata in occasione del Piano di Risanamento del 1939.

Vari dei progetti presentati per il ponte autostradale o, addirittura, per metropolitane sublagunari si proponevano di affrontare su basi nuove tutta la problematica di questo collegamento: basi nuove quanto a tecniche, a direzioni e orientamenti dei percorsi, a modalità dei rapporti con la laguna e i territori litoranei. Tuttavia la forza d'attrazione costituita dall'esistente linea ferroviaria funge insieme da opzione preferenziale e da azione moderatrice [32]. L'impatto del ponte con la città è disastroso. Non tanto o non solo per le demolizioni immediatamente messe a segno, né per la edificazione della pregevole — architettonicamente — autorimessa sul piazzale di nuova formazione; bensì piuttosto per l'inarrestabile processo di degradazione, svilimento, imbarbarimento che un'area ben più vasta viene a conoscere. Rispetto alla storia, alla struttura, alla facies, alla stessa agibilità di Venezia in questa sua parte, il terminale di piazzale Roma, con annessi e connessi, fa da mostruosa saldatura fra le due aree, ancora separate, del terminale ferroviario e di quello marittimo, rispettivamente a S. Lucia e a S. Marta. L'operazione, lo si ripete, è senza ragione anche ai fini funzionali, dato che piazzale Roma è un fondo senza uscita di correnti di traffico divenute progressivamente sempre più ingenti e incontrollabili (la nuova isola del Tronchetto non è che uno dei tentativi, fino ad oggi mancati, di riportare sotto controllo con strumenti variamente speculativi, una situazione cronicamente ingovernabile). E con piazzale Roma focolai, pur ampi ma isolati, di degrado, si sono trasformati in una vastissima e ancora avanzante necrosi.

Il Piano del 1937-1939

Il decreto regio 21 agosto 1937 n. 1901 — anch'esso « legge speciale » per Venezia — prevedeva la compilazione del piano generale di risanamento per la città [33] da realizzare entro 10 anni. Il provvedimento prendeva le mosse dalla dichiarata necessità di salvaguardare il « carattere lagunare e monumentale » di Venezia. Il progetto di massima per il piano, presentato nel marzo del 1939, proponeva, per conseguire l'auspicato risanamento della città, di toccare un ventaglio di realtà e di strumenti d'intervento di amplissima portata:

> Le sistemazioni di canali esistenti, l'apertura di nuovi rii necessari per il rinnovamento periodico delle acque, eventuali tombamenti di alcuni ristagnanti e non suscettibili di miglioria; alcuni allargamenti stradali che avranno un benefico riflesso anche nella viabilità pedonale, talora disagiata; alcune demolizioni sopratutto intese a liberare edifici di pregio da abituri deturpanti, suggeriti dalla speculazione in tempi tristi; ripristino di edifici di pregio architettonico, storico o pittorico; ripristino di giardini che sino all'anteguerra costituivano, e in grande misura, un prezioso ornamento della città; formazione di qualche campo dove l'areazione è insufficiente; sistemazione della fognatura; tombamento delle vecchie cisterne, superate, come utilità, dai pozzi artesiani [34].

Il Piano conteneva solo criteri di massima, una sorta di quadro d'ipotesi e dichiarazione d'intenti nel quale ricomporre tutto il bagaglio metodologico e tecnico, già giudicato restrittivo e inadeguato nel 1867 e nel 1886-1891. Si aggiunga, oltre all'ulteriore mezzo secolo trascorso (e, si direbbe, inutilmente), una assai più pericolosa e assertoria proposizione di volontà d'intervenire, di *fare*; una disinvolta citazione di fonti storiche e au-

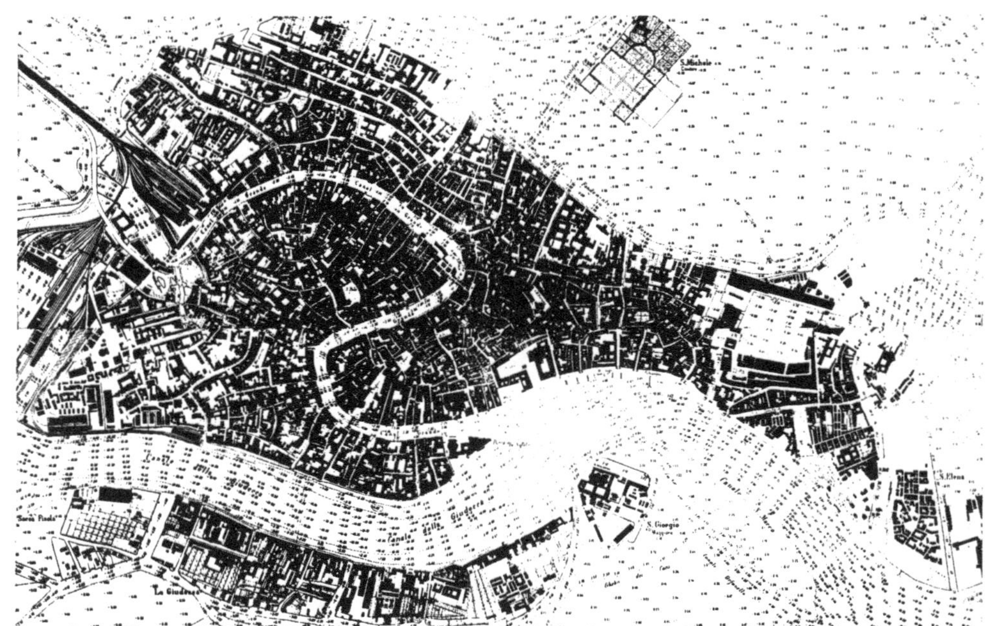

Fig. 261. Progetto di Massima per il Piano di Risanamento di Venezia insulare, 1939.

torità non dubitabili; la presunzione d'interpretare, sempre e comunque, anima, tradizione, spirito, colore veneziani. Emblematico l'atteggiamento tenuto nei confronti della viabilità interna pedonale e acquea: si ritorna a parlare di allargamenti, demolizioni, velocità di percorso, ampiezza e non tortuosità dei cammini.

Più interessante è come il Piano affronta il tema della salubrità delle abitazioni. Redatto un sommario computo delle necessità e dell'offerta, risultano mancanti abitazioni civili per circa 32 mila cittadini. La soluzione appare obbligata: scartata l'ipotesi della migrazione in terraferma che « porterebbe ad uno spostamento di interessi, di vita, ad una minorazione sostanziale della Venezia lagunare », e quella di realizzare edifici multipiano « perché importerebbe una trasformazione sostanziale di Venezia, cancellerebbe la Venezia tradizionale, affogherebbe i monumenti, sarebbe la distruzione della bellezza pittorica, paesistica, artistica di Venezia », non rimane che « *utilizzare le aree disponibili attualmente e dopo le demolizioni nella vecchia città lagunare, le aree del Lido, le aree disponibili, e ricavabili, nelle tre isole più vicine: S. Elena, Giudecca e Murano e collocare in terraferma quelle parti di popolazione più strettamente legata agli sviluppi industriali economici di Porto Marghera* ». E, più oltre: « Abbiamo così sgombrato il campo da ogni dubbio; l'incremento di S. Elena, Giudecca, Marghera, Murano e del Lido sono necessità fuori discussione, non costituiscono materia opinabile se si deve credere alle conseguenze ed alla attendibilità delle cifre »[35].

Se il Piano proponeva di recuperare molti degli spazi ex industriali della Giudecca, di acquisire all'edificabilità Sacca Fisola, di creare nuove sacche abitabili con la bonifica di spazi d'acqua assai ampi a Murano, tra S. Elena e S. Pietro di Castello, a S. Marta, esso si risolveva poi in pratica in un incredibile elenco di proposte d'intervento per la viabilità pedonale e acquea e in una serie di affermazioni generiche e retoriche:

> È necessario togliere di mezzo gli abituri orridi, mediante espropriazioni su larga scala, demolendo senza ricostruire dove ciò è richiesto da un addensamento eccessivo; restaurando dove sia possibile e dove il restauro sia richiesto per la conservazione di edifici di pregio (pregio architettonico, paesistico, di colore, di ambiente, di tradizione); costruendo ex novo negli altri casi, ma con intelletto non esclusivamente speculativo, bensì con intelletto veneziano[36].

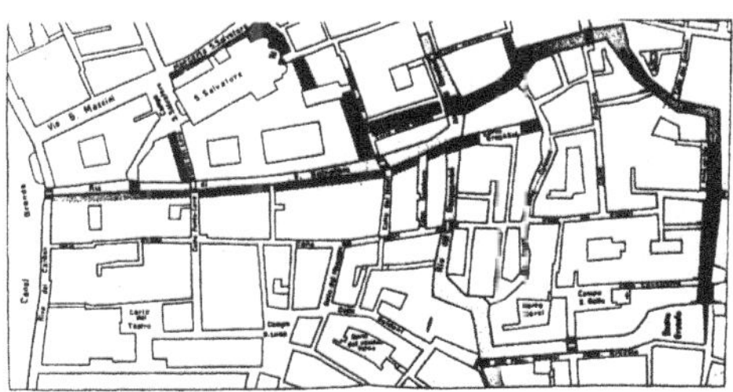

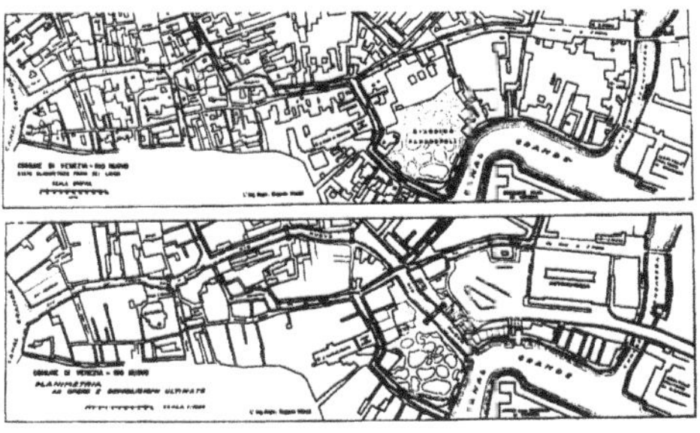

Fig. 262 (*in alto*). Progetto di modificazione della viabilità pedonale tra S. Marco e S. Salvador, nel Piano Regolatore 1937.

Fig. 263 (*in basso*). Il collegamento acqueo piazzale Roma-Canal Grande a Cà Foscari (*Rio Novo*). Stato di fatto e situazione dopo i lavori.

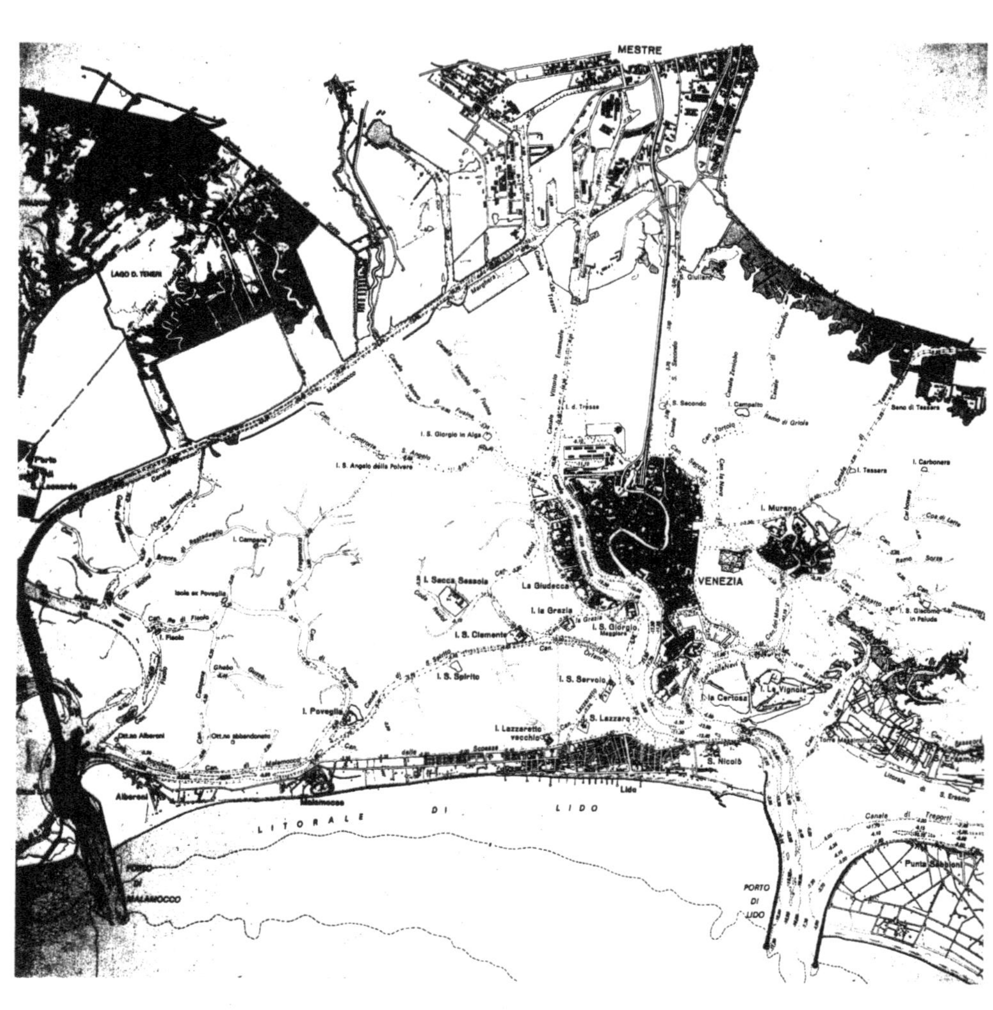

MESTRE
LAGO D. TENERI
S. Giuliano
I. d. Tresse
S. Secondo
I. Campalto
Seno di Tessera
I. Tessera
I. Carbonera
I. S. Giorgio in Alga
I. S. Angelo della Polvere
I. Murano
VENEZIA
I. Sacca Sessola
La Giudecca
I. la Grazia
I. S. Giorgio Maggiore
I. S. Clemente
I. S. Spirito
I. S. Servolo
I. Poveglia
I. Lazzaretto vecchio
I. S. Lazzaro
I. la Certosa
I. La Vignola
S. Nicolò
Lido
Malamocco
Alberoni
LITORALE DI LIDO
Canale di Treporti
Punta Sabbioni
PORTO DI LIDO
PORTO DI MALAMOCCO

Fig. 264 (*nella pagina a fronte*). Una recente cartografia dell'area veneziana, 1975.

Fig. 265 (*qui sopra*). La più aggiornata restituzione dell'immagine zenitale della città, nella ripresa aerofotogrammetrica della Compagnia Generale Riprescaeree di Parma (conc. S.M.A. 745 del 30.11.1984).

Ancora una volta dunque, la soluzione dei problemi dell'urbanistica, della abitabilità, della stessa conservazione della città quale insieme socio-culturale di alta pregnanza, è affidata a un complesso di proposte e di ipotesi di natura tecnicistica, banali o superflue, assolutamente di superficie rispetto allo spessore, al radicamento, alla complessità dei problemi.

Più allarmanti ancora, pur all'interno di quest'ottica, la presenza di affermazioni assai pericolose (« il risanamento può andare da un minimo, che può essere la ripresa delle murature basse corrose dal salso, sino ad un massimo che può consistere nella totale demolizione »); la grave, stratificata incultura urbanistica e storica che fa da sfondo a tutto l'elaborato; l'insofferenza verso il confronto e il civile dibattito che si cela dietro un pluralismo ostentato e stridente (« occorre che ciascuno si imponga di non esaminare la cosa dal solo proprio punto di vista perché altrimenti l'igienista vorrà soluzioni totalitarie senza eccezioni; l'artista non consentirà nessun sacrificio; il proprietario di case temerà il riflesso sui valori edili; ed allora ciascuno si terrà fermo sulla propria posizione e non si concluderà nulla »). Riappare, ancora una volta, l'insularismo come incapacità di comprensione delle potenzialità connesse ad una realtà territoriale composita, articolata, di estrema varietà quale è quella lagunare (tutto sommato meglio acquisita nel Piano per Mestre e la terraferma dell'ing. Rosso).

La guerra mondiale si incaricherà di spazzare il Piano di Massima (ma non certo di risolvere i problemi esistenti, tutt'altro!). Oltre al ponte autostradale, al Rio Novo, e all'ulteriore ampliamento di S. Elena, è frutto di questi anni la creazione della Riva dell'Impero, a prosecuzione della Riva degli Schiavoni fino ai Giardini della Biennale. Il vecchio progetto napoleonico, eluso dal Selva con l'invenzione della via Eugenia (poi Garibaldi), vien attuato infatti nel 1937 [37]; esso non solo non ha mostrato alcuna reale utilità funzionale ma ha portato a compimento proprio quella trasformazione ambientale di cui il Piano di Massima si dichiara tenace assertore, contribuendo a condizionare la gravitazione del quartiere di S. Elena sulla fronte-Bacino e accentuando contemporaneamente l'isolamento e la perifericità delle aree di S. Pietro di Castello, S. Anna e S. Daniele.

Le dinamiche urbane che si immettono con forza e radicalità nell'ambito della questione veneziana a partire dall'immediato dopoguerra attivano processi di trasformazione e crisi nelle strutture materiali ma anche nelle categorie ermeneutiche — e nelle stesse modalità e possibilità d'intervento — di vastissima portata; soprattutto però allineano molta parte delle problematiche *proprie* della città lagunare su schemi interpretativi comuni a più diffuse situazioni urbane italiane ed europee.

Solo di recente la questione dell'assetto di un affatto particolare territorio, e di un non meno singolare e compatto sistema sociale e storico-culturale, ha visto riaffermate e riproposte valenze, peculiarità, esigenze del tutto o per buona parte « uniche », il più delle volte, però, sopravvivendo tensioni e contrastanti interessi di tutt'altro che agevole composizione.

Nel centro insulare, al sovraffollamento postbellico è subentrato, poi, un grave depauperamento demografico. Il disinvolto intervento sul patrimonio edilizio maggiore e minore ha lasciato il luogo, successivamente, al blocco indiscriminato di ogni iniziativa di risanamento e di aggiornamento tecnologico e a un conseguente massiccio ricorso all'abusivismo sia spicciolo che di grossa entità; urbanizzazioni e nuove edificazioni hanno spesso palesato cattiva o discontinua qualità (ad esempio Sacca Fisola). Per la terraferma si è affermata una espansione fuori o contro ogni ipotesi programmatoria: tassi di urbanizzazione insostenibili; carenza o addirittura assenza di infrastrutture; disprezzo per le sopravvivenze storiche. Quanto al connettivo lagunare e ai territori litoranei, dopo un iniziale disinteresse, essi sono progressivamente divenuti oggetto di interessi e di interventi la gravità delle cui conseguenze solo ora si inizia a valutare pienamente.

È tuttavia certo che con la realizzazione di Porto Marghera e, subito dopo, con la costruzione del ponte autostradale tra Venezia e la terraferma (e soprattutto per le modalità secondo le quali questi fenomeni sono stati gestiti) si verifica non già la rottura di un mitico, astratto ed ideologico equilibrio sociale, economico, ecologico, culturale, amministrativo, in realtà mai esistito; bensì l'immissione di elementi di crisi commisurati alle nuove dimensioni dei processi urbani (non solo veneziani, s'intende) che non si vollero e forse non si seppero governare.

Si apre con gli anni '50, a partire da tali atti e situazioni, un nuovo capitolo di storia della città — esso pure contrappuntato da eventi e problematiche di ponderosa mole — il quale esce tuttavia dai confini di queste pagine.

Note

Note al capitolo primo

1 P. George, *Geografia delle città*, ESI, Napoli 1963, p. 69.

2 Le acque penetranti per ciascuna bocca di porto si diffondono nei tre bacini, raggiungendo il punto di equilibrio idrostatico lungo una linea detta « spartiacque » che non viene superata. Per una chiara esposizione si veda G. Morandini, *Elementi geografici ed aspetti morfologici della laguna*, in « Atti del convegno per la conservazione e difesa della laguna e della città di Venezia », Venezia 1960.

3 Questa diversità d'immagine è comune a tutte le zone soggette a maree rilevanti. Goethe (*Opere*, Sansoni, Firenze 1970, p. 296) commentava così il fenomeno a Venezia nel 1786: « le isole non sono più isole, bensì dei tratti di suolo elevato un po' al di sopra di una grande palude verde ».

4 G. Simmel (1907): « a Venezia si realizza la doppiezza della vita [...] essa non appartiene più né alla terra né all'acqua », tradotto da M. Cacciari, in *Metropolis*, Officina, Roma 1973, pp. 194-7.

5 La bibliografia sull'argomento è molto vasta, ma qui si fa riferimento soprattutto alle *Considerazioni paleogeografiche* di P. Gatto - P. Previatello, in *Significato stratigrafico, comportamento meccanico e distribuzione nella laguna di Venezia di una argilla sovraconsolidata nota come caranto*, CNR, Venezia 1974, pp. 35-8.

6 Anche la bibliografia sulle lagune antiche a sud del Po, nell'area di Ravenna, è molto vasta: la si veda nel saggio di P. Gatto - P. Previatello citato sopra, n. 5.

7 Per queste variazioni più recenti si vedano gli studi palinologici e botanici di G. Abrami, in *Mostra storica della laguna veneta*, Palazzo Grassi, Venezia 1970, pp. 49-50. W. Dorigo in *Venezia. Origini*, Electa, Milano 1983, individua una prima trasgressione marina medievale nel IV-V secolo (p. 191), una seconda nel IX secolo (p. 202), una terza nei secoli XI-XIII (p. 206), traendone deduzioni interessanti sulle variazioni dei livelli in Venezia e dintorni.

8 Si veda, in particolare, il saggio di C. G. Mor, *Aspetti della vita costituzionale veneziana sino alla fine del X secolo*, in *Le origini di Venezia*, Sansoni, Firenze 1964, p. 121.

9 Per una recentissima rilettura di queste testimonianze si veda in generale: W. Dorigo, *Venezia. Origini* cit.

10 L. Lanfranchi - B. Strina, *SS. Ilario e Benedetto e S. Gregorio*, Il Comitato, Venezia 1965, doc. 1, p. 8.

11 N. Spada, *Contributi allo studio del bacino lagunare di Malamocco* [...], in « Archivio Veneto », V, voll. 52-53, Venezia 1953, pp. 107 sgg.

12 P. L. Tozzi, *La scoperta di una città scomparsa: Eraclea veneta*, in « Athenaeum », vol. 62, fasc. I-II, Pavia 1984, pp. 252-9.

13 J. Rykwert, *L'idea di città*, Einaudi, Torino 1981, pp. 91-9.

14 M. Bondesan, *L'evoluzione geologica del territorio veneziano*, in *Mostra storica* cit., p. 33 e fig. 7.

15 Per una sintesi storica si vedano: L. Puppi, *Padova*, Laterza, Roma-Bari 1982; B. M. Scarfi, *Archeologia altinate*, in *Mostra storica* cit., pp. 59-62 e G. Schmiedt, *Città scomparse e di nuova formazione in Italia*, in *Topografia urbana* [...], Centro, Spoleto 1974, p. 518.

16 Il Sile e il Piave dovevano avere anticamente lo stesso alveo, perché il Piave non è conosciuto da Plinio; la letteratura sull'argomento è riesaminata da Dorigo, *Venezia. Origini* cit., alle pp. 157, 165 n. 100, 172 n. 131, 197, 202, 205.

17 Tito Livio, *Libro X delle storie*, Signorelli, Milano 1934, cap. II, pp. 22-5.

18 « [...] fluviatiles naves, ad superanda vada stagnorum apte planis alveis fabricatas », ivi, p. 24.

19 Per le strade romane ci atteniamo alle conclusioni di L. Bosio, *Itinerari e strade della Venetia romana*, CEDAM, Padova 1970.

20 L. Bosio, *La Tabula Peutingeriana*, Maggiori, Rimini 1983.

21 La questione è riepilogata da C. Mengotti, *L'utilizzazione delle foto da satellite nello studio della Centuriazione romana: la centuriazione a nord-est di Padova*, in « Archeologia Veneta », II, S.A.V., Padova 1979, pp. 83-98.

22 B. Marcolongo - M. Mascellani - E. Matteotti, *Significato storico-ambientale di antiche strutture topografiche sepolte nella pianura veneta*, in « Archeologia Veneta », I, S.A.V., Padova 1978, pp. 147-50.

23 W. Dorigo, in *Venezia. Origini* cit., *passim*, affaccia l'ipotesi che le centuriazioni agrarie romane si spingessero fino a coprire l'area di Venezia, sulle quali si sarebbero sovrapposti reticolati diversi, assunti poi come base per la struttura urbana attuale.

24 V. Favero - R. Serandrei Barbero, *La sedimentazione olocenica nella piana costiera tra Brenta ed Adige*, Perugia 1978, citato da W. Dorigo in *Venezia. Origini* cit., pp. 172-6.

25 L. Bosio, *La navigazione della laguna di Venezia in età romana*, in *Le origini di Venezia*, Marsilio, Venezia 1980, p. 74.

26 L. Bosio, *Itinerari* cit., p. 49.

27 Plinio, *Naturalis Historia*, Einaudi, Torino 1984, l. III 119.

28 L. Bosio, *I septem maria*, in « Archeologia Veneta », II, S.A.V., Padova 1979, p. 34.

29 L. Bosio, *La navigazione nella laguna di Venezia in età romana* cit., pp. 71-5; l'A., esaminando l'*Edictum de pretiis* di Diocleziano, valuta il costo del trasporto da Ravenna ad Aquileia attraverso i canali e le lagune interne in 5714 denari per tonnellata di frumento, di gran lunga superiore al trasporto via mare, e motiva tale prezzo sia con la sicurezza del traffico, sia con l'impiego di natanti a basso carico unitario.

30 Questo richiamo vuol essere solo un suggerimento; lo studio di S. Panciera, *Porti e commerci nell'alto Adriatico*, in « Antichità Altoadriatiche », II, 2, 1972 ha chiarito l'importanza del traffico gestito da

queste famiglie; si vedano A. Carile, in *Le origini di Venezia*, Patron, Bologna 1978, p. 176 e, per gli aspetti generali, L. Cracco Ruggini, *Le associazioni di mestiere in età imperiale*, in *La società del Basso Impero*, Laterza, Roma-Bari 1983, p. 17.

[31] L. Pavanello, *La città di Altino e l'agro altinate orientale*, Turazza, Treviso 1900, p. 31; per l'importanza del momento in relazione al Veneto: S. Mazzarino, *Antico, tardoantico ed era costantiniana*, Dedalo, Bari 1980, pp. 247-50.

[32] G. Fedalto, *Organizzazione ecclesiastica e vita religiosa nella « Venetia Maritima »*, in *Le origini di Venezia*, Patron, Bologna 1978, pp. 259-415.

[33] Ivi, p. 286.

Note al capitolo secondo

[1] Cfr. G. Tabacco, *La dominazione ostrogota e la reintegrazione dell'Impero*, in *Storia d'Italia Einaudi*, Torino 1974, vol. II.1, pp. 26-39.

[2] Cfr. R. Cessi, *Documenti relativi alla storia di Venezia anteriori al Mille*, Gregoriana, Padova 1942, I, pp. 2-4.

[3] Siamo portati a negare tale coincidenza perché Cassiodoro accenna ad una nobiltà locale precedente, della quale non esiste prova alcuna per l'area di Venezia, mentre, se egli avesse voluto alludere all'esodo urbano indotto dalle invasioni barbariche nella bassa pianura veneta, con la supposta fuga dei ceti abbienti da Concordia, Altino e Padova verso una mitica pace lagunare, allora la percentuale di questi avrebbe dovuto risultargli superiore, non inferiore, al passato. Il prefetto, si noti, chiede un trasporto dall'Istria a Ravenna, ed è molto più logico supporre ch'egli si rivolga ad organizzazioni locali di trasporto prossime alla capitale, oppure al terminale opposto, cioè all'Istria, conforme l'opinione di L. Cracco Ruggini citata da A. Carile, *La formazione del ducato veneziano*, in *Le origini di Venezia*, Patron, Bologna 1978, specie a pp. 156-88, il quale suppone, appunto, che Cassiodoro intenda rivolgersi ad « una società più umile e più operosa, meno ricca di quella spazzata via dall'insediamento ostrogoto » (ivi, p. 181), il che non traspare necessariamente dal testo.

[4] Plinio, *Naturalis Historia* cit., l. III 123.

[5] Cfr. D. Maestri, *Genesi e morfologia urbana di Comacchio*, G.A.I., Roma 1977.

[6] A. H. M. Jones, *Il tardo impero romano*, Il Saggiatore, Milano 1981, vol. III, p. 1265.

[7] Procopio, *La guerra gotica*, Newton Compton, Roma 1974, l. IV 27, pp. 396-8.

[8] Cfr. A. Guillou, *L'Italia bizantina dall'invasione longobarda alla caduta di Ravenna*, in *Storia d'Italia*, UTET, Torino 1980, vol. I, p. 253; a Ravenna, prima della creazione dell'esarcato, la popolazione delle classi agiate risulterebbe composta da un 70% di latini, 16% di orientali e 14% di goti, con proporzioni analoghe a quelle rilevate ad Aquileia e Concordia, mentre in seguito le stesse aliquote divengono del 50%, 43% e 7% rispettivamente.

[9] Cfr. P. Delogu, *Il regno longobardo*, in *Storia d'Italia* cit., pp. 13-4. Sul persistere del regime bizantino nella zona d'invasione cfr. G. P. Bognetti, *Natura politica e religioni nelle origini di Venezia*, in *Le origini di Venezia*, Sansoni, Firenze 1964, pp. 16-20.

[10] Paolo Diacono, *Storia dei Longobardi*, II 10, Rusconi, Milano 1975, pp. 52-3. Il trasferimento risultò reversibile all'inizio; cfr. G. Ortalli, *Venezia dalle origini a Pietro II Orseolo*, in *Storia d'Italia* cit.

[11] Paolo Diacono, *Storia dei Longobardi* cit., III 23, p. 97.

[12] L. Bosio, *Problemi topografici* [...], in *Padova preromana*, Comune, Padova 1976, pp. 5-6.

[13] A. Schmiedt, *Città scomparse* cit., in *Topografia urbana* cit., pp. 516-7; Lech Leciejewicz e Altri, *Ricerche archeologiche nell'area della cattedrale di Torcello nel 1961*, in « Storia della Società e dello Stato veneziano », Boll. n° 3, Neri Pozza, Venezia 1961, p. 45.

[14] Paolo Diacono, *Storia dei Longobardi* cit., II 14, p. 57.

[15] A. Carile, *La formazione* cit., tav. IV.

[16] G. Ortalli, *Venezia* cit., p. 364; A. Guillou, *L'Italia bizantina* cit., p. 236.

[17] G. Ostrogorsky, *Storia dell'impero bizantino*, Einaudi, Torino 1968, p. 150; G. Ortalli, *Venezia* cit., p. 366.

[18] C. Violante, *La società milanese nell'età precomunale*, Laterza, Roma-Bari 1974, p. 32.

[19] M. Mollat, *Aux origines de la précocité économique et sociale de Vénise: l'exploitation du sel*, in *La Venezia del Mille*, Sansoni, Firenze 1964, pp. 186-7; J. C. Hocquet, *Expansion, crise et déclin des salines dan la lagune de Vénise au moyen âge*, in *Mostra storica della laguna veneta* cit., p. 88.

[20] P. Delogu, *Il regno longobardo* cit., p. 156.

[21] G. Ortalli, *Venezia* cit., p. 367.

[22] G. Luzzatto, *Storia economica di Venezia dall'XI al XVI secolo*, Palazzo Grassi, Venezia 1961, p. 4. Per la questione dell'importazione di tessuti e vesti preziose dall'Oriente per opera di veneziani (ma intesi come abitanti del ducato) cfr. C. Violante, *La società milanese* cit., p. 35.

[23] G. Ostrogorsky, *Storia dell'impero bizantino* cit., pp. 166-9.

[24] Ivi, p. 177.

[25] Per le questioni ecclesiastiche relative al nuovo vescovado in un luogo che doveva essere difeso e dotato d'una chiesa e fonte battesimale cfr. G. Fedalto, *Organizzazione ecclesiastica e vita religiosa nella « Venetia Maritima »* cit., pp. 381-6 e inoltre W. Dorigo, *Venezia. Origini* cit., pp. 250, 266-7 e 271-3.

[26] Le possibilità di risalire all'idrografia del tempo sembrano tuttora limitate; cfr. C. Mengotti, *Padova Nord-Est* e *Altino*, in *Misurare la terra: centuriazioni e coloni nel mondo romano. Il caso veneto*, Panini, Modena 1984, pp. 159-71. Sembra rilevante tuttavia il fatto che l'area di S. Ilario (v. oltre) fosse sottoposta al vescovo di Castello-Olivolo nel IX secolo e poi contesa fra questi e il vescovo di Treviso, implicando una gravitazione oscillante d'interessi sulla fascia territoriale intermedia; per la complessa questione cfr. L. Lanfranchi - B. Strina, *SS. Ilario e Benedetto e S. Gregorio* cit., pp. XI-XII, n. 2.

[27] Le cronache sono esplicite in proposito, e il primo documento lo conferma; cfr. L. Lanfranchi - B. Strina, *SS. Ilario e Benedetto e S. Gregorio* cit., pp. XIII-XIX e i testamenti considerati qui di seguito.

[28] Ivi, pp. 8-11, doc. 1: concessione dei duchi Agnello e Giustiniano Partecipazio.

[29] G. Mazzucco (a cura di), *Monasteri benedettini nella laguna veneziana*, Arsenale, Venezia 1983, pp. 36-8.

[30] L. Lanfranchi, *S. Giorgio Maggiore*, II, Il Comitato, Venezia 1968, pp. 15-26, doc. 1; il duca *Tribunus* dona l'isola, con la cappella di S. Giorgio martire, a Giovanni Morosini monaco.

[31] L. Lanfranchi - B. Strina, *SS. Ilario e Benedetto e S. Gregorio* cit., pp. 17-24, doc. 2. Testamento del duca Giustiniano Partecipazio che ricorda la costruzione del monastero.

[32] Ivi, p. 9, doc. 2.

[33] G. Ortalli, *Venezia* cit., p. 376.

[34] Ivi, pp. 378-9.

[35] La donazione di Agnello e Giustiniano Partecipazio, dell'819, è già rogata da *Rivoalto*: cfr. L. Lanfranchi - B. Strina, *SS. Ilario e Benedetto e S. Gregorio* cit., doc. 1, p. 8. Il significato topografico del termine a quel tempo è peraltro oscuro; forse il duca risiedeva nell'attuale parrocchia dei SS. Apostoli, donde partivano dei servizi regolari di battelli verso Murano. S. Muratori, in *Studi per una operante storia urbana di Venezia*, I, Poligrafico dello Stato, Roma 1960, p. 19 identifica

la « Sede tribunizia dei Partecipazio » in talune strutture nel Campiello della Cason, di cui fornisce un rilievo nella tav. v a p. 60. L'ubicazione è accettata anche da E. Trincanato - U. Franzoi, in *Vénise au fil du temps*, Joël Cuénod, Boulogne-Billancourt 1971, tav. III b. W. Dorigo, *Venezia. Origini* cit., pp. 449-50 conferma l'ipotesi e la colloca nel quadro di una centuriazione « marciana » sulla quale sarebbero sorte tre postazioni fortificate bizantine, due sul *Rivus altus* vero e proprio, cioè sul Canal Grande (il *purgo* di S. Croce ed il *palatium* di S. Marco), e questa sul rio dei SS. Apostoli affluente allo stesso, stabilendo un collegamento fra strutture castrensi minori e maggiori (cfr. ivi, nota 187) e perciò allargando il significato topografico e politico di « Rivoalto » (cfr. ivi, p. 488) come riconosciuto qui avanti. Lo stesso, a pp. 260-4, propone, con la tav. 175, un più vasto contesto per tale sistema di fortificazioni.

Note al capitolo terzo

[1] L. Lanfranchi - B. Strina, *SS. Ilario e Benedetto e S. Gregorio* cit., pp. 17-24, doc. 2.

[2] F. Gaeta, *S. Lorenzo*, Il Comitato, Venezia 1959, pp. 5-12, doc. 1.

[3] G. Luzzatto, *Storia economica* cit., p. 6.

[4] F. Gaeta, *S. Lorenzo* cit., p. 7.

[5] G. Luzzatto, *Storia economica* cit., p. 4.

[6] G. Ortalli, *Venezia* cit., pp. 397-9.

[7] G. Luzzatto, *Storia economica* cit., p. 7.

[8] C. G. Mor, *Aspetti della vita costituzionale veneziana fino alla fine del X secolo*, in *Le origini di Venezia*, Sansoni, Firenze 1964, pp. 128-30.

[9] L. Lanfranchi - B. Strina, *SS. Ilario e Benedetto e S. Gregorio* cit., p. 23.

[10] O. Demus, *The Church of San Marco in Venice*, Dumbarton Oaks, Washington 1960, pp. 64-9; W. Dorigo, in *Venezia. Origini* cit., pp. 556-581, avanza l'ipotesi che le strutture della cripta attuale corrispondano in parte a questa chiesa.

[11] O. Demus, *The Church* cit., p. 11.

[12] Cfr. R. Cessi, *Documenti* cit., pp. 101-8.

[13] Per l'interpretazione storico-topografica del documento si accolgono qui integralmente le analisi di L. Lanfranchi e G. G. Zille ne *Il territorio del ducato veneziano dall'VIII al XII secolo*, in *Storia di Venezia*, Palazzo Grassi, Venezia 1958, pp. 6 sgg.

[14] Anche per questo documento vale l'avvertenza precedente: ivi, pp. 9 sgg.; si vedano, peraltro, le osservazioni di W. Dorigo, in *Venezia. Origini* cit., pp. 308-12.

[15] L. Lanfranchi - G. G. Zille, *Il territorio* cit., p. 10.

[16] Ivi, p. 10.

[17] Ivi, pp. 20-1.

[18] Per le prime cronache veneziane si veda, in generale, G. Fasoli, *I fondamenti della storiografia veneziana*, in *La storiografia veneziana fino al secolo XVI. Aspetti e problemi*, L. S. Olschki, Firenze 1970, pp. 11-44, e in particolare per il cosiddetto Giovanni Diacono, qui citato, a pp. 14-31; la sua cronaca, iniziata probabilmente nel 994, arriva fino al 1008; egli visse per lo meno fino al 1018, ed apparteneva alla cerchia dei funzionari ducali, come i cronisti successivi.

[19] « [...] predicte vero civitatis murus a capite rivuli de Castello, usque ad ecclesiam sancte Marie, que de Iubanico dicitur, extendebatur; maximaque catena ferrea inibi composita erat, que uno capite in fine predicti muri, alio vero in Sancti Gregorii ecclesie margine, que trans ripam posita est, coherebat, ob hoc videlicet ne ulla navis penetrandi facultatem nisi dissoluta catena haberet »; cfr. A. Carile, in *La formazione* cit., p. 36.

[20] Cfr. specialmente R. Cessi, *Storia della Repubblica di Venezia*, Principato, Milano 1968, I, p. 67.

[21] L. Lanfranchi - G. G. Zille, *Il territorio* cit., p. 56.

[22] Cfr. G. Ortalli, *Venezia* cit., pp. 392 e 401, il quale svolge a pp. 419-20 interessanti considerazioni sul rapporto fra Rivoalto e gli altri centri del ducato, dalle quali risulta che circa il 30% dei contribuenti nel X secolo risiedeva a Malamocco, Murano, Burano, Torcello ecc., a riprova di un policentrismo ridotto, ma persistente.

[23] J. Schulz, *The Printed Plans and Panoramic Views of Venice, 1486-1797*, in *Saggi e memorie di storia dell'arte*, L. S. Olschki, Firenze 1970, pp. 17-22 e 41-2. Per un'analisi della stessa: G. Bellavitis, *L'evoluzione della struttura urbanistica di Venezia attraverso i secoli: i primi documenti cartografici*, in « Boll. CISA », XVIII, Vicenza 1976, pp. 233-7.

[24] Cfr. L. Lanfranchi, *S. Giorgio Maggiore* cit., doc. 39, p. 112.

[25] V. sopra, nota 19. W. Dorigo, *Venezia. Origini* cit., pp. 539-41, ritiene che si tratti del rio ad est del palazzo Ducale, ora detto della Canonica, poiché interpreta il *palatium* come una struttura interna al *castellum*, cioè ad un campo fortificato bizantino; ma, in questo caso, l'idea di *civitas* espressa dal cronista Giovanni risulterebbe compressa nel contesto dell'area fra S. Marco e S. Maria del Giglio.

[26] Cfr. G. Bellavitis, *L'Arsenale di Venezia*, Marsilio, Venezia 1983, p. 29.

[27] La ricostruzione che segue è sostanzialmente basata sul capitolo di L. Lanfranchi - G. G. Zille, *La città*, in *Il territorio* cit., pp. 49-59.

[28] W. Dorigo, *Venezia. Origini* cit., p. 267.

[29] F. Gaeta, *S. Lorenzo* cit., pp. XVIII-XIX.

[30] W. Dorigo, *Venezia. Origini* cit., p. 188 n. 25.

[31] L. Lanfranchi - G. G. Zille, *Il territorio* cit., pp. 36 e 52.

[32] Cfr. sopra, cap. I n. 24.

[33] L. Lanfranchi - G. G. Zille, *Il territorio* cit., p. 50, e inoltre: L. Lanfranchi, *S. Giorgio Maggiore* cit., docc. 38, 39, 42, 45, 51, 52, 53, 122, relativi alle proprietà della famiglia Bonoaldo a Dorsoduro.

[34] F. Gaeta, *S. Lorenzo* cit., pp. XVIII-XIX.

[35] A. Niero, *Chiesa di S. Giacomo dall'Orio*, Venezia Sacra, Venezia 1979, p. 10.

[36] Ivi, p. 16.

[37] Il Dorigo, che ha registrato queste variazioni e il rapporto fra toponimi ed idronimi in una cinquantina di citazioni, ritiene impossibile stabilire quando il Rivus Altus e il Rivus Vicanus comincino ad essere definiti « canale ». Cfr. W. Dorigo, *Venezia. Origini* cit., pp. 521-525, con la nota 304.

[38] L. Lanfranchi - G. G. Zille, *Il territorio* cit., p. 53.

[39] Ivi, pp. 52 e 59.

[40] E. Malipiero Ucoprina, *SS. Secondo ed Erasmo*, Il Comitato, Venezia 1958, doc. 1, pp. 5-8.

[41] Cfr. W. Dorigo, *Venezia. Origini* cit., pp. 456-60, specie alla n. 205.

[42] Gli effetti edilizi di questa concentrazione attendono verifiche archeologiche, ma S. Muratori, in *Studi* cit., tenta una ricostruzione del quartiere di S. Bartolomeo nei secoli XI-XII a p. 44, tav. I, nella quale risultano privilegiate le fronti sui rii interni piuttosto che sul Canal Grande.

[43] La pianta di Jacopo de' Barbari, nel 1500, manifesta già questi caratteri.

[44] W. Dorigo, *Venezia. Origini* cit., p. 457

[45] L'atto è stato completamente e criticamente trascritto da A. Pertusi, *Venezia e Bisanzio nel secolo XI*, in *La Venezia del Mille* cit., pp. 155-8.

[46] G. Ortalli, *Venezia* cit., p. 425.

[47] Per un'analisi critica di questa vicenda si veda: E. Sestan, *La conquista veneziana della Dalmazia*, in *La Venezia del Mille* cit., pp. 98-104.

[48] Cfr. C. Violante, *Venezia fra papato e impero nel secolo IX*, in *La Venezia del Mille* cit., p. 62.

[49] Ivi, p. 67.

[50] Le reliquie sarebbero ricomparse per « miracolo » all'interno di un pilastro, il quale, secondo S. Sinding Larsen, fu assunto come punto di partenza per il programma iconografico dei mosaici di S. Marco; cfr. M. Muraro, *Il pilastro del miracolo ed il secondo programma dei mosaici marciani*, in « Arte Veneta », vol. XXIX, Alfieri, Venezia 1975, pp. 60-5.

[51] C. Mango, *Architettura bizantina*, Electa, Milano 1978, p. 166; ma si veda O. Demus, *The Church* cit., p. 97, secondo il quale Venezia non era « out of fashion », così facendo, sotto il profilo del culto.

[52] R. Cessi, *Storia* cit., p. 114.

[53] S. Bettini, *Lo spazio architettonico da Roma a Bisanzio*, Dedalo, Bari 1978, pp. 115-47.

[54] W. Dorigo, *Venezia. Origini* cit., pp. 568-81; v. sopra, n. 10.

[55] Per i contributi più recenti si veda: F. Zuliani, *Considerazioni sul lessico architettonico della S. Marco contariniana*, in « Arte Veneta », vol. XXIX, Alfieri, Venezia 1975, pp. 50-9, il quale individua, nelle nicchie con cuffia a spina di pesce, il segno di un'arte costruttiva ben distinta dai modelli lombardi o medio-bizantini e ispirata dalla committenza dogale veneziana, che avrebbe anticipato e influenzato le architetture ecclesiali degli altri centri qui menzionati. R. Polacco, in *La Cattedrale di Torcello*, L'Altra Riva-Canova, Venezia 1984, pp. 43-4, pur accogliendo tale ipotesi, evidenzia nelle absidi della chiesa di S. Fosca alcuni caratteri costruttivi più acerbi, espressi dai fondali piatti delle nicchie, che fanno della stessa il precedente della basilica di S. Marco e il punto di contatto con talune chiese greco-bizantine.

[56] O. Demus, *The Church* cit., p. 83.

[57] Per questa analogia si vedano perlomeno O. Demus, *The Church* cit., p. 83, dov'è respinta, e K. J. Conant, *Carolingian and Romanesque Architecture*, Penguin, Harmondsworth 1978, dov'è accolta.

Note al capitolo quarto

[1] Cfr. W. Dorigo, *Venezia. Origini* cit., pp. 206-11.

[2] Secondo L. Lanfranchi - G. G. Zille, *Il territorio* cit., p. 22 non si conosce il ritmo del perimento di queste isole e contrade, le quali risultano peraltro in progressivo abbandono fino a sparire fra il XIII e il XV secolo; cfr. G. Mazzucco, *Monasteri* cit., schede nn. 9, 31, 33, 35, 36, 38, 46, 48.

[3] L. Lanfranchi - B. Strina, *SS. Ilario e Benedetto e S. Gregorio* cit., p. IX n. 3.

[4] Cfr. G. Fasoli, *Comune Veneciarum*, in *Venezia dalla prima crociata alla conquista di Costantinopoli del 1204*, Sansoni, Firenze 1965, p. 93; e G. Cracco, in *Società e Stato nel Medioevo veneziano*, L. S. Olschki, Firenze 1967, che sottolinea il nesso fra questa innovazione, l'emergere di nuove famiglie di « giudici » al potere e l'inserimento dei traffici tra gli interessi chiave dello stato.

[5] L'incremento demografico generale dell'XI secolo ebbe certo un'influenza su questi sviluppi.

[6] B. Cecchetti, *La vita dei veneziani nel 1300*, 1885; rist. A. Forni, Bologna 1980, pp. 138-9.

[7] Si vedano qui avanti le piante del 1330 e del 1500.

[8] E. Concina, *Chioggia*, Canova, Venezia 1977, pp. 9 sgg.; F. Mancuso - A. Mioni (a cura di), *I centri storici del Veneto*, Silvana, Milano 1979, vol. II, pp., pp. 331-7.

[9] Ivi, p. 3.

[10] L. Lanfranchi - G. G. Zille, *Il territorio* cit., p. 33. Il *porto Morianese* o *de Muriane* è citato in vari documenti: cfr. L. Lanfranchi, *S. Giorgio Maggiore* cit., doc. del 1029, p. 44.

[11] M. Rosada, *S. Maria Formosa*, Il Comitato, Venezia 1972, p. XXXIII n. 1.

[12] Per queste date, salvo diverso avviso, si fa riferimento al prospetto 46 in W. Dorigo, *Venezia. Origini* cit., pp. 612-4.

[13] F. Finotto, *San Giobbe*, Ed. Parrocchia S. Giobbe, Venezia 1971, pp. 5-7.

[14] S. Muratori, *Studi* cit., p. 70, ritiene che l'urbanizzazione di questa zona abbia trovato uno stimolo in avanzata età gotica nelle conquiste continentali della Repubblica e perciò nel nascere d'interessi verso Mestre; in effetti questo spiegherebbe come i primi nuclei ecclesiastici siano tutti sulla direzione per Murano.

[15] G. Bellavitis, *L'Arsenale* cit., p. 70.

[16] M. F. Tiepolo, *Difesa della sanità a Venezia*, Archivio di Stato, Venezia 1979, p. 16, doc. 5.

[17] F. Semi, *Gli ospizi di Venezia*, Helvetia, Venezia 1983, p. 70.

[18] G. Bellavitis, *L'Arsenale* cit., p. 266.

[19] Si vedano le analisi tipologiche e la ricostruzione planimetrica in P. Maretto, *L'edilizia* cit., p. 76, tavv. XIII e XIII bis.

[20] Anche per questo « campo » si veda ivi, p. 69, tav. XXI.

[21] G. Mazzi, *Note per una definizione della funzione viaria a Venezia*, in « Archivio Veneto », serie V, XCIX, Venezia 1973, p. 11 n. 15.

[22] M. Rosada, *S. Maria Formosa* cit., p. XII n. 1 e n. 2.

[23] Ivi, p. XXIX.

[24] Ivi, p. XXXV.

[25] Ivi, p. XXXI n. 2.

[26] S. Muratori, *Studi* cit., tav. VI, pp. 52-3.

[27] E. Trincanato, *Venezia Minore*, Il Milione, Milano 1948, pp. 127-132.

[28] Ivi, p. 136.

[29] G. Mazzi, *Note* cit., in generale; e B. Cecchetti, *La vita dei veneziani nel 1300* cit., pp. 47-53.

[30] Ivi, p. 139.

[31] Ivi, p. 52 n. 1.

[32] E. Trincanato, *Il palazzo Ducale*, in *Piazza S. Marco*, Marsilio, Padova 1970, p. 112.

[33] P. Brezzi, *La pace di Venezia del 1177 e le relazioni tra la Repubblica e l'Impero*, in *Venezia dalla prima crociata alla conquista di Costantinopoli del 1204*, Sansoni, Firenze 1965, pp. 68-70.

[34] R. Cessi, *Storia* cit., pp. 162-9.

[35] E. Arslan, *Venezia gotica*, Electa, Milano 1970, p. 14.

[36] R. Cessi, *Storia* cit., p. 115.

[37] O. Demus, *The Church* cit., p. 75.

[38] Le ragioni per le quali la Piazza venne sviluppata in profondità avendo come punto focale la basilica di S. Marco hanno trovato interpretazioni puntuali e convincenti da tempo. S. Bettini, in *L'architettura di S. Marco*, « Boll. CISA », VIII, II, Vicenza 1966, ricollegandosi agli studi del Grabar, evidenziava l'aspetto giuridico-cancelleresco delle reliquie di S. Marco rispetto alla validità di ogni giuramento prestato dall'assemblea sulla Piazza. Considerato in questi termini, lo spazio scoperto della Piazza risulta l'equivalente del cortile d'onore o *basilica sine tecto* del *Palatium* tardo-romano, ma posto in relazione ad una basilica che, per il fatto stesso di contenere i resti di san Marco, fungeva da *Martyrium*, collegato al *Palatium*, e dunque come il luogo deputato a manifestare la sacralità del governo ducale. R. Polacco, *I bassorilievi marmorei duecenteschi raffiguranti il Cristo e gli Evangelisti murati sulla facciata settentrionale della basilica di S. Marco*, in « Arte Veneta », XXXII, Alfieri, Venezia 1978, pp. 10-7, riuscì a dimostrare, nel quadro di una complessa disamina storica e materiale, che il grande arcone centrale della basilica era composto, prima delle riforme tre e quattrocen-

tesche, in modo da collocare il « doge » nella posizione d'un auriga che si affaccia sulla Piazza nell'epifania di simboli cristologici ed evangelici, propri d'un imperatore bizantino.

[39] Su tale spostamento esiste una cospicua letteratura, ma si veda, per il contributo più recente, W. Dorigo, *Venezia.. Origini* cit., p. 587.

[40] Cfr. M. Muraro, *Il pilastro* cit., p. 62.

[41] O. Demus, *The Church* cit., p. 85.

[42] W. Dorigo, *Venezia. Origini* cit., p. 588.

[43] G. Bellavitis, *L'Arsenale* cit., pp. 22-4.

[44] O. Demus, *The Church* cit., p. 85.

[45] Sull'immagine del palazzo veneziano inteso come postuma filiazione della grande villa coloniale tardo-romana, esemplificata al meglio nel palazzo di Diocleziano a Spalato, esiste una letteratura specifica, imperniata sugli studi dello Swoboda dedicati ai « Römische und romanische Paläste », che furono oggetto di contestazione per opera di F. Fiocco in *L'arte a Torcello e a Venezia*, in *La Venezia del Mille* cit., pp. 203-21. Ma si veda S. Bettini, per il quale la « tipica facciata del palazzo veneziano, della *casa con torreselle* » aveva la sua « probabile origine nella facciata delle ville romane a portico centrale »: in S. Bettini, *Nascita di una città*, Electa, Milano 1978, p. 46. W. Dorigo, in *Venezia. Origini* cit., p. 541, riprende l'argomento.

[46] E. Trincanato, *Il palazzo Ducale* cit., p. 116.

[47] Ci riferiamo ad una conferenza tenuta nel 1984 da J. Schulz a Venezia, nel Centro di Studi Veneziani, della quale si attende la pubblicazione.

Note al capitolo quinto

[1] S. Bettini, *Le opere d'arte importate a Venezia durante le crociate*, in *Venezia dalla prima crociata alla conquista di Costantinopoli nel 1204*, Sansoni, Firenze 1965, pp. 159-90. Ma si veda per la Pala d'Oro: Jasminka De Luigi Pomorisac, *Les émaux bizantines de la « Pala d'Oro » de l'église de St. Marc à Vénise*, Keller, Zurigo 1966. E per la collocazione della quadriga sulla fronte della basilica: R. Polacco, *S. Marco e le sue sculture nel Duecento*, in *Interpretazioni veneziane*, Arsenale, Venezia 1984, pp. 59-75.

[2] R. Cessi, *Storia* cit., pp. 200-13. Ma, per un'interpretazione più problematica, si veda: G. Cracco, *Società e Stato* cit., pp. 56-60.

[3] Ivi, p. 84; R. Cessi, *Storia* cit., p. 213.

[4] Ivi, pp. 236-7.

[5] « [...] è col Tiepolo che si fa sensibile un processo [...] di accentramento dell'antico territorio del ducato, per cui Rialto [...] assurge a città capitale, dominante con propri magistrati, quasi altrettante colonie, i centri distesi da Grado a Cavarzere [...] », da G. Cracco, *Società e Stato* cit., p. 159.

[6] Cfr. B. e L. Lanfranchi, *La laguna dal secolo VI al XIV*, in *Mostra storica della laguna di Venezia* cit., p. 82.

[7] Esaminare le ragioni e gli effetti di questo complesso fenomeno trascende gli scopi del presente saggio; ci limitiamo perciò a segnalare lo studio di S. Chojnacki, *In Search of the Venetian Patriciate: Families and Factions in the Fourteenth Century*, in *Renaissance Venice*, Faber & Faber, Londra 1973.

[8] G. Cracco, *Società e Stato* cit., pp. 365-73.

[9] Il primo viaggio delle « galere di Fiandra » è registrato nel gennaio 1317: cfr. R. Della Rocca, *Cronologia veneziana del '300*, in *La civiltà veneziana del Trecento*, Sansoni, Firenze 1956.

[10] G. Luzzatto, *Storia economica* cit., p. 35.

[11] Cfr. U. Tucci, *Il commercio veneziano e l'Oriente al tempo di Marco Polo*, in *Marco Polo*, Banca Cattolica del Veneto, Electa, Milano 1981, pp. 41-68.

[12] O. Demus, *Oriente e Occidente nell'arte veneta del Duecento*, in *La civiltà veneziana del secolo di Marco Polo*, Sansoni, Firenze 1955, p. 115.

[13] O. Demus, *The Church* cit., p. 77.

[14] F. Zuliani, *Considerazioni sul lessico architettonico della S. Marco contariniana*, in « Arte Veneta », vol. XXIX, Alfieri, Venezia 1975, pp. 50-9.

[15] La componente romanica o « romaica » di questi edifici appare contaminata da un gusto per l'arco bizantino, ovvero ad alto peduccio, che sollecita e attende tuttora, a nostro avviso, una sistemazione critica adeguata. Si veda, in ogni caso, E. Trincanato, *Venezia Minore* cit., pp. 51-4; E. Arslan, *Venezia gotica* cit., pp. 15-6, ma con l'avvertenza qui proposta alla n. 47, cap. precedente.

[16] E. Trincanato, *Venezia Minore* cit., p. 52. E. Arslan, in *Venezia gotica* cit., p. 21, analizza la matrice tardo-antica di questi porticati.

[17] Cfr. E. Trincanato, *Venezia Minore* cit., p. 52. W. Dorigo offre un contributo notevole su tale argomento ricostruendo la matrice romana della terminologia relativa all'accosto delle navi da carico agli edifici privati, quando questi palazzi privati erano detti *domus a statio*: in *Venezia. Origini* cit., p. 521 n. 303.

[18] E. Arslan, *Venezia gotica* cit., p. 15 e p. 35 n. 28.

[19] L. Lanfranchi, *Famiglia Zusto* cit., p. XIX.

[20] La prima regolamentazione conosciuta, come noto, risale alle leggi del doge Sebastiano Ziani, che nel 1173 affidava il controllo sui prodotti annonari alla Magistratura poi detta Giustizia Vecchia. Il secondo provvedimento, che risale al 1219, riguardava le Arti dei Sarti e dei Fabbricanti di giubbe e coltri. Il doge Pietro Ziani promulgava gli statuti nautici a partire dal 1227. Gli Statuti o Capitolari di circa 40 Arti differenti venivano raccolti nel 1278, formando un corpo sistematico integrato successivamente. Cfr. G. Monticolo, *I Capitolari delle Arti veneziane sottoposte alla Giustizia e poi alla Giustizia Vecchia dalle origini al MCCCXXX*, Istituto Storico Italiano, Forzani e C., Roma 1896; e, dello stesso, *L'ufficio della Giustizia Vecchia a Venezia dalle origini sino al 1330*, « Nuovo Archivio Veneto », 1, tomo I, parte I, Visentini, Venezia 1891.

[21] B. Pullan, *Natura e carattere delle Scuole*, in *Le Scuole di Venezia*, Electa, Milano 1981, p. 10. A. Niero, *Correnti spirituali nei secoli XIII e XIV*, in *Componenti storico-artistiche e culturali a Venezia nei secoli XIII e XIV*, Ateneo Veneto, Venezia 198_, p. 59.

[22] Per tutto l'argomento cfr. G. Bellavitis, *L'Arsenale di Venezia* cit., pp. 31-53.

[23] G. Cracco, *Mercanti in crisi, realtà economiche e riflessi emotivi nella Venezia del tardo Duecento*, in *Componenti storico-artistiche* cit. sopra, n. 21.

[24] A. Niero, *Correnti spirituali* cit., p. 58.

[25] M. Rosada, *S. Maria Formosa* cit., p. XVIII n. 1.

[26] A. Sartori, *Guida storico-artistica della basilica di S. M. Gloriosa dei Frari in Venezia*, Ed. Il Messaggero di S. Antonio, Padova 1949, pp. 7-10.

[27] F. Pedrocco, *Scuola di S. Giovanni Evangelista*, in *Le Scuole di Venezia* cit., p. 48.

[28] A. Niero, *Chiesa di S. Stefano in Venezia*, Ed. Il Messaggero di S. Antonio, Padova 1978.

[29] G. Cracco, *Mercanti in crisi* cit., p. 14.

[30] M. da Canal, *Les Estoires de Venise*, L. S. Olschki, Firenze 1973.

[31] M. da Canal, *Les Estoires* cit., pp. 285-305. Sono elencati nell'ordine i maestri: 1) fabbri; 2) pellicciai dell'opera selvatica; 3) pellicciai dell'opera vecchia; 4) pellicciai degli agnellini; 5) tessitori che fanno le telerie e le tovaglie; 6) sarti; 7) che fanno i drappi di lana;

8) che fanno i fustagni di cotone; 9) che fanno le coltri e le giubbe; 10) che fanno i drappi intessuti d'oro; 11) calzolai; 12) merciai; 13) che vendono la carne salata e il formaggio; 14) che vendono gli uccelli di palude e i pesci di mare e di fiume; 15) barbieri; 16) vetrai; 17) che fanno i pettini; 18) orefici. L'elenco non comprende tutte le Arti; per una valutazione dell'opera di Martin da Canal, si veda G. Cracco, *Società e Stato* cit., pp. 265-90.

[32] W. Dorigo, *Venezia. Origini* cit., pp. 502-7.

[33] E. Trincanato, *Venezia Minore* cit., pp. 66-8.

[34] A. Wyrobisz, *L'attività edilizia a Venezia fra XIV e XV secolo*, in « Studi Veneziani », VII, Venezia 1965.

[35] B. Cecchetti, *La vita dei veneziani nel 1300* cit., p. 32 n. 4.

[36] L. Lanfranchi, *S. Giorgio Maggiore* cit., p. 125.

[37] E. Besta, *Il diritto e le leggi civili di Venezia fino al dogado di Enrico Dandolo*, Visentini, Venezia 1900, p. 136. Si veda anche: E. Trincanato, *Venezia nella storia urbana*, in « Urbanistica », INU, Torino 1968, n. 52, pp. 10 e 23.

[38] S. Muratori, *Studi* cit., pp. 67-9, dove si analizzano gli aspetti tipologici e morfologici dell'impianto, ma non i meccanismi della proprietà e degli investimenti, sui quali mancano, per quanto ne sappiamo, degli studi adeguati, salvo rispetto ai casi speciali e più tardi dei complessi assistenziali (v. oltre).

[39] E. Trincanato, *Venezia Minore* cit., p. 150.

[40] Ivi, p. 253; P. Maretto, *L'edilizia* cit., p. 33; per la ricostruzione dei livelli originali si veda: W. Dorigo, *Venezia. Origini* cit., p. 410 n. 148.

[41] L. Lanfranchi, *Famiglia Zusto* cit., pp. XIII e XIX.

[42] Il rapporto fra l'architettura gotica europea e l'architettura islamica costituisce un problema discusso, per il quale, rispetto a Venezia, si possono segnalare, oltre al più volte citato E. Arslan, *Venezia gotica*, del 1970, E. J. Gruber, *Elementi islamici nell'architettura veneta del Medioevo*, in « Boll. CISA », VIII, parte II, Vicenza 1966, pp. 231-56, e M. Muraro, *Componenti islamiche nell'arte veneziana*, in *Componenti storico-artistiche* cit., pp. 44-9.

[43] J. Ruskin, *The Stones of Venice*, Allen, Orpington 1886, vol. II, pp. 248-9, tav. XIV.

[44] D. Howard, *The Architectural History of Venice*, Batsford, Londra 1980, p. 44.

[45] Si tratta del palazzo, o Cà, Lion, del quale S. Muratori, in *Studi* cit., p. 49 e tav. III, ricostruisce lo sviluppo planimetrico dai secoli XI-XII a oggi. Secondo E. Arslan (*Venezia gotica* cit., pp. 31, 39 n. 181, 164), che riepiloga i contributi precedenti, « la porta con arco a ferro di cavallo, benché romanica e duecentesca [...] svela un chiaro accento islamico », e tutto il complesso è coevo del pieno Duecento.

[46] E. Trincanato, in *Venezia Minore* cit., p. 71, pubblicava uno studio di ripristino della facciata. Un accurato rilievo del palazzo è in G. Scattolin, *Le case fondaco sul Canal Grande*, Alfieri, Venezia 1961, pp. 17 sgg.; E. Arslan riassumeva la vicenda critica e storica del palazzo, che fu molto apprezzato dal Ruskin, in *Venezia gotica*, specie a pp. 25-6.

Note al capitolo sesto

[1] B. Cecchetti, *La vita dei veneziani nel 1300* cit., pp. 38 e 39; per la componente oppressiva di questa efficienza si veda: G. Cracco, *Società e Stato* cit., specie a pp. 327-31, dove tratta del controllo sulle Arti a partire dal 1263 e dell'obbligo, imposto nel 1287 a tutti gli uomini validi, di prestare giuramento nelle mani dei capicontrada.

[2] Biblioteca Nazionale Marciana, Venezia, Cod. lat. Z.399 (=1610), c. 7 *r*: cfr. G. A. Ravalli Modoni, *Scrittori tecnici di problemi lagunari*, in *Mostra storica della laguna di Venezia* cit., p. 173.

[3] Cfr. E. Bevilacqua, *Geografi e Cosmografi*, in *Storia della cultura veneta*, 3.II, Neri Pozza, Vicenza 1980, che a pp. 356-7 fornisce questi dati biografici su Fra Paolino, dicendolo autore della *Chronologia magna*, mentre a p. 370 parla di questa pianta, senza attribuirla allo stesso.

[4] Questa pianta fu scoperta dall'architetto e storico T. Temanza, che nel 1781 la pubblicava in *Antica pianta dell'inclita città di Venezia delineata circa la metà del XII secolo* (rist. A. Forni, Bologna 1977), sostenendo che il disegno ricalcava un originale compilato prima del 1141, e pertanto la città aveva raggiunto tale sviluppo a quel tempo. L'ipotesi fu criticata dal Cecchetti già nel 1885 in *La vita dei veneziani nel 1300* cit., p. 137, però viene accolta da molti studiosi: cfr. J. Schulz, *The Printed Plans and Panoramic Views of Venice* cit., p. 16. Ma si veda la nostra critica in G. Bellavitis, *L'evoluzione* cit., pp. 230-3.

[5] F. Zago (a cura di), *Consiglio dei Dieci, Deliberazioni miste, Registri III-IV*, Il Comitato, Venezia 1968, p. 16 n. 30.

[6] B. Cecchetti, *La vita dei veneziani nel 1300* cit., p. 60.

[7] Ivi, p. 130.

[8] B. Zendrini, *Memorie storiche dello stato antico e moderno delle Lagune di Venezia*, Stamperia del Seminario, Padova 1811, vol. I, pp. 32-44.

[9] B. Cecchetti, *La vita dei veneziani nel 1300* cit., pp. 117-9.

[10] Ivi, p. 126.

[11] Ivi, pp. 125-9.

[12] Ivi, p. 121.

[13] G. Luzzatto, *L'economia*, in *La civiltà veneziana nel Trecento*, Sansoni, Firenze 1956, p. 99.

[14] Per tutte le informazioni precedenti sul problema dei cavalli, cfr. B. Cecchetti, *La vita dei veneziani nel 1300* cit., pp. 39-42.

[15] Sansovino-Martinioni, *Venetia città nobilissima et singolare*, 1663; rist. Filippi, Venezia 1968, vol. I, l. X, pp. 455-6.

[16] T. Temanza, *Antica pianta dell'inclita città di Venezia* cit., p. 68 e B. Cecchetti, *La vita dei veneziani nel 1300* cit., p. 11.

[17] Ivi, p. 51.

[18] Ivi, pp. 11-2.

[19] Ivi, pp. 158-62.

[20] Nulla si sa dell'origine del monastero che compare per la prima volta in un elenco del 1303-1309 col nome di *monasterium dictum de Scopolo* o dello scoglio: cfr. *Monasteri Benedettini* cit., pp. 89-92. Nel 1328 la badessa Giacomina Paoni otteneva dal Senato un diritto sulla palude antistante, con l'obbligo di bonificarla entro tre anni: ivi, p. 89. Secondo B. Cecchetti, *La vita dei veneziani nel 1300* cit., p. 17 n. 6, nel 1329 la « velma » da prosciugare era larga 20 passi verso il monastero di S. Giorgio e andava « usque super comenzarolam », cioè fino alla comencaria.

[21] T. Temanza, *Antica pianta dell'inclita città di Venezia* cit., p. 56.

[22] T. Temanza in ivi, pp. 52-3, identifica il toponimo *Cavana* con l'isola di S. Clemente, dove esisteva un Ospizio già nel 1141; e questo costituisce una prova determinante per la sua datazione della pianta. Per la vicinanza al monastero della Croce e a S. Giorgio, invece, il toponimo deve corrispondere all'isolotto destinato a scarico di rifiuti che l'abate di S. Giorgio affidava al priore della Cà di Dio affinché vi costruisse un ospizio, ad uso dei pellegrini di Terrasanta alla metà del XIII secolo, e nel quale s'insediarono nel 1417 i monaci della congregazione di S. Girolamo da Fiesole, intitolandolo a S. Maria delle Grazie: cfr. A. Zorzi, *Venezia scomparsa* cit., II, pp. 407-8.

[23] B. Cecchetti, *La vita dei veneziani nel 1300* cit., pp. 17-8, note.

[24] T. Temanza, *Antica pianta dell'inclita città di Venezia* cit., p. 59.

[25] J. Cox Russell, *Medieval Regions and their Cities*, David & Charles, Newton Abbott 1972, p. 65.

[26] A. Wyrobisz, *L'attività edilizia a Venezia* cit., pp. 307-45, part. p. 335.

[27] La figura di Luca Zusto, che compie solo i viaggi richiesti dalle cariche pubbliche e preferisce commerciare in Rialto, appare probante in proposito: cfr. L. Lanfranchi, *Famiglia Zusto* cit., p. XVI n. 3. Secondo G. Cracco, *Società e Stato* cit., p. 453, i potenti « abbandonarono nelle mani dei parenti, dei subordinati la rischiosa carriera mercantile per trasformarsi in politici sedentari ».

[28] G. Luzzatto, *Storia economica* cit., p. 224.

[29] E. Trincanato, *Il palazzo Ducale* cit., pp. 111-38.

[30] G. Lorenzi, *Monumenti per servire alla storia di palazzo Ducale*, Visentini, Venezia 1868, pp. 26-7.

[31] E. Trincanato, *Il palazzo Ducale* cit., p. 116.

[32] G. Luzzatto, *L'economia* cit., p. 96.

[33] E. Arslan, *Venezia gotica* cit., p. 248; P. Maretto, *L'edilizia gotica veneziana*, Poligrafico dello Stato, Roma 1960, p. 54.

[34] E. Arslan, *Venezia gotica* cit., pp. 225-35.

[35] Cfr. in generale P. Maretto, *L'edilizia gotica* cit.

[36] E. Arslan, *Venezia gotica* cit., p. 320.

[37] Ivi, pp. 244 e 323; P. Maretto, *L'edilizia gotica* cit., p. 46, tav. XIII.

[38] Ivi, p. 57.

[39] E. Arslan, *Venezia gotica* cit., p. 245.

[40] Ivi, p. 319; P. Maretto, *L'edilizia gotica* cit., p. 52.

[41] E. Arslan, *Venezia gotica* cit., p. 248 e p. 255 n. 185, dove si ripete il consueto giudizio negativo sul restauro del palazzo effettuato dal Boito nel 1869, pur riconoscendo che l'architettura originale è tuttora apprezzabile per chi sappia fare astrazione dalle « delittuose aggiunte ».

[42] Un esempio cospicuo di ornamenti simbolici trecenteschi sulle facciate dei palazzi privati è la fascia aggiunta al palazzo Loredan (ora Municipio), illustrata dal Martinioni in Sansovino-Martinioni, *Venezia città nobilissima* cit., pp. 390-1, vol. II. Il simbolismo di palazzo Agnusdio risulta eccezionale: la questione è riassunta da E. Arslan in *Venezia gotica* cit., pp. 94 e 100 n. 122, che attribuisce la bellissima pentafora ad un « lapicida-architetto ».

[43] A. Wyrobisz, *L'attività edilizia a Venezia* cit., p. 324.

[44] B. Cecchetti, *La vita dei veneziani nel 1300* cit., p. 67.

[45] G. Luzzatto, *L'economia* cit., p. 102.

[46] B. Cecchetti, *La vita dei veneziani nel 1300* cit., p. 72. G. Bellavitis, *L'Arsenale* cit., p. 46. L'importanza del frumento per il commercio e la politica di monopolio veneziana rispetto alle città della valle padana all'inizio del Trecento è messa in rilievo da G. Cracco in *Società e Stato* cit., pp. 359-60.

[47] G. Bellavitis, *L'Arsenale* cit., p. 61.

[48] G. Luzzatto, *L'economia* cit., p. 103 e Id., *Storia economica* cit., pp. 190-203.

[49] B. Cecchetti, *La vita dei veneziani nel 1300* cit., p. 26.

[50] G. Luzzatto, *Storia economica* cit., p. 190.

[51] Ivi, p. 203.

[52] Il decreto del 7 marzo 1335 lo definisce « hospitale sive domus communis deputato pro marinaris infirmis et impotentibus ». Per il primo studio su questo complesso cfr. R. Gallo, *Corte Colonne a Castello e le case per la Marinarezza veneziana*, in « Ateneo Veneto », anno CXXIX, 1938, pp. 5-7; E. Trincanato lo pubblicava in *Venezia Minore* cit., pp. 158-71 con disegni di rilievo che restano la base di tutte le analisi compiute in seguito sull'edilizia assistenziale veneziana in genere. La precocità di questo complesso rispetto alle iniziative analoghe europee fu rilevata nel convegno del 1964 sui Centri storici: cfr. « Urbanistica », 42-43, Torino, febbraio 1965 e E. Trincanato, *Residenze collettive a Venezia*, ivi, pp. 7-14.

[53] Per i più recenti contributi in materia, cfr. B. Pullan, *Natura e carattere delle Scuole*, in *Le Scuole di Venezia*, Electa, Milano 1981, pp. 9-12; e, dello stesso, *Abitazioni al servizio dei poveri nella Repubblica di Venezia*, in *Dietro i Palazzi*, Arsenale, Venezia 1984, pp. 39-44; F. Semi, *Gli Ospizi di Venezia*, Helvetia, Venezia 1983, con dettagliato elenco.

[54] S. Muratori, in *Studi* cit., p. 18, individua tre tipi di tessuti, lagunare, a corti ed a calle, che offrono tuttora, a nostro avviso, dei modelli stimolanti per lo studio di Venezia.

[55] Ivi, pp. 67-73; per il rapporto fra la testata sul Canal Grande e il resto di questo quartiere cfr. G. Bellavitis, *Palazzo Giustinian-Pesaro*, Neri Pozza, Vicenza 1975, pp. 56-64.

[56] Cfr. P. Maretto, *L'edilizia gotica* cit., p. 62.

[57] Ivi, pp. 60-1; E. Trincanato, *Venezia Minore* cit., pp. 136-43.

Note al capitolo settimo

[1] M. Sanudo il Giovane, *De origine, situ et magistratibus urbis Venetae* ovvero *La città di Venezia*, a cura di A. Caracciolo Aricò, Cisalpino - La Goliardica, Milano 1980, p. 20.

[2] Ivi, pp. 20-1.

[3] B. Cecchetti, *La vita dei veneziani nel 1300* cit., pp. 47-53. Per la storia dei ponti fino al 1500, cfr. G. Mazzi, *Note per una definizione della funzione viaria a Venezia* cit., e Id., *Gli esemplari della pianta prospettica di Jacopo de' Barbari al Museo Correr: esercizio di lettura sui modi della viabilità pedonale a Venezia*, in « Bollettino dei musei civici veneziani », XIX, 3-4, Venezia 1974.

[4] Fra i contributi più recenti, cfr. G. Bellavitis, *La condizione spaziale di Venezia nell'opera prima di Mauro Codussi*, in « Psicon », III, 6, Firenze 1976; L. Olivato - L. Puppi, *Mauro Codussi*, Electa, Milano 1976 e J. Mc Andrew, *L'architettura veneziana del primo Rinascimento*, Venezia 1983, cap. III, pp. 223-371.

[5] A. Wyrobisz, *L'attività edilizia a Venezia* cit., p. 314.

[6] F. Zava Boccazzi, *La basilica dei Santi Giovanni e Paolo in Venezia*, Ongania, Venezia 1965, p. 27; cfr. U. Franzoi e D. Di Stefano, in *Le chiese di Venezia*, Alfieri, Venezia 1976, p. 424.

[7] A. Sartori, *Guida storico-artistica della basilica di S. M. Gloriosa dei Frari in Venezia* cit., p. 15; U. Franzoi e D. Di Stefano, in *Le chiese di Venezia* cit., pp. 32-46, part. p. 34, fanno risalire al 1440-1445 il compimento della fabbrica.

[8] A. Niero, *Chiesa di S. Stefano in Venezia* cit., p. 12.

[9] A. Wyrobisz, *L'attività edilizia a Venezia* cit., p. 318.

[10] L. Olivato - L. Puppi, *Mauro Codussi* cit., pp. 190-5; J. Mc Andrew, *L'architettura veneziana* cit., pp. 25-37 e 268-81.

[11] Sul significato di questo frontone curvilineo rispetto all'Alberti e al revival neobizantino si vedano, oltre agli studi recenti sul Codussi già citati in nota 4, il bellissimo saggio di M. Tafuri *La Nuova Costantinopoli, la rappresentazione della « renovatio » nella Venezia dell'Umanesimo (1450-1509)*, in « Rassegna », IV, 9, C.I.P.I.A., Bologna 1982, pp. 25-38.

[12] L'attribuzione di questa Porta resta problematica, anche nei contributi più recenti: cfr. J. Mc Andrew, *L'architettura veneziana* cit., pp. 32-8, dove si respinge il nome del Gambello ammettendo invece quello del Laurana; G. Bellavitis, *L'Arsenale* cit. p. 68, dove si evidenziano le connessioni con un disegno di Jacopo Bellini; E. Concina, in *L'Arsenale della Repubblica di Venezia*, Electa, Milano 1984, pp. 64-68, dove si prospetta possibile un intervento del Filarete.

[13] L'ultimo pagamento al Codussi per questa Scuola è dell'8 marzo 1495: cfr. L. Olivato - L. Puppi, *Mauro Codussi* cit., pp. 196-203; per i problemi relativi alla complessa intelaiatura prospettica delle facciate, alle quali lavorarono i Lombardo, si veda W. Stedman Sheard, *The Birth of Monumental Classicizing Relief* [...], in *Interpretazioni veneziane*, Arsenale, Venezia 1984, pp. 149-74.

[14] L. Olivato - L. Puppi, *Mauro Codussi* cit., pp. 221-5, ma specialmente le puntuali osservazioni sul palazzo a pp. 164-5.

[15] E. Bevilacqua, *Geografi e Cosmografi* cit., p. 360.

[16] J. Schulz, *The Printed Plans* cit., pp. 17-22.

[17] E. Bevilacqua, *Geografi e Cosmografi* cit., p. 360.

[18] La straordinaria convergenza delle operazioni tendenti a superare « la concezione paratattica dello spazio a favore del concetto di unità », che si verifica nella Venezia di fine Quattrocento, è messa in evidenza da M. Tafuri in *La Nuova Costantinopoli* cit., p. 33, con esplicito riferimento alle mappe e disegni qui menzionati; per i disegni di Jacopo Bellini e dell'Alberti cfr. L. Olivato - L. Puppi, *Mauro Codussi* cit., p. 42 n. 102.

[19] Per la prima analisi e restituzione grafica di queste deformazioni prospettiche, cfr. G. Bellavitis, *L'evoluzione della struttura* cit., pp. 234-6.

[20] Questo bilancio, tentato più volte, resta tuttora da perfezionare; tuttavia si può consultare con profitto l'opera di E. Trincanato e U. Franzoi, *Vénise au fil du temps* cit., alle tavv. x a, b, c, d.

[21] Cfr. G. Bellavitis, *L'Arsenale* cit., pp. 78-87; E. Concina, *L'Arsenale della Repubblica* cit., pp. 77-84.

[22] F. Finotto, *San Giobbe* cit.; J. Mc Andrew, *L'architettura veneziana* cit., pp. 137-45.

[23] E. Bassi, *Il convento della Carità*, Ed. Centro internazionale di Studi di Architettura Andrea Palladio, Vicenza 1971, pp. 13-5.

[24] J. Schulz, *The Printel Plans* cit., p. 18.

[25] L. Puppi, in *Mauro Codussi* cit., pp. 165-71, svolge un'analisi serrata e convincente degli effetti urbanistici di questo intervento del Codussi, che convogliò la prospettiva di Piazza S. Marco verso le Mercerie. Cfr. J. Mc Andrew, *L'architettura veneziana* cit., pp. 355-71.

[26] Questo stile privo di eloquenza viene collegato ad una esigenza di « moralità » nella politica veneziana dopo Cambrai: cfr. M. Tafuri - A. Foscari, in *L'armonia e i conflitti*, Einaudi, Torino 1983, p. 27.

[27] M. Tafuri, *Sapienza di Stato e Atti mancati*, in *Architettura e Utopia nella Venezia del Cinquecento*, Electa, Milano 1980, pp. 21-2, riconosce in questa piazza una « figura antinomica rispetto alla città come tale ».

[28] J. Mc Andrew, *L'architettura veneziana* cit., pp. 375-97.

[29] Ivi, pp. 419-23; G. Bellavitis, *Itinerari per Venezia*, Editoriale L'Espresso, Roma 1980, pp. 259-62.

[30] M. F. Tiepolo, *Laguna, lidi, fiumi*, Archivio di Stato di Venezia, Venezia 1983, pp. 27-8.

[31] E. Bevilacqua, *La cartografia storica della laguna di Venezia* cit., p. 142 e fig. 57.

Note al capitolo ottavo

[1] Basti il rimando a M. Tafuri, *Jacopo Sansovino e l'architettura del '500 a Venezia*, Marsilio, Padova 1969 e il catalogo AA.VV., *Architettura e Utopia nella Venezia del Cinquecento*, a cura di L. Puppi, Electa, Milano 1980. Temi di frequente ripresi da vari autori e oggi riproposti e aggiornati nel recentissimo *« Renovatio Urbis ». Venezia nell'età di Andrea Gritti (1523-1538)*, a cura di M. Tafuri, Officina, Roma 1984. Assai utile anche il quaderno 19 (1983) di « Ricerche di Storia dell'Arte », Roma, dedicato alla Venezia rinascimentale: *Le inquietudini della Serenissima. Contrasti politici, tensioni religiose e conflitti culturali nella Venezia del Rinascimento*, con scritti di Tafuri, Puppi, Calì, Foscari, Battilotti e altri.

[2] Ancora Tafuri, *Jacopo Sansovino* cit.; D. Howard, *Jacopo Sansovino. Architecture and Patronage in Renaissance Venice*, New Haven-Londra 1975. Bibliografia aggiornata e completa nel già citato *Architettura e Utopia*, a cura di Puppi. S'aggiunga il recentissimo, importante: A. Foscari - M. Tafuri, *L'armonia e i conflitti. La chiesa di S. Francesco della Vigna nella Venezia del '500*, Einaudi, Torino 1983. Sempre di A. Foscari - M. Tafuri, *Un progetto irrealizzato di Jacopo Sansovino: il palazzo di Vettor Grimani sul Canal Grande*, « Bollettino dei Civici Musei Veneziani », 1981, XXVI, n. s., 1-4, pp. 71-87. Sempre sull'articolata attività sansoviniana nell'età del Gritti e negli anni successivi, cfr. M. Tafuri, *« Renovatio urbis Venetiarum »: il problema storiografico*, nel già citato AA.VV., *« Renovatio urbis »*. Per la chiesa di S. Martino e per le implicanze « ideologiche » di varia natura nella produzione del Sansovino, si veda A. Foscari - M. Tafuri, *Evangelismo e Architettura. Jacopo Sansovino e la chiesa di S. Martino a Venezia*, « Bollettino dei Civici Musei Veneziani », 1982, XXVII, n. s., 1-4.

[3] Sull'attività veneziana di Palladio è fondamentale la monografia di L. Puppi, *Andrea Palladio. L'opera completa*, Electa, Milano 1975; il catalogo *Architettura e Utopia* cit.; gli atti del convegno *Palladio e Venezia*, a cura di L. Puppi, Sansoni, Firenze 1982.

[4] M. Tafuri, *« Sapienza di Stato » e « Atti mancati »: architettura e tecnica urbana nella Venezia del '500*, in *Architettura e Utopia* cit., pp. 16-39; ancora si rinvia ai citati *« Renovatio Urbis »* e a *Le inquietudini della Serenissima* per la centralità e articolazione dei temi trattati, oltre che per le ricche e aggiornatissime bibliografie.

[5] Appare qui superfluo fornire i termini bibliografici di un episodio culturale e di una fortuna storiografica ormai di dimensioni vastissime Si rinvia quindi oltre che alle rassegne storiografiche più recenti ad alcuni capisaldi della questione: F. Gaeta, *Alcune considerazioni sul mito di Venezia*, in « Bibliothèque d'Humanisme et Renaissance », 1961, XXIII, pp. 58-75; Id., *L'idea di Venezia*, in *Storia della cultura veneta*, 3/III, Neri Pozza, Vicenza 1981, pp. 565-641; R. Pecchioli, *Il « mito » di Venezia e la crisi fiorentina intorno al 1500*, in « Studi Storici », 1962, III, pp. 451-92; AA.VV., *Renaissance Venice*, a cura di J. Hale, Londra 1973; G. Cozzi, *Domenico Morosini e il « De bene instituta republica »*, « Studi Veneziani », XII (1970), pp. 405-58; L. Puppi, *Verso Gerusalemme. Immagini e temi di urbanistica e di architettura simboliche*, Casa del Libro, Roma-Reggio Calabria 1982 e, dello stesso, *Venezia come Gerusalemme nella cultura figurativa del Rinascimento*, relazione al convegno « La città italiana del Rinascimento tra utopia e realtà », Venezia, Centro Tedesco Studi Veneziani, 27-29 sett. 1982; E. Muir, *Civic Ritual in Renaissance Venice*, Princeton 1981; B. Marx, *Venezia-altera Roma? Ipotesi sull'umanesimo veneziano*, Venezia, Centro Tedesco Studi Veneziani, 1978.

[6] Tafuri, *Sapienza di Stato* cit., p. 19.

[7] Puppi, *Andrea Palladio* cit., p. 299.

[8] Per la vicenda del ponte di Rialto si rinvia alla scheda 44 del citato volume *Andrea Palladio* di Lionello Puppi; alla sezione *Rialto* nel già citato catalogo *Architettura e Utopia* e alle complete bibliografie là contenute. Più recenti gli interventi di D. Calabi e P. Morachiello, *Rialto, 1514-1538: gli anni della ricostruzione*, in *« Renovatio Urbis »* cit. e E. Calabi, *La direzione del nuovo ponte di Rialto e il « negotio » degli stabili di S. Bartolomeo*, « Bollettino dei Civici Musei Veneziani », 1982, XXVII, n. s., 1-4.

[9] V. Scamozzi, progetto per il ponte di Rialto, disegno a penna con inchiostro marrone, linee incise a punta metallica, RIBA, Burlington Devonshire Coll., Londra, VIII, 10.

[10] Cfr. G. Cassini, *Piante e vedute prospettiche di Venezia (1479-1855)*, Stamperia di Venezia, Venezia 1971, n. 12; J. Schulz, *The Printed Plans and Panoramic Views of Venice (1486-1797)*, « Saggi e Memorie di Storia dell'Arte », 7, 1970, n. 34.

[11] Per le varie citazioni del Sansovino si veda F. Sansovino, *Venetia città nobilissima et singolare*, Venezia 1581, p. 137 *r* e *v*.

[12] La decisione del Senato di realizzare una fondamenta, cioè di regolarizzare con una sponda continua in forma di strada il margine di Venezia da S. Giustina (presso S. Francesco della Vigna) a S. Alvise (punta occidentale della città a nord) è del 1546. Lavoro compiuto nel 1560 fino alla Misericordia dove, nonostante le ripetute decisioni di proseguire, l'impresa si arenò. Del 1589 (data usualmente riportata come quella nella quale si decise di banchinare la città in tale tratto) è invece la risoluzione del Senato perché le Fondamente Nuove fossero fatte in pietra viva (cfr. C. Tentori, *Della legislazione veneziana sulla preservazione della Laguna*, Venezia 1792, pp. 172-3).

[13] E. Concina, *L'Arsenale. Una fabbrica ininterrotta*, in *Architettura e Utopia* cit., pp. 103-18.

[14] Notizie e citazioni tratte da Concina, *L'Arsenale* cit., p. 103. I provvedimenti sono contenuti nei documenti all'Archivio di Stato di Venezia, *Arsenale*, bb. 9, 135, 12; Mss. Grad., b. 37: giusta le indicazioni del saggio citato. Sulla storia (e sulle interpretazioni di questa storia) dell'Arsenale nei secoli della Repubblica, è ora fondamentale il volume di E. Concina, *L'Arsenale della Repubblica di Venezia*, Electa, Milano 1984: in esso convergono i precedenti contributi dello studioso sul tema dell'Arsenale, si presentano e si dibattono documenti, letteratura e intenzioni politiche e progettuali connesse al cantiere di stato veneziano.

[15] G. Bellavitis, *L'Arsenale di Venezia*, Marsilio, Venezia 1983, pp. 91-2.

[16] Archivio di Stato, Venezia, Savi ed Esecutori alle Acque, Laguna 14: Cristoforo Sabbadino: *Arricordo de mi* [...] *protho di l'officio delle acque per l'anno 1557*; in tutto analogo l'autografo del Sabbadino alla Biblioteca Marciana, Carte geografiche, 138.C.180. Simile ma ridotto come portata generale e progetti d'intervento: Archivio di Stato, Venezia, S.E.A., Diversi 128/10, rotolo 36. Si veda R. Cessi (a cura di), A. Cornaro - C. Sabbadino, *Scritture sopra la laguna*, Venezia 1941. Vastissima la bibliografia sulle problematiche lagunari agitate da Sabbadino, Cornaro e dagli altri scrittori d'idraulica veneziani; rassegne assai utili nei cataloghi: *Mostra storica della laguna veneta*, Venezia 1970; *Alvise Cornaro e il suo tempo*, Padova 1980; *Architettura e Utopia* cit. (per loro tramite si può pervenire a una bibliografia completa).

[17] B. Mazza, *Politica lagunare di Venezia nel Cinquecento*, in *Architettura e Utopia* cit., p. 137 n. 133.

[18] Ci riferiamo alla *Scrittura Terza (sopra la regolazione dei porti)* conservata nel fascicolo *Più scritture di Alvise Cornaro* dell'Archivio di Stato di Venezia, S.E.A., b. 986, pubblicata dal Cessi, *Antichi scrittori d'Idraulica Veneta*, vol. II, parte II, Venezia 1941, pp. 56-9.

[19] Venezia, Archivio di Stato, S.E.A., Laguna, 157 (cit. in E. Concina, *Chioggia*, Canova, Treviso 1977).

[20] « Fortificarla [Chioggia] al modo de Padoa saria far un monstro » (Venezia, Archivio di Stato, Cons. di X, *Secreta*, 5, c. 91 *r*: cfr. Bertoldi, *M. Sanmicheli al servizio della Repubblica Veneta*, Verona 1874 e Concina, *Chioggia* cit., pp. 91-6).

[21] V. Fontana, scheda 140, in *Architettura e Utopia* cit., e bibliografia citata.

[22] Cfr. ancora la *Scrittura sopra la regolazione dei porti*, citata alla nota 18.

[23] Su queste utopie di Alvise Cornaro si veda M. Tafuri, *Alvise Cornaro, Palladio e Leonardo Donà. Un dibattito sul Bacino marciano*, in AA.VV., *Palladio e Venezia* cit., pp. 9-27. Ora ampiamente e significativamente ripreso dall'Autore in: *Un teatro, una « fontana del Sil » e un « vago monticello ». La riconfigurazione del Bacino di S. Marco di Alvise Cornaro*, « Lotus International », 42, 1984/2.

[24] « A Sabbadino guarderanno ancora Marc'Antonio Barbaro, Zaccaria Contarini e Leonardo Donà nel prendere la decisione di costruire la Fondamenta Nuova il 23 febbraio 1589 »: Mazza, *Politica lagunare* cit., p. 137; in realtà la decisione a questa data riguarda solo la loro realizzazione in pietra viva (cfr. sopra, nota 12).

[25] Si vedano le raccolte legislative curate a proposito della normativa lagunare — ma i dati relativi alla gestione dell'urbano vi abbondano; chiare sintesi sono: G. Rompiasio, *Metodo in pratica di sommario, o sia compilazione delle leggi, terminazioni et ordini appartenenti agl'Illustrissimi et Eccellentissimi Collegio e Magistrato alle Acque* [...], Venezia 1733 e C. Tentori, *Della Legislazione Veneziana sulla preservazione della Laguna*, Venezia 1792.

[26] *Fantasia composta in laude de Venezie*, 1582, cit. in Tafuri, *Jacopo Sansovino* cit., p. 19.

[27] Sansovino, *Venetia* cit., p. 149 *r*.

[28] « Le botteghe [...] sono sparse per tutto l'universo corpo et circuito d'essa città [...] ogni contrada ha, non pur una sola ma più Chiese, la piazza co pozzi, i forni, i magazzini da vino, l'arti de' Sartori, de' Fruttaruoli, di Spetiali, de i maestri di Scuole, de legnaruoli, de calzolari, et finalmente d'ogni cosa bisognevole all'uso humano in molta abbondanza »: Sansovino, *Venetia* cit., p. 140 (ma 150) *r*.

[29] *Ibid.*

[30] *Ibid.*

[31] A. Tenenti, *Le trasformazioni urbanistiche di Venezia al tempo di Tiziano: 1470 c. - 1580 c.*, in *Tiziano e il Manierismo europeo* (atti del Convegno a cura di R. Pallucchini), Olschki, Firenze 1978, pp. 231-46.

[32] H. Lorenz, *Überlegungen zum venezianischen Palastbau der Renaissance*, « Zeitschrift für Kunstgeschichte », 43 Band, 1980, 1, pp. 33-53.

[33] Sansovino, *Venetia* cit., p. 143 *r*.

[34] A. Corboz, *Procedimenti dell'urbanistica palladiana*, « Bollettino CISA A. Palladio », 1972 (XIV), pp. 235-50.

[35] Sansovino, *Venetia* cit., p. 139 *v*.

[36] Si vedano gli studi di B. Pullan, *Rich and Poor in Renaissance Venice*, Oxford 1971; R. Maschio, *Investimenti edilizi delle Scuole Grandi a Venezia*, in Atti del Convegno *Investimenti e civiltà urbana*, Prato 1977 (in corso di stampa); Id., *Le Scuole Grandi a Venezia*, in *Storia della Cultura Veneta*, 3/III; P. Pavanini, *Abitazioni popolari e borghesi nella Venezia cinquecentesca*, « Studi Veneziani », n. s., V, 1981; ancora utili E. Trincanato, *Venezia Minore*, Milano 1948 e E. Trincanato - U. Franzoi, *Vénise au fil du temps*, Joël Cuénod, Boulogne-Billancourt 1971. Fondamentale, oggi, il recentissimo catalogo *Dietro i palazzi. Tre secoli di architettura minore a Venezia 1492-1803*, a cura di G. Gianighian e P. Pavanini, Arsenale Cooperativa Ed., Venezia 1984.

[37] Sansovino, *Venetia* cit.

[38] Tafuri, *Alvise Cornaro* cit., pp. 9-27.

[39] Ivi, p. 22.

[40] *Ibid.*

[41] Ivi, p. 20.

Note al capitolo nono

[1] La datazione del *Disegno* del Badoer non è pacificamente definita: il Marinelli nel suo *Saggio di cartografia della Regione Veneta* (Venezia 1881) data la pianta 1627 sulla base di una copia da lui veduta presso un collezionista; il doge Giovanni Correr — cui l'incisione è dedicata — regna tra il 1625 e il 1629. Ripubblicata da Stefano Scolari — sempre con questa data — quarant'anni più tardi, l'incisione presenta aggiornamenti chiaramente successivi al 1627: e, in effetti, Scolari aggiorna nelle ulteriori tirature l'anno di edizione. È presumibile quindi pensare a un'edizione Badoer effettivamente risalente al 1627, poi aggiornata e riedita (cfr. la relativa scheda — n. 44 — di S. Biadene, in *Venezia. Piante e Vedute*, Venezia 1982).

[2] In deposito dal Museo del Castello del Buonconsiglio di Trento.
[3] Cfr. Cassini, *Piante* cit., n. 45; Schulz, *The Printed* cit., n. 105; Biadene, *Venezia* cit., n. 45.
[4] L. Puppi, *Venezia. Da Palladio a Longhena*, in L. Puppi - G. Romanelli - S. Biadene, *Longhena*, Electa, Milano 1982.
[5] Puppi, *Venezia* cit., p. 28.
[6] Ivi, p. 29.
[7] F. Thiriet, *Espace urbain et groupes sociaux à Vénise au XVIII siècle*, in AA.VV., *L'urbanisme de Paris et l'Europe 1600-1680*, a cura di P. Francastel, Parigi 1969, pp. 199-209.
[8] Ivi, p. 201 n. 2 (dati ricavati dall'analisi delle carte dei Giudici del Piovego: Venezia, Archivio di Stato, Licenze di costruzione, bb. 21, 22, 24). Vedi anche, per questi dati e la conseguente analisi, D. Beltrami, *Storia della popolazione veneziana dalla fine del secolo XVI alla caduta della Repubblica*, CEDAM, Padova 1954.
[9] E. Bassi, *Architettura del Sei e Settecento a Venezia*, ESI, Napoli 1962, pp. 8-28 e *passim*. Utile anche Trincanato, *Venezia Minore* cit.
[10] Schulz, *The Printed* cit., n. 66.
[11] G. Franco, *Habiti d'Huomeni et Donne Venetiane* [...], Venezia 1610.
[12] Le espressioni di Baldassare sono contenute nelle due *scritture* del 13 aprile e 13 giugno (secondo l'analisi di M. Gemin) 1631 da lui inviate ai *Procuratori* sopra la fabbrica della chiesa della Salute (Venezia, Archivio di Stato, *Senato Terra*, filza 326). Nel secondo di questi scritti Longhena afferma testualmente della sua chiesa: « Opera Vergine, non più vista, curriosa degna et bella fatta in forma di Rotonda machina, che mai più s'è veduta in tutto né in parte da altre Chiese di questa Serenissima Città ». Per la complessiva interpretazione dell'architettura veneziana del Seicento e dell'opera di Longhena in particolare, si debbono segnalare gli scritti di Elena Bassi e le pagine longheniane di Rudolf Wittkower: da questi scritti infatti parte una complessiva revisione critica del periodo e dei suoi maggiori esponenti rispetto a letture fortemente riduttive o addirittura travisanti i caratteri distintivi e di maggior interesse di tutto il periodo. Contributi penetranti e di assai utile rassegna e proposta di fonti iconografiche, in particolare per i lavori di Baldassare, hanno di recente fornito il Muraro (*Iconografia e ideologia del tempio della Salute a Venezia*, in *Barocco tra Italia e Polonia*, Varsavia 1977) e Antonio Niero (*Un progetto sconosciuto per la basilica della Salute e questioni iconografiche*, « Arte Veneta », XXVI, 1972, e i numerosi interventi nel catalogo della mostra *Venezia e la Peste*, Marsilio, Venezia 1979).
[13] Cfr. M. Gemin, *La Chiesa di S. Maria della Salute e la cabala di Paolo Sarpi*, Francisci, Abano Terme 1982. G. Romanelli, *Baldassare Longhena: retorica e tecnica dell'architettura*, in Puppi-Romanelli-Biadene, *Longhena* cit.; da ultimo il recentissimo A. F. Marcianò, *Santa Maria della Salute*, in *Venti monumenti italiani / 1*, a cura di B. Zevi e C. Benincasa, SEAT, Torino 1984, pp. 269-86.
[14] G. Merlo, *Vero e Real Disegno della Inclita Città di Venetia*, Venezia 1696, *dedica*.
[15] Se ne veda il recentissimo censimento in F. Semi, *Gli ospizi di Venezia*, Helvetia, Venezia 1983.
[16] Si rinvia, per il Gaspari e per tutti gli operatori veneziani del secondo Seicento, a E. Bassi, *Episodi dell'architettura veneta nell'opera di A. Gaspari*, « Saggi e Memorie di Storia dell'Arte », n. 3, 1963; Id., *Architettura del Sei e Settecento a Venezia*, cit.; Id., *Il volto architettonico di Venezia nel Seicento*, « Bollettino CISA », IV, 1962, Vicenza; Id., *Palazzi di Venezia*, Stamperia di Venezia, Venezia 1976; D. Lewis, *The Late Baroque Churches of Venice*, New York-Londra 1979; Id., *Notes on XVIII Century Venetian Architecture*, « Bollettino dei Musei Civici Veneziani », 1-3, 1967.
[17] Cassini, *Piante* cit., p. 96.

Note al capitolo decimo

[1] M. Berengo, *Il problema politico-sociale di Venezia e della sua terraferma*, in *Storia della Civiltà Veneziana*, III, a cura di V. Branca, Sansoni, Firenze 1979, pp. 152-3.
[2] Per ogni aspetto della vicenda politica, istituzionale, demografica, sociale e culturale di Venezia sarebbe certo possibile produrre una bibliografia imponente. Ci si limita quindi a segnalare alcuni testi fondamentali e alcuni titoli che risultano significativi ai fini del nostro particolare discorso. M. Berengo, *La società veneta alla fine del Settecento*, Sansoni, Firenze 1956; Id., *I giornali veneti del Settecento*, Feltrinelli, Milano 1962; M. Petrocchi, *Il tramonto della Repubblica di Venezia e l'assolutismo illuminato*, Deput. Veneta di Storia Patria, Venezia 1950; G. Tabacco, *Andrea Tron 1712-1785 e la crisi dell'aristocrazia senatoria a Venezia*, Università di Trieste, Fac. di Lettere, 1957; AA.VV., *La civiltà veneziana del Settecento*, Sansoni, Firenze 1960 (nuova ed., ivi 1979); G. Torcellan, *Una figura della Venezia settecentesca: Andrea Memmo*, Ist. per la Collaboraz. Culturale, Venezia-Roma 1963; Id., *Settecento veneto e altri scritti storici*, Giappichelli, Torino 1969; F. Venturi, *Settecento riformatore. Da Muratori a Beccaria*, Einaudi, Torino 1969; J. Georgelin, *Vénise au siècle des lumières*, Mouton, Parigi 1978; M. Brusatin, *Venezia nel Settecento: Stato, architettura, territorio*, Einaudi, Torino 1980; G. Cozzi (a cura di), *Stato, Società e Giustizia nella Repubblica Veneta (secc. XV-XVIII)*, Roma 1980; Id., *Repubblica di Venezia e Stati italiani. Politica e giustizia dal secolo XVI al XVIII*, Einaudi, Torino 1982; G. Romanelli, *Venice in the Eighteenth Century*, in AA.VV., *Masterpieces of Eighteenth-Century Venetian Drawing*, Thames and Hudson, Londra 1983.
[3] Sul tema delle proposte, ipotesi e tentativi di riforma, si veda la sintesi esauriente e limpida in F. Venturi, *Venezia nel secondo Settecento*, Tirrenia Stampatori, Torino 1980.
[4] Circa il Canaletto « visionario », si veda il recentissimo A. Corboz, *Canaletto. Una veneza immaginaria*, Electa, Milano 1985.
[5] L. Carlevarijs, *Le Fabbriche, e Vedute di Venetia disegnate, poste in prospettiva, et intagliate da L. C.*, Venezia 1703, *dedica*.
[6] Il disegno preparatorio di questa scena è da ricondursi a Sebastiano Ricci, giusta i dati portati a conoscenza da A. Bettagno, *Precisazioni su Anton Maria Zanetti il Vecchio e Sebastiano e Marco Ricci*, in *Atti del Congresso internazionale di studi su Sebastiano Ricci e il suo tempo*, Udine 1975.
[7] Beltrami, *Storia della popolazione* cit.
[8] Brusatin, *Venezia nel Settecento* cit., p. 7.
[9] V. Coronelli, *Proposta di ponte in Venezia da S. Marco alla Giudecca, spiegata nel libro de' Compari*, Venezia 1714.
[10] D. Lewis, *Notes* cit. e Id., *The Late Baroque* cit.; inoltre Bassi, *Architetture del Sei e Settecento* cit. e Id., *Episodi* cit.
[11] Cfr. Brusatin, *Venezia* cit.; Georgelin, *Vénise* cit.; N. Mangini, *I teatri di Venezia*, Mursia, Milano 1974.
[12] Ai testi più sopra citati s'aggiunga: A. Massari, *Giorgio Massari architetto veneziano del Settecento*, Neri Pozza, Vicenza 1971.
[13] Assai utile e ricco di dati e riferimenti inediti: F. Cavazzana Romanelli, *Restauri a Venezia nel Settecento: le « licenze » dei Giudici del Piovego*, « Restauro & Città », I, n. 3 (in corso di stampa).
[14] Sul dibattito architettonico settecentesco varrà pur sempre ricorrere ai testi classici: E. Kaufmann, *L'architettura dell'Illuminismo*, Einaudi, Torino 1966 e Id., *Tre architetti rivoluzionari. Boullée, Ledoux, Lequeu*, F. Angeli ed., Milano 1976; R. Wittkower, *Arte e architettura in Italia 1600-1750*, Einaudi, Torino 1972; J. Rykwert, *La casa di Adamo in Paradiso*, Adelphi, Milano 1972.
[15] T. Temanza, *Antica pianta dell'Inclita città di Venezia. Dissertazione Topografico-Storico-Critica di T. T.*, Venezia 1781.

[16] V. Orlandini - I. Colombo, *Stato delle isolette di Rivo-alto* [...], tav. I dei *Fasti Veneziani*, 1796-1797.

[17] Per la documentazione dell'attività e della testimonianza su Venezia lasciataci da Giacomo Guardi — figlio, come è noto, del grande Francesco — si veda A. Dorigato, *L'altra Venezia di G. Guardi*, catalogo della mostra, Alfieri, Venezia 1977.

[18] Ancora Brusatin, *Venezia* cit., con bibliografia aggiornata; AA.VV., *Mostra storica della laguna veneta*, catalogo della mostra, Venezia 1970.

[19] Su tutti questi lavori, si può utilmente vedere: Comune di Venezia, *Notizie sui litorali* [...] *e modalità tecniche ed economiche per la escavazione, manutenzione e interrimento dei canali* [...], Venezia 1903 (con un utile elenco di interramenti settecenteschi).

[20] Sulla formazione veneziana del Piranesi e sui suoi rapporti col Temanza, si vedano gli atti del convegno *Piranesi tra Venezia e l'Europa*, a cura di A. Bettagno, Olschki, Firenze 1983: in particolare il saggio di L. Puppi, *Appunti sulla educazione veneziana di Giambattista Piranesi*; e quelli di E. Concina, *Storia, archeologia, architettura dal Maffei a Matteo Lucchesi* e di A. Foscari, *Giambattista Piranesi da Venezia al Campidoglio.*

[21] Oltre al già citato Brusatin, *Venezia nel Settecento*, si veda G. Romanelli - F. Pedrocco, *Bissone, peote e galleggianti. Addobbi e costumi per cortei e regate*, catalogo della mostra, Alfieri, Venezia 1980; *Venezia e lo spazio scenico*, catalogo della mostra, La Biennale di Venezia 1979.

[22] Per tutta la vicenda Memmo-Cerato in ordine alla realizzazione del padovano Prato della Valle, si veda il Brusatin, *Venezia nel Settecento* e relativa bibliografia; per la *fiera* del Maffei e Pompei a Verona, si veda G. Romanelli, *La fine della Repubblica, Napoleone e gli Asburgo*, in *Ritratto di Verona. Lineamenti di una storia urbanistica*, a cura di L. Puppi, Banca Popolare di Verona, Verona 1978 (parimenti con ampia bibliografia).

[23] Si veda, nel catalogo *Canaletto. Disegni, Dipinti, Incisioni*, a cura di A. Bettagno, Neri Pozza, Vicenza 1982, la scheda 102 di L. Puppi.

[24] Si veda la scheda 16 (*Chiesa di S. Maria Maddalena*, di G. Romanelli) nel citato catalogo della mostra *Venezia nell'età di Canova*.

Note al capitolo undicesimo

[1] Per la rappresentazione di « moralità » democratiche nelle pubbliche piazze, si veda C. De Michelis (a cura di), *Il teatro patriottico*, Marsilio, Padova 1966. Interessanti spunti nelle buste: *Comitato Istruzione Pubblica (educazione e feste nazionali)* all'Archivio di Stato di Venezia, 1797, *Democrazia*.

[2] Non va comunque sottovalutato che la cosiddetta polizia urbana sollecita i vari addetti di quartiere a redigere (come di fatto avvenne) accurate relazioni sullo stato delle pubbliche vie (cfr. Archivio di Stato di Venezia, *Democrazia*, b. 89, *Sorveglianza strade* ecc.), ma si tratta, naturalmente, della prosecuzione di una pratica di ordinaria manutenzione già precedentemente in atto.

[3] Utili: *Organizzazione di Venezia civile e criminale*, Venezia 1798; Comune di Venezia, *Sunto Storico* [...], a cura di F. Federigo, Venezia 1871; A. Sandonà, *Il regno Lombardo-Veneto 1814-1859*, Milano 1912.

[4] Cfr. il nostro *Venezia Ottocento*, Officina, Roma 1977, cap. II. *Napoleone e il regno d'Italia*, in particolare le pp. 33-7, 104-8 e Appendice I, A.

[5] Si veda: Archives Nationales Paris, F.14.1119, 1120[4], 1310 e, soprattutto, 1031: *Mission des ingenieurs Prony et Sganzin à Vénise, pour étudier avec l'Empereur les grands travaux projetés.* Riscontri in Biblioteca Museo Correr, Venezia, Cod. Cic. 2427, par. 3 e, sempre Biblioteca Museo Correr, tra le carte « Casoni ». Per il tutto si veda ancora *Venezia Ottocento* cit., alle pp. 114-5 note 32 e 33, e i rimandi là contenuti. Ora, su tutto l'interesse e gli interventi francesi sull'Arsenale, si veda Bellavitis, *L'Arsenale* cit., pp. 172-88.

[6] Si veda il « Bollettino delle Leggi del Regno d'Italia », Milano 1805-1814, alla data. Sul senso e la portata delle Commissioni all'Ornato in età francese e nel successivo periodo asburgico, si veda G. Romanelli, *La Commissione d'Ornato: da Napoleone al Lombardo-Veneto*, in *Le Macchine imperfette*, a cura di P. Morachiello e G. Teyssot, Officina, Roma 1980.

[7] Ma inizialmente, al posto dei due ultimi, il prefetto aveva previsto David Rossi e Pietro Lucchesi, ricusati però senza motivazioni a Milano.

[8] Archivio del Municipio di Venezia, 1807, Ornato (15.V.1807, *Il* prefetto Serbelloni al podestà Renier). Cfr. Romanelli, *Venezia Ottocento* cit., p. 112 n. 23 e Id., *Per G. A. Selva urbanista: inediti sui Giardini di Castello*, in « Arte Veneta », 1972 (XX), pp. 263-71.

[9] E ciò soprattutto in forza del fatto che il decreto per l'Ornato conferiva alle Commissioni una serie di competenze e responsabilità nel campo delle strade cittadine, tema trattato nell'importante decreto 20 maggio 1806 relativo appunto alle strade (cfr. « Bollettino delle Leggi » cit., alla data).

[10] Per l'acquisto da parte della Commissione di tale pianta — e su tutta la questione — rimando alle lettere dell'Archivio del Municipio di Venezia e agli altri interventi di chi scrive: *Per G. A. Selva urbanista* cit., ecc.

[11] Venezia, Biblioteca del Museo Correr, raccolta mappe, direzione.

[12] Paris, Bibliothèque de l'Ecole des Ponts et Chaussées, Ms. 3110. Relazione del Commissario generale della Marina a Venezia « sur la situation de ce Port, ses ressources actuelles, les améliorations dont il est susceptible et les avantages que le Gouvernement peut en tirer à l'avenir pour la Marine Militaire » (27 May 1806). Cfr. E. Tarle, *Le Blocus continental et le Royaume d'Italie* [...], Paris 1928; F. Boyer, *Les débuts du régime napoléonien à Vénise* [...], in « Rassegna storica del Risorgimento », XLIV (1957), fasc. IV; V. Marchesi, *Settant'anni di storia politica di Venezia (1796-1866)*, Torino-Roma 1892; F. Nani Mocenigo, *Del dominio napoleonico a Venezia (1806-1814)*, Venezia 1896; G. Romanelli, *La città: architettura e servizi*, in *Venezia nell'età di Canova*, Alfieri, Milano 1978.

[13] Si veda il « Bollettino delle Leggi » cit., alla data.

[14] Cfr. E. Bassi, *Giannantonio Selva architetto veneziano*, Padova 1936; A. Zorzi, *Venezia scomparsa*, Electa, Milano 1972; Romanelli, *Per G. A. Selva* cit.; Id., *Venezia Ottocento* cit. e Id., *Ottant'anni di architettura e allestimenti alla Biennale di Venezia*, Biennale di Venezia, 1976; B. Zevi, *Allestimenti alla Biennale. Ottant'anni di enti-design*, in *Cronache di architettura*, vol. 20, art. 1147, Laterza, Roma-Bari 1978.

[15] Tale realizzazione — l'ampia strada ricavata dalla copertura del rio di S. Anna — ha fatto parlare di un progetto napoleonico per una comunicazione stradale di Venezia con la terraferma sulla linea di prosecuzione verso S. Erasmo-Vignole e il litorale a nord in collegamento con la via Fausta che, correndo lungo il bordo lagunare esterno, conduce verso la zona di Jesolo e oltre. L'ipotesi è suggestiva e nasce dall'allineamento in realtà esistente tra la via Eugenia e il primo tronco della strada litoranea. Ma si tratta d'un equivoco storico: nessun documento ne parla né alcun elaborato grafico la fa presumere. Anzi: non solo nel provvedimento legislativo 7.XII.1807 sopra citato si parla soltanto di prosecuzione della Riva degli Schiavoni, ma Selva, inventore e responsabile unico della strada Eugenia, ebbe a subire attacchi perché interprete troppo libero delle volontà imperiali. A maggior ragione tale collegamento non poteva rientrare nei progetti napoleonici che, aprendo una nuova porta nelle mura dell'Arsenale a nord-est, collegata da un canale di grande navigazione alle bocche del porto, avrebbero visto vanificate

dallo sbarramento costituito da una strada finalità ed efficacia degli interventi.

[16] Sulle vicende del cimitero, che prevedeva inizialmente l'utilizzo della sola isoletta di S. Cristoforo e successivamente fu ampliata inglobando la vicina isola di S. Michele interrando il breve tratto di laguna interposto (1835-1839), si veda V. Meneghin, *S. Michele in Isola di Venezia*, Stamperia di Venezia, Venezia 1962; A. Zorzi, *Venezia* cit.; G. Romanelli, *Per Giuseppe Salvadori architetto*, in « Bollettino CISA A. Palladio », 15 (1973) e Id., *Lorenzo Urbani architetto veneziano*, in « Antichità Viva », 1 (1974).

[17] Si veda Venezia, Archivio di Stato, Demanio, *Statistica Demaniale*; Zorzi, *Venezia scomparsa* cit.; G. Tassini, *Edifici di Venezia distrutti o volti ad uso diverso da quello a cui furono in origine destinati*, Venezia 1885; *Venezia nell'età di Canova* cit., in vari luoghi; B. Bertoli, *Modifiche strutturali della Chiesa veneziana dalla visita Flangini alla visita Pyrker*, in *La visita pastorale di G. L. Pyrker nella diocesi di Venezia (1821)*, a cura di B. Bertoli e S. Tramontin, Edizioni di Storia e Letteratura, Roma 1971; AA.VV., *Atti del convegno di Storia della Chiesa veneziana dalla fine della Repubblica all'Unità d'Italia*, 1983 (in corso di stampa).

[18] « Bollettino delle Leggi » cit., 7 dicembre 1807, decreto n. 261 portante vari provvedimenti a favore della città di Venezia: « [...] Titolo III. *Porto di Venezia.* 10. La direzione de' lavori nel porto e litorale di Venezia verrà affidata ad un ingegnere in capo da Noi nominato, il quale avrà sotto di sé l'occorrente numero d'ingegneri subalterni. 11. La sopravveglianza e l'amministrazione economica de' predetti lavori spetterà alla municipalità di Venezia [...]. 13. Per lavori ordinarj saranno considerati le riparazioni del porto, l'escavazione e ripulimento de' canali grandi, e la manutenzione e continuazione delle scogliere e dei muri al litorale di Palestrina e Chioggia, conosciuti sotto il nome di ' opere reali de' Murazzi '. In questo lavoro sarà annualmente erogata una somma non minore di lire 100.000. 14. In conformità del progetto da Noi adottato la spesa occorrente, 1) Per la sortita dall'arsenale, mediante una apertura da farsi nel fondo dell'arsenale ' nuovissimo grande '; 2) Per l'escavazione di un canale di comunicazione da quest'apertura sino al passo di Malamocco, della profondità di piedi 25 di Francia; 3) Per le opere d'arte necessarie a rendere il passo di Malamocco capace all'ingresso e sortita dei vascelli di 74; 4) Per lo scavamento interno vicino al passo di Malamocco per la stazione dei vascelli di 74, verrà portata nel budget delle spese straordinarie per una somma annuale non minore di lire 600.000. 15. Due ingegneri esperti ne' lavori marittimi, i quali abbiano travagliato ne' Nostri porti dell'Impero, saranno dal ministro della marina di Francia posti alla disposizione del ministro della marina d'Italia, ed incaricati dell'esecuzione di quest'opera straordinaria [...] ». Il decreto di cui si è riprodotto un breve tratto era stato stilato sulla base dei documenti inoltrati dalle rappresentanze cittadine alle autorità di governo e riassunti dal ministro segretario di stato Antonio Aldini in un suo rapporto a Napoleone del giugno 1806 circa le più urgenti misure per la città di Venezia e i territori ex-veneti. I progetti per il porto e per le dighe di Malamocco risalgono al 1806 e furono elaborati dagli ingegneri francesi Lessan, Prony e Sganzin oltre che, in sede locale, dall'ing. Salvini. Abbandonati, date le difficili condizioni politiche, nel 1813, nella fase ancora di consolidamento della punta di Alberoni a Malamocco, i lavori furono ripresi nel 1840 dagli austriaci, per essere portati a compimento solo 30 anni appresso. Si veda il già citato capitolo nel volume di G. Bellavitis sull'*Arsenale*.

[19] Cfr. M. Zunica, *Le carte della laguna di Venezia dall'inizio del XIX secolo ai giorni nostri*, in *Mostra storica della laguna veneta*, Venezia 1970, p. 228.

[20] « Per valutarne l'importanza, basta pensare che il rilievo istituito dal Genio Civile tra il 1897 e il 1901 si rifaceva agli stessi punti trigonometrici, adottava analoghi metodi di rilievo e analoga strumentazione, lo stesso piano di riferimento, lo stesso orientamento e pezzatura dei fogli, la stessa scala. Il fatto che alcuni particolari della pianta del Denaix siano riportati alla scala 1:5000 è già cosa eccezionale quando si tenga presente che, solo all'inizio degli anni trenta [del Novecento], avremo, a cura dell'Ufficio Idrografico del Magistrato alle Acque, una rappresentazione della laguna alla stessa scala » (Zunica, *Le carte* cit.).

[21] Non è indifferente che i napoleonici provvedessero a sopprimere l'« avarìa ordinaria », antiquata tassa a favore di comandanti di vascelli provenienti dall'Oriente come il « pilotaggio d'Istria »: « I piloti d'Istria hanno formata una corporazione avente il peso e il privilegio esclusivo d'introdurre i bastimenti nel porto di Venezia. Perciò si paga dei bastimenti all'ingresso nel porto la tassa suddetta, la quale ricade a favore della corporazione. Ma in pratica accade che i bastimenti pagano bensì la tassa, ma non hanno l'aiuto del *pilotaggio*, poiché i piloti d'Istria, massime nei tempi burrascosi, benché chiamati non si mostrano in mare » (dal Rapporto del Ministro Segretario di Stato a S.M. I. e R. sulle varie rimostranze fattele dalla Deputazione Veneta in Parigi. 30 giugno 1806, in A. Zanolini, *Antonio Aldini e i suoi tempi*, Firenze 1864-1867, vol. II, pp. 366-71).

[22] Per tutto il complesso di vicende storiche, di progetti e di interventi sull'area marciana, si rinvia ancora a Romanelli, *Venezia Ottocento* cit. e al già citato catalogo Id., *Venezia nell'età di Canova, passim*; si veda anche E. Godoli, *Progetti per Venezia di G. A. Antolini*, in *Architettura in Emilia-Romagna dall'Illuminismo alla Restaurazione* (atti del convegno, Faenza 1974), Firenze 1977, pp. 81-101; E. R. Rowedder Lehni, *Studien zu Lorenzo Santi*, Centro Tedesco Studi Veneziani, Venezia 1983.

[23] Dal 21 aprile 1814 l'ex regno d'Italia passa sotto la Reggenza del Governo Provvisorio (commissario plenipotenziario, in Milano, è il conte di Bellegarde). Nel maggio il conte di Bellegarde in Lombardia e il principe di Reuss-Plauen nel Veneto prendevano possesso dei territori in nome dell'Austria, annessi all'impero d'Austria dal 12 giugno. Solo il 7 aprile 1815 fu emanato da Francesco I l'Atto costitutivo del regno Lombardo-Veneto. Due le capitali, Venezia e Milano, due gli organi di governo e doppi pressoché tutti gli uffici politici e amminisrtativi; unico il viceré con poteri limitatissimi e ambiguamente non definiti (cfr. A. Sandonà, *Il regno Lombardo-Veneto* cit.; R. J. Rath, *L'amministrazione austriaca nel Lombardo-Veneto (1814-1821)*, in « Archivio economico dell'unificazione italiana », IX, fasc. I, 1959).

[24] Per tutto questo periodo di grave crisi, si rinvia a quanto scritto in *Venezia Ottocento* cit. (pp. 140-61). In particolare si vedano le varie allarmate relazioni e i rapporti che, redatti da diversi osservatori — appartenenti a vari ambienti e collocazioni: anche ufficiali — giungono alle autorità viennesi lamentando le disastrose condizioni della città. Si veda inoltre assai utilmente R. J. Rath, *Economic Condition in Lombardy and Venetia, 1813-1815; and their Effects on Public Opinion*, in « Journal of Central European Affairs », vol. XXIII, n. 3, 1963.

[25] Di enorme interesse, sul tema della ripresa economica e della rinascita — anche esteriore — della città, lo scritto di A. Sagredo, *Note sugli ammiglioramenti di Venezia*, in « Annali Universali di Statistica [...] », 1843-1844. G. Romanelli, *Arte di governo e governo dell'arte: Vienna a Venezia nell'Ottocento*, in *Venezia Vienna*, a cura di G. Romanelli, Electa, Milano 1983.

[26] Cfr. A. Foscari, *La riforma « pedonale » attuata in Venezia nel secolo XIX*, in « La Rivista Veneta », 10, 1969 e Romanelli, *Venezia Ottocento* cit.

[27] Assai interessanti, a tal proposito, le notizie contenute nei numerosissimi articoli d'appendice di Tommaso Locatelli sul quotidiano « La Gazzetta di Venezia », raccolti in volume: T. Locatelli, *Prose scelte*, Venezia 1837-1880.

[28] Il fenomeno è stato ampiamente analizzato. Si veda soprattutto: R. Chirivi, *Eventi urbanistici dal 1846 al 1962*, in « Urbanistica », 52

(1968); E. Trincanato, *Venezia nella storia urbana*, ivi; W. Dorigo, *Una legge contro Venezia*, Officina, Roma 1973; Romanelli, *Venezia Ottocento* cit.

[29] Tale progetto di Jappelli prevedeva di far proseguire la linea ferroviaria dal terminale di S. Lucia fino quasi a S. Trovaso, scavalcando l'imboccatura del Canal Grande e correndo sul margine est del terrapieno del campo di Marte e, poi, sulla Riva delle Zattere fino alla Punta della Dogana alla Salute. Un tratto di Canale della Giudecca, chiuso da paratie galleggianti, doveva costituire l'Entrepôt, mentre a S. Trovaso si sarebbero costruiti magazzini commerciali di grande capienza per un fronte di fabbricato di circa 500 metri per otto piani di alzato. Un ponte metallico piano, mobile al centro, portato da cavi d'acciaio, doveva congiungere la Punta della Dogana a S. Marco attraverso il Canal Grande. Il singolare progetto Jappelli può essere giudicato sotto una triplice ottica: innanzitutto circa la validità di un'idea che non solo non nasceva con l'elaborazione jappelliana ma che anche non moriva con il suo temporaneo accantonamento. È a dire che l'Entrepôt è uno degli stadi intermedi che condussero, nella lunga e lenta parabola durata esattamente un secolo, dal punto franco a S. Giorgio Maggiore sino a Porto Marghera: entro questo complesso itinerario esso va inquadrato e valutato. Sotto l'aspetto tecnico tentava d'introdurre e mettere a frutto esperienze europee e acquisizioni assai aggiornate e funzionali. Infine: sulla qualità architettonica e sulla opportunità ambientale di rimaneggiare così profondamente il contesto, va detto che da un lato ci sono pervenute elaborazioni troppo acerbe per giudizi compiuti e, dall'altro lato, Jappelli è in questa circostanza lontanissimo dal porsi questioni di artisticità o di paesaggio, del tutto assorbito nella soluzione di un problema prevalentemente tecnologico. Cfr. G. Damerini, *Un architetto veneziano dell'800: Giuseppe Jappelli*, Venezia 1934; R. Carta Mantiglia, *G. Jappelli, Architetto*, in « L'Architettura », 1 (1955); Romanelli, *Venezia Ottocento* cit. e Id., *Note storiche sulla portualità veneziana*, in « Casabella », 436, maggio 1978.

[30] Il problema dei restauri architettonici ma, soprattutto, quello della formazione di un nuovo linguaggio per l'architettura, sono stati affrontati dallo scrivente nel catalogo della mostra « Venezia nell'Ottocento »: cfr. G. Romanelli, *Urbanistica e servizi. Comodità sociali, ornato e arredo urbano. Il linguaggio dell'architettura veneziana dell'Ottocento*, in *Venezia nell'Ottocento. Immagini e mito*, a cura di G. Pavanello e G. Romanelli, Electa, Milano 1983.

[31] B. e G. Combatti, *Nuova Planimetria della R. Città di Venezia* [...], Venezia 1846-1856, *Illustrazioni* di F. Berlan (si veda l'edizione in fac-simile, a cura e con Introduzione di G. Romanelli, Vianello Libri, Treviso 1982).

[32] AA.VV., *Venezia e le sue lagune*, Venezia 1847. La Commissione ordinatrice era composta dal podestà di Venezia, conte Giovanni Correr, da Agostino Sagredo, Nicolò Priuli, Lodovico Pasini, Luigi Carrer.

[33] Si leggano i rendiconti delle sue amministrazioni nelle relazioni da lui stesso a più riprese compilate: P. L. Bembo, *Il Comune di Venezia nel triennio 1860, 1861, 1862. Relazione del podestà*, Venezia 1863; Id., *Il Comune di Venezia nel triennio 1863, 1864, 1865. Relazione del Conte P. L. B. podestà nel detto triennio*, Venezia 1866. Ma si veda anche O. Andreucci, *Il Comune di Venezia nei trienni 1860-61-62, 1863-64-65* [...], Firenze 1867. Ancora si rinvia alle schede del catalogo a cura di Romanelli, *Venezia nell'Ottocento* cit.

[34] O. Andreucci, *Il Comune di Venezia* cit., p. 47.

[35] A. Errera, *Storia e statistica delle industrie venete e accenni al loro avvenire*, Venezia 1870, pp. 172-3.

[36] Cfr. Romanelli, *Venezia Ottocento* cit.; in particolare, per l'amministrazione Bembo, le pp. 285-91. Si vedano anche Andreucci, *Il Comune di Venezia* cit. e Zorzi, *Venezia scomparsa* cit.

[37] Sul linguaggio dell'architettura veneziana del medio Ottocento, si rinvia ancora al catalogo *Venezia nell'Ottocento* e agli specifici capitoli a ciò riservati. Ancora: G. Romanelli, *Alla ricerca di un linguaggio*, in *Venezia, città industriale*, cat. della mostra, Marsilio, Venezia 1980.

[38] Dettagliatamente analizzati in *Venezia Ottocento* cit. Cfr. anche G. Damerini, *Le pitture di Luigi Querena per un progetto di riforma della Riva degli Schiavoni*, « Ateneo Veneto », LXXX, 126 (1939).

Note al capitolo dodicesimo

[1] La lettera citata e tutta la voluminosa pratica relativa a queste importanti vicende si sono rinvenute all'Archivio del Municipio di Venezia, 1865-1869, IX, 2/67, 1, 1866 (anche questa vicenda è tutta ricostruita in Romanelli, *Venezia Ottocento*, più volte citato). Si vedano anche *Estratto delle Sedute [della Commissione per il Piano]*, Venezia 1867; A. Magrini, *Piani regolatori di Venezia nel passato e nell'avvenire*, in « Ateneo Veneto », CXXV, 1, 1933-1934, 116-117, 3; G. Damerini, *L'anno 1867 a Venezia*, in « Ateneo Veneto », CXXVIII, 1937, 121, 1; Comune di Venezia, *Progetto di Massima per il Piano di Risanamento di Venezia insulare*, Venezia 1939; E. Miozzi, *Venezia nei secoli*, Venezia 1957-1969; Zorzi, *Venezia scomparsa* cit.

[2] Anche la lettera di risposta del sindaco Gio Batta Giustinian nei fascicoli citati dell'Archivio del Municipio di Venezia La Commissione, presieduta dallo stesso Giustinian, risultava composta dagli ingegneri G. B. Meduna, E. Trevisanato, C. Grubissich; dal consigliere e futuro sindaco di Venezia A. Fornoni; dal presidente della Camera di Commercio G. De Reali; dal medico S. Franceschi e dai consiglieri comunali N. Papadopoli e A. Malcolm.

[3] Si veda: *Nuovo piano per la divisione di Venezia presentato alla Municipalità provvisoria dal Comitato di Pubblica Istruzione*, Venezia s. a. (ma 1797); studiato in G. Romanelli, *Urbanistica giacobina: « una esatta divisione democratica, prudente e filosofica » per Venezia*, in « Psicon », 4, 1975.

[4] Si vedano ancora i fascicoli d'Archivio Municipale citati più sopra e la pubblicazione a stampa dei resoconti delle sedute: *Estratto delle Sedute* cit.

[5] Per la ricostruzione del progressivo dilatarsi della Stazione marittima, si vedano L. Candida, *Il porto di Venezia*, Napoli 1950 (con un'importante Introduzione di G. Luzzatto); Provveditorato al Porto di Venezia, *Il Porto di Venezia. Guida breve*, Venezia 1958; S. Stocchetti, *Il porto commerciale di Venezia* [...], in *Mostra storica della laguna veneta* cit.; G. Toniolo, *Cento anni di economia portuale a Venezia*, in « COSES Informazioni », 3, 1972; Romanelli, *Note storiche sulla portualità veneziana* cit., con bibliografia esauriente.

[6] Sul Piano si vedano: Comune di Venezia, *Relazione della Commissione Ministeriale e Municipale intorno al Piano di Risanamento ed al Piano Regolatore per la città di Venezia*, Venezia 1891. Inoltre: G. Boni, *Il cosiddetto sventramento di Venezia. Appunti di un veneziano*, Roma 1887; P. Molmenti, *Delendae Venetiae*, Roma 1887; [Rullo Bey], *Una voce da Milano sullo sventramento di Venezia*, Milano 1887; Comune di Venezia, *Rendiconto del Quadriennio 1883-1886*, a cura di G. Boldrin, Venezia 1889; C. Boito, *Questioni pratiche di Belle Arti*, Milano 1893; P. Molmenti, *Venezia calunniata*, Venezia 1894 e *Per Venezia e per l'Arte*, in « Emporium », 70, ott. 1900; R. Bratti, *Venezia scomparsa*, Venezia 1911; Magrini, *Piani regolatori di Venezia* cit.; Comune di Venezia, *Progetto di Massima per il Piano di Risanamento di Venezia insulare* cit.; Miozzi, *Venezia nei secoli* cit.; Chirivi, *Eventi urbanistici* cit.; Zorzi, *Venezia scomparsa* cit.; Dorigo, *Una legge* cit.; Romanelli, *Venezia Ottocento* cit. e G. Romanelli - G. Rossi, *Abitare a Venezia: esodo e sfratti*, Venezia 1976; Romanelli, *Venezia nell'Ottocento* cit.; Id., *Venezia, città industriale* cit.

[7] L'elenco dei progetti realizzati in P. Molmenti, *I nemici di Venezia. Polemiche* [...], Bologna 1924.

[8] Comune di Venezia, *Relazione della Commissione* cit.

[9] *Ibid.*

[10] Se ne vedano le linee in Zorzi, *Venezia scomparsa* cit. Un'utile e aggiornata rassegna sui restauri a S. Marco e, più in generale, sulle polemiche straniere sui metodi d'intervento e sulle conseguenze derivatene, in M. Dalla Costa, *La basilica di San Marco e i restauri dell'Ottocento*, La Stamperia di Venezia ed., Venezia 1983.

[11] Cfr. Dorigo, *Una legge* cit. e Romanelli, *Venezia Ottocento* cit.

[12] Sulla nascita delle fortune turistiche del Lido, si vedano: M. R. Levi, *I bagni marini sulla spiaggia del Lido*, Venezia 1868-1871; G. Tassini, *Lido. Cenni storici*, Venezia 1889²; P. Molmenti - D. Mantovani, *Isole della Laguna di Venezia*, Venezia 1895; G. Secrétant, *Il Lido e Venezia. Storia antica e vita moderna*, « Nuova Antologia », agosto 1898; A. Bogoncelli, *I servizi balneari comunali*, Venezia 1909; C. Malagola, *Le Lido de Vénise à travers l'histoire*, Venezia 1909; J. Werner, *Venedig und Lido als Klimatkurort* [...], Berlino 1912; E. Corti, *Lido di Venezia*, Venezia 1919; G. Cerésole, *Le Lido de Vénise. Station climatique balnéaire*, Venezia 1920; A. Talenti, *Come si crea una città. Il Lido di Venezia* [...], Padova 1921; *Il Lido di Venezia splendido nella sua storia. Stazione climatico-balneare*, Venezia s. a. (1924?); A. Bogoncelli, *I servizi balneari comunali*, in « Rivista [mensile della città] di Venezia », 5, maggio 1928; A. Giordani-Soika, *Il Lido di Venezia e i primi stabilimenti balneari*, in ivi, 2, febbraio 1956.

[13] Sulla dinamica demografica veneziana negli anni considerati si veda: Beltrami, *Storia della popolazione di Venezia* cit., oltre ai dati ufficiali dei censimenti della popolazione.

[14] Il problema della edificazione di case popolari e operaie si presenta a Venezia assai presto nell'Ottocento; alla metà del secolo compaiono i primi interventi sul tema, mentre tentativi di dar vita a società cooperativistiche o a iniziative di maggiore o minore indirizzo filantropico si hanno dagli anni '60. Cfr. F. Scerinan, *Intorno al progetto di fondare una società anonima allo scopo di provvedere la classe degli operai poveri di salubri* [...] *abitazioni*, Venezia 1858; F. Meneghini, *Delle abitazioni dei poveri* [...], Venezia 1866 e Id., *Le case dei poveri a Venezia*, Venezia 1866; F. Gavagnin, *Sulle abitazioni dei poveri*, Venezia 1865-1867; L. Torelli, *Le condizioni della provincia e della città di Venezia*, Venezia 1867; C. Grubissich, *Case economiche: studio*, Venezia 1867; Comune di Venezia, *Relazione della Commissione* cit.; Id., *Relazione della Giunta Municipale di Venezia sul provvedimento generale per promuovere la costruzione di case sane ed economiche*, Venezia 1891; Id., *Case popolari*, Bergamo 1905; Id., *Case sane economiche e popolari*, Bergamo 1906 e 1911; R. Vivante, *Il problema delle abitazioni a Venezia*, Venezia 1910; M. Orio, *Agli elettori di Dorsoduro* [...]. *Il partito e la costruzione di case*, Venezia 1908; A. Fano, *Sul problema delle abitazioni a Venezia*, Venezia 1910; N. Martini, *Il problema delle case e i premi di costruzione*, in « Rivista [mensile della città] di Venezia », 7, luglio 1922; P. Donatelli, *L'Istituto Autonomo per le Case Popolari*, in ivi, 8, agosto 1922; R. Gallo, *L'attività edilizia del Comune di Venezia*, in ivi, 10, ottobre 1925; P. Donatelli, *Nuovi orizzonti dell'edilizia popolare*, in ivi, 7, luglio 1924; *IACP del Comune di Venezia. La sua opera nel dopoguerra*, Venezia 1922; P. Donatelli, *La casa a Venezia nell'opera del suo Istituto*, Roma 1928; R. Vivante, *Il problema delle abitazioni in Venezia nella sua crisi attuale*, in « Rivista [mensile della città] di Venezia », 2, febbraio 1925. Fondamentali oggi i due volumi di recente pubblicati su quest'argomento; analisi e documentazione storica, situazione esistente, riflessi economici, lettura critica del fenomeno sono trattati da differenti e complementari punti di vista: AA.VV., *Edilizia popolare a Venezia. Storia, politiche, realizzazioni dell'Istituto Autonomo per le Case Popolari della Provincia di Venezia*, a cura di E. Barbiani, Electa, Milano 1983 (soprattutto i capitoli *Case popolari tra industrializzazione e urbanizzazione* di E. Barbiani, *Dalle «case dei poveri» ai quartieri anni Trenta. I residui del linguaggio* di G. Romanelli, *Questione edilizia, politiche e realizzazioni nel Comune di Venezia* di S. Potenza); *Venezia Nuova. La politica della casa 1893-1941*, catalogo a cura di P. Somma, Marsilio, Venezia 1983. Infine si segnalano i nn. 175 e 176 (nov.-dic. 1983 e genn.-febbr. 1984) di « Edilizia Popolare », dedicati al tema in questione.

[15] Cfr. tutta l'accurata documentazione in Comune di Venezia, *Le case sane* cit. e Donatelli, *La casa a Venezia* cit.

[16] Si può vedere, su tutto questo problema del linguaggio architettonico: A. Melani, *L'architettura*, in *Il secolo XIX nella vita e nella cultura dei popoli*, Milano s. a. (1900?); Id., *Architettura conservatrice a Venezia*, in « Italia! », 7, luglio-agosto 1912; C. Emo, *L'edilizia veneziana*, Venezia 1899; G. Lavini, *Venezia*, in « L'Architettura italiana », 2, 1909; M. Ongaro, *L'architettura moderna a Venezia*, Venezia 1912; G. Sicher, *Le ville del Lido di Venezia*, Torino 1913; B. Zevi, *Guido Costante Sullam*, in « Annuario dell'Istituto Universitario di Architettura di Venezia », 1950-1951; D. Torres, *Secessione, Liberty e Architetti italiani dell'epoca*, in « Rivista di Ingegneria », 12, 1956; P. Maretto, *Venezia*, Vitali e Ghianda, Genova 1969; G. Romanelli, *Architetti e architetture a Venezia tra Otto e Novecento*, in « Antichità Viva », 5, 1972 e Id., *L'architetto Torres e il Liberty*, in *Situazione degli studi sul Liberty*, Firenze s. a. (1977). Più recenti il già citato catalogo *Venezia nell'Ottocento. Immagini e mito*, con schede d'architettura di G. Romanelli, e, sempre dello scrivente, *Antico/Moderno*, in AA.VV., *L'Italia moderna*, vol. I, Electa, Milano 1982.

[17] I nomi forse più interessanti, sotto il profilo della ricerca linguistica — in varie direzioni s'intende — appaiono essere quelli di Giuseppe Torres, Guido Costante Sullam, Raffaele Mainella, Giovanni Sardi, Giulio Alessandri, Ambrogio Narduzzi, Francesco Marsich; altri — Domenico Rupolo, Angelo Fano, Giovanni Sicher, Giuseppe Berti, Duilio Torres ecc. — mostrano forse meno attenzione alla ricerca e minor disponibilità alla sperimentazione.

[18] Sull'isola di S. Elena e sull'opera di bonifica che l'ha collegata all'estremità orientale di Venezia, si veda: Molmenti, *Per Venezia e per l'Arte* cit.; Bratti, *Venezia scomparsa* cit.; G. Lorenzetti, *Venezia e il suo Estuario*, Roma 1926; Donatelli, *La casa a Venezia* cit.; Zorzi, *Venezia scomparsa* cit.; e, inoltre: G. Torres - F. Finzi - G. Alessandri, *Per la costruzione di un quartiere cittadino nell'isola di S. Elena*, Venezia 1911; P. Donatelli, *La colonizzazione di S. Elena*, in « Rivista [mensile della città] di Venezia », 8, agosto 1926; AA.VV., *Edilizia popolare a Venezia* cit. e P. Somma (a cura di), *Venezia Nuova* cit.

[19] Tutta la vicenda dell'ingrandimento e della progressiva espansione della Biennale ai Giardini è ricostruita in Romanelli, *Ottant'anni di architettura e allestimenti alla Biennale di Venezia* cit. Si vedano anche: R. Bazzoni, *60 anni della Biennale di Venezia*, Venezia 1962; P. Maretto, *Venezia* cit.; L. Alloway, *The Venice Biennale 1895-1968*, New York 1968; B. Zevi, *Cronache di architettura*, Laterza, Bari 1971 sgg., alle voci; P. Rizzi - E. Di Martino, *Storia della Biennale. 1895-1982*, Electa, Milano 1982.

[20] Si veda la pianta redatta dal Collegio degli Ingegneri e pubblicata in: *L'ingegneria a Venezia nell'ultimo ventennio*, Venezia 1887.

[21] Tutta la questione dell'industrializzazione veneziana — origini, modalità, esiti e caratteri — nel citato catalogo *Venezia, città industriale*, ricco di molto materiale illustrativo e di una aggiornata bibliografia.

[22] C. A. Levi, *Navi costruite nell'Arsenale di Venezia dal 1664 al 1896*, Venezia 1896; M. Nani Mocenigo, *L'Arsenale di Venezia*, Roma 1938; R. Chirivi, *L'Arsenale di Venezia*, Marsilio, Venezia 1976; Bellavitis, *L'Arsenale* cit.

[23] Circa l'espansione del porto nella sua parte veneziana — quindi prima dello spostamento in terraferma e la nascita di Marghera — si

veda G. Romanelli, *Note storiche sulla portualità veneziana*, in « Casabella », 436, maggio 1978 e la vasta bibliografia là citata.

[24] Sulla nascita di Marghera, nelle sue molteplici implicanze, ci si limita qui a fornire il titolo di una presentazione giornalistica contemporanea assai accurata (E. Emmer, *Il nuovo porto di Venezia*, in « Rivista [mensile della città] di Venezia », 2, febbraio 1922) e di alcuni dei più significativi testi recenti: C. Chinello, *Storia di uno sviluppo capitalistico. Porto Marghera e Venezia 1951-1973*, Editori Riuniti, Roma 1975 e Id., *Porto Marghera 1902-1926. Alle origini del « problema Venezia »*, Marsilio, Venezia 1979; Dorigo, *Una legge* cit.; S. Peli, *Le concentrazioni finanziarie industriali nell'economia di guerra: il caso di Porto Marghera*, in « Studi Storici », XVI, 1975; F. Piva, *Lotte contadine e origini del fascismo. Padova-Venezia 1919-1922*, Venezia 1977; S. Romano, *Giuseppe Volpi. Industria e finanza da Giolitti a Mussolini*, Bompiani, Milano 1979; *I primi operai di Marghera. Mercato, reclutamento, occupazione 1917-1940*, a cura di F. Piva e G. Tattara, Marsilio, Venezia 1983.

[25] E. Emmer, *Il quartiere urbano di Porto Marghera (il nuovo sobborgo giardino di Venezia in terraferma)*, in « Rivista [mensile della città] di Venezia », 5, maggio 1922; A. Foscari, *Porto Marghera. Un exemple d'intervention du grand capital italien*, in « Architecture d'aujourd'hui », 118, sett.-ott. 1975; G. Romanelli - G. Rossi, *Mestre. Storia, territorio, struttura della terraferma veneziana*, Arsenale Cooperativa Ed., Venezia 1977; inoltre i numeri monografici di « Casabella » e di « Urbanistica » dedicati a Venezia e al suo territorio.

[26] Emmer, *Il quartiere* cit.

[27] Comune di Venezia, *Piano Regolatore di Massima per l'ampliamento e il risanamento dell'abitato di Mestre* (a cura di A. Rosso), Venezia 1937.

[28] *Ibid.*

[29] A. Rosso, *Piano Regolatore dell'abitato di Mestre. Variante al progetto 15 gennaio 1937*, Venezia 1943.

[30] Sull'aggregazione di Mestre, si vedano i recenti: AA.VV., *Dossier referendum Venezia/Mestre* (a cura di S. Scaglione), Arsenale Cooperativa Ed., Venezia 1979; G. Romanelli, *Sotto l'ala del Leone. Venezia e Mestre: alle origini di un problema*, in « COSES Informazioni », 12, dicembre 1980.

[31] Se ne veda la rassegna in P. Zaiotti, *Cento anni di progetti, di studi, di tentativi sepolti*, in « Rivista [mensile della città] di Venezia », 4, aprile 1935; Municipio di Venezia, *Relazione e proposte della Giunta circa una nuova via di comunicazione fra Venezia e la terraferma*, Venezia 1898; una ricca rassegna in Zorzi, *Venezia scomparsa* cit., pp. 220 sgg.

[32] Pur senza volerci scandalizzare a posteriori per le proposte avanzate, va detto che talune avrebbero certamente avuto effetti ben più gravi sull'integrità della struttura veneziana: le carrozzabili lungo tutto il Canal Grande, ovvero quelle che avrebbero dovuto tagliare l'accesso tra la bocca di porto e il Bacino S. Marco non necessitano certo di commenti. Ma va tuttavia ancora una volta osservato che le pur accesissime polemiche e battaglie tra « pontisti » e « antipontisti » e lo stesso scandalo che se ne è sempre menato, sono giocati tutti sulla linea della grossolanità d'analisi e povertà di proposte; non solo: le posizioni pur formalmente le più accesamente contrapposte, si saldano nella sostanza del complessivo giudizio e atteggiamento nei confronti della realtà veneziana. La battaglia per o contro il ponte rimane un fatto di superficie: in nome dell'integrità del pittoresco veneziano o della soluzione con mezzi tecnologicamente avanzati di un problema di comunicazioni. Senza polemiche invece rimangono i risultati delle ricerche di Raffaele Vivante sulle abitazioni malsane e sul problema degli impianti fognarii: il Piano di Risanamento del 1939 non sa che proporre ipotesi di demolizione e « aerazione » delle calli e cortili che avrebbero potuto esser scritte settant'anni innanzi da Giovan Battista Meduna o Giuseppe Torelli.

[33] Si veda: Comune di Venezia, *Progetto di Massima per il Piano di Risanamento di Venezia insulare* cit.

[34] Ivi, p. 6.

[35] Ivi, p. 50 (il corsivo è nel testo).

[36] Ivi, p. 61.

[37] Cfr. D. Torres, *Contributo agli studi sul piano regolatore di ritocco e di ampliamento della città di Venezia, V. Il problema urbanistico di Venezia* [...], Venezia 1941; B. Zevi, *Abbattere gli arconi seicenteschi*, in *Cronache di architettura*, n. 409, Laterza, Bari 1971.

Cartografia

di Giandomenico Romanelli

Abbreviazioni

B.M.C.: Venezia, Biblioteca Museo Correr
B.N.M.: Venezia, Biblioteca Nazionale Marciana

Il numero tra parentesi quadre, che segue il numero delle schede, rinvia alla figura nel testo.

1) [25] [Prima planimetria di Venezia]

dimensioni: (cm.×cm.) 46,8×33,6
data: 1346
autore: Fra Paolino da Venezia
tecnica di esecuzione: disegno a penna su pergamena
ubicazione: B.N.M., Ms. lat. Zan. 399 (f. 7)

La prima e importantissima pianta della città è inserita nel codice manoscritto marciano *Chronicon a mundi initio ad annum Christi circiter MCCCXLVI* [...]

Eseguita con tecnica assai articolata dal celebre Fra Paolino (di cui son noti altri considerevoli prodotti cartografici: cfr. i *Monumenta* dell'Almagià), la pianta appare stupefacente per l'attenta e originale concezione e coscienza dell'ambiente lagunare, reso nei tratti essenziali delle canalizzazioni tra le barene con grande lucidità oltre che per la sintetica e oltremodo precisa lettura del profilo della città vera e propria e dei suoi tratti strutturali. Il manoscritto fu scoperto e pubblicato da Tommaso Temanza nel 1781.

2) [2] [Veduta fantastica di Venezia]

data: 1410 ca.
autore: anonimo
tecnica di esecuzione: miniatura su pergamena
ubicazione: Oxford, Bodleian Library, Ms. Bodl. 264

Veduta fantastica dotata tuttavia di interessanti riscontri letti in chiave di trasformazione «cortese» di ricordi, appunti, forse annotazioni pittoriche di ascendenza gotica. Non senza significato la connotazione mercantile (connessa al testo illustrato che è il libro dei viaggi di Marco Polo), ben evidenziata dalla serie di attività raffigurate come gravitanti sull'area del Bacino S. Marco.

3) [30] *Venecia*

dimensioni: (cm.×cm.) 117×66
data: 1449
autore: anonimo
tecnica di esecuzione: disegno a penna e pennello su pergamena
ubicazione: B.M.C., Racc. Cicogna

Prodotto cartografico probabilmente di fattura veneziana di estremo interesse e importanza data la collocazione cronologica precisa, la qualità grafica e cartografica e l'antichità d'esecuzione.

Naturalmente la raffigurazione di Venezia appare estremamente sintetica e allusiva (anche se non casuale) mentre possono apparire curiose le presenze di Murano, S. Elena e Torcello sulla destra della città e, poco sopra, quella di Mestre.

4) [8] *Venetiar*[*um*] *Civitas*

dimensioni: (cm.×cm.) 4,5×6,8
data: 1479
autore: anonimo
tecnica di esecuzione: xilografia
ubicazione: B.M.C., Inc. F 54

La piccola xilografia è contenuta nel f. 47*v*. di W. Rolewinck, *Fasciculus Temporum*, edito a Venezia dal Walch nel 1479.

L'immagine è speculare e comprende la zona di palazzo Ducale e della Piazzetta con le due colonne, mentre s'intravvede appena la basilica con le sue cupole e le archeggiature gotiche. Si tratta forse della prima raffigurazione a stampa di quello che diventerà un topos dentro la cui stringatezza saranno comprese insieme la forma e le «qualità» di Venezia anche nei secoli a venire.

5) [37] *Civitas Veneciaru*[*m*]

dimensioni: (cm.×cm.) 26,4×163,8
data: 1486
autore: Erhard Reuwich
tecnica di esecuzione: xilografia
ubicazione: B.M.C., Cl. XLIV n. 1

La più celebre e completa tra le vedute quattrocentesche di Venezia, incisa forse dallo stesso Reuwich, che redasse il disegno durante il suo viaggio in Terrasanta da Magonza, e pubblicata da B. von Breydenbach nel suo volume *Sanctarum peregrinationum in montem Syon* [...], edito a Magonza nel 1486.

L'ampiezza della veduta comprende tutta la fronte sud della città, dalla

Punta di S. Antonio a S. Marta e, piegando verso occidente, una parte dell'estremità della Giudecca. Fantastici sono i rimandi paesaggistici sul fondo, cioè riportabili alla terraferma verso le Alpi, ma non tuttavia capricciosi se riferiti ai varchi alpini percorsi dai viaggiatori diretti a Venezia dal Nord.

Sommaria in molte parti di città, la veduta è invece precisa e attendibile per altre (si vedano le due basiliche dei Frari e dei SS. Giovanni e Paolo); ma è soprattutto notevole per la fronte verso il Bacino e, in specie, per l'area marciana. Importante la testimonianza circa la presenza in tutta la veduta di attività cantieristiche (come per il caso della zona a ridosso della dogana marittima di Dorsoduro) così come la documentazione offerta sul complesso d'edifici che saranno poi demoliti per la realizzazione della Libreria sansoviniana a S. Marco.

Riproposta in versioni ridotte e frammentarie nei successivi decenni.

6) [7, 10, 14, 18, 29, 38] *Venetie MD*

dimensioni: (cm.×cm.) 135×282
data: 1500
autore: Jacopo de' Barbari
tecnica di esecuzione: xilografia in sei blocchi
ubicazione: B.M.C., Cl. XLIV n. 57

Realizzata sulla base di un lavoro almeno triennale di rilevamento da parte di geometri e misuratori e pubblicata dall'editore Antonio Kolb in Venezia con esclusiva del Governo, la pianta-veduta del de' Barbari è sicuramente il monumento della cartografia veneziana.

Della pianta sono stati riconosciuti — sulla base di riscontri precisi sul disegno — tre diversi stati in particolare identificabili dalla data sotto l'iscrizione e dal diverso trattamento della cuspide del campanile di S. Marco.

7) [42] [Rappresentazione simbolica di Venezia]

dimensioni: (cm.×cm.) 42,2×31
data: 1520
autore: Joanis Xenodocos da Corfù
tecnica di esecuzione: disegno a penna colorato su pergamena
ubicazione: B.M.C., Ms. Correr, 1322

La rappresentazione sintetico-simbolica di Venezia si trova in un atlante nautico membranaceo formato di tre parti con l'Europa e il Mediterraneo sud-occidentali, il Mediterraneo orientale con il Mar Nero e il Mediterraneo centrale. Per il dettaglio con Venezia si tratta della riduzione ai termini essenziali, ancorché identificabili con discreta precisione, dell'immagine della città nella tradizionale veduta dell'area marciana sulla fronte del Bacino.

8) [45] *Vinegia*

dimensioni: (cm.×cm.) 23×32,8
data: 1528
autore: Benedetto Bordone
tecnica di esecuzione: xilografia
ubicazione: B.M.C., E 564

La pianta è inserita nell'*Isolario di Benedetto Bordone nel quale si ragiona di tutte l'isole del mondo* [...], stampato a Venezia nel 1528.

Anche se risolta in termini piuttosto schematici e di derivazione e semplificazione del modello debarbariano, la *Vinegia* del Bordone riveste notevole importanza perché per la prima volta la città appare inserita coscientemente — se pur in rapporti di scala assai artificiali — nel contesto lagunare. Significativo anche il tracciamento della rosa dei venti a partire dal centro della raffigurazione e, insieme, dal cuore del sistema veneziano e lagunare.

9) [47] *Venetia*

dimensioni: (cm.×cm.) 35,5×52,3
data: 1535 ca.
autore: Giovanni Andrea Vavassore
tecnica di esecuzione: xilografia
ubicazione: Venezia, Bibl. Seminario Patriarcale

Una delle prime e più interessanti derivazioni dalla pianta del de' Barbari, dalla quale tuttavia si differenzia — come ha puntualmente segnalato Schulz — per un'accurata opera d'aggiornamento circa le più recenti monumentali realizzazioni del primo trentennio del secolo (tanto che le chiese di S. Spirito alle Zattere e di S. Giuseppe di Castello, costruite tra 1531 e 1535, possono costituire degli elementi di datazione certa).

Nonostante la sommarietà del disegno e le piccole dimensioni, la pianta costituisce un buon riferimento documentario. Firmata (ma non datata) la pianta presenta un ricco repertorio di toponimi e una non trascurabile legenda con informazioni e dati sulla città.

10) [53] *Venetia*

dimensioni: (cm.×cm.) 41×58,5
data: tra il 1559 e il 1562
autore: Matteo Pagan
tecnica di esecuzione: xilografia in due blocchi
ubicazione: London, British Museum, Maps 22670.11

Edizione minore della grande mappa del Pagan del 1559 (unico esemplare noto a Berlino Est). Pubblicata da Francesco Tommaso da Salò, fu forse preceduta da un'edizione curata dallo stesso incisore. Interessanti le note storico-ambientali nella legenda in basso a destra. Modellata sull'esempio debarbariano, vi è tuttavia introdotta la descrizione del litorale in pratica da Jesolo a Chioggia e di una porzione della terraferma. Di non trascurabile interesse gli aggiornamenti architettonici identificabili nonostante la scala assai limitativa. Singolari anche le belle scenette cortesi o di lavoro riportate lungo i margini del territorio.

11) [54] *Venetia*

dimensioni: (cm.×cm.) 44,3×73,7
data: 1566
autore: Paolo Forlani
tecnica di esecuzione: incisione su rame
ubicazione: B.M.C., Cl. XLIV n. 12

Avvicinabile in parte alle piante di Matteo Pagan del 1550 ca. e del 1559 (l'unico esemplare conosciuto è a Berlino Est), questa pianta del Forlani — riedita da Bolognino Zalterio — è di buona precisione e apprezzabile aggiornamento. È tra le primissime a diffondere su larga scala il modello iconografico della città circondata dal litorale fino a Chioggia e, sulla sinistra, dalla terraferma più immediata.

Nell'area di S. Girolamo è perfettamente riconoscibile il Ghetto e, poco più dietro, descritte in forma di fortilizio, le case di Cà Moro.

Per molte situazioni architettoniche di recente trasformazione la documentazione è di notevole efficacia e buona definizione.

12) [55] *Venetia*

dimensioni: (cm.×cm.) 33,5×48,3
data: 1572
autore: Francesco Hogenberg
tecnica di esecuzione: incisione su rame
ubicazione: B.M.C., Cl. XLIV n. 17

Chiaramente derivata dalla pianta del Forlani, questa ne ripete praticamente tutti i moduli e le soluzioni iconografiche.

Alla ricca serie di rimandi toponomastici — anch'essi desunti dal Forlani — qui è aggiunta la scenetta con un frammento di processione dogale con il doge e i dignitari che portano le insegne del Serenissimo.

13) [62] [Pianta di Venezia e di parte della laguna]

dimensioni: (cm.×cm.) 60×82
data: 1557
autore: Cristoforo Sabbadino
tecnica di esecuzione: disegno a penna acquarellato
ubicazione: B.N.M., 138.C. 180

Si tratta forse di copia della pergamena originale del Sabbadino conservata all'Archivio di Stato dei Frari (ma non è da escludere anche per questa carta l'autografia del Sabbadino). Si tratta della pianta redatta ad illustrare il piano d'ampliamento e ammodernamento della città attraverso una serie d'interventi ai suoi margini (canali, fondamente, interramenti di Sacche) e prodotto in due diverse edizioni (Archivio di Stato di Venezia, Savi ed Esecutori alle Acque, Laguna 14, e Diversi 128/10, rotolo 36).

La descrizione della città, pur sommaria e finalizzata all'illustrazione dei progetti in oggetto, è assai sicura ed efficace e, soprattutto, pienamente inserita nell'articolato sistema dei canali lagunari.

14) [59] *Venetia*

dimensioni: (cm.×cm.) 39×51,4
data: 1597 ca.
autore: Bernardo Salvioni
tecnica di esecuzione: incisione su rame
ubicazione: B.M.C., Cl. XLIV n. 13

Riconducibile al modello del Franco (cfr. oltre), se ne distacca tuttavia per alcuni aggiornamenti che in quella mancano anche nelle edizioni successive alla prima: in particolare la realizzazione delle Fondamente Nuove e della Riva delle Zattere. Dallo Hogenberg riprende presumibilmente il piccolo corteo dogale in basso.

15) [60-61] *Venetia*

dimensioni: (cm.×cm.) 37,3×54
data: 1580 ca. e 1597
autore: Giacomo Franco
tecnica di esecuzione: incisione su rame
ubicazione: B.M.C., Cl. XLIV nn. 74 e 75

Anche questa pianta-veduta deriva da quella del Forlani, riprendendone i motivi e le soluzioni grafiche. Sommaria e semplificata su vaste zone di città.

Nel 1597 il Franco ebbe a rieditare la pianta con sostanziali aggiornamenti: primo tra tutti il ponte di Rialto in pietra (1589-1591). Eliminati i rimandi toponomastici, la fascia inferiore fu occupata, su due zone sovrapposte, dalla processione solenne del doge e del patriarca e dalla sfilata delle dame che accompagnarono la dogaressa Morosina Morosini Grimani il giorno del suo insediamento (4 maggio 1597).

16) [88] *Venetia*

dimensioni: (cm.×cm.) 23,2×17,7
data: 1610
autore: Giacomo Franco
tecnica di esecuzione: incisione su rame
ubicazione: B.M.C., Stampe G.62

La pianta costituisce il frontespizio del celebre volume del Franco *Habiti d'Huomeni et Donne venetiane* [...], pubblicato a Venezia nel 1610.

È interessante rilevare che l'incisione muta il punto di veduta rispetto a tutto il precedente vedutismo: e rimarrà un caso isolato anche per i successivi lavori. Apprezzabile la qualità della cornice architettonica attorno alla « lente » con la pianta.

17) [89] *Disegno della pianta di Venetia*

dimensioni: (cm.×cm.) 35,8×50,9
data: 1627 (I) e 1677 (II)
autore: Alessandro Badoer
tecnica di esecuzione: incisione su rame
ubicazione: B.M.C., Mappe 107 e Cl. XLIV n. 76

Si tratta del primo interessante tentativo di rilevazione topografica. I rimandi sono ai nomi dei rii che, in realtà, paiono rappresentare la prima preoccupazione dell'autore. Permangono tentazioni prospettiche in S. Giorgio Maggiore, per l'Arsenale e per un certo numero di chiese ma, sostanzialmente, il lavoro è ben riuscito e documenta con apprezzabile vivacità l'interesse del Badoer a indagare la struttura della città, al di là della sua più celebre e diffusa immagine esteriore.

18) [90-94] [Pianta-veduta di Venezia]

dimensioni: (cm.×cm.) 195×465
data: 1630 ca.
autore: anonimo
tecnica di esecuzione: olio su tela
ubicazione: Venezia, Museo Correr, inv. Cl. III n. 9394 (in dep. Castello del Buonconsiglio, Trento)

Deformata nel disegno d'assieme e in alcune aree di città, forse incompiuta lungo la fascia orientale, la grande pianta-veduta è tuttavia un ricchissimo documento sulla situazione della città prima degli interventi longheniani maggiori (Salute e palazzi sul Canal Grande). Non riconducibile a modelli precisi, è da pensare che l'anonimo autore abbia utilizzato le varie piante-vedute disponibili deformandole senza problemi e quasi adattando il profilo della città alle dimensioni e forma della tela.

19) [95, 150] *Venetia*

dimensioni: (cm.×cm.) 30×70
data: 1635 ca.
autore: Matteo Merian
tecnica di esecuzione: incisione su rame
ubicazione: B.M.C., Cl. XLIV n. 34

Pubblicata dal Merian nel *Theatrum Europeum*, questa pianta-veduta godette di una grande fortuna anche perché si presentò subito come una sorta di aggiornamento in scala minore della xilografia del de' Barbari. Non particolarmente precisa, documenta la situazione della città all'incirca alla fine del XVI secolo. Conobbe numerose ristampe, anche aggiornate.

20) [104] *Venetia*

dimensioni: (cm.×cm.) 56×96
data: 1677 ca.
autore: anonimo
tecnica di esecuzione: incisione su rame
ubicazione: B.M.C., Cl. XLIV n. 23

Il punto di veduta quasi zenitale fa sì che la prospettiva sia oltremodo deformata e nel complesso resa in termini convenzionali: essa determina una cancellazione di fatto di molti degli elementi della struttura cittadina che si sviluppano nel senso della longitudinalità.

21) [105] *Venetia Potentissima e la più Magnifica, Fiorentissima e la più ricca Città* [...]
dimensioni: (cm.×cm.) 49,5×57,5
data: 1720 ca.
autore: Matteo Seutter
tecnica di esecuzione: incisione su rame
ubicazione: B.M.C., Cl. XLIV n. 24

La pianta-veduta è inserita nel volume, pubblicato ad Augsburg circa nel 1720, *Grosser Atlas* [...]; ebbe successivamente altre edizioni. La rappresentazione si rifà grosso modo allo schema della pianta-veduta del Merian. Di buona qualità le due vedute della Piazza e della Piazzetta di S. Marco aggiunte sulla fascia sottostante.

22) [106] *Venetia*
dimensioni: (cm.×cm.) 49,3×69,4
data: 1720 ca.
autore: Ioachim Ottens
tecnica di esecuzione: incisione su rame
ubicazione: B.M.C., Cl. XLIV n. 20

Vicina alla pianta-veduta del Seutter, non è che la ripresa — nemmeno aggiornata — delle piante-vedute cinquecentesche.

23) [107] *Vero e Real Disegno della Inclita Città di Venetia*
dimensioni: (cm.×cm.) 78×159,7
data: 1696
autore: Giovanni Merlo
tecnica di esecuzione: incisione su rame
ubicazione: B.M.C., Cl. XLIV n. 27

Pianta prospettica di grandi dimensioni che si rifà esplicitamente al modello del de' Barbari, pur mutandone non insensibilmente il punto di veduta.

Accurata nei dettagli d'architettura maggiore, è tuttavia assai diligente anche per settori ed episodi edilizi più marginali e feriali. Notevole attenzione è dedicata all'assetto viario principale e al sistema dei canali interni, di cui si tenta di dare una trascrizione corretta sotto il profilo dell'orientamento. Piuttosto enfatizzata l'area del Ghetto e, in generale, di Cannaregio nord, mentre risulta più compressa e deformata la zona dell'Arsenale.

24) [108] *Città di Venetia consacrata al validissimo patrocinio della Sacratissima Vergine* [...]
dimensioni: (cm.×cm.) 45,5×138,5
data: 1710-1720 ca.
autore: anonimo
editore: Giovanni Antonelli
tecnica di esecuzione: incisione su rame
ubicazione: B.M.C., Cl. XLIV n. 26

Grande pianta-veduta di tono popolaresco ma di efficace redazione; ricca di informazioni e ben aggiornata su molti episodi edilizi, appare stranamente (e forse « nordicamente ») deformata nella enfatizzazione conferita ai campanili.

25) [109] *Pianta Iconografica di Venetia*
dimensioni: (cm.×cm.) 27,2×43,4
data: 1696
autore: anonimo
editore: Vincenzo Coronelli
tecnica di esecuzione: incisione su rame
ubicazione: B.M.C., Cart. n. 29

Partendo dalla topografia del Badoer, l'autore ne aggiorna e migliora la grafia e l'apparato toponomastico che assomma a ben 692 voci pubblicate in otto pagine allegate.

Utilizzata in un grande numero di *guide* e pubblicazioni illustrative, ebbe a godere di un notevole successo per l'essenzialità e, insieme, ricchezza delle informazioni fornite.

26) [110] *Venise Ville Capitale de la plus Celebre et Illustre Republique de l'Europe* [...]
dimensioni: (cm.×cm.) 46×69,7
data: 1700 ca.
autore: Harmanus Van Loon
tecnica di esecuzione: incisione su rame
ubicazione: B.M.C., Stampe 1041

Derivata presumibilmente da quella pubblicata nel 1696 dal Coronelli, è di maggiori dimensioni e introduce una carta della laguna e vignette di tipo vedutistico e decorativo. Prodotto di buona qualità a destinazione tipicamente « turistica », è notevole la ricchezza dei toponimi, distribuiti con abbondanza su tre lati del foglio.

27) [111] *Venetiae*
dimensioni: (cm.×cm.) 38,5×209
data: 1620
autore: T.K.
tecnica di esecuzione: incisione su rame
ubicazione: B.M.C., Cl. XLIV n. 25

Derivata dalla veduta del Blaeu (1614), ripropone il genere del « panorama » che, dopo il lavoro del Reuwich del 1486, era praticamente scomparso. Lavoro iconograficamente nordico e di qualche efficacia, è pressoché inattendibile quanto ad informazioni topografiche.

28) [114] *Origine e Principio della Città di Venetia* [...]
dimensioni: (cm.×cm.) 48×209
data: 1680 ca.
autore: anonimo
tecnica di esecuzione: incisione su rame, spesso colorata ad acquarello
ubicazione: B.M.C., Gherro 600

Ancora una derivazione dal panorama del Blaeu, questa volta maggiormente aggiornato e attendibile pur nel tono popolaresco del lavoro.

29) [115] *Venetie gelegen in de Hadriatische Zee* [...]
dimensioni: (cm.×cm.) 21,5×27
data: 1702
autore: Peter Schenk
tecnica di esecuzione: incisione su rame
ubicazione: B.M.C., Cl XLIV n. 41

Tipica vedutina nordica, pubblicata dallo Schenk nel suo *Hecatom-*

polis, riporta il panorama veneziano a una ghiacciata visione da Mare del Nord. Inattendibile sotto ogni punto di vista.

30) [116] *Venetia*
dimensioni: (cm.×cm.) 35×102
data: 1750 ca.
autore: Friedrick B. Werner
tecnica di esecuzione: incisione su rame
ubicazione: B.M.C., Cl. XLIV n. 47 (secondo stato)

Assai approssimata nei dettagli, la veduta influenzò notevolmente la produzione di analoghi soggetti dei laboratori di Augsburg. Spesso colorata a mano.

31) [117-118] *Iconografica Rappresentazione della Inclita Città di Venezia* [...]
dimensioni: (cm.×cm.) 148×204,5
data: 1729 (prima edizione, edita da G. Baroni; successivamente, a cura di L. Furlanetto, a più riprese)
autore: Ludovico Ughi
tecnica di esecuzione: incisione in rame su otto lastre per la pianta vera e propria e su altre dodici lastre (per altrettanti fogli incollati ai bordi) per le vedute e i testi
ubicazione: B.M.C., Cl. XLIV n. 69

Trattasi della prima grande rappresentazione della città a seguito di una rilevazione scientifica, eseguita « con le più caute misure, e graduazione degl'angoli », e ricca di dettagli su ogni aspetto della struttura edilizia, viaria, monumentale di Venezia.

Numerosissimi i toponimi inseriti nel disegno. Rimane il documento di maggior ricchezza e precisione di dettagli per la verifica della situazione della città nel Settecento. Di grande interesse l'attenzione grafica riservata alla raffigurazione dei giardini: per molti di essi si pone l'opportunità di un confronto con la pianta dei Combatti, della metà del secolo successivo.

La pianta dell'Ughi ebbe a godere di una notevole fortuna, documentata anche dalle numerose derivazioni, in dimensioni ridotte, che se ne ricavarono (gli stessi Ughi e Forlanetto ne pubblicarono una nel 1779).

32) [119-123] *Venezia*
dimensioni: (cm.×cm.) 43,7×129,4
data: 1743
autore: Giorgio Fossati
tecnica di esecuzione: incisione in rame, su due piastre
ubicazione: B.M.C., Cl. XLIV n. 31

Alla veduta vera e propria è aggiunto un ricchissimo repertorio topografico riferito ai numeri e alle lettere contenuti nel disegno insieme a una descrizione della città, su quattro ampie colonne tipografiche.

Veduta assai originale, a metà strada tra la tradizionale raffigurazione propria di questo genere e una personalissima capacità di assumere e proporre l'immagine di Venezia svincolata dalla forma e dalla riconoscibilità più usuale. Scomparsa infatti la tradizionale allungata sagoma a pesce, Venezia appare qui più confusa, compatta e priva di chiari suggerimenti di lettura che non siano l'affaccio sul Bacino del cuore monumentale marciano, per altro ripetuto assai stancamente. Minuziosa e precisa nei dettagli della Giudecca e della fronte sud, la veduta diventa schiacciata e quasi bidimensionale nelle parti più lontane, ossessivamente calligrafiche.

Varie edizioni fino all'Ottocento.

33) [140] *Piano dell'Inclita Città Dominante di Venezia*
dimensioni: (cm.×cm.) 23,5×32,3
data: 1779
autore: anonimo
tecnica di esecuzione: incisione su rame
ubicazione: B.M.C., CP 6

Pubblicata da Marco Sebastiano Giampiccoli la pianta è una derivazione diretta della grande pianta dell'Ughi del 1729. Esiste in numerose e successive versioni, fin quasi alla metà dell'Ottocento.

Preparata per il volume *Notizie interessanti che servono a far conoscere in tutti i suoi sestieri l'inclita città di Venezia* [...], Belluno 1779, si trova però anche come foglio volante. Abbastanza accurata nella realizzazione, è assai ricca di rimandi con numeri e lettere alle varie colonne di legenda.

34) [142] *Laguna Veneta*
dimensioni: (cm.×cm.) 72×136
data: 1780
autore: anonimo
tecnica di esecuzione: incisione in rame, su tre piastre
ubicazione: B.M.C., Cg. 29 F.M.

Edita da Lodovico Furlanetto, la pianta della laguna comprende anche, in cartiglio, una singolare raffigurazione della città con orientamento inverso rispetto all'usuale.

Il lavoro è, nel complesso, di estremo interesse, soprattutto nell'intento di collegare la città al suo contesto lagunare e territoriale. Accurata la compilazione per quanto riguarda il lungo litorale da Iesolo al porto di Fosson e gli interventi di canalizzazione che corrono attorno al margine lagunare.

35) [143] *Pianta della Comune di Venezia divisa in otto Sezioni* [...]
dimensioni: (cm.×cm.) 26,5×37,7
data: 1797
autore: anonimo
tecnica di esecuzione: incisione su rame
ubicazione: B.M.C., Cl. XLIV n. 81

La piccola pianta non presenta alcuna particolarità topografica di rilievo, ma è di notevole interesse perché illustra un singolare progetto di ridenominazione e redistribuzione amministrativa della città, elaborato all'interno del Comitato di Pubblica Istruzione della Municipalità democratica.

Allegata alla illustrazione del progetto stesso in un fascicolo di poche pagine di cui viene decretata la pubblicazione da parte dell'assemblea della Municipalità.

36) [144] *Nuova Pianta Iconografica dell'Inclita Città di Venezia*
dimensioni: (cm.×cm.) 50×69,8
data: 1798
autore: anonimo
tecnica di esecuzione: incisione su rame
ubicazione: B.M.C., Cl. XLIV n. 79

Si tratta della terza edizione della pianta derivata da un disegno di Ludovico Ughi e legittimamente utilizzato dal Furlanetto. La prima edizione risale al 1792. Questo esemplare è assai importante perché reca a mano annotazioni del direttore del Genio Militare francese relative alla destinazione di edifici storici (conventi, monasteri, chiese ecc.) ad usi militari per le truppe di terra e di mare.

37) [158] *Pianta della Città di Venezia*

dimensioni: (cm.×cm.) 51×65,3
data: 1815
autore: anonimo
tecnica di esecuzione: incisione su rame
ubicazione: B.N.M., 138.C. 188

La data corrisponde a uno dei momenti più critici per la città, a passaggio appena avvenuto tra francesi e austriaci.

Oltre all'elenco delle parrocchie (ridotte da 72 a 30 per decreto napoleonico) soltanto una « legenda delle caserme » sta a sottolineare gli elementi amministrativamente più forti in città. I Giardini di Castello, a est, risultano compiuti; a ovest è pressoché interrata la Sacca dell'Angelo (futuro campo di Marte); anche realizzata risulta la banchina per la darsena del porto franco a S. Giorgio; l'estremità orientale della Giudecca è completamente spianata: ma giardino, passeggio pubblico e campo per le esercitazioni militari non furono in seguito mai realizzati.

38) [166] *Pianta topografica della R.a Città di Venezia con XIX de' suoi principali prospetti*

dimensioni: (cm.×cm.) 59,4×78,2
data: 1818-1827 (prima ediz.)
autore: G. A. Sasso
tecnica di esecuzione: incisione su rame
ubicazione: B.M.C., Ms P.D. 25646

Ascrivibile, cronologicamente, agli anni del podestà Francesco Calbo Crotta, cui è dedicata (1818-1827), la bella pianta del Sasso introduce il criterio di contrastare fortemente l'edificato rispetto alla struttura viaria e alla maglia dei canali, così che è possibile valutare assai chiaramente la tessitura edilizia e la sua permeabilità o meno alle vie di comunicazione. Indizio, questo, non casuale del progressivo interesse — crescente nel corso del secolo — riservato ai percorsi pedonali interni. Tra le diciannove vedutine ai margini della pianta compaiono il nuovo ingresso ai Giardini di Castello dalla via Eugenia e la recentissima « ala napoleonica » della Piazza. In espansione gli interramenti delle Sacche occidentali.

39) [167] *Prospetto Generale* [della città da S. Giorgio]

dimensioni: (cm.×cm.) 13,8×19,7
data: 1830 ca.
autore: Carol Lose
tecnica di esecuzione: incisione su rame
ubicazione: B.M.C., P.D. 2313

La veduta ripropone un taglio analogo a una veduta precedente e più celebre stampata in occasione del porto franco a S. Giorgio. L'angolo di veduta comprende tutta la vasta porzione di città che va grosso modo dalla chiesa della Salute all'estremità orientale. Deriva presumibilmente da altra raffigurazione e deforma piuttosto pesantemente la sagoma della città.

40) [169] *Nuova Pianta Iconografica della Città di Venezia*

dimensioni: (cm.×cm.) 41,8×57,1
data: 1821
disegnatore: Giambattista Paganuzzi
incisore: G. Vittorio Pasquali
tecnica di esecuzione: incisione su rame
ubicazione: B.M.C., prov. Sullam

La pianta è inserita nel volume di Giambattista Paganuzzi, *Iconografia delle trenta Parrocchie di Venezia Pubblicate da G.B.P.*, Venezia 1821.

La pianta presenta caratteristiche grafiche affini a quella di Anonimo del 1815 (cfr.); il tratteggio è limitato ad alcune categorie di edifici e ai bordi esterni della città, anche dentro il Canal Grande. Il disegno dei giardini è, per la gran parte, trascurato o, comunque, approssimativo.

Aggiornata per quanto concerne le trasformazioni urbanistiche (cfr. il *rio terà* S. Leonardo, conseguente ad intervento iniziato nel 1818), grazie al rilevamento puntuale compiuto dall'autore per compilare le planimetrie delle singole parrocchie che costituiscono la parte più pregevole del volume.

41) [170-173] [Piante delle trenta parrocchie della città]

dimensioni: (cm.×cm.) ciascuna tavola 40×53
data: 1821
disegnatore: Giambattista Paganuzzi
incisore: G. Vittorio Pasquali
tecnica di esecuzione: incisione su rame
ubicazione: B.M.C., prov. Sullam

Trattasi delle tavole che compongono il volume del Paganuzzi citato nella precedente scheda. Il testo illustrativo delle parrocchie — così come si configuravano dopo le concentrazioni napoleoniche — era di Gian Maria Dezan. Le tavole non si presentano particolarmente curate sotto il profilo grafico, ma risultano di estremo interesse per la minuta informazione che forniscono circa le varie zone di Venezia nel momento forse più critico nella storia della città nel XIX secolo. Documentazione ancora arricchita se letta in unione alla parte letteraria del testo, vera e propria accurata guida di tutto il territorio cittadino, compilata privilegiando unicamente i percorsi pedonali.

42) [179] *Pianta della Regia Città di Venezia e sue Isole vicine*

dimensioni: (cm.×cm.) 53×72,3
data: 1838
autore: Giambattista Garlato
tecnica di esecuzione: incisione su rame
ubicazione: B.M.C., Op. P.D. 25648

Bella planimetria a destinazione eminentemente turistica in cui le vedutine escono dalla tradizionale cornice per mescolarsi alla raffigurazione in pianta delle varie isole distribuite nella parte centrale della laguna di Venezia.

Interessante l'attenzione dedicata al litorale del Lido, ancora non toccato dalle trasformazioni connesse al suo utilizzo balneare. Ricchi i rimandi a margine relativi non solo a episodi monumentali ma anche a servizi, alberghi, teatri ecc., donde si ricava la funzione di guida per il non veneziano. Riportata ad una qualche evidenza la maglia dei canali cittadini.

43) [182-187] *Nuova Planimetria della R. Città di Venezia* [...]

dimensioni: (cm.×cm.) 127×146
data: 1846-1856
autori: Bernardo e Gaetano Combatti (ideazione, rilievo e disegno)
incisori: Giambattista Garlato e Marco Comirato
tecnica di esecuzione: incisione in rame su venti piastre
ubicazione: B.M.C., G. SD 291

Si tratta del capolavoro della cartografia veneziana dell'Ottocento e certo uno dei più importanti lavori in tal senso relativi alla città. Rilevata e disegnata nel 1846, aggiornata al 1855 e compilata nel febbraio del 1856 — secondo le precise indicazioni contenute nella pianta stessa —, la pianta fa parte di un'opera che comprende anche una guida storica di Venezia (redatta da Francesco Berlan), tavole della numerazione anagrafica (da poco rinnovata), nomenclatura stradale, un fascicolo di esplicazione di tutti i rimandi (in lettere e numeri) contenuti nella planimetria. Va detto però che, lungo la fascia inferiore delle ultime quattro tavole, sono ugualmente contenute venti colonne di nomenclatura e informazioni varie.

Finissima nel disegno e nell'incisione, assai omogenea ed elegante nella grafica, la pianta dei Combatti fornisce una massa tale di informazioni sulla struttura edilizia della città, sulla sua maglia viaria e acquea, sulle parti monumentali e su singoli complessi architettonici, sugli interventi recenti e recentissimi dell'urbanistica asburgica, sulle infrastrutture da poco progettate ed eseguite, sulle destinazioni d'uso, sulle interne distribuzioni di edifici e complessi, da costituire il maggior « monumento » eretto al periodo più felice del governo austriaco a Venezia, quello cioè tra il 1830 e la rivoluzione del 1848.

Indispensabile per fare il punto circa demolizioni e trasformazioni dell'apparato dei conventi, chiese, scuole ecc., il lavoro è fondamentale anche per seguire l'andamento della realizzazione delle nuove opere. Per la tavola comprendente la Stazione ferroviaria (evidentemente incisa fin dal primo periodo di lavorazione della pianta) fu approntata una « correzione » con la nuova situazione relativa, verosimilmente, al 1855 (cfr. nel testo).

44) [188-189] *Pianta della R.a Città di Venezia* [...]

dimensioni: (cm.×cm.) 75,5×101
data: 1841 (prima ed.; conosciuti almeno altri tre stati oltre al primo: 1847, 1857, 1866)
autore: Marco Perissini (inv. e dis.)
incisore: Giuseppe Cattaneo
tecnica di esecuzione: incisione su rame
ubicazione: B.M.C., Cl. XLIV n. 77

Il terzo stato presenta, in alto, una bella carta del regno Lombardo-Veneto; il quarto stato anche una della laguna veneta, in basso a sinistra.

La mappa di Perissini-Cattaneo è assai precisa e accurata nella redazione e nell'esecuzione; aggiornata a seconda delle novità dell'urbanistica cittadina, costituì spesso termine di riferimento per studi ed elaborazioni in tutto il secondo Ottocento. Al Correr è conservata copia dell'ultima edizione con elaborazioni manoscritte dell'ingegnere in capo municipale, Bianco, presentate alla Commissione urbanistica del 1866-1867. Notevole attenzione è dedicata alle espansioni dell'infrastruttura ferroviaria.

45) [190] *Panorama di Venezia preso dalla torre di S. Giorgio Maggiore*

dimensioni: (cm.×cm.) 26×154,7
data: 1840-1850 ca.
autore: Ippolito Caffi
tecnica di esecuzione: litografia
ubicazione: B.N.M., 138.C. 188

Il « panorama », ricavato da un disegno di I. Caffi, accentua l'insularità di Venezia (ancora non collegata alla terraferma dal ponte ferroviario) e una sorta di spossatezza lugubre e fredda sottolineata anche dal mezzo litografico. Di una certo interesse, sotto il profilo documentario, la situazione della fronte edilizia della Riva degli Schiavoni, ancora non toccata dai rimaneggiamenti alberghieri dei successivi tre decenni.

46) [192] *Veduta ribassata della città*

dimensioni: (cm.×cm.) 21×174,4
data: 1847
autore: Giovanni Pividor
tecnica di esecuzione: litografia
ubicazione: B.M.C., Cl. XLIV n. 73

Tra gli ultimi prodotti vedutistici di questo genere prima dell'adozione del mezzo fotografico, la bella litografia di Giovanni Pividor si ricollega idealmente ai panorami tardo-quattrocenteschi e a quelli seicenteschi di ispirazione nordica.

Non digiuno delle vedute romantiche inglesi e tedesche che stavano codificando un'immagine della città destinata a divenire quasi d'obbligo, Pividor fu uno dei più attenti documentatori del medio Ottocento veneziano e dei più pronti a sfruttare il mezzo litografico. Se qui prevale l'aspetto « pittoresco », va detto tuttavia che egli fu anche un accorto testimone delle modificazioni in atto a Venezia.

47) [194] *Vénise*

dimensioni: (cm.×cm.) 19,1×29,4
data: 1855
disegnatore: E. Rouargue
incisore: Ch. Lalaisse
tecnica di esecuzione: incisione su acciaio
ubicazione: B.M.C., leg. Vianello n. 854

Inserita nel volume di L. Galimbert, *Histoire de la République de Vénise*, Paris 1855, la pianta prospettica, pur derivando verisimilmente da analoghi lavori coevi, presenta un qualche interesse per la semplicistica ma suggestiva visione di Venezia (non priva di errori, anche grossolani, quale la posizione del ponte ferroviario rispetto alle due isole vicine) e per l'atmosfera notturna, tipicamente romantica, che connota la scena.

48) [195] *Veduta di Venezia a volo d'uccello* [...]

dimensioni: (cm.×cm.) 42,5×59
data: 1855 ca.
disegnatore: G. Travani
litografo: Lefèvre
tecnica di esecuzione: litografia a due colori
ubicazione: B.N.M., 138.C. 188

La veduta prospettica sfrutta abilmente la tecnica litografica per riprodurre in termini assai suggestivi una aggiornata versione (tipicamente « Ottocento ») delle vedute di Venezia. Abbastanza precisa nei dettagli, accurata nella redazione, la veduta tende a comprimere lo sviluppo longitudinale della città; notevole attenzione è dedicata al complesso marciano e ai maggiori monumenti in affaccio sul Bacino di S. Marco. Utili le annotazioni relative a strutture temporanee, quali gli approdi e la darsena alla Punta della Dogana.

49) [211] *Nuova Pianta di Venezia* [...]

dimensioni: (cm.×cm.) 49,8×79,7
data: 1869
autore: anonimo
tecnica di esecuzione: litografia
ubicazione: B.M.C., Op. P.D. 23654

Pubblicata dall'editore-litografo Carlo Bianchi, si tratta di una delle prime piante della città dopo l'annessione al regno d'Italia del 1866. Assai accurata e dettagliata, è tesa a riportare tutte le novità urbanistiche in atto o in progetto: la Stazione marittima (appena abbozzata e che entrerà in funzione quasi vent'anni appresso, è data per ultimata); lo stesso per la banchina a S. Marta - S. Basilio; analogamente vi è riportato il bizzarro progetto del prefetto di Venezia, Torelli, per una grande arena nautica e vasca di piscicoltura tra i Giardini di Castello, S. Elena e S. Pietro. Già estese, benché ancora in corso di realizzazione, le Sacche oltre la punta occidentale della Giudecca.

50) [212] *Vénise vue à vol d'oiseau*

dimensioni: (cm. × cm.) 25,7×47
data: 1878
autore: anonimo
tecnica di esecuzione: incisione su acciaio
ubicazione: B.M.C., D. 507

Pubblicata nel volume Ch. de Yriarte, *Vénise*, Paris 1878, la bella veduta presenta però situazioni databili a circa un decennio innanzi. Assai originale l'angolo di veduta, spostato molto a ovest: tanto che la stessa Piazza S. Marco risulta ripresa in termini inconsueti. Interessanti le barene affioranti ai margini dei canali esterni e il fumo che esce dalle ciminiere delle prime fabbriche veneziane.

51) [218-220] *Nuova pianta di Venezia*

dimensioni: (cm. × cm.) 50,8×66,4
data: 1887; seconda edizione, 1891
autore: anonimo
editore: Luigi Querci
tecnica di esecuzione: cromolitografia
ubicazione: B.M.C., C.P. 6

Pianta a funzione eminentemente turistica ma assai interessante per l'aggiornamento effettuato al 1887. Vi compare l'indicazione della Esposizione Nazionale Artistica ai Giardini di Castello (dove si terrà anche la Biennale dal 1895) ed è visibile la situazione della Stazione marittima e, soprattutto, di tutta la punta sud-occidentale della città: punto franco, banchine, area industriale e progetto dell'insediamento del Cotonificio Veneziano a S. Marta.

L'edizione del 1891, simile nella sostanza, presenta delle importanti variazioni: ridimensionato il Cotonificio Veneziano a S. Marta; completato l'interramento di Sacca Fisola (estremità occidentale della Giudecca) e iniziata la bonifica di una nuova Sacca lì vicino; iniziato il grande interramento verso S. Elena e S. Pietro di Castello; completato il cimitero a S. Michele.

52) [221] *Pianta della città di Venezia*

dimensioni: (cm. × cm.) 65,4×99,6
data: 1887
autore: geometra A. Vendrasco
tecnica di esecuzione: cromolitografia
ubicazione: B.M.C., Mappe, Fondo Ravà

La pianta è parte integrante del volume *L'Ingegneria a Venezia nell'ultimo ventennio*, pubblicato a Venezia nel 1887 per cura del Collegio veneto degli Ingegneri in occasione del IV Congresso.

Lavoro di ottima esecuzione e di grande precisione di dettaglio (scala 1:5000), vi sono evidenziate con diversa tinteggiatura tutte le aree a destinazione industriale in senso lato. Completato il cimitero, le linee ferroviarie della Marittima, la Sacca di S. Biagio e quella contigua in corso di ultimazione, l'interramento di S. Elena; il campo di Marte risulta unito oramai a S. Marta.

53) [222] [Veduta prospettica di Venezia]

dimensioni: (cm. × cm.) 48,8×76,1
data: 1887-1890 ca.
autore: anonimo
tecnica di esecuzione: cromolitografia
ubicazione: B.M.C., Cl. XXXIV n. 3657

Ripresa stanca e tarda del vedutismo prospettico di antica tradizione, il lavoro non presenta che scarsa attendibilità documentaria salvo che per talune aree curate con una certa attenzione: la testata occidentale della città; Sacca S. Biagio e la prima versione dei mulini Stucky; alcune parti dell'Arsenale e il tratto della bonifica presso S. Elena. Interessante anche il grande padiglione dell'Esposizione Nazionale ai Giardini.

54) [223] *Carta topografica della città di Venezia secondo le ultime varianti avvenute, edita per cura del Municipio di Venezia*

dimensioni: (cm. × cm.) 110,8×155,5
data: 1889
autore: geometra A. Vendrasco
tecnica di esecuzione: litografia
ubicazione: B.M.C., F 3643/b

Pianta di estrema importanza data la veste «ufficiale», la scala adottata (1:3000), la grande accuratezza di dettaglio, l'esattezza di informazione, l'aggiornamento.

Numerose le indicazioni toponomastiche; assai curata graficamente, la pianta ha costituito un materiale di lavoro estremamente utile e omogeneo per vari anni successivamente, soprattutto nella redazione dei progetti urbanistici a cavallo tra i due secoli.

55) [225] [Rilievo topofotografico di Venezia]

dimensioni: (cm. × cm.) 120×225
data: 1913
autore: anonimo
tecnica di esecuzione: fotografia da aerostato
ubicazione: B.M.C., Cl. XLIV n. 61

Eseguita dal Regio Corpo di Aerostieri per conto e sotto la direzione del Magistrato alle Acque, questa veduta fotografica della città, eseguita con la tecnica del mosaico fotografico a ridosso della prima guerra mondiale, è di estrema importanza documentaria. La perfezione tecnica e la nitidezza della restituzione consentono una precisa lettura delle condizioni della città in quasi tutte le sue parti. Si notino i lavori in corso per l'ampliamento dell'Arsenale sulla punta nord-orientale. Assai chiara anche la situazione dei canali e delle secche nell'area circostante la città.

Fonti delle illustrazioni

Foto Giacomelli: 1.
Foto Böhm: 5, 17, 23, 31, 33, 98, 102.
Foto Borlui: 6, 19, 32.
Biblioteca Museo Correr, Venezia: 7, 8, 10, 14, 16, 18, 29, 30, 37, 38, 42, 45, 46, 48, 49, 50, 51, 52, 54, 55, 59, 60, 61, 64, 65, 66, 67, 68, 71, 72, 73, 74, 77, 80, 81, 82, 83, 84, 88, 89, 90, 91, 92, 93, 94, 95, 96, 97, 99, 103, 104, 105, 106, 107, 108, 109, 110, 111, 112, 113, 114, 115, 116, 117, 118, 119, 120, 121, 122, 123, 125, 126, 131, 132, 133, 134, 140, 142, 143, 144, 145, 146, 147, 148, 150, 151, 152, 153, 156, 157, 159, 166, 167, 168, 169, 170, 171, 172, 173, 174, 175, 176, 177, 178, 179, 182, 183, 184, 185, 186, 187, 188, 189, 192, 194, 197, 208, 211, 212, 213, 218, 219, 220, 221, 222, 223, 224, 225, 238, 239, 249, 250, 251, 252, 261, 263.
Bodleian Library, Oxford: 12.
Foto Martinelli: 20.
Biblioteca Nazionale Marciana, Venezia: 25, 62, 124, 158, 190, 193, 195.
Archivio di Stato, Venezia: 43, 56, 57, 58, 63, 136, 137, 138, 139, 160, 161, 162, 163, 164, 165.
Biblioteca Seminario Patriarcale, Venezia: 47, 98.
British Museum, London: 53.
Raccolta di Chatsworth: 76.
Museo Civico, Vicenza: 78, 79.
Comune di Venezia, Archivio fotografico: 100, 216.
Comune di Venezia, Assessorato urbanistico, Archivio fotografico: 101.
Collezione privata, Firenze: 127.
Museum of Fine Arts, Boston: 128.
Kunsthistorisches Museum, Wien: 129.
Louvre, Paris: 130.
Archivio Municipale, Venezia: 154, 198, 203, 207, 210, 217, 226, 227.
Museo Civico, Padova: 181.
Cà Pesaro, Venezia: 191.
Foto C. Naya: 215, 231.
Cameraphoto: 229.
Foto Scarabello: 232.
Foto Borellini: 234, 235, 236.
Archivio Torres-Zanuso, Venezia: 237.
Foto Ferruzzi: 245, 260.
Foto G. Jankovich: 246, 253, 254.
E. Emmer, *Il quartiere urbano di Porto Marghera (il nuovo sobborgo giardino di Venezia in terraferma)*, in « Rivista di Venezia », 5, maggio 1922: 257.
Comune di Venezia, *Piano Regolatore di Massima per l'ampliamento e il risanamento dell'abitato di Mestre*, a cura di A. Rosso, Venezia 1937: 258.
A. Rosso, *Piano Regolatore dell'abitato di Mestre. Variante al progetto 15 gennaio 1937*, Venezia 1943: 259.
Piano Regolatore 1937-1939: 262.
Magistrato alle Acque, Venezia (rilievi: E. Lionello, O. Viaro, A. D'Este; direzione: A. Sbavaglia): 264.

Bibliografia

Piuttosto che rincorrere il sogno impossibile d'una esauriente — o almeno ampia — bibliografia veneziana, ci si limita a fornire, capitolo per capitolo, alcuni titoli e segnalazioni che certo possono condurre alla costruzione di soddisfacenti « bibliografie veneziane ».

Nel medio Ottocento il grande erudito, bibliofilo e bibliografo, raccoglitore e collezionista Emmanuele Antonio Cicogna redasse l'importante e irrinunciabile *Saggio di Storiografia Veneziana*, Venezia 1847; lavoro aggiornato da G. Soranzo, *Bibliografia veneziana in aggiunta e continuazione del « Saggio » di E. A. Cicogna*, Venezia 1885. Per lavori storiografici più recenti, si rinvia al volume miscellaneo *La storiografia veneziana fino al secolo XVI. Aspetti e problemi*, a cura di A. Pertusi, Firenze 1970; e G. Zordan, *L'ordinamento giuridico veneziano. Lezioni di storia del diritto veneziano con una nota bibliografica*, CLEUP, Padova 1984 (assai utile e aggiornato, questo volume fornisce nella sua nota bibliografica un repertorio molto preciso delle edizioni delle fonti, delle raccolte legislative, degli strumenti bibliografici e di tutte quelle opere che possono risultare utili o addirittura indispensabili per la delineazione dei vari aspetti e problemi della storia veneziana).

Si segnalano tuttavia qui, a titolo introduttivo alle note bibliografiche divise capitolo per capitolo, alcuni studi d'ordine generale, ovvero che abbracciano archi cronologici o nodi tematici di più estesa portata.

Cicogna E., *Delle iscrizioni veneziane raccolte ed illustrate*, Venezia 1824-1853

AA.VV., *Venezia e le sue Lagune*, Venezia 1847

Selvatico P., *Sulla architettura e sulla scultura in Venezia dal Medio Evo sino ai nostri giorni*, Venezia 1847

Romanin S., *Storia documentata di Venezia*, Venezia 1853-1861

Cessi R., *Storia della Repubblica di Venezia*, Principato, Milano 1944

Trincanato E., *Venezia Minore*, Il Milione, Milano 1948

Beltrami D., *Storia della popolazione veneziana dalla fine del secolo XVI alla caduta della Repubblica*, CEDAM, Padova 1954

Lorenzetti G., *Venezia e il suo estuario*, Istituto Poligrafico dello Stato, Roma 1956

Luzzatto G., *Storia economica di Venezia dall'XI al XVI secolo*, Centro Internazionale Arti e Costume, Palazzo Grassi, Venezia 1961

AA.VV., *Mostra storica della laguna veneta*, Venezia 1970

Braunstein P. - Delort R., *Vénise, portrait historique d'une cité*, Editions du Seuil, Paris 1971

Trincanato E. - Franzoi U., *Vénise au fil du temps*, Joël Cuénod, Boulogne-Billancourt 1971

Bassi E., *Palazzi di Venezia*, Stamperia di Venezia, Venezia 1976

Franzoi U. - Di Stefano D., *Le chiese di Venezia*, Alfieri, Venezia 1976

Lane F. C., *Storia di Venezia*, Einaudi, Torino 1978

AA.VV., *Storia della Civiltà veneziana*, a cura di V. Branca, Sansoni, Firenze 1979

AA.VV., *Venezia e la Peste*, catalogo della mostra, Marsilio, Venezia 1979

Mancuso F., *Venezia*, in *I centri storici del Veneto*, a cura di F. Mancuso e A. Mioni, Silvana Editoriale, Milano 1979, II, pp. 339-61

Bellavitis G., *Venezia*, Editoriale L'Espresso, Roma 1980

Howard D., *The Architectural History of Venice*, London 1980

Le Scuole di Venezia, a cura di T. Pignatti, Electa, Milano 1981

Dietro i palazzi. Tre secoli di architettura minore a Venezia 1492-1803, catalogo della mostra a cura di G Gianighian e P. Pavanini, Arsenale Cooperativa Editrice, Venezia 1984

Zordan G., *L'ordinamento giuridico veneziano. Lezioni di Storia del diritto veneziano, con una nota bibliografica*, CLEUP, Padova 1984

Per la cartografia veneziana si dispone di una serie di strumenti bibliografici di grande precisione e puntualmente aggiornati dopo il lavoro basilare e ancora utile del Marinelli.

Marinelli G., *Saggio di cartografia della Regione Veneta*, Venezia 1881

Schulz J., *The Printed Plans and Panoramic Views of Venice (1486-1797)*, « Saggi e Memorie di Storia dell'Arte », 7, Olschki, Firenze 1970

Cassini G., *Piante e vedute prospettiche di Venezia (1479-1855)*, Stamperia di Venezia, Venezia 1982[2]

Venezia. Piante e vedute, catalogo della mostra a cura di G. Romanelli e S. Biadene, Venezia 1982

Capitolo primo

Per questo capitolo, che tratta le difficili e dibattute questioni del rapporto fra sito naturale, mutazioni geomorfologiche, insediamenti paleoveneti ed ingegneria territoriale romana, si segnala come opera compendiosa e ricca di spunti problematici (avvertendo che la stessa abbraccia anche il problema degli sviluppi di Venezia fino al XIV secolo):

Dorigo W., *Venezia. Origini*, Electa, Milano 1983, 2 voll.

Per un proficuo confronto:

Bosio L., *Itinerari e strade della Venetia romana*, CEDAM, Padova 1970
Gatto P. - Previatello P., *Considerazioni paleografiche*, in *Significato stratigrafico, comportamento meccanico e distribuzione nella laguna di Venezia di una argilla sovraconsolidata nota come caranto*, CNR, Venezia 1974
Marcolongo B. - Mascellani M. - Matteotti E., *Significato storico-ambientale di antiche strutture topografiche sepolte nella pianura veneta*, in « Archeologia Veneta », I, SAV, Padova 1978, pp. 147-50
AA.VV., *Misurare la terra: centuriazioni e coloni nel mondo romano. Il caso veneto*, Edizioni Panini, Padova 1984.

Capitolo secondo

Per questo capitolo, pur limitandoci a segnalare pochissimi testi principali, avvertiamo che il termine « origini » viene impiegato dagli studiosi che non accettano la tesi di una strutturazione romana del sito di Venezia.

Carile A. - Fedalto G., *Le origini di Venezia*, Patron, Bologna 1978
AA.VV., *Le origini di Venezia. Symposium italo-polacco*, Marsilio, Venezia 1981
Ortalli G., *Venezia dalle origini a Pietro II Orseolo*, in « Storia d'Italia », vol. I. *Longobardi e Bizantini*, UTET, Torino 1980, pp. 341-429
Tozzi P. - Harari M., *Eraclea Veneta. Immagine di una città sepolta*, Compagnia Generale Ripreseaeree Editore, Parma 1984
Cessi R., *Documenti relativi alla storia di Venezia anteriori al Mille*, Gregoriana, Padova 1942
Pertusi A., *L'iscrizione torcelliana dei tempi di Eraclio*, in « Storia della società e dello stato veneziano », Boll. n° 4, Venezia 1972, pp. 9-38
Bettini S., *Nascita di una città*, Electa, Milano 1978

Capitolo terzo

a) A partire da questo momento, la letteratura storiografica rientra nell'ambito scientifico del « Comitato per la pubblicazione delle fonti relative alla storia di Venezia », diretto da Luigi Lanfranchi, presso l'Archivio di Stato di Venezia, che si occupa della trascrizione di fondi archivistici diversi, fra i quali si segnalano, per una più diretta pertinenza con i problemi urbanistici, i volumi a cura di:

Lanfranchi L., *Famiglia Zusto*, 1955
Malipiero Ucoprina E., *SS. Secondo ed Erasmo*, 1958
Gaeta F., *S. Lorenzo*, 1959
Lanfranchi L. - Strina B., *SS. Ilario e Benedetto e S. Gregorio*, 1965
Lanfranchi L., *S. Giorgio Maggiore*, 1968
Rosada M., *S. Maria Formosa*, 1972

b) Nel quadro di tale ricerca, si segnala il fondamentale studio urbanistico:

Lanfranchi L. - Zille G. G., *Il territorio del ducato veneziano dall'VIII al XII secolo*, in *Storia di Venezia*, Centro Internazionale delle Arti e del Costume, Venezia 1958, vol. II, pp. 3-65

c) Inoltre si vedano per argomenti diversi:

Bettini S., *L'architettura di S. Marco*, CEDAM, Padova 1946
Bettini S., *Lo spazio architettonico da Roma a Bisanzio*, Dedalo, Bari 1978
Demus O., *The Church of S. Marco in Venice*, The Dumbarton Oaks Research Library, Washington 1960
Polacco R., *I bassorilievi marmorei duecenteschi raffiguranti il Cristo e gli Evangelisti murati sulla facciata settentrionale della basilica di S. Marco*, in « Arte Veneta », XXXII, Alfieri, Venezia 1978
Polacco R., *La cattedrale di Torcello*, L'Altra Riva-Canova, Venezia 1984
Zuliani F., *Considerazioni sul lessico architettonico della S. Marco contariniana*, in « Arte Veneta », vol. XXIX, Alfieri, Venezia 1975, pp. 50-9
AA.VV., *La storiografia veneziana fino al secolo XVI. Aspetti e problemi*, L. S. Olschki, Firenze 1970
Ministero per i Beni Culturali ed Ambientali, *Monasteri benedettini nella laguna veneziana*, catalogo a cura di Gabriele Mazzucco, Biblioteca Nazionale Marciana, Arsenale Editrice, Venezia 1983
Schulz J., *Wealth in Mediaeval Venice: The Houses of the Ziani*, in *Interpretazioni veneziane*, Arsenale, Venezia 1984, pp. 29-38

Capitolo quarto

Cracco G., *Società e stato nel Medioevo veneziano*, L. S. Olschki, Firenze 1967
AA.VV., *Componenti storico-artistiche e culturali a Venezia nei secoli XIII e XIV*, Ateneo Veneto, Venezia 1981
Muratori S., *Studi per una operante storia urbana di Venezia*, Poligrafico dello Stato, Roma 1959
Trincanato E., *Il palazzo Ducale*, in *Piazza S. Marco*, Marsilio, Padova 1970, pp. 111-38

Lorenzi G. B., *Monumenti per servire alla storia del palazzo Ducale*, Visentini, Venezia 1868

Capitolo quinto

Temanza T., *Antica pianta dell'inclita città di Venezia*, Venezia 1781; rist. A. Forni, Bologna 1980
Zendrini B., *Memorie storiche dello stato antico e moderno delle lagune di Venezia*, Stamperia del Seminario, Padova 1811, 2 voll.
Monticolo G., *I capitolari delle Arti veneziane sottoposte alla Giustizia e poi alla Giustizia Vecchia dalle origini al MCCCXXX*, Istituto Storico Italiano, Forzani & C., Roma 1896
Scattolin G., *Le case fondaco sul Canal Grande*, Alfieri, Venezia 1961

Capitolo sesto

Arslan E., *Venezia gotica*, Electa, Milano 1970
Ruskin J., *The Stones of Venice*, Allen, Orpington 1886, 3 voll.
Maretto P., *L'edilizia gotica veneziana*, Poligrafico dello Stato, Roma 1960
Cecchetti B., *La vita dei veneziani nel 1300*, Venezia 1885; rist. A. Forni, Bologna 1980
Wyrobisz A., *L'attività edilizia a Venezia nel XIV e XV secolo*, in « Studi Veneziani », vol. VII, Venezia 1965, pp. 307-43

Capitolo settimo

Mc Andrew J., *L'architettura veneziana del primo Rinascimento*, Marsilio, Venezia 1983
Olivato L. - Puppi L., *Mauro Codussi*, Electa, Milano 1972
Paoletti P., *L'architettura e la scultura del Rinascimento in Venezia*, Ongania, Venezia 1893
Trincanato E., *Venezia Minore*, Il Milione, Milano 1948
Bellavitis G., *L'evoluzione della struttura urbanistica di Venezia attraverso i secoli: i primi documenti cartografici*, in « Bollettino CISA », XVIII, 1976, Vicenza, pp. 225-39
Pignatti T. - Mazzariol G., *La pianta di Jacopo de' Barbari*, Neri Pozza, Venezia 1962
Schulz J., *Jacopo de' Barbari's View of Venice: Map Making, City Views, and Moralized Geography before the Year 1500*, in « The Art Bulletin », vol. LX, 3, sett. 1978, pp. 425-74

Capitolo ottavo

Il Cinquecento veneziano conosce da alcuni anni una notevole fortuna critica ed editoriale, particolarmente significativa per quanto concerne figure e problemi del mondo dell'architettura e della politica dell'urbano e del territorio. Si citano alcuni testi recenti e, comunque, di importanza primaria sia nella delineazione degli orizzonti metodologici come delle più rilevanti acquisizioni di merito, sia nella trattazione di figure, eventi, problematiche ed esperienze nodali per una soddisfacente lettura della storia urbana cinquecentesca a Venezia.

Per il tramite di tali lavori è agevole pervenire, nei vari ambiti, alla più vasta e aggiornata bibliografia ed esposizione di fonti pertinenti in tutti i settori interessati. Va ricordato, tuttavia, che soprattutto, anche se non esclusivamente, per il Rinascimento, sarà assai utile far ricorso alla serie dei « Bollettini » annuali del « Centro Italiano di Studi di Architettura [CISA] A. Palladio » di Vicenza: le tematiche dell'architettura e dell'urbanistica veneziane del Cinquecento vi compaiono assai di frequente sotto forma di rassegne generali o di trattazioni monografiche spesso di notevole utilità e chiarezza.

Sansovino F., *Venetia città nobilissima et singolare*, Venezia 1581
Temanza T., *Vite dei più celebri architetti e scultori veneziani del secolo XVI*, Venezia 1778
Barbieri F., *Vincenzo Scamozzi*, Vicenza 1952
Cessi F., *Alessandro Vittoria architetto e stuccatore*, Trento 1961
AA.VV., *Rinascimento europeo e Rinascimento veneziano*, a cura di V. Branca, Sansoni, Firenze 1967
Tafuri M., *Jacopo Sansovino e l'architettura del '500 a Venezia*, Marsilio, Padova 1969
Cozzi G., *Domenico Contarini e il « De bene instituta republica »*, « Studi Veneziani », XII, 1970, pp. 405-58
Pullan B., *Rich and Poor in Renaissance Venice*, Oxford 1971; trad. it., Roma 1982
Puppi L., *Michele Sanmicheli architetto di Verona*, Marsilio, Padova 1971
AA.VV., *Renaissance Venice*, a cura di J. Hale, London 1973
Howard D., *Jacopo Sansovino. Architecture and Patronage in Renaissance Venice*, New Haven-London 1975
Puppi L., *Andrea Palladio. L'opera completa*, Electa, Milano 1975
Marx B., *Venezia altera Roma? Ipotesi sull'umanesimo veneziano*, Centro Tedesco di Studi Veneziani, Venezia 1978
Tenenti A., *Le trasformazioni urbanistiche di Venezia al tempo di Tiziano: 1470 c. - 1580 c.*, in *Tiziano e il Manierismo europeo*, Atti del convegno a cura di R. Pallucchini, Sansoni, Firenze 1978, pp. 231-46
AA.VV., *Alvise Cornaro e il suo tempo*, catalogo della mostra a cura di L. Puppi, Padova 1980
AA.VV., *Architettura e Utopia nella Venezia del Cinquecento*, catalogo della mostra a cura di L. Puppi, Electa, Milano 1980
Gaeta F., *L'idea di Venezia*, in *Storia della cultura veneta*, 3.III, Neri Pozza, Vicenza 1981, pp. 565-641
Muir E., *Civic Ritual in Renaissance Venice*, Princeton 1981; trad. it., Roma 1984
AA.VV., *Palladio e Venezia*, Atti del convegno a cura di L. Puppi, Sansoni, Firenze 1982
AA.VV., *Titian. His World and His Legacy*, a cura di D. Rosand, New York 1982
Puppi L., *Verso Gerusalemme. Immagini e temi di urbanistica e di architettura simboliche*, Casa del Libro editrice, Roma-Reggio Calabria 1982

Tafuri M., *La « nuova Costantinopoli ». La rappresentazione della « renovatio » della Venezia dell'Umanesimo (1450-1509)*, in « Rassegna », IV, 9, 1982
Foscari A. - Tafuri M., *L'armonia e i conflitti. La chiesa di San Francesco della Vigna nella Venezia del '500*, Einaudi, Torino 1983
AA.VV., *« Renovatio Urbis ». Venezia nell'età di Andrea Gritti (1523-1538)*, a cura di M. Tafuri, Officina, Roma 1984

Capitolo nono

Poco amato e relativamente poco studiato, il Seicento architettonico e urbanistico veneziano si può avvalere tuttavia di alcune trattazioni di carattere panoramico o d'ordine monografico per autori o per monumenti: soprattutto vanno citati i lavori — ormai classici — di Elena Bassi e talune più recenti rassegne e puntualizzazioni.

Bassi E., *Architettura del Sei e Settecento a Venezia*, ESI, Napoli 1962
Bassi E., *Episodi dell'architettura veneta nell'opera di A. Gapari*, « Saggi e Memorie di Storia dell'Arte », 3, 1963
Lewis D., *Notes on XVIII Century Venetian Architecture*, « Bollettino dei Musei Civici Veneziani », 1-3, 1967
Thiriet F., *Espace urbain et groupes sociaux à Vénise au XVIIIe siècle*, in AA.VV., *L'urbanisme de Paris et l'Europe 1600-1800*, a cura di P. Francastel, Paris 1969, pp. 199-209
Cristinelli G., *Baldassarre Longhena, architetto del '600 a Venezia*, Marsilio, Padova 1972
Wittkower R., *Arte e architettura in Italia 1600-1750*, Einaudi, Torino 1972
Benzoni G., *Venezia nell'età della Controriforma*, Mursia, Milano 1973
Cozzi G., *Paolo Sarpi tra Venezia e l'Europa*, Einaudi, Torino 1978
Lewis D., *The Late Baroque Churches of Venice*, New York-London 1979
Gemin M., *La chiesa di S. Maria della Salute e la cabala di Paolo Sarpi*, Francisci, Abano Terme 1982
Longhena, catalogo della mostra a cura di L. Puppi, G. Romanelli, S. Biadene, Electa, Milano 1982

Capitolo decimo

Per il secolo XVIII possiamo disporre di un buon numero di studi storici di carattere generale di alta qualità. Quanto alle vicende architettoniche e urbanistiche, oltre al già citato volume della Bassi, esse compaiono delineate sotto differenti punti di vista in alcune recenti pubblicazioni assai ricche di rimandi bibliografici e di approfondimenti documentari.

Berengo M., *La società veneta alla fine del Settecento*, Sansoni, Firenze 1956
Tabacco G., *Andrea Tron (1712-1785) e la crisi dell'aristocrazia senatoria a Venezia*, Trieste 1957
Torcellan G., *Una figura della Venezia settecentesca: Andrea Memmo*, Istituto per la collaborazione culturale, Venezia-Roma 1963
Haskell F., *Mecenati e pittori*, Sansoni, Firenze 1966
AA.VV., *Sensibilità e razionalità nel Settecento*, a cura di V. Branca, Sansoni, Firenze 1967
Brusatin M., *Illuminismo e architettura del '700 nel Veneto*, catalogo della mostra, Treviso 1969
Torcellan G., *Settecento veneto e altri scritti storici*, Giappichelli, Torino 1969
Massari A., *Giorgio Massari architetto veneziano del Settecento*, Neri Pozza, Vicenza 1971
Georgelin J., *Vénise au siècle des lumières*, Mouton, Paris 1978
Brusatin M., *Venezia nel Settecento: Stato, architettura, territorio*, Einaudi, Torino 1980
AA.VV., *Piranesi tra Venezia e l'Europa*, Atti del convegno a cura di A. Bettagno, Olschki, Firenze 1983
Romanelli G., *Venice in the Eighteenth Century*, in AA.VV., *Masterpieces of Eighteenth Century Venetian Drawing*, London 1983
Corboz A., *Canaletto. Una Venezia immaginaria*, Electa, Milano 1985

Capitolo undicesimo

Sull'Ottocento, che fu secolo di grandi trasformazioni, solo di recente si sono abbandonati radicati pregiudizi storiografici e ingiustificate interdizioni moralistiche o nostalgiche. Anche talune recenti iniziative espositive, e relativi cataloghi, hanno contribuito a riportare entro binari criticamente attendibili la conoscenza e la considerazione in termini « moderni » del periodo.

L'ingegneria a Venezia nell'ultimo ventennio, Venezia 1887
Marchesi V., *Settant'anni di storia politica di Venezia (1798-1866)*, Torino-Roma 1892
Boito C., *Questioni pratiche di Belle Arti*, Milano 1893
Bassi E., *Giannantonio Selva architetto veneziano*, CEDAM, Padova 1936
Trincanato E., *Appunti per una conoscenza urbanistica di Venezia*, estr. da « Giornale Economico », Venezia 1953
Chirivi R., *Eventi urbanistici dal 1846 al 1962*, in « Urbanistica », 52, 1968, pp. 84-113
Forssman E., *Venedig in der Kunst und im Kunsturteil des 19. Jahrhunderts*, Stockholm 1971
Huttinger E., *Immagini e interpretazioni della Venezia dell'800*, in « Paragone Arte », 271, 1972, pp. 26-50
Zorzi A., *Venezia scomparsa*, Electa, Milano 1972
Romanelli G., *Venezia Ottocento. Materiali per una storia architettonica e urbanistica della città nel XIX secolo*, Officina, Roma 1977
Romanelli G., *Note storiche sulla portualità veneziana*, « Casabella », 436, maggio 1978

AA.VV., *Venezia nell'età di Canova*, catalogo della mostra, Alfieri, Venezia 1978
AA.VV., *Venezia città industriale*, catalogo della mostra, Marsilio, Venezia 1980
Venezia nell'Ottocento. Immagini e mito, catalogo della mostra a cura di G. Pavanello e G. Romanelli, Electa, Milano 1983
Venezia Vienna, a cura di G. Romanelli, Electa, Milano 1983

Capitolo dodicesimo

Per il nostro secolo ci si limita a fornire alcuni titoli di lavori che toccano problematiche centrali alla storia e alle trasformazioni della città — specie in rapporto alla nascita e allo sviluppo di Marghera e di Mestre —, risultando praticamente impossibile, in questa sede, toccare dibattiti e riflessioni la cui dimensione e la cui risonanza internazionale furono (e sono) vastissime.

Si debbono segnalare i due numeri di « Urbanistica » del gennaio 1968 (52) e ottobre 1972 (59) che hanno ciascuno fatto il punto — dopo l'alluvione del 1966 — della « questione » veneziana sotto il profilo delle scelte amministrative e della pianificazione urbanistica.

Comune di Venezia, *Le case sane, economiche e popolari del Comune di Venezia*, Istituto d'Arti Grafiche, Bergamo 1911
Donatelli P., *La casa a Venezia nell'opera del suo Istituto*, Roma 1928
Maretto P., *Venezia*, Vitali e Ghianda, Genova 1969
UNESCO, *Rapporto su Venezia*, Mondadori, Milano 1969
Romanelli G., *Architetti e architetture a Venezia tra Otto e Novecento*, « Antichità Viva », 5, 1972, pp. 25-48
Dorigo W., *Una legge contro Venezia*, Officina, Roma 1973
Chinello C., *Storia di uno sviluppo capitalistico. Porto Marghera e Venezia 1951-1973*, Editori Riuniti, Roma 1975
Romanelli G. - Rossi G., *Mestre. Storia, territorio, struttura della terraferma veneziana*, Arsenale Cooperativa Ed., Venezia 1977
Chinello C., *Porto Marghera 1902-1926. Alle origini del « problema di Venezia »*, Marsilio, Venezia 1979
Romanelli G., *Sotto l'ala del Leone. Venezia e Mestre: alle origini di un problema*, « COSES Informazioni », 12, 1980, pp. 17-36
AA.VV., *Edilizia popolare a Venezia*, a cura di E. Barbiani, Electa, Milano 1983
I primi operai di Marghera. Mercato, reclutamento, occupazione 1917-1940, a cura di F. Piva e G. Tattara, Marsilio, Venezia 1983
Venezia Nuova. La politica della casa 1893-1941, catalogo della mostra a cura di P. Somma, Marsilio, Venezia 1983

Indici

Indice dei nomi*

* Il presente indice registra i nomi che compaiono nel testo, nelle didascalie, e nelle note.

Indice dei luoghi e delle cose notevoli*

* Il presente indice registra i nomi che compaiono nel testo, nelle didascalie, e nelle note. In questo indice, i termini relativi a luoghi di Venezia sono raccolti, di preferenza, sotto il nome del Santo titolare delle chiese parrocchiali o conventuali intorno alle quali gravitano gli stessi. Tale dispositivo è suggerito dalla storia della città, nella quale già i *confinia* medievali si nominavano in relazione ai Santi tutelari, ed ancora oggi prevale lo stesso criterio.

Indice del volume

www.ingramcontent.com/pod-product-compliance
Lightning Source LLC
LaVergne TN
LVHW091637100826
845152LV00005B/79

* 9 7 8 1 5 9 7 4 0 3 3 4 4 *